Bazon Brock

Lust-Marsch durchs Theorie-Gelände

Musealisiert Euch!

DUMONT

Polemosophie

eine Liebe
zur Polemik

persönlich

**Hubert
Burda
zu Dank
und
Freude**

Belest Euch!

Inhalt

Bazon Brock + Denker im Dienst + Tapfer und Theroretisch

Vorwort	Peter Sloterdijk	6
Einleitung	1 Musealisiert Euch!	26

I Normativität des Kontrafaktischen   62

    2 Der verbotene Ernstfall   64
    3 Selbstfesselungskünstler gegen Selbstverwirklichungsbohème   88
    4 Kontrafakte – Karfreitagsphilosophie – Die Gottsucherbanden – Der Faschist als Demokrat   122
    5 Eine schwere Entdeutschung – Widerruf des 20. Jahrhunderts – Aufklärung als Enttäuschung   152

II Zivilisierung der Kulturen   184

    6 Musealisierung als Zivilisationsstrategie Avantgarde – Arrièregarde – Retrograde   186
    7 Kunst als Evidenzkritik – Erkenntnisstiftung durch wahre Falschheit   210
    8 Fininvest – Gott und Müll   232

III Die Wirklichkeit des Möglichen – Die Zukunft ist wahrscheinlich   256

    9 Rettungskomplett – Gorgonisiert Euch! – Ewigkeitskosten   258
   10 Das Leben als Baustelle – Scheitern als Vollendung   284
   11 Uchronie – Ewigkeitsmanagement   302
   12 Pathos AZ – Opferolympiaden   328
   13 Diskurs als Parcours de la méthode mit Peter Weibel   353

Die Lustmarsch-Corona sei bedankt   376

Bildnachweis und Impressum   384

Vor Worte

Lieber Bazon Brock,

erlauben Sie mir, in Ihrer Anwesenheit und vor diesem Publikum aus Freunden, Kollegen und Bewunderern, das sich Ihnen zu Ehren hier eingefunden hat, in nahezu freier Assoziation ein paar Worte zu Ihrem Werk und Ihrem Wirken vorzutragen. Bevor ich mit diesem nicht ganz einfachen Versuch beginne, möchte ich Hubert Burda meinen Dank und meine Anerkennung für die schöne Initiative aussprechen, auf welche unser heutiges Zusammensein zurückgeht. Dieser Dank schließt Chris Dercon ein, den Leiter des Münchener Hauses der Kunst, unter dessen Dach wir an diesem Abend versammelt sind. Aus diesen Umständen ergibt es sich, daß das heutige Ereignis neben seinem offiziellen Anlaß auch einen freundschaftlichen Impuls ausdrückt. Wir bilden momentan eine glückliche Mischung aus einem Publikum und einem Freundeskreis, und es wäre, meine ich, ein Fehler, auf diese besondere Bedingung unserer Gestimmtheit nicht eigens hinzuweisen.

Ich stehe vor der ehrenvollen Aufgabe, eine Art von Festrede auf den Jubilar zu halten. Nun könnte Ehre zu tragen ein

Peter Sloterdijk

Der Jahrhundertmensch

Über Bazon Brock –
aus Anlaß seines 70. Geburtstages

Der Laudator Peter Sloterdijk am 13. Juli 2006 im Haus der Kunst, München.

angenehmes Geschäft sein, wenn man nur wüßte, wie man sich dabei anzustellen hat. Es ist außerdem gar nicht einfach, für Bazon Brock ein passendes Geburtstagsgeschenk zu finden und es seinem Empfänger mit den richtigen Worten zu übergeben – ich werde Ihnen gleich erklären, warum das so ist.

In einer Verlegenheit wie dieser liegt es nahe, zu den Klassikern Zuflucht zu nehmen. Ich denke hier an eine bekannte Episode aus dem Leben von Marcel Duchamp, der sich im Winter 1919 vor seiner Abreise nach New York an Bord eines der damaligen Ozeanriesen in Le Havre über die Frage den Kopf zerbrach, was er dem mit ihm befreundeten Sammler-Ehepaar Arensberg, das ihn drüben erwartete, als Gastgeschenk mitbringen sollte. Ein genialer Einfall kam ihm zu Hilfe: Ihm wurde klar, daß nur ein völlig wertloses Geschenk zu Leuten, die alles haben, passen würde. So begab er sich in eine Apotheke, verlangte eine Ampulle mit einem flüssigen Arzneimittel darin, eine jener schönen Schnabelampullen, die von ferne an einen Schwan erinnern – und die man heute kaum noch herstellt –, und forderte den Apotheker auf, sie vor seinen Augen auszuleeren und wieder zu verschließen. Dieses Objekt steckte er in sein Gepäck und überbrachte es später seinen New Yorker Freunden mit der hochstaplerischen Behauptung, er habe ihnen einige Kubikzentimeter Pariser Luft mitgebracht – woraufhin die kunstverständigen Herrschaften in pflichtgemäßes Entzücken verfielen. Unter dem Namen *Air de Paris* figuriert dieses Objekt noch heute in der Ahnengalerie der Readymades. Ich habe meinerseits eine kleine Röhre mit Karlsruher Luft zu Hause liegen, die ich hier Ihnen, Bazon Brock, als Münchner Luft andrehen könnte, falls meine Luftfälschertalente sich mit denen von Duchamp vergleichen ließen. Jedoch habe ich ein anderes

Brückenbau von der Immanenz in die Transzendenz

Procedere im Sinn – ich will in die Münchner Luft, genauer in die Atmosphäre dieses Hauses, etwas hineinlegen, was dann in jenes Glasgefäß zu ziehen sich lohnt – das Glas schicken wir Ihnen mit DHL zu gegebener Zeit nach, in der Hoffnung, daß es den Wertlosigkeitswettbewerb mit dem Objekt von Marcel Duchamp ehrenhaft besteht.

Ich will nun, so gut ich kann, erklären, warum es wirklich nicht so leicht ist, über Bazon Brock zu sprechen. Dabei ist auf *drei Arten* von Erschwerungen hinzuweisen – *erstens:* Bazon Brock ist persönlich zugegen, und es ist nicht vorstellbar, in seiner Anwesenheit etwas über ihn zu sagen, was er nicht selber besser sagen könnte. Das ist nicht als Kompliment gemeint, sondern eine rein deskriptive Feststellung. Ich sehe Bazon Brock nicken und darf annehmen, daß er mir recht gibt – was ich mit Genugtuung wahrnehme, wir sprechen also von demselben Phänomen und demselben Mann. Man kann, *zweitens,* die bezeichnete Tatsache etwas allgemeiner fassen, und zugleich persönlicher. Es geht immer noch um die Frage, wie man jemandem etwas mitbringt, der alles hat – im gegebenen Fall: kognitiv alles hat –, was ihn selbst betrifft. Wie kann man einem Mann etwas mitbringen, der gewohnheitsmäßig in allen denkbaren Situationen der größere Mitbringer ist? Sich in der Gegenwart von Bazon Brock zu befinden, bedeutet, sich in einem sehr weiten Generositätsraum zu bewegen, in dem man sich damit abfinden muß, der nehmende Teil zu sein. Bazon Brock ist ein Großzügigkeitsphänomen, wie es das 20. Jahrhundert nur selten gesehen hat. Wie kann man da überhaupt eine Art von Erwiderung, eine Gegengabe formulieren? Dasselbe könnte man, *drittens,* in eine quasi erkenntnistheoretische Fragestellung fassen: *Was sagt man einem Mann, der von sich und von den Strukturen seiner Antriebe alles weiß?* Man kann ja mit diesem Herrn keine Hermeneutik treiben, sofern Hermeneutik bedeutet, eine Person, einen Autor, einen Produzenten besser zu verstehen, als er sich selbst versteht. Das ist hier nicht möglich – also welche Art von Kommunikation legt sich nahe?

Ich möchte im folgenden über Bazon Brock, den Künstler, den Performance-Philosophen, den Lehrer reden, indem ich ihn zunächst als eine psychologische Singularität charakterisiere. Dabei schlage ich zur Deutung des Brock-Effekts folgende These vor: Wir haben es hier mit einem Menschen zu tun, der kein Unbewußtes hat. Das klingt fürs erste sehr paradox, denn wir haben durch die psychoanalytische Anthropologie gelernt, daß unser Wachbewußtsein auf einer dichten Schicht von Nicht-Bewußtsein sitzt. Demnach wäre bei uns allen das Ich nicht mehr als eine kleine flackernde Flamme in einem großen Gehäuse, in dem ansonsten Nacht, Nebel und Unbewußtheit herrschen. Dennoch will ich vorschlagen, an der gegebenen Definition festzuhalten. Dazu muß man allerdings zugeben, daß es Menschen gibt, die kein Unbewußtes besitzen, zumindest nicht im Sinne des Freud'schen Verdrängten. Natürlich haben wir alle unser mechanisches oder organisches Unbewußtes – wir mischen uns nicht in die Angelegenheiten unserer Magensäfte ein, wir atmen in der Regel, ohne uns mit unserer Lunge intimer auseinanderzusetzen, wir lassen unsere Verdauungsorgane ihre Arbeit tun, ohne dazwischenzugehen, und so weiter. Will man diese im Dunkeln des Mechanischen liegenden Prozesse auch als Teile des Unbewußten beschreiben, dann sollte man zu dem Begriff des Unbewußten eine Ziffer oder eine Exponentialzahl hinzufügen, um klarzumachen, daß von etwas anderem als dem Freud'schen Unbewußten die Rede ist. Und daß Bazon Brock ein solches nicht besitzt – diese These möchte ich, so gut ich kann, hier substantialisieren.

Vor allem hat dies mit der Art seiner künstlerischen Existenzführung zu tun. Er läßt einem psychoanalytisch verstandenen Unbewußten keine Chance, indem er sich selbst unaufhörlich veröffentlicht und aus seinen eigenen Antrieben den Gegenstand einer rastlosen sokratischen Leidenschaft macht. Als Mann ohne Unbewußtes ist er zugleich ein Mann ohne Verstecke. Oder um das Bild zu wechseln: Er arbeitet an sich selbst in permanentem Tagebau und trägt an sich selbst Schicht um Schicht von oben her ab. Er ist jedenfalls keiner von den Kunstdarstellern – an denen es in der Moderne keinen Mangel hat – die glauben, sie müßten, um zu schaffen, aus der Tiefe der Unlust schöpfen und die bei sich selber in die Grube einfahren, auf der Suche nach der neurotischen Ader. Solche Leute erfinden notfalls irgendwelche tief verborgenen Traumata, um etwas zu haben, was um jeden Preis nach Ausdruck ruft.

Dies alles ist nun weiß Gott Bazon Brocks Sache nicht, da er von Anfang an den Grundsätzen des Tagebaus verpflichtet blieb. In dieser Position eignet er sich nicht für Spiele, die mit der Differenz von Oberfläche und Tiefe beginnen. Sigmund Freud wäre verzweifelt: Die freien Assoziationen dieses Klienten gerieten zur Hauptvorlesung, die Couch würde zum Bestandteil einer Installation, die analytische Situation verwandelte sich in *action teaching* – um gleich zu Beginn den Begriff ins Spiel zu bringen, der Bazon Brock, den enthusiastischen Lehrer und den Schöpfer einer innovativen kunstdidaktischen Kulturform, in ganz besonderer Weise charakterisiert.

Wenn also ein Mann dieses Schlags im Raum ist, dann läuft sofort ein Experiment über die Umkehrbarkeit eingespielter

Prêt-à-penser – gebrauchsfertiges Gedankengut

Rollen und die Verschiebbarkeit von Bedeutungen ab. Wenn das Gesagte richtig ist, so impliziert diese These, daß dieser Mann kein Über-Ich hat, zumindest keines im üblichen Sinn, und dies wiederum beinhaltet die Diagnose, daß Bazon Brocks Existenz wesenhaft ein Versuchslabor über die Situation der Vaterlosigkeit darstellt. Ich glaube, Brock ist in diesem Sinne ein Jahrhundertmensch, weil er ein Zeitalter verkörpert, in dem zahllose Menschen dazu gezwungen sind, mit der Vaterlosigkeit zu experimentieren – im buchstäblichen wie im übertragenen Sinn. Wo der reale Vater ausfällt, sind die Söhne fürs erste desorientiert, sie haben aber aufgrund dessen zugleich die unvergleichliche Chance, die symbolische Ordnung in ihrem eigenen Lebensversuch zu rekonstruieren. Kommt dem Typus Freier Geist – wie Nietzsche es entworfen hat – überhaupt eine empirische Realität zu, dann nicht zuletzt aufgrund dieser für unser Zeitalter prägenden psychologischen Konstellation. Zwischen Vaterlosigkeit, Freiheit und kultureller Produktivität gibt es einen zirkulären Zusammenhang, und eben über diesen konnten Menschen wie Brock und ich selber im Laufe unseres Lebens einiges in Erfahrung bringen. Bazon und ich sind nicht Freunde im landläufigen Sinn des Wortes, aber wir bilden miteinander eine Konstellation oder eine psychohistorische Resonanzfigur, deren vermittelndes Element durch den soeben angesprochenen Faktor bedingt ist.

  Was sollte nun der arme Bazon Brock anstellen, um es wie jeder ordentliche Mensch zu einem Unbewußten zu bringen – und ein ordentlicher Mensch will Brock ohne Zweifel sein –, er, der gelehrt hat, den Ideologien des Außerordentlichen zu mißtrauen? Für ihn selbst gab es nur einen Weg hierzu, und den hat er mit größtem Erfolg beschritten: Er hat es mit einer Verbindung von Langlebigkeit und Produktivität versucht. Tatsächlich, er hat lange gelebt und lange produziert – lange genug, um so viel zu erarbeiten, daß auch er selbst, obschon Besitzer eines vorzüglichen Gedächtnisses, es nicht vermeiden konnte, die Übersicht über die eigene Lebensleistung zu verlieren. Durch diesen Verlust an Übersicht konnte er sich gewissermaßen ein sekundäres Unbewußtes zulegen. Was andere Menschen primär besitzen, mußte er sich hart erarbeiten, um etwas zu haben, was sich zum Vergessen – wenn auch schon nicht zum Verdrängen – eignet. Die Erforschung dieses seines künstlichen Unbewußten hat Bazon Brock übrigens zu einem Geburtstagsgeschenk an sich selbst gemacht. Er gönnt sich in diesem Sommer das Vergnügen, sich in den Englischen Gärten der Erinnerung an sich selbst zu ergehen und uns an diesen „Lustmärschen" teilhaben zu lassen. *Nota bene,* ich spreche von einem sekundären Unbewußten, man könnte es auch ein Arbeitsunbewußtes nennen, entstanden aufgrund der Tatsache, daß gerade der arbeitsame und vielfältige Geist nicht auf der Höhe seiner eigenen Vielfalt sein kann. Die Einfachheit des Bewußtseins in einem gegebenen Moment reicht niemals aus, um die Spanne seiner eigenen im Laufe eines Lebens bearbeiteten Themen synchron zu sehen.

Eines ist also in meinen Augen ganz evident: Das *Phänomen Bazon Brock* kann in seinem ganzen Umfang nur von dem Mann, der Bazon Brock war und ist, ermessen werden. Dies muß im übrigen eine sehr bescheidene Person sein, bescheiden genug jedenfalls, um sich dem Feuerwerk der eigenen Lebensleistung neidlos auszusetzen. Brock gehört zu den Menschen, die auf sich selber eifersüchtig werden dürfen, und wenn meine Einfühlung in seine Psyche triftig ist, darf ich sagen, daß er dieser Versuchung heroisch widersteht. Dies dürfte der einzige Fall sein, in dem man das Prädikat „heroisch" auf ihn anwenden darf, ohne dem Träger des Etiketts mit falschen Termini zu nahe zu treten. Es spricht für sein psychologisches Genie, wenn er für die eben beschriebene Figur der bescheidenen Selbstausmessung eine spezifische Spielform gefunden hat – ich meine das Kennwort „Wundergreis", mit dem er sich selbst in seinem siebzigsten Jahr humoristisch charakterisierte. „Wundergreis" – das ist ein zauberhafter Begriff, den man eine Weile auf sich wirken lassen muß, bevor man wirklich erfaßt, was damit besagt ist. Bazon Brock gibt zu verstehen, daß ihm in seiner Lebensgeschichte das natürlichere Schicksal, das nämlich, ein Wunderkind zu werden, vorenthalten wurde – weswegen es an der Zeit ist, jetzt als Wundergreis, als umgekehrtes Wunderkind, aufzutreten. Doch wenn das Wunderkind im Modus des noch unerfüllten Versprechens lebt, das in der Zukunft gehalten werden soll, so lebt der Wundergreis im Modus der Erfüllung, wie sie einem Künstler

zukommt, der mehr gehalten hat, als irgendwer sich von ihm versprechen konnte, er selber vielleicht ausgenommen.

Man kann sich, meine Damen und Herren, einem Künstler, wie einem Denker, nur auf zwei Weisen nähern, die sich diametral gegenüberstehen. Der erste Weg ist der hermeneutische, der Weg der lesenden Geduld, bei dem man den Spuren des Werkes folgt, den Finger auf der Zeile. Man könnte dies die singularisierende Lektüre nennen – und es versteht sich leicht, warum viele Autoren am liebsten auf diese Weise „genommen" werden möchten. Die andere Methode nenne ich das Konstellationsverfahren beziehungsweise die desingularisierende Lektüre. Hierbei sieht man für eine Weile von der Person und ihrem Werk ab und rückt an ihrer Stelle andere Bezugspersonen ins Rampenlicht, deren Lichtreflexe auf die bewußte Person fallen. Ich habe mich hier für den zweiten Weg entschieden und möchte auf ihm einige Beobachtungen zusammentragen, die helfen sollen, das Profil unseres Jubilars im historischen Kontext besser zu begreifen. Ich habe vier Namen der jüngeren Kunst- und Kulturgeschichte ausgewählt, von denen ich behaupte, sie seien geeignet, das Besondere an dem Phänomen Bazon Brock sichtbarer zu machen – Namen, die längst als Fixsterne am Himmel der Geistesgeschichte fungieren und

Theoretische Objekte: Beten verboten,
zoon logon echon, SS-Stiefel für Sensible und Verpuppung

deren Nennung gleich zeigen wird, auf welche Weise der Duktus des Brock'schen Werks kraft der Konstellationsbetrachtung verständlicher wird.

Den ersten dieser Namen habe ich weiter oben schon einmal erwähnt, und er fällt hier mit gutem Grund ein zweites Mal. Ich spreche von Marcel Duchamp, von dem feststeht, daß er als einer der Zäsurgeber der Kultur- und Kunstgeschichte des 20. Jahrhunderts verstanden werden muß. Ich glaube nun, daß man das Phänomen Brock – nach einer Seite seines Œuvres – nur begreifen kann, wenn man sich den Unterschied zwischen den beiden wichtigsten Beiträgen dieser Künstler zur Erweiterung des Feldes der künstlerischen Gattungen klar macht: auf der Seite Duchamps das Readymade, auf der Seite Brocks das von ihm inaugurierte „theoretische Objekt". Ich kann hier unmöglich mit der gebührenden diskursiven Breite diese Differenz ausleuchten, aber soviel ist in Kürze festzuhalten: Mit der Einführung des theoretischen Objekts Brock'schen Stils ist neue Bewegung in das durch die Erfindung des Readymades eröffnete künstlerische Spielfeld gekommen. Duchamp hatte durch die Transposition profaner Artefakte in den musealen Raum das Arsenal der ästhetischen Gesten um eine folgenschwere Größe bereichert – er ließ die Gegenstände des Alltags an der sakralen Aura des Ausstellungsraums und des hochkulturellen Archivs teilhaben, insofern dieser Raum seine Inhalte dem gewöhnlichen Gebrauch entzieht, sie defunktionalisiert und einer semi-religiösen Kontemplation anbietet. An dieser Geste knüpft Brock an, um von allen möglichen Kulturgegenständen sozusagen zweite Auflagen herzustellen, wodurch die bezeichneten Objekte, auch Kunstwerke, gegen ihre bisherige Verwendung gekehrt werden. Aber während die Ready-mades üblicherweise durch ihre Versetzung in den musealen Raum gewissermaßen schockgefroren werden, indem sie in der verfremdeten Situation unvermeidlich neu-sakral erstarren – das erwähnte Airde-Paris-Flacon liefert hierfür ein deutliches Beispiel –, werden die theoretischen Objekte Brocks aus dem Raum der heiligen Feststellung wieder herausgenommen und in einem offenen Diskurs verflüssigt. Ich kann diese Hinweise hier nicht vertiefen, doch scheint es mir dringend geboten, daß diese von mir etwas überstürzt skizzierten Zusammenhänge in der zeitgenössischen Kunstwissenschaft demnächst in der nötigen Breite und Gründlichkeit ausgearbeitet würden.

An zweiter Stelle möchte ich den Namen von Salvador Dalí nennen – in der Hoffnung, er möge bei Ihnen kein Befremden hervorrufen. Für mich ist jedoch evident, der Hinweis auf diesen Meister der Exzentrik darf in diesem Kontext nicht fehlen, weil er es war, der mit seiner Praxis des kontrollierten Exzesses ein Verhaltensmuster gestiftet hat, das für zahlreiche Formen performativer Kunst im 20. Jahrhundert richtung weisend blieb. Hat man die Konstellation Brock-Dalí erst einmal erfaßt, sieht man sie als Prägnanzfigur mühelos immer wieder. Während Dalí aber die spätromantische Pose eines Botschafters aus dem Reich des erleuchteten Unbewußten wählte, um mit den Profanen zu kommunizieren, entschied sich Brock für die komplementäre Rolle eines Deputierten der Normalität, der dem Publikum über die Ansprüche der Kunstgötter reinen Wein einschenkte. Dabei machte Brock die Entdeckung, daß nicht nur der Künstler den Bürger epatieren kann, sondern auch der Bürger den Künstler. Es wäre ein Desiderat für die jüngere Kunsthistorie, eine Studie über das Verhältnis der von Dalí inaugurierten „kritisch-paranoischen Methode" und Bazon Brocks Ver-

Ein Mäzen verschenkt nichts, er ermöglicht! Hubert Burda in Erwartung.

fahren der negativen Affirmation zu verfassen, ein Verfahren, das Brock bereits in den 60er Jahren – zusammen mit anderen begabten Affirmationisten jener Zeit – in den Haushalt der Gegenwartskultur eingeführt hat. Hier muß ich mich für die Kürze meines Hinweises entschuldigen.

Die dritte Figur in dieser Konstellationsbetrachtung kann natürlich keine andere sein als die des Meisters aller Meister aus Deutschland – Joseph Beuys. Bazon Brock gehört zur Generation von Künstlern, die vor der Aufgabe standen, aus dem Schatten dieses Mannes herauszutreten – und sein Lebenswerk ist in dieser Hinsicht tatsächlich ein einziges umfangreiches Schattenspiel. Auch hier muß ich mich kurz fassen und es mit dem Hinweis bewenden lassen, daß niemand authentischer über das ungewöhnliche Verhältnis von Brock zu Beuys sprechen könnte als Brock selbst. Nur eine Linie will ich an dieser komplexen Relation stärker hervorheben: Beuys war wohl mehr als jeder andere ein Künstler für Künstler – anders gesagt: bei ihm hat der Archetypus des Lehrers den des Künstlers allmählich überwachsen. In dieser didaktischen Wendung des älteren Beuys könnte man ein Vorspiel zu der Lehre von der Selbstfesselung erkennen, die Bazon Brocks kunstethische Interventionen seit langem charakterisiert. Mir scheint es darum, daß Brock – so sehr sein Verhältnis zu dem Meister ansonsten ein kritisches ist – ihm in dieser Wendung am meisten treu blieb. Vielleicht war er der einzige, der die Beuys'sche Hyperbel, jeder Mensch sei ein Künstler, beim Wort genommen und aus ihr eine umfassende pädagogische Strategie abgeleitet hat. Der bis zum Überdruß zitierte Satz bezeichnet ja eigentlich nichts anderes als die Verlegenheit, in der sich alle Menschen befinden, daß sie zu intelligent für das Leben sind und das Leben zu dumm für sie. Die Verlegenheit, Künstler sein zu müssen, ergibt sich aus der Notwendigkeit, das Gefälle zwischen Intelligenz und Leben zu überbrücken – und das kann letztlich nur in der Weise geschehen, daß die schon etwas erprobteren Intelligenzen eine Art von verantwortbarer Infektion in die Gesellschaft hineintragen, um deren Immunreaktion zu stimulieren. Kunst ist also ungeschützter Verkehr mit

Nichts ist peinigender als eine Reihe von zu guten Worten, sie verpflichten zum Unmöglichen.

der Intelligenz des Anderen. Man könnte darum sagen, wer nicht andere zu einem künstlerischen Leben hat verführen können, ist selbst kein Künstler. Ich begnüge mich hier mit der Feststellung, daß Bazon Brock die Bürde des Verführeramts exemplarisch zu tragen wußte. Von zahllosen anderen Dingen, die über die Relation von Beuys und Brock zu sagen wären, muß an anderer Stelle von anderen Autoren gehandelt werden – dabei wäre im Detail zu erläutern, wie diese beiden großen Lehrer das Prinzip der schöpferischen Irritation einsetzten, um spezifische Lerneffekte hervorzurufen.

Der vierte Name, den ich in dieser Konstellationenbetrachtung nennen möchte, scheint fürs erste aus der Reihe zu fallen und ist in Wahrheit doch für das ganze beschriebene Feld grundlegend – ich spreche von Friedrich Nietzsche. Diesen noch immer inkommensurablen Autor zu Bazon Brock in Bezug zu setzen, hat per se die stärkste erhellende Kraft, weil er ja, wenn man es recht betrachtet, der Ahnherr der Performance-Philosophie gewesen ist, die ansonsten Brocks unverwechselbares Markenzeichen bildet. Was ist Zarathustra, wenn nicht der erste virtuelle Performance-Philosoph? – und nur indem Brock sich stilkritisch am zarathustrischen Modell abgearbeitet hat, das bereits eulenspiegelhafte und komödiantische Züge enthielt, gelang es ihm, die Figur des Gegen-Propheten aus der Literatur ins Leben zu übersetzen. In gewisser Weise ist Brock allein als Anti-Zarathustra zu begreifen – was freilich voraussetzt, daß man ihn weiterhin in die ungeheure Landschaft platziert, die durch Nietzsches Intervention aufgerissen worden war. Nietzsche und Brock – Zarathustra und Anti-Zarathustra, diese Namen und Figuren stehen für ein Kulturreformproblem, für welches die Kybernetiker ein evokatives Bild gefunden haben: Es symbolisiert die Aufgabe, das Schiff, auf dem man unterwegs ist, auf offener See umzubauen, um es für die Weiterfahrt tüchtig zu halten. Schon Nietzsche war – wie manche Angehörige der Generation vor ihm – von der Evidenz durchdrungen, daß es mit dem alten Europa auf seinen eingefahrenen Bahnen nicht mehr weitergeht. Die höchste Herausforderung an die Schöpferischen ließe sich demnach in die Formel fassen: Kulturumbau bei laufendem Kulturbetrieb. Sie wurde seinerzeit vor allem mit junghegelianischen Mitteln bearbeitet, also mit Versuchen, von der Theorie zur Praxis überzugehen – das bedeutet: die „bestehenden Verhältnisse" zu revolutionieren oder zu reformieren. Um das Problem lakonisch zu bezeichnen, darf ich an das Feuerbach'sche Programm erinnern, es gehe darum, die an den Himmel verschwendeten Wesenskräfte des Menschen zur Neugestaltung des irdischen Lebens zu reklamieren – so reden deutsche Theologen, wenn sie in den Horizont des Pragmatismus treten.

Wir verstehen heute, daß die vormals alles beherrschende soziale Frage, die das Jahrhundert von der bürgerlichen Revolution von 1848 bis zum Kollaps der faschistischen Revolutionen dynamisierte, in Wahrheit eine noch radikalere Frage überdeckte, die Zivilisationsfrage. Sie war es, die in den Untersuchungen der starken Geister des 19. und frühen 20. Jahrhunderts erkundet wurde. Wo die Zivilisationsfrage gestellt wird, geht es um nicht weniger als den Versuch, das Schicksal zu entschärfen oder den Weltlauf sehend zu machen. Diese Frage liegt all den Spekulationen zugrunde, in denen die maßgeblichen Denker jener Zeit nach Möglichkeiten suchten, die Macht gegen die Macht zu kehren, die Technik gegen die Technik, das Geld gegen das Geld, die Produktionsverhältnisse gegen die Produktionsverhältnisse. Jedes Mal ging es darum, die Unheilsdynamik des sich selbst überlassenen Weltlaufs aufzuhalten, um sie mit einer großen Drehung gegen die bisherige Tendenz zu wenden. Darum waren Revolution und Kehre die dominierenden Bewegungsbilder der Zeit – und sie sind es in mancher Hinsicht bis heute, auch wenn wir inzwischen gelernt haben, der Mythologie der 180-Grad-Bewegungen zu mißtrauen. Wo um so große Einsätze gespielt wird, nimmt die Geschichte im ganzen dramatisch endspielhafte Züge an, insofern der Weltkrieg nicht nur den Kampf um die „Erdherrschaft" bedeutet, wie die damaligen Machtideologen dozierten, sondern mehr noch den Streit um die zivilisierende Umlenkung des Weltlaufs selbst impliziert.

Was Bazon Brock als einen Denker der nach-nietzscheschen Situation auszeichnet, ist der Umstand, daß er mit einer exemplarischen Ausdrücklichkeit die bezeichnete Situation auf sich genommen hat. Er ist der Künstler-Denker der europäischen Nachkriegszeit par excellence. Wie niemand sonst ist er sich dessen bewußt, daß wir im Weltkriegsschatten denken, wenn wir überhaupt denken, und im Weltkriegsschatten Kunst hervorbringen, falls wir überhaupt Kunst hervorbringen. Aus dieser Schattenposition leitet Brock sein ästhetisches und didaktisches Mandat ab, indem er darauf beharrt, daß gerade die Künstler jetzt begreifen sollten, in welchen Kultur-Verstrickungen sich der größte Teil des Kunstbetriebs seit jeher befunden hatte.

Mit diesem Postulat reiht er sich ein in eine Serie großer Denker der Revision, die seit dem 19. Jahrhundert Korrekturen an den Fehlhaltungen der abendländischen Kultur vorzunehmen versuchen. Sie alle werden von gemeinsamen dunklen Evidenzen inspiriert, die sich auf die Unheilspotentiale des zeitgenössischen Weltlaufs beziehen. Sie alle wissen schon, was Paul Valéry am Abend des Ersten Weltkriegs *expressis verbis* niederschreiben wird: daß die Zivilisationen selbst sterblich sind. Sie sehen hellsichtig voraus: Die Kulturen als solche tragen etwas in sich, woran sie endogen scheitern werden, falls sie sich nicht von Grund auf wandeln. Darum ist die Moderne unvermeidlich eine Zeit der Enthüllungen im Scheitern. Wer Zeitgenosse ist, spürt das Krachen im Gebälk der Institutionen. Die Politik geht schief, die Religion geht schief, die Wissenschaft geht schief, die Kunst geht schief, das Wirtschaftsleben geht schief, auch die Revolutionen, und sie vor allem, gehen schief. Die bisherige Aufklärung genügt nicht, der Prozeß der Zivilisation im Ganzen läuft aus dem Ruder. Wovon wir uns das Heil versprachen, erweist sich selber als Teil der Unheilsdynamik, die noch immer darauf wartet, kritisch durchdrungen zu werden.

An keinem Gegenstand lassen sich diese Beobachtungen anschaulicher verdeutlichen, als an der Rezeptionsgeschichte des Denkens von Karl Marx. Er verkörpert den seit dem 19. Jahrhundert wohlbekannten Typus des Revolutionärs, der die Gesellschaft vor ihr selbst retten wollte – ohne freilich die zu rettende Gesellschaft vor den Risiken und Nebenwirkungen der Rettungsmaßnahmen zu warnen. Von Marx darf man – in Abwandlung eines Worts von Max Weber – behaupten, er sei von Gott im Zorn zum Politiker geschaffen worden, genauer zum Homöopathen, sofern Homöopath ist, wer den Verhältnissen ihre eigene Melodie vorspielt, um sie zum Tanzen zu bringen. Ideenpolitiker dieser Tendenz geben vor, das Similimum gefunden zu haben, um den kranken Gesellschaftskörper durch das ihm adäquateste Mittel zu heilen. Wenn wir von Hölderlin hören: Wo aber Gefahr ist, wächst das Rettende auch, so wissen wir seit den Versuchen des 20. Jahrhunderts, von der falschen Theorie in die richtige Praxis überzugehen, daß, wo das Rettende ist, die Gefahr ins Maßlose wächst.

Im Kontext gesehen war der Marxismus keine bloße pathologische Episode. Auf Marx folgen eine Reihe von Autoren ersten Ranges, Nietzsche, Husserl, Heidegger, Deleuze, um nur sie zu nennen, die bei all ihren radikalen Divergenzen die Grundauffassung gemeinsam haben, der Zivilisationsprozeß im Ganzen unterliege einer Fehldrift, die nach Gegensteuerung und Revision verlangt. In diesem Sinn darf man „Revisionismus" nicht länger als das Schimpfwort verwenden, mit dem die Revolutionäre von anno dazumal jede Abweichung von der leninistischen Rechtgläubigkeit denunzierten. In Wirklichkeit ist Revisionismus der wahre Name der Arbeit am gefährdeten Zivilisationsprozeß als solchem. Seine Akteure sind die Orthopäden der Kultur, die das ihre dazu beitragen wollen, erworbene Fehlhaltungen der alteuropäischen Rationalitäts- und Affektivitätskultur zu kompensieren. Unter den zeitgenössischen Autoren nenne ich hier exemplarisch Hermann Schmitz, einen Philosophen phänomenologischer Schule, der von der breiteren Öffentlichkeit wie vom Feuilleton instinktsicher ignoriert wird. Er hat dem Abendland und seinen neu-europäischen Erben einen komplizierten Krankenschein ausgestellt, genauer eine Multimorbiditätsdiagnose, nach welcher diese Zivilisation unter dem vierfachen Übel des Reduktionismus, des Dynamismus, des Autismus und des Ironismus leidet – einer Gruppe von logisch-existenziellen Fehlhaltungen, die nach der Meinung des Verfassers allesamt durch die phänomenologische Therapie geheilt werden könnten, vorausgesetzt, die Patienten wären bereit, von ihren Äonen alten verderblichen Gewohnheiten abzulassen und sich in einer Welt zu resozialisieren, in der die Einzelnen sich wieder verbindlich in geteilte Situationen eingebettet wissen könnten. Damit zeichnet sich eine philosophische Version von Situationismus ab, die zugleich einen neuen Solidarismus bedeutet.

Mit diesen Stichworten ist die ideengeschichtliche Bühne beschrieben, auf welcher sich der Auftritt unseres Künstlers darstellen läßt. Er ist der verbesserte Zarathustra auf dem Markt, wo er sich wie der andere Zarathustra dem Gelächter der Menge aussetzt, während er zu den Hörern spricht: Seht, ich lehre euch den gewöhnlichen Menschen! Einen Menschen, den die Menschheit bislang kaum gekannt hat, befangen wie sie war in ihrem Außergewöhnlichkeitswahn. Verwandtes hatte Nietzsche selbst im Sinn, als er dozierte, diejenigen Menschen, die in der bisherigen Geschichte als die größten galten, die Weisen und Heiligen, seien nur Zwittergebilde aus Pflanzen und Gespenstern gewesen. In dem Gewimmel der heiligen Übermenschen haben wir den normalen Menschen aus den Augen verloren. Wo ist der gewöhnliche Mensch geblieben? Auf ihn warten wir bis heute vergeblich. Bazon Brock hat die Visionen Nietzsches an der entscheidenden Stelle aufgegriffen und modifiziert. Wo Übermenschliches war, soll Gewöhnlichkeit werden. Ihm geht es darum, ein Geburtshelfer zu sein, der am gewöhnlichen Menschen die Fülle des Normalen an den Tag bringt. Theologisch gesprochen ist er der Denker des Pleromas der Mitte. Man muß sich die Ungewöhnlichkeit dieser Aufgabe bewußt machen, um teilweise zu verstehen, warum es bis heute keine angemessene Rezeption seines Werkes gibt, weder in der Akademia noch im Feuilleton. Man kann ja sicher sein, daß diese Lehre all denen gegen den Strich geht, die den hergebrachten Genialismus, Heroismus und Tragizismus der Außergewöhnlichkeitsideologie auf eigene Rechnung fortsetzen wollen.

Bazon Brock hat die Vernunftkritik zu einer Zivilisationskritik fortentwickelt, die in der Verfehlung der Mitte das Grundproblem der vom Heldenkult strukturierten Kulturen erkennt. Jedes seiner Projekte ist Teil eines großen zivilisationstheoretischen Unternehmens, welchem man den Titel „Kritik der postheroischen Vernunft" unterlegen könnte. Als philosophischer Situationist hat Brock eine Theorie der Zivilisierung der Kulturen und der Künste vorangetrieben, die sich unbemüht in den oben beschriebenen Horizont einzeichnen läßt. Darum darf man allen Ernstes sagen, die Brock'sche Performance-Philosophie ist ihre Zeit in Aktionen gefaßt.

Um nur eine der eingreifenden Aktionen exemplarisch zu nennen, verweise ich auf Bazon Brocks Versuch, den Gedanken der Produkthaftung auf Kunstwerke auszudehnen. Das mag ein wenig zu juristisch und prosaisch klingen, verbirgt jedoch eine kulturtheoretisch bedeutsame Operation. Sie impliziert nicht weniger als eine Rückrufaktion für defekte Künstlerpsychen. Dieser Rückruf will die Akteure aus den Werkstätten herauslocken, in denen sie ihr vermeintliches Recht auf Wahnverwirklichung in Anspruch nehmen. Mit einer Wendung, die an die buddhistische Ethik des Unterlassens erinnert, ruft Brock zur Abkehr vom Verwirklichungswahn als solchem auf. Ist es nicht selbst ein Symptom der dynamistischen und autistischen Verirrungen unserer Kultur, wenn Armeen von sogenannten Begabten zum Selbstverwirklichungsfeldzug aufbrechen, indessen doch längst klar sein dürfte, daß es darauf ankäme, die Welt vor den Selbstverwirklichern zu schützen? In seiner Kritik der Verwirklichungsvernunft hat Brock entschieden klar gemacht, daß nie der Zweck die Mittel heiligt, sondern daß stets die Mittel den Vorrang haben müssen. Wer auf die Mittel schaut, weiß über die Zwecke genug.

So wie Oscar Wilde einst das delphische „Erkenne dich selbst" durch das „Sei du selbst" ersetzte, das als Inschrift über dem Portal zur neuen Welt stehen sollte, so ersetzt Bazon Brock das moderne „Verwirkliche dich selbst" durch ein postmodernes „Fessle dich selbst". Darin drückt sich die bedenkliche Suggestion aus, die antike Mahnung, sich selbst zu erkennen, sei heutigentags nur durch Selbstfesselung zu befolgen. Plausibel ist dies, wenn man bedenkt, daß der delphische Satz nichts anderes als die Empfehlung aussprach, sich in der Mitte zu halten und zum Göttlichen wie zum Bestialischen auf Distanz zu gehen. Brock hat diesen Imperativ bereits bei der Wahl seines Vornamens befolgt, als er die Selbstfesselung mit der Selbstreimung beginnen ließ. Fessle dich, das hieß in seinem Fall auch, alliteriere dich – so schritt er ein halbes Jahrhundert lang als ein lebender Stabreim durch die Welt, bündig und verbindlich.

Ich komme zum Schluß und ende mit der Feststellung, daß es mir nicht gelingen konnte, Bazon Brock, dem großen Mitbringer, etwas materiell Faßbares mitzubringen. Es bleibt mir nichts anderes übrig, als den Versuch einer Würdigung abzubrechen, um den Jubilar statt dessen persönlich anzusprechen, in einer Anrede, der er sich nicht entziehen kann und wohl auch nicht entziehen will. Lieber Bazon Brock, Sie müssen es aushalten, wenn ich von Ihnen sage, Sie sind der redlichste Mensch unserer Zeit. Wir alle, denke ich, verstehen das Wort „redlich" mit der Fülle des Klangs, die es trägt, seit Nietzsche gelehrt hat, die intellektuelle Redlichkeit als die höchste der Tugenden zu schätzen. Lassen Sie mich Ihnen zum Abschluß eine lyrische Wendung widmen, die mir seit jeher als die schönste Gedichtzeile des 20. Jahrhunderts erschienen ist. Ihnen, dem Künstler, dem Denker, dem Lehrer möchte ich den Schlußvers aus Paul Valérys Gedicht *Le cimetière marin* zueignen, der lautet: „Le vent se lève! Il faut tenter de vivre! Der Wind kommt auf! Versuchen wir zu leben." Schon immer schien es mir, daß der Vers das Beste in sich birgt, was das 20. Jahrhundert zu sagen hatte – wir werden es nicht widerrufen. Bazon Brock, Ihr Ort war stets dort und wird dort bleiben, wo der Wind sich hebt und Menschen sich bereit machen, der Schwierigkeit zu sein, zu begegnen.

Dankgeben
ist leichter als
Danknehmen.

erstens +
Musealisiert Euch!

Musealisiert Euch!
Europas Zukunft
als Museum der Welt
„Ein Lustmarsch
durchs Theoriegelände"

ein leitend:

In elf der bedeutendsten Museen Deutschlands, Österreichs und der Schweiz trainierte Bazon Brock 2006 die Teilnehmer des Lustmarschs durchs Theoriegelände für die Zukunft der Europäer in der Totalglobalisierung. Wir haben viel zu lernen, um demnächst den Hunderten von Millionen chinesischen, indischen und arabischen Touristen als interessantes Ferienerlebnis dienen zu können. Europas Errungenschaften wie Demokratie, Rechtsstaat, Sozialstaat, Säkularisierung, Würde des einzelnen Menschen, Freiheit der Wissenschaften und Künste werden künftig kaum eine Rolle in der Welt spielen. Wir hielten uns für die Sieger der Geschichte und müssen jetzt fürchten, aus der Geschichte zu verschwinden. Gegen den Schrecken dieser Einsicht hilft eine kleine Einübung in das etruskische Lächeln, welches Einverständnis mit dem eigenen Schicksal signalisiert.

Wem das nicht reicht, der muß sich behaupten lernen, aber nicht aus dem Allmachtsgefühl technischer, wissenschaftlicher und wirtschaftlicher Überlegenheit wie bisher, sondern aus der Ohnmachtserfahrung der Europäer als kleiner gefährdeter Art im Menschenzoo. Wer's nicht glaubt, wird dran glauben. Deshalb gilt es,

Vom aasigen zum etruskischen Lächeln:
Übt Euch im Einverständnis mit dem eigenen Ende!

sich rechtzeitig auf diese Zukunft vorzubereiten: Macht Euch fit, um als Museum der Welt ansehenswürdig zu werden. Musealisiert Euch! Denn Musealisierung ist die einzig aussichtsreiche Form der Zivilisierung von Kulturen im Vormachtstreben.

Wem die Stunde geschlagen hat: Europe fades away. Noch ein Untergang des Abendlandes?

Mit mokantem Lächeln und dem expliziten Vorwurf, man leide unter Verfolgungswahn, weisen die scheinbar Aufgeklärten jedes Eingeständnis zurück, daß mit der Vormachtstellung Europas in der Geschichte der Moderne endgültig Schluß ist. Diese Leugnung entspringt nicht angstfreier Souveränitätsbehauptung. Sie ist Weigerung gegenüber der Einsicht in die zukünftige Nichtigkeit der eigenen Position.

Ökonomie der Aufmerksamkeit
– für eine penetrante Personalie (Max Hollein)

Gegenwärtig ist für jeden halbwegs Orientierten unübersehbar, daß die Europäer nicht zur Kenntnis nehmen wollen, wie Rußland, China und Indien ihnen längst den Rang abgelaufen haben. Dies geschieht entweder aus imperialistischem Dünkel durch die Erfahrung bisheriger wissenschaftlich-technischer Überlegenheit oder aus Allmachtsphantasien, die Führung des Menschheitsfortschritts seit Jahrhunderten übernommen zu haben und auch in Zukunft behalten zu können. Sich beim großen Bruder USA mit Machtbewußtsein aufzutanken, ist nach dem Desaster des *imperium americanum* nicht mehr möglich. Auf den Wirtschafts- und Finanzweltseiten der großen Tageszeitungen, wo die Fakten zur Beschleunigung des europäischen Abstiegs aus der Weltführung unübersehbar geboten werden, verlegt man sich aufs Herabspielen und Verleugnen. „Das Leben ist nun einmal nicht gerecht", heißt es sogar in Chefkommentaren zur Zerstörung europäischer Lebens- und Wirtschaftsformen. Spätestens seit Sigmund Freud weiß man, welche katastrophalen Folgen derartiger Umgang mit Kränkungen von Selbstbewußtsein zeitigt. Kränkungen gesteht man nicht gern ein, da sie als Zeichen der Verwundbarkeit und der

Schwäche verstanden werden müssen respektive als mangelnde Souveränität oder mangelnde soziale Kompetenz. Also versucht man, die bedrohenden Kränkungen zu verdrängen, zu leugnen oder sie ins Gegenteil zu verkehren. Schwache Charaktere verstehen meisterlich, die unverhüllten, wenig subtilen Kränkungen noch als Ausdruck intensiven Interesses an der eigenen Person umzudeuten. Das gilt nicht nur für das Individuum, sondern auch für Kollektive wie die der Standespolitiker, Parlamentsfraktionen, Unternehmerverbände und ganze Fakultäten. Dabei haben die Europäer schon einige Male mit solchen Verleugnungen der Realitäten Erfahrungen machen können:

I. mit der Kopernikanischen Kränkung, also der zugemuteten Einsicht, daß nicht die Erde im Mittelpunkt der von Gott geschaffenen Welt stehe, tut sich die Kirche bis in die Gegenwart schwer (Galileo wurde erst am 2.11.1992 offiziell rehabilitiert);

II. mit der Darwin'schen Kränkung, derzufolge man nicht anerkennen wollte, daß der Mensch, wie alles andere Leben auf Erden, ein Produkt der Evolution sei; diese Kränkung verleitet gegenwärtig auch die angeblich so hoch zivilisierte westliche Welt zu wissenschaftlich verbrämten Ideologien, die als Lehre vom „intelligenten Design" sogar Lehrbuchstatus erhalten haben;

III. mit der Einstein'schen Kränkung, daß Raum und Zeit keine absoluten, konstanten Größen sind, sondern sich jeweils mit Beziehung auf den mit ihnen rechnenden Beobachter wandeln: man versuchte, diese Kränkung abzuschwächen durch karikierende Pointen wie die, alles sei eben relativ, also auch die Einstein'sche Erkenntnis;

Antizipation und Empathie – Voraussehen und Vorausleiden sind die Wächter der wahren Empfindungen ostwärts.

Modellstehen für Völkerentertainmentdenkmal
(1813, 1913, 2013)

Blick vom Völkerschlachtdenkmal

IV. mit der gegenwärtig am intensivsten erfahrenen Kränkung unseres bürgerlichen Selbstbewußtseins durch Neurowissenschaftler. Sie bestreiten, daß Menschen souverän und verantwortlich über die Funktionen ihres Weltbildapparates namens Gehirn verfügen können. Diese gut begründete Vermutung scheint so inakzeptabel zu sein, daß man sie durch willkürliche Ableitungen von Konsequenzen ins Absurde überführt. Die Strafmündigkeit, die Verantwortung des normal funktionstüchtigen Täters für seine Taten, wird durch die Untersuchungen der Neurophysiologen nur dann berührt, wenn man ein Interesse hat, das Prinzip der Verantwortung außer Kraft zu setzen. Das scheint bei vielen Parlamentariern, Unternehmern, Bankern und Börsen-Vabanque-Spielern der Fall zu sein. Sie stecken in einem Dilemma: Entweder erkennen sie an, daß mit ihrer Planungs- und Steuerungsmacht kaum etwas zu erreichen ist – dann dürfte aber niemand mehr bereit sein, ihnen für diese Tätigkeiten horrende Einkommen zuzugestehen – oder sie akzeptieren ihre Macht, dann müßten viele von ihnen aufgrund der Verantwortung für ihr Versagen allerdings schleunigst ihrer Funktion enthoben werden, um nicht noch größeren Schaden anzurichten. So liest man denn, an der mutwillig eingegangenen und mit der Intelligenz von Kriminellen ausgeklügelten Vermarktung von Hypotheken – die sich erwartungsgemäß als heiße Luft erwies – sei die Hypothekenkrise Schuld; die Banken und ihre Herren seien selbst arme Opfer der Krise geworden.[1] Herzlichen Dank, Professor Singer![2]

Kein Zweifel, der Westen wird durch seinen Allmachtswahn liquidiert (und nicht etwa durch den bösen Islamismus), der nach dem Untergang der UdSSR als sichtbares Zeichen des vermeintlichen Triumphs des Westens über den Osten die Wirtschafts- und Finanzbosse, aber auch viele Politiker höchster Funktionsränge ergriff. 1989/1991 schied der Westen aus der Weltgeschichte aus und nicht etwa die historischen Monster Kommunismus und Dritte Welt. Der Wahn nannte sich „Globalisierung", also Ausbreitung der westlichen Allmachtsphantasien auf die ganze Welt. Ohne Beschränkung durch eine Gegenmacht, ohne Kontrolle an der Wirklichkeit, ohne das Gegengewicht des sozialistischen Lagers entartete die Westideologie zum Neoliberalismus, der ganz und gar wahnhaft ist, weil zum Beispiel der Markt die Bedingungen seines eigenen Funktionierens nicht selber schaffen kann. (Böckenförde-Diktum). Zu diesen Bedingungen gehört zum Beispiel das Vorhandensein eines Rechtssystems. Das aber kann der Markt nicht selber hervorbringen, ebenso wenig wie viele andere Steuerungsinstrumente für sein Funktionieren – erst recht kann er sie nicht selber durchsetzen. Der bedingungslos freie Markt, der angeblich alles reguliert, ist eine Wahnidee, deren zerstörerische Auswirkung diejenige der Planwirtschaft weit übertreffen dürfte.

Das wäre eine der möglichen Bewertungen; eine zweite führte womöglich zu einem noch peinlicheren Effekt des sozialpsychologisch deutbaren Polit-Sadomasochismus (sms – short mess service): zur Anerkenntnis nämlich, daß die 68er die erfolgreichste Generation aller historischen Zeiten gewesen sind; und wer wollte das schon akzeptieren bei willkürlich sich zusammenrottenden wohlstandsverwahrlosten Kindern, utopiesüchtigen Sozialphantasten und Pornographieliebhabern. Was wollten diese Klamaukbrüder? Ihresgleichen wünschten, ob sie Amerikaner, Holländer, Franzosen oder Deutsche waren, den möglichst radikalen Niedergang der US-amerikanischen Vormachtstellung, den Sieg der Russen im Ost-West-Konflikt und den Sieg der Maoisten im Kulturkampf gegen verstockte Konservative, die Befreiung der Dritten Welt sowie den Sieg der Afrikaner über den weißen Rassismus. Das war Wunschgebet und Stoßziel aller 68er – und was ist dabei herausgekommen? Vierzig Jahre später ist der amerikanische Führungsanspruch in der Welt völlig desavouiert; Rußland und China gelten ohne jeden Zweifel als die einflußreichsten Großmächte der Zukunft; die Dritte Welt entdeckte den Islam zwischen Malaysia/Indonesien und Algerien/Marokko als die sie gemeinsam bestimmende Kraft, der sich längst Europa und USA anempfohlen haben; und die afrikanische Urmutter der Menschheit konnte sich offiziell mit der Kennzeichnung der Schwarzen in den USA als afrikanische Amerikaner politisch korrekte Geltung verschaffen. Welch ein Triumph für die 68er, selbst wenn sie nichts zur Verwirklichung ihrer Vision beigetragen haben, sondern diese von den Herren der Globalisierung in den Schoß gelegt bekamen. Ja, gerade deshalb könnte man die 68er glattweg als von Gott begnadet ansehen, denn was außer der göttlichen Gnade ermöglicht die Erfüllung auch der absurdesten Kinderträume, die ja bekanntlich durch den märchenhaften Horror ausgedrückt werden.

Wenn das unsere Zukunft bestimmt, was selbst die 68er nur zu wünschen wagten, ohne mit dessen weltpolitischer Durchsetzung zu rechnen, dann versuchen wir, auf diese Zukunft vorzubereiten und zu deren produktiver Bewältigung beizutragen mit der nachfolgenden Dokumentation des „Lustmarsches durchs Theoriegelände", der 2006 unter dem Generaltitel „Eine schwere Entdeutschung" in elf Zivilisationsagenturen, genannt Museen, Archive, Theater, Universitäten, Galerien, absolviert wurde.

Am Ende stand der Appell: „*Musealisiert Euch!*" Er ist die kürzeste Zusammenfassung des Ergebnisses einer gelungenen schweren Entdeutschung.[3] Die Vermarktungsstrategen von Attitüden des Modernismus, des Fortschrittsgetues haben alles daran gesetzt, den Begriff der Musealisierung abzuwerten und zum bloßen Aufbewahren von bedeutungslos, veraltet, unbrauchbar gewordenem Gerümpel umzudeklarieren. Historisch wie systematisch gesehen, kennzeichnet aber Musealisierung weiß Gott keine omahafte oder Künstlern eigentümliche Marotte. Darauf verwiesen im Badischen Landesmuseum Karlsruhe Bazon Brock, Peter Sloterdijk und Peter Weibel, als sie am 24. November 2007 Mustafa

Kemal Pascha, den Gründervater der modernen Türkei, zum Beispielgeber für das Programm „Musealisierung als Strategie der Zivilisierung" erhoben. Denn am 24. November 1934 erließ Atatürk ein Dekret, auf Grund dessen dem Kultur- und Religionskampf zwischen dem islamischen Südosten Europas und dem christlichen Westen eine neue, einzig zukunftweisende Richtung gegeben wurde. Atatürk verordnete die Umwandlung der großen Moschee von Istanbul in ein Museum. Diese Moschee war von den Zeiten ihres Erbauers Kaiser Justinian an bis 1453, bis zur Eroberung Konstantinopels durch die Osmanen, als Hagia Sophia der größte und bedeutendste Kultbau des orthodox-christlichen oströmischen Reiches. Atatürk hatte die Vision, daß dieser grandiose Sakralbau weder als Triumphzeichen eines endgültigen Sieges des Islam über das Christentum noch als Mahnzeichen älterer christlicher Rechte mißbraucht werden dürfe. Weder christlicher noch moslemischer Triumph, sondern zivilisatorischer; weder Glaubensfestung der einen noch der anderen religiösen Gewißheit, sondern Repräsentation der universalen Menschheit sollte dieser Kultbau sein – so verfügte Atatürk und gab in der Tat damit das bis dato bedeutendste Beispiel für die denkbare Beherrschung der Religions- und Kulturkriege, deren radikalste Vertreter heute mit ihren zerstörerischen Erzwingungsstrategien den Westen wie den Osten in Schrecken versetzen.

An dieser bisher kaum angemessen gewürdigten zivilisatorischen Großtat eines sich als Westler bekennenden Politikers, Staatsmanns und Militärs wollen wir unser Ziel der schweren Entdeutschung orientieren. Wenn wir Europa nicht in permanenten Kultur- und Religionskriegen und in anderen blutigen Auseinandersetzungen um seine zukünftige Überlebensfähigkeit sang- und klanglos in die weltgeschichtliche Bedeutungslosigkeit fallen lassen wollen, gibt es nur eine, eben die von Atatürk gewiesene Möglichkeit der Musealisierung, um Frieden zu halten. Als „living museum", als Freiluftmuseum der Welt könnte Europa der zukünftigen Menschheit zur Erforschungs- und Erkenntnisstätte werden, in der man lernte, daß Respekt und Anerkennung für die religiös-kulturellen Leistungen der jeweils anderen nirgends besser erfahren werden können als in den Museen. Sie sind neben den Universitäten und Technischen Hochschulen diejenigen Errungenschaften des Westens, die weltweit Geltung genießen und entsprechend übernommen wurden. Das aber hieße nicht Untergang des Abendlands, sondern Europa als Avantgarde für die einzig denkbare Befriedung der von Machtpolitik, ethnisch-rassischem Hegemonialstreben und ökonomisch begründeter Suprematie zu allen Zeiten gleichermaßen in Dienst genommenen kulturell-religiösen Prägung der Menschen.

Die Empfehlung „*Musealisiert Euch!*" gilt aber auch den Individuen, die das schon längst wissen, selbst wenn sie nur Kindheits- und Ferienphotos in Schuhkartons oder inzwischen elektronisch speichern, ohne jede Chance zu deren angemessener Nutzung. Angemessen wäre zum Beispiel, sein eigenes Leben genau so ernst zu nehmen wie das von Künstlern, Staatsmännern, Religionsstiftern oder das von herausragenden Mitgliedern von Familien, Vereinen, Verbänden, Unternehmen, Kulturgemeinschaften oder gar Nationen. Deswegen gehen wir ja ins Kino und Theater, um am Beispiel der dort verhandelten Biographien zu lernen, wie man einen eigenen Entwurf eines Lebensplans zustande bringt und ihn unter den höchst beschränkten Verhältnissen des Alltags produktiv werden läßt. Dabei geht es nicht mehr um das Pathos, auch in sozialem Status und übernommenen Rollen der zu werden, der man eigentlich ist oder sein könnte oder sein möchte; sondern es gilt zu erkennen, wie man immer nur der wird, der man nicht ist – also gerade unter Anerkennung unserer eingeschränkten Autonomie. Sich zu musealisieren heißt, so zu leben, daß es über dieses Leben etwas Interessantes zu erzählen gibt. Und zwar nicht nur im Rückblick, sondern auch im Vorausblick. Selbst Menschen, denen von Kindesbeinen an die größten Chancen zur Wahl einer Biographie geboten werden, können schließlich jeweils nur eine konkrete Möglichkeit zu leben ergreifen. Aber alle Menschen werden in ihrer Einstellung zur Zukunft ganz entscheidend durch das Spektrum der Möglichkeiten bestimmt, das sich ihnen als Alternative geboten hat oder das sie sich eröffnen konnten. Obwohl wir immer nur jemand Bestimmtes sein können, ist die Bedeutung dieses

Aktion
im Bild: Wir geben das Leben
dem Kosmos zurück. Medien der bildenden Wissenschaften

Jemand doch davon abhängig, welchen Reichtum an Wahlchancen er überhaupt zu erfassen und für sich nutzbar zu machen vermag – jeder gewinnt sozusagen Potenz, also Lebenskraft als Freiheit, sich nicht auf ein Verhaltensmuster festnageln lassen zu müssen.

Eröffnungsspiel: Preußische Partie

„ *Man hat überhaupt nötig, an sich erinnert zu werden, insofern als wir das unsere durchaus nicht immer gegenwärtig beisammen haben [...] nur in Augenblicken seltener Klarheit, der Sammlung und des Überblicks wissen wir wahrhaft von uns.* "

(THOMAS MANN)

Der viel zitierte Mathematiker, Omnibus-Erfinder und Religionsphilosoph Blaise Pascal kannte offensichtlich ein Glücksrezept, wenigstens aber eine Empfehlung für die Vermeidung des Unglücks. Pascal meinte, alles Elend der Menschen rühre daher, daß sie es nicht in ihren Zimmern aushielten und ständig irgendwohin weglaufen wollten. Meinte er jedes Zimmer, von der

Mönchseremitage über die Gefängniszelle bis zu den im Kochdunst eingenebelten Kleinbürgerbehausungen, wie sie uns Heinrich Zille und Gerhard Hauptmann vor Augen hielten? Konnte Pascal sich Köln-Chorweiler, Berlin-Gropiusstadt und Hamburg-Steilshoop vorstellen?[4] Alle Weisheit der Welt reicht nicht hin, um den Wunsch zu löschen, aus diesen Folterkammern der Leiber und Seelen zu entkommen. Wie also sollte ein Zimmer aussehen, in welchem man der Pascal'schen Empfehlung gerne folgen würde?

Seit hundert Jahren gibt es unzählige Anleitungen von Künstlern, Innenarchitekten, Designern, Lebensreformern, Karriereberatern und Promotern, die Wohnung zu einem Bild der eigenen Welt werden zu lassen: Denn schließlich leben Menschen nicht in Ziegelsteinhaufen, sondern in Vorstellungsräumen und Erinnerungslandschaften. Ich habe mich selbst als Experimentator im Felde des Designs, also der Ästhetik in der Alltagswelt, ins Zeug gelegt.[5] Warum Design? Die Antwort, die die Besucher unseres Pascal'schen Zimmers getrost nach Hause nehmen können, lautet: Mit der Entwicklung des Designs, also einer spezifischen Form angewandter Künste im Zeitalter industrieller Massengüterproduktion, wurde zum ersten Mal einem menschheitsgeschichtlich einmaligen Fortschritt entsprochen, nämlich der Einsicht, daß nur die Mittel die Zwecke heiligen und nicht umgekehrt. Die hohen und höchsten Handlungszwecke lassen jedes Mittel zu ihrer Realisierung akzeptabel erscheinen. Die Designer nahmen sich vor, zunächst die Mittel unserer Lebensbewältigung zu optimieren, anstatt, wie es etwa Künstler der Moderne taten, dem Zweck der Selbstverwirklichung als schöpferische Genies rücksichtslos alles zu opfern.

Nur die Mittel heiligen den Zweck

Den Künstlern war und ist jedes Mittel, jedes Material, jede Strategie und jede Methode recht, um sich als gnadenlose Konkurrenten Gottes in Szene zu setzen.[6] Im 20. Jahrhundert sollte man spätestens gelernt haben, daß selbst die höchsten Zwecke, etwa die Etablierung eines universalen oder bloß eines nationalen Sozialismus, angesichts der Mittel zu ihrer Durchsetzung, wie sie Stalin oder Hitler anwandten, völlig belanglos wurden. Human werden solche Weltverbesserungsvorschläge weder durch Gottes Segen oder den Zuspruch des Weltgeistes noch durch den Zeitgeist in Gestalt außerordentlicher Denker- und Führerpersönlichkeiten, sondern allein durch die Wahl von Mitteln, die die Würde des einzelnen Menschen unter allen Bedingungen wahren.

Wie bewährte ich mich als Designer?[7] 1996 habe ich in Wien eine Variante des erwähnten Pascal'schen Zimmers installiert: das Kierkegaard'sche Zimmer. Unter dem Pseudonym Johannes Climacus gab Kierkegaard Einblick in seine Biographie, vor allem in die Kindheitserlebnisse eines Weltenwanderers, eines *viator mundi*. Grundlegend für die Entwicklung des Kierkegaard'schen Weltverständnisses war demnach eine besondere pädagogische Anleitung durch den Vater. Wann immer die Kinder den Vater baten, mit ihnen hinauszugehen und ihnen die Wunder des Lebens zu zeigen, machte er mit ihnen eine Wanderung durch das eigene Haus und leitete sie an, die Möbel und Bilder, die Stoffe und Steine, die Gerätschaften und Lichtquellen des Hauses heute als Environment der Stadt Paris, morgen als Urwaldlandschaft und übermorgen als Ausstattung eines Wikingerschiffs auf dem Wege ins Unbekannte westwärts, dem Grünenland entgegen, zu imaginieren.

Haus der deutschen Kunst entdeutscht durch Verkündigung auf Widerruf (Juli 2006)

Sowohl Pascal'sches wie Kierkegaard'sches Zimmer rekurrieren auf die Tradition des Memorialtheaters. Damit bezeichnete man Architekturen des Gedächtnisses in Einheit von Erinnerung und Vorstellung.[8] Es galt, die Gedächtniskunst zu erweitern. Eine im 16. Jahrhundert entwickelte Methode wenden Gedächtniskünstler noch heute an: Die einzuprägenden Zahlen, Namen und Fakten verknüpfen sie mit der Vorstellung, sich durch ein prägnantes Gebäude oder eine interessante Stadtlandschaft zu bewegen. Dabei werden die Gedächtnisinhalte an auffälligen, markanten Punkten der Landschaft oder Architektur gleichsam abgelegt. Indem man die Landschaft oder Architektur im Geiste durchwandert, gelangt man wieder zu den „deponierten" Namen, Zahlen und Fakten. Die Landschafts- oder Architekturräume erhalten zudem vom Gedächtniskünstler ein Gemütsklima, eine Stimmung zugeordnet. Entsprechende Beleuchtung wird heute noch im Theater als Stimmung bezeichnet.

Analog zum Memorialtheater entwickelten die Autoren der nachtfarbigen Romantik wie Wilhelm Wackenroder, Ludwig Tieck, E.T.A. Hoffmann, Edgar Allen Poe, Utopiker und Futurologen wie Jules Verne, Stanislav Lem und Stanley Kubrick, oder Phantasmagogen wie Stephen Spielberg, Andrej Tarkowskij und Peter Greenaway nach dem Beispiel des Memorialtheaters ein Theater der spekulativen Einbildungskraft.[9]

Antizipation und Empathie – Voraussehen und Vorausleiden

Seit Jahrhunderten werden derartige architektonische Gedächtnisräume entwickelt. Ein solcher ist auch unser „Theoriegelände". Jedem Ensemble der Ausstellungsobjekte liegt ein Thema zugrunde, das wir aus dem Panorama deutscher Obsessionen, die unsere Köpfe beherrschen, entnommen haben. Die Koppelung von Erinnerungen und Gefühlen an immer wiederkehrende Reaktionen nennt man Traumatisierung. Der hier repräsentierte mnemotechnische Aufbau orientiert sich in erster Linie an den Traumata deutscher Bürger, die es nicht fertig brachten, ihr individuelles Verhalten und ihre Verpflichtung auf nationale, kulturelle und soziale Identität in Einklang zu bringen. Solch unglückliches Bewußtsein führt aber auch zu höchst bemerkenswerten Selbstrechtfertigungs- und Entlastungsstrategien. Eine davon besagt, daß generell die Bildung von Kollektivgedächtnis an Entlastung von Traumatisierungsfolgen gebunden sei. Dafür bietet das Schicksal des jüdischen Volkes das bekannteste Beispiel. Nach der Zerstörung des Zweiten Tempels in Jerusalem durch die römische Armee des Kaisersohns Titus im Jahre

Genuß der Entfremdung, einmal wie der „Weiße Riese" beworben zu werden.

70 n.Chr., nach der Aufhebung ihres staatlichen Verbundes und der Vertreibung gelang es den Juden in der Diaspora, der überall gleich fremden und heimatfernen Welt, im Nirgendwo des Überall, den Zusammenhalt einer Kultur- und Religionsgemeinschaft gerade durch die ständige Erinnerung an das traumatisierende Ereignis zu bewahren. Das besagt der rituelle Gruß „Nächstes Jahr in Jerusalem", wobei bis zum Beginn der zionistischen Bewegung nicht in erster Linie der geographische Ort Jerusalem gemeint war, erst recht nicht ein definiertes Territorium oder ein Nationalstaat. Gemeint war vielmehr ein Vorstellungsraum der weltgeschichtlichen Heilsbewegung, in dem das jüdische Volk wie seine Individuen alle historisch wie systematisch gegebenen Bestimmungen ihres Selbstbewußtseins als Glieder des Volkes Gottes bewahren konnten.

Um für ein solches Verhältnis von Biographie und Utopie zwei Beispiele zu geben: Zwar ist mit „Paradies" eben der Ursprungsort früher menschheitlicher Entwicklung bezeichnet, aus dem sich das Adjektiv „paradiesisch" ableitet; aber uns ist allen völlig klar, daß wir in dieses Paradies nicht zurückkehren können. Eine ähnliche Erfahrung mit dem Verhältnis von Vorstellungswelt beziehungsweise Raum der Erinnerung und den realen geographischen Räumen ruft der Begriff „Heimat" auf. Er kennzeichnet die Orte kindlicher Entwicklung unseres Weltverständnisses und späterer Bestätigung der Erinnerungsbilder; aber Heimat wird erst zu einer beherrschenden Suggestion, wenn man sie verlor oder verlassen mußte. Wer den Versuch macht, in sie zurückzukehren, erfährt in der Regel, daß sich der überwältigende Glanz der Heimatlichkeit schnell abschwächt. „Paradies", „Jerusalem", „Heimat" erweisen sich offenbar als besonders faszinierend, solange zwischen unseren Vorstellungsräumen und den realen Lebensräumen ein tiefer Riss spürbar ist.

Wer die Traumatisierung von Individuen wie Kollektiven auch nur anspricht, geschweige denn zur ihrer Therapierung beitragen will, hat sich einer grundsätzlichen Frage zu stellen: Soll die traumatisierende Erfahrung gelöscht, also vergessen werden, um Leidensdruck zu vermindern und gewissermaßen Souveränität über die bisher zwanghaften Reaktionen auf die Erinnerungen an das traumatisierende Ereignis zu gewinnen? Oder zielt man darauf ab, daß die Leidenden durch immer stärkere Symptomverordnung gegenüber den auslösenden Ereignissen allmählich abstumpfen?[10] Was immer Psychotherapien oder „Erinnerungskulturen" zur Beantwortung dieser Frage bisher beigetragen haben mögen – wir orientieren uns mit unseren Anleitungen auf eine weitere Möglichkeit der Vermittlung zwischen Erlebnis und Reaktion oder Vorstellung und Aktion oder intrapsychischem Geschehen und Kommunikation. Gemeint ist die menschliche Kraft zur Antizipation und zur Empathie, den wichtigsten Gestaltungsgrößen von Memoriallandschaften und Memorialtheater. Empathie bezeichnet im Unterschied zu Sympathie nicht nur ein Mitleiden im Nachvollzug, sondern ein Vorausleiden, d.h. die vorlaufende Erfahrung des noch nicht Eingetretenen, aber jederzeit Erwartbaren. Die Fähigkeit zum Vorauslaufen der Vorstellung vor der konkreten Wahrnehmung bezeichnet der Begriff Antizipation.

All unser Planen basiert auf dieser Kraft zum vorwegnehmenden Rechnen mit noch nicht eingetretenen Ereignissen und zur Bewertung von deren Folgen. Antizipation und Empathie kennzeichnen unsere Arbeit im Theorie- und Therapiegelände, im Museum als Heimat, im Theater als Paradies und in der Mediensimulation als himmlischem Jerusalem (das hieß einstmals Kathedralenbau). Die äußerste uns mögliche Vorwegnahme ist die des eigenen Todes oder gar des Endes der Welt (Heidegger nannte das den Vorlauf zum Tode). Die empathische Bewertung dieser ultimativen Ereignisse führt aber, entgegen aller landläufigen Auffassung, nicht dazu, im Jammer zu versinken oder die Nichtigkeit der Welt fast triumphal gegen jede andere Einstellung zu behaupten. Nichts ist eitler und wahnhafter als die seit antiken Zeiten überlieferte, vermeintlich tiefste Einsicht, daß angesichts des Endes alles menschliche Wollen nur eitle Vergeblichkeit sei. Denn die anthropologisch wie theologisch wie sozialpsychologisch gleichermaßen gut begründete Schlußfolgerung aus der menschlichen Kraft zur Antizipation führt gerade zur gegenteiligen empathischen Bewertung: Wer sich auf das Schlimmste vorwegnehmend einläßt, hat tatsächlich die beste Chance, den drohenden Schrecken zu überstehen; oder: Wer sein oder das apokalyptische Ende der Welt gedanklich vorwegnehmen kann, ist nicht mehr durch Angst terrorisierbar und hat damit die Kraft, immer erneut zu beginnen (mit dem Apfelbaumpflanzen oder dem Buchschreiben oder der Zeugung von Kindern).[11] Kirchenvater Augustin behauptete sogar, daß die Menschen geschaffen worden seien, damit in der Entwicklung der Welt neben den Ereignissen aus dem unbeeindruckbaren Walten der Naturgesetze die Möglichkeit zur Geltung komme, gerade durch die Vorwegnahme des radikalsten Endes die Kraft zum jederzeitigen und immer erneuten Beginnen zu finden. Ernst Bloch nannte es das „Prinzip Hoffnung". Wir nennen es die Parallelführung von Antizipation und Empathie, von Vorauswissen und Vorausleiden.

Beten verboten!
Vom Kunstpaulus zum Kunstsaulus

Spazierensitzen im Theoriegelände

Es ist mehr als Kalauerei, wenn man in diesem Zusammenhang an die Erfahrung machtbewußter und stress-resistenter Protagonisten unserer Gesellschaft erinnert. Einer von ihnen empfahl das Aussitzen als eine Form der Vermittlung von Aushalten und unbeirrter Initiativkraft gerade angesichts recht unschöner Aussicht auf ein zwangsläufiges Ende der Unternehmung. Verständlicherweise empörte diese Haltung viele Zeitgenossen, weil sie sie für das Zeichen gottgegebener Unbelehrbarkeit hielten. Das mochte durchaus so erscheinen, aber als Hinweis auf eine allgemeingültige Handlungsmaxime für Menschen, die sich zwischen Wissen und Hoffen heillos hin- und hergerissen fühlen, vermag das Aussitzen durchaus sowohl panikartige Flucht wie angstvolles Erstarren in einer Art Totstelleffekt zu verhindern.[12] Homer nannte seinen Helden Odysseus den großen Dulder, der durch seine Leidensfähigkeit (herkömmlich Toleranz genannt) in jeder noch so bedrohlichen Situation die Kraft zur Initiative bewahrte, um das ganz und gar Unwahrscheinliche, die Heimkehr, zu vollenden (natürlich mit der Erfahrung, daß Odysseus bei der Rückkehr nur noch von seinem Hund als der identifiziert wird, der einstmals aufbrach). Als solche Dulder angesichts der Zumutungen einer schweren Entdeutschung sehen wir die Teilnehmer am „Lustmarsch durch das Theoriegelände", einem zunächst verwirrenden Parcours, den auf den ersten Blick kaum jemand unbeschadet absolvieren zu können glaubt, am wenigsten die anleitenden Beispielgeber selbst.

    Um die Duldungsbereitschaft unserer Teilnehmer einerseits gegen die Verlockung zur tierischen Duldungsstarre und andererseits gegen hypnotischen Verfall in Museumsschlaf zu feien, bieten wir ihnen das im Politischen heikle Aussitzen als ein museal heiteres Spazierensitzen an. Sollten Spazierenstehen und Spazierensitzen je olympische Disziplin werden, darf ich mir Hoffnung auf einen Medaillenrang machen, weil ich sowohl Werksangestellte wie Studierende, Hauptstützen der Ökonomie wie Hausfrauen und Rentner, Wehrdienstleistende und Symposiarchen stundenlang zum durchhaltenden Erdulden von Trainingsanleitungen für

Von Veteranen und FettenAhnen: Ein Fan-ethiker konfrontiert Bazon mit seiner Vergangenheit.

Voraussehen und Vorausleiden motivieren konnte.

Abhängig von den jeweiligen Möglichkeiten vor Ort führen wir im Sitzen ein Training unserer Bereitschaft zur Empathie bis an die Grenzen der Hypochondrie durch, so wie es Rennfahrer, Abfahrtsskiläufer, Tennisasse praktizieren. Sie alle trainieren im Sitzen ihre Kraft, sich rasend schnelle Bewegungen vorzustellen, sie zu antizipieren, bevor sie ausgeführt werden. Gesichert ist die Annahme, daß durch spezifische Aktivitäten einiger Neuronencluster und Leistungszentren des Gehirns die Vorstellungskraft unmittelbar an die Impulsgebung für unsere Bewegungsausführung gekoppelt ist. Wer die Vorstellung trainiert, aktiviert gleichzeitig die körperlichen Bewegungsabläufe, auch wenn er sie nicht sichtbar ausführt. Training durch Entfaltung der Antizipationskraft ist nicht nur ökonomisch sinnvoller, weil billiger und risikoloser, sondern auch effektiver (fünf Stunden Antizipation einer Rennstrecke bringt Michael Schumacher mehr Vertrauen in die eigene Fähigkeit als fünf Stunden reales Training, von Unfallgefahren ganz abgesehen). Jean-Luc Godard hat 1964 in seinem Film „Bande à Part" untersucht, ob umgekehrt schnelle Realbewegung von Besuchern durch den Louvre zu einer Beschleunigung von deren Wahrnehmungsfähigkeit führt. Mit neun Minuten und 46 Sekunden dürfte Godards Truppe aber in jedem Fall einen Besichtigungsrekord im Louvre aufgestellt haben.

Unser Theoriegelände bietet die Gelegenheit, solche interessanten Formen der intensiven Rezeption selbst auszuprobieren, auch wenn wir uns mit weniger Raum als einem Louvre-Saal begnügen mußten. Vielleicht bezeichnet man die jeweilige Herberge unseres Theoriegeländes besser als Labor (für Universalpoesie)[13], das man stundenweise so nutzt wie etwa den Physiksaal im Gymnasium. Als Schüler freute man sich, wenn der Unterricht endlich als Experiment im Physiksaal stattfinden konnte. Der Lehrer als Zaubermeister der Physik oder Goldmacher der Chemie hantierte mit Substanzen und Instrumenten in einer Weise, daß wir uns wie auf Jahrmärkte früherer Zeiten versetzt fühlten. Der Unterricht wurde spannend, weil wir mit aller Macht versuchten, hinter das Geheimnis der Handlungen und Reaktionsbildungen zu kommen. Der Lehrer beschrieb das Geheimnis als Naturgesetzlichkeit. Aber etwas ein Naturgesetz zu nennen, heißt keineswegs, seinen Wirkungen nicht mit ungläubigem Staunen folgen zu müssen. Wissen schützt vor Weihe nicht und völlige Transparenz nicht vor der Magie der Klarheit. Schauen wir heute den Demonstrationen der Medienmagier wie David Copperfield im Fernsehen zu, dann betonen wir ausdrücklich unser Wissen, daß prinzipiell niemand zaubern kann. Dennoch fasziniert der Anschein des Wunderbaren. Die Differenz zwischen dem unmittelbaren Augenschein des Zuschauers und seinem Bemühen, den Eindruck von Zauberei durch sein Wissen zu entkräften, begründet das Vergnügen, das wir an solchen Demonstrationen finden.

Erkenntnis geht aus diesem Vergnügen hervor, sobald wir die Unvereinbarkeit von Evidenzerlebnis und Reflexion produktiv werden lassen, nämlich durch Kritik des Evidenzerlebens. Wir beginnen also sinnvollerweise mit der Aufforderung, daß man eine Ausstellung von Bildwerken, Skulpturen, Objektensembles in erster Linie besucht, um zu lernen, den eigenen Augen nicht zu trauen. Kunstwerke nennen wir diejenigen Exponate, denen es gelingt, die Kritik am Augenschein ihrerseits evident werden zu lassen. Denn Kunstwerke lehren so überzeugend wie kaum etwas anderes, daß die Kritik an der Überwältigung durch Evidenz ihrerseits wieder evident gemacht werden muß. Das gilt auch für die radikalste Form der Kritik nach dem frommen Gebot: Du sollst dir kein Bildnis von Gott machen. Dem kann man nicht durch bloßen Verzicht aufs Bildermachen gerecht werden, man muß vielmehr das Bilderverbot im Bildermachen befolgen. Das hatte etwa eine ganze Generation jüdischstämmiger Künstler im Amerika der fünfziger Jahre sich zum Ziel gesetzt und sie haben tatsächlich Evidenzkritik durch Evidenzerzeugung geleistet. Ein Rothko-Gemälde zum Beispiel ist der gelungene Beweis für die Bildwerdung des Verbotes, sich von Gott ein Bildnis zu machen. Ähnliches gilt für die Vergegenwärtigung mythischer Erfahrungen oder von Kulten und Ritualen anderer als unserer gegenwärtigen Gesellschaften. Man kann deren Veraltetsein nicht einfach behaupten, sondern muß es in einer Art experimenteller Archäologie oder fiktiver Kulturgeschichte durchspielen, um die Leistungsfähigkeit dieser Vermittlung von aktuellem Erleben und uneinholbarer wahrer Bedeutung zu bewerten. Die Würde der Relikte ehemals fremder, nun vergangener Kulturen besteht gerade darin, daß wir prinzipiell niemals in der Lage sein werden, ihre Bedeutung in vollem Umfang zu rekonstruieren.

Also versuchen wir, mit unseren Führungen durchs Theoriegelände die schlußendlich uneinholbaren Leistungen der alten Seelenführer, Steuermänner und Seher dadurch zu würdigen, daß wir ihnen die Vorgehensweisen unserer Vorausseher, Vorausweiser und Vorausführer parallel setzen. Professionalisiert heißen diese Vorwitzigen Psychoanalytiker, Kunstpädagogen, Lebensberater und Unternehmungsphilosophen. Im Vergleich zu den Propheten, Weisen, Ältesten, Schamanen

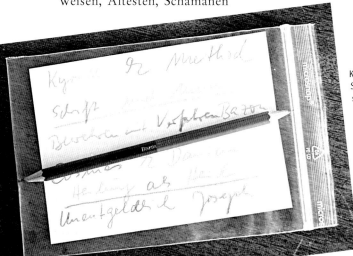

Kyrill (Bazon): In der Schreibstube entfaltet sich methodisch die Orthodoxie des richtigen Schreibens mit der Orthopädie der gesunden Haltung. Method (Joseph): In der Rückenschule werden wir zu Lehrern und Ärzten unserer selbst.

und Priestern historisch gewachsener Kulturen besitzen unsere Wirtschaftsweisen und Prognostiker nur eine kümmerliche Methode der Vermittlung von Diagnostik und Prognostik. Diese eine Methode heißt Hochrechnung gegebener Entwicklungen auf die Zukunft. Die Alten aber wußten, daß Vergangenheit, Gegenwart und Zukunft kein Zeitkontinuum bilden und deshalb Hochrechnungen äußerst bedenklich sind. Die Zeit macht Sprünge wie ein Wasserfall oder wird träge wie Wasser in einem Becken mit winzigen Zu- und Abflüssen. Noch bis ins Barockzeitalter hinein versinnbildlichte man die höchst unterschiedlichen Zeitcharaktere durch die Gestaltung von Fließprogrammen für Wasserführung in Parks.[14] Jedenfalls hielten es die Alten für dringend geboten, unsere allzu selbstverständliche, also naive Auffassung vom Charakter der Zeit zu kritisieren. Der schon angesprochene Kirchenvater Augustin meinte, einen klaren Begriff vom Wesen der Zeit zu besitzen, stellte dann aber fest, daß der Gedanke eines gleichmäßigen, kontinuierlichen Fließens der Zeit aus der Vergangenheit über die Gegenwart in die Zukunft angesichts historischer Erfahrungen wie der der Völkerwanderung sich als unbrauchbar erwies. Er mußte erleben, wie etwa das tausendjährige Bestehen der römischen Kultur und des römischen Imperiums in kürzester Zeit von sich immer verschnellenden Ereignisfolgen der Völkerwanderung fast vollständig aufgehoben wurde. Die Zeit schien sich punktuell zu gewaltiger Kraft stauen zu können, die in kürzester Frist die Welt grundlegend veränderte, um sich daraufhin erneut in langen Perioden quälender Entwicklungs-, ja Ereignislosigkeit richtungslos auszubreiten oder träge stillzustehen. Erst in solchen Zeiterfahrungen lassen sich Phänomene wie die Gleichzeitigkeit des Ungleichzeitigen oder der Fortschritt als Führungsanspruch des zeitlich Ältesten klären. Augustin erlebte ja, daß hoch entwickelte römische Technologie, Verwaltung, Straßen- und Wasserbaukunst oder Chirurgie und Finanzwesen von den Einwanderern völlig unbeeindruckt als ihren Infrastrukturen bestenfalls gleichwertig betrachtet wurden, ja, daß sie das Fortschreiten der historischen Entwicklung gerade in der Ablösung des dekadenten römischen Systems durch die archaische Kraft der Hinterwäldler begrüßten und durchsetzen wollten.

Nicht nur Eigentum, auch Erkenntnis verpflichtet
Zur Einheit von Diagnostik und Prognostik

In unserem Theoriegelände lernen die durch Kritik des Augenscheins schon gewitzten Besucher, unterschiedliche Zeitformen in den Objektensembles zu identifizieren: Mythische Zeit, biographische Zeit, die Zeitform der Zeitenthobenheit, der Zeitvergessenheit, bis hin zum Postulat von der Erfüllung der Zeit in jenen kleinen Ewigkeiten, zu denen uns das Versinken in der Bildbetrachtung oder Lektüre oder in der Meditation oder Gottesvision Zugang schafft. In unsere Darstellung geschichtlicher wie kulturell-religiös geprägter Zeiterfahrung werden wir auch Manifestationen von Zeitlichkeit wie die des Träumens oder wie die des geistesabwesenden Sinnens aufnehmen. Die Ebenen werden sich überlagern und die Eindrücke der Beliebigkeit der Charakterisierung von Zeit bis zu dem Gefühl steigern, man könne sich aus der Zeit stehlen oder die Zeiterfahrung nach Belieben relativieren.

Besucherschule im Museumsshop:
Lauter Brock-Werke,
denn Werk ist abgelegtes Werkzeug.

Deshalb gilt es, Einbildungskraft (*Vorstellung und Antizipation*), Gedächtniskraft *(Erinnerungs- und Ordnungsvermögen)* und Urteilskraft *(Selbstbezüglichkeit und Unterscheidungsvermögen)* so in ein Wechselspiel von Temporalität (= *Chronie*) mit Formen der Überzeitlichkeit *(Extratemporalität = Uchronie)* zu bringen, wie wir das zum Beispiel im Traum als ein grundlegendes menschliches Vermögen erfahren.

Unser Theoriegelände bietet zahlreiche Werkzeuge zur Arbeit mit dieser Erfahrung. Wir nennen diese Werkzeuge „theoretische" oder „kognitive" Objekte, um sie von Kunstwerken zu unterscheiden. Sie sind Werkzeuge der Theoriebildung, die uns die Vermittlung von Denken, Vorstellen und Darstellen erleichtern sollen. Soweit wir originäre Kunstwerke ins Theoriegelände eingestellt haben, können auch sie in diesem Zusammenhang als exemplarische Vermittler etwa von Zeitlichkeit ihrer Entstehungsgeschichte, ihrer Wirkungsgeschichte und des durch ihren Musealisierungserfolg beglaubigten Anspruchs auf Dauer gelten.

Eine andere erhellende Analogie zum Verständnis des Theoriegeländes sei hervorgehoben. Schon als Kinder erlebten wir die Beschilderung „Werksgelände" an Fabriktoren als geheimnisvolle Hinweise auf Orte, an denen das rätselhafte Unwahrscheinliche, das exklusive, nur Eingeweihten vorbehaltene Wirken der weltgestaltenden Kräfte zum *genius loci* geworden war. Das Geheimnis des Werkschaffens besteht in der Umsetzung eines Planes, zum Beispiel von Zeichnungen der Ingenieure, in ein Produkt wie etwa ein Automobil. Das wirkt noch heute auf die Angehörigen einer

Industriegesellschaft wie die Zauberkunst der Goldmacher im Mittelalter. Jedermann weiß, daß die Vermittlung zwischen Plan und Produkt aus der Organisation von ineinandergreifenden Einzelhandlungen erfolgt, die technisch-rational vorgeschrieben werden. Und doch gibt der Qualitätsprüfer, einer alten Handwerkertradition entsprechend, das fertige Produkt erst mit der Bemerkung frei: „Sitzt, wackelt und hat Luft." Das verweist auf eine offensichtlich nie aufhebbare Differenz zwischen Plan und Ausführung, die heutzutage als Restrisiko versichert werden muß – siehe die gesetzlich vorgeschriebene Produzentenhaftung. Das Geheimnis des Werkschaffens erlebt man jedoch im Alltag vornehmlich als Tücke der Objekte.[15] Die Artefakte wirken zuweilen beseelt von Widerstandskraft gegen die ihnen abverlangte schiere Funktionalität. Man glaubt zu spüren, daß die von Menschen geschaffenen Dinge etwas von der Mutwilligkeit und Irrationalität mitbekommen haben, mit denen sich ihre Schöpfer davor zu bewahren versuchten, sich selbst nur als Produkte gesellschaftlicher Macht verstehen zu müssen.

Um dieses animistische Potential der Artefakte, das sich in der Wirkung als seelische Erregung des Nutzers bemerkbar macht, halbwegs unter Kontrolle zu bringen, fühlten sich die Entwerfer und Ingenieure seit Beginn der industriellen Massenfertigung verpflichtet, die blanke Funktionslogik der Dinge durch eine ästhetische Gestalt zu umhüllen: Schönheit wird Schutzschirm gegen chaplinesk und kafkaesk verselbständigte Funktionsexzesse der Artefakte. Dem kindlichen Verlangen nach Herrschaft über die Dinge, indem das Kind sie zu beseelten Wesen werden läßt, entspricht der Designer vornehmlich durch Namensgebung als Bannung und Analogiezauber.[16]

Mit dem Animismus habe ich auch meine Erfahrungen gemacht. 1959 erwarb ich mit Hilfe des Hamburger Mäzens Siegfried Poppe, der Friedensreich Hundertwasser und mir ermöglicht hatte, das Projekt der Großen Linie[17] in der Hamburger Kunsthochschule zu realisieren, einen VW-Käfer und danach, in je zweijährigem Abstand, vier Citroën DS. Obwohl beide Produkttypen Spitzenleistungen des Automobilbaus in ihrer Zeit waren, sah ich mich gezwungen, mit ihnen (wie es die Werbung ohnehin empfahl) eine Seelenpartnerschaft einzugehen, damit ich sie überhaupt nutzen konnte. Der VW-Käfer streikte so lange, wie ich ihn als galoppierendes Pferd überfordern zu dürfen meinte; und die göttliche Citroën „La Déesse" zeigte verstörende Macken, solange ich nicht mit ihr zu einer Einheit verschmelzen konnte. Den Hinweis auf derartige Notwendigkeit zum Zusammenwachsen von Mensch und Auto etwa in der archaischen Figur des Kentauren verdankte ich einem Meister der Citroën-Werkstatt an der Stadtausfahrt Messe Frankfurt. Ich kaufte mir also Sporen, schnallte sie an meine Schuhe, wann immer ich die DS fuhr, und hatte nie wieder irgendwelche Funktionsstörungen zu gewärtigen.[18] Es war und blieb eine Herausforderung an meine Vorstellungskraft, mich zugleich als Teil des Kentauren und des mit Sporen bewaffneten Reiters des mythischen Tieres zu sehen.

Werkschaffende sind die im Bewußtsein ihrer Produktivkraft geadelten Arbeiter (Arbeiter als Industriekentauren, als Einheit von Maschine und Mensch). Etwas ins Werk zu setzen, gilt als demiurgengleiche Kraftgeste, die man in unserer Jugendzeit noch vornehmlich auf Generaldirektoren konzentriert sah. In Werken und Tagen *(erga kai hemerai)* beschreibt man seit der Antike das Leben und Wirken solcher Heroen, die zum sichtbaren Vorbild aller sogar ans Firmament oder aufs Theater versetzt wurden. Das griechische Theater läßt sich sehr gut als Theoriegelände auffassen, weil dort die Zuschauer *theoria* als sinnende Betrachtung und kritisches Urteilen dessen betreiben, was ihnen auf der Szene vor Augen tritt. Betrachten heißt, die einzelnen Charaktere, Spielmomente und sprachlich-musikalischen Äußerungen miteinander in eine sinnvolle Beziehung zu bringen, so daß eine verständliche, durch die eigene Verknüpfungsleistung ermöglichte Erzählung entsteht.

Seit Schülerzeiten litt ich unter der weit verbreiteten, aber völlig verfehlten, da sinnentstellenden Entgegensetzung von Theorie und Praxis. Das Theoretisieren im gerade erwähnten Beispiel der Theaterbesucher war ja selbst eine Praxis, eben Theater-, Spiel- und Rezeptionspraxis. Einige Lehrer hänselten uns spekulativ begabte Schüler mit der Behauptung, unsere Erkenntnisse blieben rein theoretisch; die Praxis sehe anders aus.[19] Diese unbedarfte Zuordnung von Theorie und Praxis als entweder ideell windiger Entwerfertätigkeit oder harter Realisierungsarbeit stachelte dazu an, das Theoretisieren nach den Konsequenzen zu bewerten, die es nahelegte oder gar zu erzwingen schien. In einer wohl allgemein akzeptierbaren Formulierung hieß das: Nicht nur Eigentum, sondern auch Erkenntnis verpflichtet – doch wozu? Zur Verantwortung für die Konsequenzen, die sich aus der Erkenntnis ergeben, womit wir bei dem Ziel der Arbeit im Theoriegelände angekommen wären: der Einheit von Diagnostik und Prognostik. Die Erkenntnisanstrengung ergibt die Diagnose; mit der Verpflichtung auf die Konsequenzen des Erkannten werden wir zur Entwicklung von Prognosen angehalten.

Durch Hinweise unserer Lehrer auf Theodor Herzls zionistische Programmschrift „Altneuland" lernten wir Schüler ein seit antiken Zeiten auch juristisch fundiertes Modell der Einheit von Diagnose und Prognose, von Erkenntnis und der sich aus ihr ergebenden Verpflichtung zum Handeln kennen. Es ist das Modell der Gestorenschaft. Herzl reklamiert ganz richtig die Rolle eines Gestors für jenen beherzten Mann, der die berechtigten Interessen anderer wahrnimmt, weil diese anderen, aus welchen Gründen auch immer, nicht in der Lage sind, selbst ihre Sache zu vertreten. Dabei, so Herzl, diskutiert der Gestor nicht so lange, bis er alle widerstreitenden Parteien unter einen Hut gebracht hat – also endlos -, sondern setzt sich besagten Hut selber auf und beginnt mit der Arbeit. Ich habe mich seit jeher als einen solchen Gestor verstanden, der, auch auf die Gefahr hin, für vorlaut, egoistisch und präpotent gehalten zu werden, Besucher in Museen und an anderen Ausstellungsorten durch das eigene Beispiel dazu anhalten wollte, das menschlich natürliche Verlangen nach Zustimmung und Bewunderung sinnvoller einzusetzen als bei der üblichen Bekundung in großen Kunstausstellungen: „Das ist bedeutend, weil es als große Kunst gilt" und „Es gilt als große Kunst, weil es bedeutend ist."

Als Gestor wurde ich zum Beispiel tätig in den Besucherschulen, die ich auch für die Kasseler documenta-Großereignisse von 1968 bis 1992 anbot. Meine frühesten Erfahrungen mit der Tätigkeit von Gestoren gehen auf die vielen Gelegenheiten zurück, bei denen ich mit Joseph Beuys zusammenarbeiten konnte. Dabei erlebte ich den Künstler Beuys als Gestor mit ungeheurer Wirkung auf die „noch nicht zu ganzheitlichem Denken befähigten Bürger". Die Wirkung des Gestors Beuys machte sich darin bemerkbar, daß sein Publikum mehr und mehr Bereitschaft zeigte, sich an Ökologie- und Bürgerrechtsbewegung zu beteiligen, obwohl dieses Publikum die künstlerischen Arbeiten von Joseph Beuys eher für künstlerisch fragwürdig (Fett und Filz, igitt) oder für bloße Kulissen seiner eigentlichen pädagogischen Mission hielt. Andererseits beurteilten etwa linksliberale Intellektuelle wie Erich Kuby die gestorische Wirkungsabsicht von Beuys als Volkserzieher sehr skeptisch, rühmten aber dafür seine Zeichnungen und Skulpturen als großartige Kunstwerke. So wurden auch im Falle Beuys gestorische Wirksamkeit und künstlerisches Werkschaffen für unvereinbar gehalten von all denen, die entweder ihn als großen Künstler oder als wirksamen Volkserzieher in der Nachfolge Rudolf Steiners oder der zahlreichen Barfußpropheten, Wunderheiler und Lebensreformer sahen.

Aber diese vermeintliche Entgegensetzung oder Abspaltung von Werk und Wirkung entspringt einem Mißverständnis, das aus der Verknüpfung von Theologie und Theorie der Künste zur Kunsttheologie hervorging. Luther und Dürer schufen die Kunsttheologie, ersterer mit der ziemlich rigiden Behauptung, man könne der Gnade Gottes nicht durch noch so gelungenes Werkschaffen teilhaftig werden, sondern ausschließlich durch den Akt des Glaubens – diese Tendenz wird noch bis in die Gegenwart als Begründung für die Überlegenheit der Konzeptkunst über die Werkhuberei angegeben. Dürers Selbstdarstellung in der Nachfolge Christi betonte, daß Jesus nicht im Werkschaffen, sondern durch Wirkung, die wir Wunder nennen, tätig wurde.

Immer wieder versuchten Avantgardisten, die Einheit von Werk und Wirkung bei öffentlicher Tätigkeit zur Geltung zu bringen. Für uns waren etwa die Happenings und *action teachings* des Agitpop (!) zum *Bloomsday* 1963 in der Galerie Loehr/Frankfurt, zum 20. Juli 1964 in der TH Aachen, zum 24-Stunden-Happening am 5. Juni 1965 in der Galerie Parnass/Wuppertal, solche Versuche. Sie waren wohl nicht überzeugend, obwohl besagte Ereignisse sehr bekannt wurden. Denn bis auf den heutigen Tag zaudern viele vor dem eindeutigen Bekenntnis, ob sie an Beuys oder mir eher unsere Wirkung als Erziehungsreformer oder unser Werkschaffen als Künstler anerkennen sollen. Wegen dieser anhaltenden Unentschiedenheit gibt es selbst zum zwanzigsten Todestag von Beuys keine repräsentative Ausstellung seiner Werke; sogar die seinerzeit unüberbietbare Wirkung des Wundermannes Beuys findet kaum noch Erwähnung. Dabei hatten wir es unserer Klientel doch eigentlich leicht gemacht, indem wir erklärten, daß für Künstler wie Beuys, Vostell oder Brock (die drei wurden bis in die siebziger Jahre stets zusammen genannt) oder wie Yves Klein, Jean-Jacques Lebel, Robert Filliou, Nam June Paik, Daniel Spoerri, John Cage, Morton Feldman, François Dufresne oder Charlotte Moormann oder generell die Fluxus-Künstler Werk nur als arrangiert abgelegtes Werkzeug verstanden werden sollte, Werkzeug, mit dem man zuvor eine bestimmte Wirkung zu erreichen versucht hatte. So verfügte Beuys, daß sein zur venezianischen Biennale 1976 erstmals gezeigtes „Straßenbahnhaltestelle – Ein Monument für die Zukunft" an allen weiteren Ausstellungsorten nur noch im Zustand abgelegter Bestandteile präsentiert werden durfte.

Auch die Objekte, die man in unserem Theoriegelände antrifft, sind abgelegte Werkzeuge, verbrauchte Produktionsmittel, verschlissene Instrumente. Wer aber je auf einem Fabrikgelände frühmorgens an Feiertagen seine Wanderung antrat, als besuche er mit Hölderlin eine Großgrabungsstelle griechischer Antike, der weiß sicherlich zumindest wie ein Archäologe des Alltagslebens zu schätzen, was ihm mit dem abgestellten Zeug geboten wird. Mit der Veränderung der Sehweise ändern die Bestandteile des Maschinenparks ihre Anmutung. Anleitung zu so veränderten Sehweisen kann man auch bei Schwitters, Picasso, Luginbühl, Chamberlain, Tinguely oder Arman gewinnen, weil deren Werke ihrerseits Anverwandlungen abgelegter, weggeworfener, zerstörter Gegenstände der Arbeitswelt darstellen.

Auch die Teilnehmer unseres Theoriegeländespiels dürften sich des öfteren fragen, ob sie den Erfolg der Arbeit an ihrem Erinnerungs-, Vorstellungs- und Urteilsvermögen in ein Produkt überführen sollten (ein Buch, einen Film, eine CD); ob sie also poietisch werden sollten oder aber den Lustmarsch einfach genießen dürfen, ohne Sorge, ob aus der Veranstaltung irgendetwas entstehen wird, was man verschenkfertig verpackt nach Hause tragen könnte. *Poiesis* betreibt, wer Gedichte schreibt, um sich in einem Buche zu verewigen oder wer als Gedichteschreiber zu einer guten Partie kommen möchte oder den Ärmelkanal durchschwimmt, um ins Buch der Rekorde einzugehen. Normalerweise aber schwimmen wir in unserem Alltag nicht, um irgendwohin zu gelangen, sondern um im Schwimmen unsere Vitalität zu genießen; und wir lieben nicht, um Karrierechancen zu mehren, sondern weil uns ein überwältigendes Gefühl antreibt. So gesehen, ist Schwimmen oder Lieben eine Praxis der Lebensäußerung, die ihren jeweiligen Sinn in sich selber trägt und höchstens nach Intensivierung und Steigerung verlangt. Aber wie die Beispiele andeuten, sollte man die Möglichkeit nicht aus dem Auge verlieren, durch die Veröffentlichung von Gedichten zu einer guten Partie zu kommen oder mit enorm gesteigerter Schwimmleistung Olympiasieger zu werden. Ganz Gewitzte schauen den Künstlern ab, wie man bei ein und derselben Gelegenheit ohne Mehrarbeit zugleich seinen poietischen Absichten des Werkschaffens wie der Praxis, soziale, politische, ökonomische Wirkung zu erzielen, dienen kann.

Alle Sammeln!

Der Terminus „Lustmarsch" betont also die Praxis des Lernens und Erkennens. Die Bezeichnung „Gewaltmarsch" orientiert auf ein zu erreichendes Ziel.

Zur Ermutigung reichen wir jedem Teilnehmer einen Willkommenskeks. Obwohl er chinesischer Tradition entstammt, möchten wir mit ihm auf die christliche Auffassung verweisen, daß Opfer aller Anlässe und Zielrichtungen möglichst nur auf symbolischer Ebene zu erbringen sind. Keks und eingebackene Sentenz sind ein Analogon zur Oblate und zur Wandlungsanzeige im katholischen Ritus. Unsere Gastrosophin Andrea Kühbacher hat den Keks denn auch nach dem Reinheitsgebot der Innsbrucker Oblatenbäckerzunft hergestellt.

Dann wird zum Aufbruch geblasen, womit wir an vier große Traditionen des Signalgebens mit der Trompete erinnern:

an die Trompeten von Jericho, also an künstlerisch-musikalische Ausdrucksformen, die Mauern, sogar Reiche zum Einsturz bringen können. Wer sich vor ihrer Macht schützen will, definiert sie zu Ruhm- und Siegverkündern um;

an die sphärischen Figuren, genannt Engel, die auch als Putti mit vollen Backen ihr Instrument blasen, um das dicke Wolkengeschiebe in barocken Deckengemälden zu durchbrechen. So eröffnet uns die kindliche Aktionsfreudigkeit eine Ahnung von der Architektur des Himmels;

an den Trompeter von Krakau, der 1241 von den Zinnen des Kirchturms Signal gab, als die mongolischen Reiter sich der Stadt näherten. Bis auf den heutigen Tag wird des historischen Augenblicks gedacht, in dem der blasende Türmer vom tödlichen Pfeil getroffen wurde. Was für ein großartiger Gedanke, im Abbruch einer Melodie einen Moment zu einem Monument werden zu lassen;[20]

Nicht mit vollem Munde reden: gebackene Sentenzen zur Begrüßung

Psychopompenpuster:
Jericho-Krakau-
Bayreuth-Lustmarsch-
Anblasen

an die Bayreuther Gepflogenheit, vom Balkon des Festspielhauses herab die Kunstgläubigen zur Fortsetzung der musikalischen Feier ins Haus zu rufen. Zur Eröffnung unserer Führungen gibt sich der Herr Famosus Christian Bauer größte Mühe, auf seiner Kindertrompete an alle vier Traditionen der Gänsehauterregung zu erinnern.

Wegweisungen durchs Theoriegelände geben uns Darstellungen von elf Themen, die unsere kollektiven Traumatisierungen vergegenwärtigen. Das zwölfte Thema repräsentiert, gleichsam als personifiziertes Trauma, der führende Beispielgeber Brock selbst. Seien wir nicht abergläubisch und ergänzen die 12 zu einer 13, dann ergibt sich die Frage: Wer spielt den Judas? Bisher wollen das immer die Intellektuellen sein, denn sie haben ein großes Vergnügen an dieser Sonderrolle. Also bieten wir den Teilnehmern die Chance, die Judas-Rolle in einer neuen Weise durchzuspielen: nicht mehr als der gläubigste der Jünger, sondern als derjenige, der das *sacrificium intellectus* auf sich nimmt. Man braucht viel Vernunft zum Opfer des Verstandes, des reinen Gewissens, der Unbescholtenheit und der menschlichen Neigung, alle fünfe gerade sein zu lassen.

Mit Hinweis auf die Generalmaxime „Werk ist abgelegtes Werkzeug" und die sich daraus ergebende Schlußfolgerung, wir alle, die wir in der *imitatio Düreri* stehen, müßten Künstler ohne Werk heißen, tritt neben das *sacrificium intellectus* das nicht weniger bedeutsame *sacrificium operis*. Duchamp hat den Verzicht auf das Werk vorgemacht, wir müssen das *sacrificium operum* täglich gegen Verwertungsansprüche verteidigen. Aus dem Schöpferpathos der Großkünstler im Wettbewerb mit dem Weltenbauer der Genesis ist ohnehin bestenfalls noch der Status von Mitarbeitern Gottes abzuleiten, die die primäre Schöpfung fortsetzen: eine erheiternde Begründung von sekundärer Kreativität (lieber Herr Georg Steiner, bei aller Sympathie für ihr Pathos des Primären!); schon die Humanisten der Dürerzeit setzten die Entdeckertätigkeit höher an als die Afterkunst der Gottimitatoren. Aber nicht die Entgegensetzung von *creatio* und *inventio*, von Schöpfertum und Entdeckertum, etwa als Entgegensetzung von Künsten und Wissenschaften charakterisieren die Moderne. Bedeutungsvoller wurde die vielschichtige Entwicklung der Beziehung von Werk und Wirkung bis hin zu den Extremen von Werken ohne Wirkung (die nie in der Öffentlichkeit präsentierten Dachkammerpoesien aller Gattungen) und von Wirkung ohne Werk (etwa bei Dandies und Bohèmiens einerseits wie auch bei Gestoren, Kuratoren, Regietheaterstars, Moderatoren andererseits). „Auch einer", meinte dazu der Ästhetikprofessor F. Th. Vischer, und die Neue Frankfurter Schule ergänzte: „Die schärfsten Kritiker der Elche waren selber welche."

Die elf Themen des Lustmarsches sind auch abgeglichen mit den Herausforderungen der Gegenwart. Die größte Herausforderung für Europa ist die Wiederkehr einer bestimmten Indienstnahme von Buchstabengläubigkeit, die man Fundamentalismus nennt, sei er islamischer, protestantischer, ökologischer oder sonstiger Art. Wir wollen auch demonstrieren, warum Wort- und Begriffshörigkeit so erfolgreich zu wirken vermögen.[21] Naturgemäß sind wir also gehalten, die Demonstration im Theoriegelände nicht derart überwältigend zu inszenieren, daß alle Teilnehmer unsere Botschaften inbrünstig für Offenbarung halten; also werden wir immer wieder Mut zur Irritation durch Unverständlichkeit, Aberwitz und Treulosigkeit gegenüber unseren Grundannahmen beweisen müssen.

ANMERKUNGEN

1   Siehe „Frankfurter Allgemeine Zeitung" vom 31. Dezember 2007: „Hans Joachim Döpp, das jüngste Opfer [!] der Krise, stand seit 2002 an der Spitze des für die Commerzbank wichtigen Amerikageschäfts." Genereller Tenor: „In Zusammenhang mit der amerikanischen Immobilienkrise sind schon einige Manager entlassen worden." Was für ein Eiertanz! Besagte Manager haben die Krise selbst bedenkenlos herbeigeführt. In der „Süddeutschen Zeitung" vom 15. November 2007 lesen wir: „Ein Großteil der Versicherer handelt nach der Strategie ‚Aussitzen und Abwimmeln'". Der Versicherer Aspecta erhielt von einer Kundin 152.000 Euro für ihren Lebensversicherungsvertrag. Nach vorzeitiger Kündigung erhielt sie 101.593 Euro zurück. Mehr als jede zweite Lebensversicherung wird vorzeitig wegen Einkommenseinbußen durch Arbeitslosigkeit, Scheidung, Krankheit oder durch Eigentumserwerb vorzeitig aufgelöst. Die knappste Schätzung laut SZ besagt, daß den Kunden jährlich mindestens 3,3 Milliarden Euro von den Versicherern aus deren Einzahlungen vorenthalten werden. 7 Millionen Verträge müßten laut BGH vom Oktober 2005 von den Versicherern nachträglich begünstigt werden, aber nur, wenn jeder einzelne klagte, denn die Versicherer wimmeln ab und sitzen aus. Es ist ganz offensichtlich, daß diese Art von Betrug für legal gehalten werden soll, und zwar nicht nur von den legalisierten Mafiosi selber, sondern auch von deren Vollzugsfunktionären im Parlament. Scheinbar ist Systemrationalität darauf ausgerichtet, die Verfolgbarkeit von Wirtschaftskriminalität wegen sogenannter unentwirrbarer Durchmischung von Rechtskonstruktionen der Firmenstruktur, wegen mangelnden Prüferpersonals und wegen überlegener Intelligenz der zur Kriminalität Fähigen gegenüber den dazu nicht Fähigen, auszusetzen. Dies geschieht, indem man die kriminellen Handlungen legalisiert, weil es im Interesse der Allgemeinheit liege, daß mehr legale als illegale Kriminalität stattfindet. Die Bosse von Siemens beispielsweise gaben bekannt, daß es im Interesse ihrer deutschen Standorte sei, wenn sie Millionen als Schmiergelder zahlten, um entsprechend ins Geschäft zu kommen. Bis in die vorige Legislaturperiode waren Bestechungsaufwendungen sogar steuermindernd. Der Rechtsstaat BRD steht in allen Rankings irgendwo zwischen dem 18. und letzten Platz. Der Schock über die Feststellung, Deutschland gehöre zu den korruptesten Staaten und Gesellschaften auf dieser Erde, ist so groß, daß sich alle Politiker und Unternehmer darauf verlassen können, daß derartige wahrheitsgemäße Aussagen über ihr Tun und Treiben von den Bürgern und Wählern nicht geglaubt werden.

2   Prof. Dr. Wolf Singer hat als Direktor des Max-Planck-Instituts für Hirnforschung, Frankfurt am Main, die neuerliche Debatte um die Willensfreiheit in neurophysiologischer Hinsicht vom Zaun gebrochen.

3   siehe Kapitel „Eine schwere Enttäuschung – Widerruf des 20. Jahrhunderts".

4   Brock, Bazon: Krieg den Hütten, Friede den Palästen – Bitte um glückliche Bomben auf die deutsche Pissoir-Landschaft. (1964). In: ders., Ästhetik als Vermittlung. Arbeitsbiographie eines Generalisten. Hg. v. Karla Fohrbeck, Köln 1977, S. 821.

5   Brock, Bazon: Das Leben im Schaufenster. In: IDZ: Mode – das inszenierte Leben. Kleidung und Wohnung. Hg. v. IDZ e.V., Berlin 1972, S. 61 ff., vgl. ders.

Mode – ein Lern-Environment zum Problem der Lebensinszenierung und Lebensorganisation. Dazu ein Vorschlag zur Anwendung der Aussagen im Sozio-Design. In: Ebenda, S. 11 f., vgl. Film, SFB 1972.

6 Brock, Bazon: Der Künstler als gnadenloser Konkurrent Gottes. Wie Kunst wirksam wird (und doch nicht angebetet werden muß). In: ders., Der Barbar als Kulturheld. Ästhetik des Unterlassens – Kritik der Wahrheit. Wie man wird, der man nicht ist. Gesammelte Schriften III, 1991–2002 Köln.

7 Im Januar 1997 durchwanderten wir den Portikus, die Galerie der Städel-Hochschule in Frankfurt am Main, als Kierkegaard'sches Zimmer an der Hand des ersten europäischen Navigators Palinurus, des von Vergil in der Aeneis geschilderten Steuermanns der trojanischen Flotte, des sogenannten *kybernes*. Dieser *kybernes* wurde zum Ahnherr der Kybernetik und zum Mythenstifter der ersten Generation von Atomphysikern, den Enrico Fermi und Robert Oppenheimer für das Gelingen der ersten kontrollierten atomaren Kettenreaktion und der ersten kontrollierten Zündung einer A-Bombe ausdrücklich in Anspruch nahmen. Darüber möge man sich durch die DVD „Navigatoren, Radikatoren, Moderatoren" ins Bild setzen lassen.

8 Yates, Francis: Gedächtnis und Erinnern: Mnemonik von Aristoteles bis Shakespeare. Weinheim 1990. Siehe Assmann, Aleida: Erinnerungsräume. Formen und Wandlungen des kulturellen Gedächtnisses. München 1999, S. 298 ff. Siehe auch Brock, Bazon 2002, S. 794 ff.

9 2008 stellte Greenaway in Mailand Leonardos „Abendmahl" nach; durch den Rekonstruktionsversuch sollten immer noch offene Fragen zur Konzeption des Gemäldes besser beantwortbar werden.

Daß derartige Versuche durchaus erfolgreich sein können, belegten Bazon Brock und Studierende in der HbK Hamburg 1967, siehe Brock, Bazon 1977, S. 737 ff.

10 Siehe den Beitrag von Harald Weinböck „Das Trauma muss dem Gedächtnis unverfügbar bleiben." Trauma-Ontologie und anderer Miss-/Brauch von Traumakonzepten in geisteswissenschaftlichen Diskursen. In: Mittelweg 36, Zeitschrift des Hamburger Instituts für Sozialforschung, 16. Jahrgang, April/Mai 2007, S. 2–64.

11 Siehe Kapitel „Das Leben als Baustelle – Scheitern als Vollendung".

12 Zum Thema „Aussitzen", den ostasiatischen „Za-Zen" entspricht das „Sitzen in Versunkenheit", siehe Wohlfahrt, Günter: Zhuangzi. Freiburg 2002, S. 105 ff.

13 Bazon Brock hat sich des öfteren als Reinkarnation von Friedrich Schlegel ausgegeben, vgl. Rezension des Lustmarschs, Frankfurter Allgemeine Sonntagszeitung vom 26.3.2006.

14 siehe Brock Bazon 1977, S. 373 ff.

15 Siehe Kapitel „Rettungskomplett – Gorgonisiert euch!", darin die Gedanken zu einer „Pragmatologie der Vermüllung".

16 Siehe Kapitel „Eine schwere Enttäuschung – Widerruf des 20. Jahrhunderts".

17 Siehe Brock, Bazon 1977, S. 979 ff.

18 Siehe Museumsvitrine im Kapitel „Musealisierung als Zivilisationsstrategie: Avantgarde – Arrièregarde – Retrograde".

19 Snell, Bruno: Die Entdeckung des griechischen Geistes. Göttingen 2002, Kapitel Theorie und Praxis, S. 275 ff.

20 Siehe Pfingstpredigt, experimenta 4, Frankfurt/Main 1971, in: Brock, Bazon 1977, S. 99–107.

21 Siehe Kapitel „Kontrafakte – Karfreitagsphilosophie – Die Gottsucherbanden – Der Faschist als Demokrat".

Muséalisez-vous
Musealizzatevi
Musealize yourself
Musealisiert Euch
!

zweitens

Normativität
Kontrafak

des
ischen

Das Absolute

Der verbotene Ernstfall

Der verbotene Ernstfall

Die bekannteste Erzwingungsstrategie des Absoluten heißt: Wir wollen Gott und damit basta. Weltweit hat man inzwischen verstanden, was dieser Fanatismus der Gottsucherbanden anrichten kann. Dabei fühlen sich die Gottsucherbanden durch ihre Kulturen und Religionen legitimiert, Prophetien und Programme wortwörtlich zu nehmen. Dagegen wurde die Aufklärung über Dogmatiken und Wahrheitsradikalität entwickelt, die wir als Zivilisierung der Kulturen zuerst gegen unseren eigenen Anspruch auf exklusive kulturelle Identität vorantreiben müssen. Der Schweizer Oberstdivisionär Bachmann bekundete 1998 öffentlich auf der Tagung „Kultur und Strategie, Kunst und Krieg", daß Bazon Brock mit dem „Theorem des verbotenen Ernstfalls" alle zukünftige Verteidigungsstrategien formuliert habe, die als erste die Schweizer anwandten. Schon heute gilt die Null-Tote-Doktrin in westlichen Armeen.

Die Schweizer haben im 20. Jahrhundert ein großartiges Beispiel für das „Theorem des verbotenen Ernstfalls" geliefert. Angesichts der Bedrohung durch den Herrschaftswillen Adolf Hitlers und seiner Panzerverbände, des militärischen Instruments zur Durchsetzung des deutschen Vormachtstrebens, fragten sie sich, wie sie ihre Selbständigkeit erhalten könnten. Die Antwort gab der Schweizer Oberst Henri Guisan, der zwei grandiose Analogien in Dienst zu stellen vorschlug. Zum einen sollten in Analogie zum Schweizer Käse die Berge durchlöchert werden, damit sich Armee und Bevölkerung bei Gefahr in die Aushöhlungen zurückziehen konnten; zweitens sollten in Analogie zum bekanntesten Schweizer Schokoladeriegel

Ästhetik des Widerstands

Panzersperren gebaut werden. Mit Toblerone-Riegeln aus Zement ließen sich alle Zugänge von den Ebenen in die Berge sperren. Die Militärs erkannten im Bemühen um höchste Effizienz, daß Toblerone-Schokolade als eiserne, letzte Reserve der Ernährung und damit der Selbsterhaltung verwendbar ist, da deren Inhaltsstoffe durchaus geeignet sind, Menschen über lange Zeiträume ausschließlich mit diesem Nahrungsmittel am Leben zu halten. Die Schweizer verfügten auch über eine Tradition der Vermittlung von universalem Gestaltungsmodernismus und Patriotismus. Erinnert sei an die 1918 von Karl Moser für die Stadt Basel entworfene Antoniuskirche, die das Prinzip technischer Rationalität bei der Planung militärischer Behausung (Bunkerbau) mit der spirituellen Begründung christlicher Kultbauten verband. So wurden der Bunker als Schutzraum im Trommelfeuer der Waffen und die Stahlbetonkirche als Schutzraum gegen die Versuchung des Geistes durch Machtwahn zu einer Einheit. Eine solche realisiert Christian Boros in Berlin mit seinem Kunstbunker: Unten Kriegsikone (Bunker) – oben Modernitätsikone (Barcelona-Pavillon).

Junge Schweizer waren Feuer und Flamme für diese Verknüpfung von Beton und Geist, der für Architekten nur als Form ansprechbar ist. Einer ihrer hoffnungsvollen Repräsentanten

Er aß so gerne süßes; hier biß sich Hitler die Zähne aus.
www.toblerones.ch

war der junge Max Bill. Er diente in den Kräften der Schweizer Selbstverteidigung. Als abstrakt ungegenständlicher Maler erregte er das Interesse seiner Vorgesetzten, die, wie die meisten Bürger, meinten, derartiges Gepinsele stelle nicht etwas Konkretes dar, sondern verhülle wohl eher in undefinierbarem Form-Farbgemenge, was hinter ihnen steckt – also eine perfekte Camouflage. So lag der Gedanke nahe, die jungen Abstrakten nach dem Beispiel von Bill zur Bemalung von Verteidigungseinrichtungen einzusetzen. Bis heute haben Reste dieser Übermalungsaktion als Tarnung überlebt und die Abstrakten machten Karriere als Kleider-, Wand- und Möbelbezugsstoffgestalter. Seit diesem Nachweis militärischer Nützlichkeit von moderner Kunst war man in der Schweiz sogar bereit, Kunstwerke zur Kreditsicherung anzunehmen. Ein schöner Triumph der Modernisten, allerdings um die Wahrheit erkauft, daß ungegenständlich abstraktes Malen in die Geschichte des Dekors und des Ornaments gehört und nicht als Ausdruck des Ringens von Künstlerseelen um existentielle Letztbegründungen gilt.

Neutralität und produktive Indifferenz

Die Schweizer konnten zu einer so souveränen Umdeutung von Kunstpraxis als Gottesdienstersatz zur Nutzanwendung in den Lebensräumen der Alltagswelt kommen, weil sie sich seit ihren weit zurückliegenden letzten Kriegshandlungen darauf eingeübt hatten, Konflikte unter Vermeidung tödlicher Ernstfälle zu bewältigen.[1] Welch ein Lernprozeß, welch eine zivilisatorische Leistung! Denn im allgemeinen glaubt ja die Menschheit, ihre renitenten Mitglieder, Aufsässigen oder Kriminellen nicht anders zur Raison bringen zu können, als ihnen den Ernst

Analogiezauber: Panzersperre (Zementpolder à la Guisan), Zahn der Zeit (Tobleronebruch), Drachensaat (Max-Bill-Kunst)

ihrer Lage unmißverständlich klar zu machen mit der Androhung von Letztendlichkeit, nämlich des Todes. Der Vollzug der Todesstrafe wird gemeinhin als *ultima ratio,* als letztes Mittel gegen die tödliche Bedrohung einer Gemeinschaft und ihrer Ordnung verstanden – und das umso mehr, als solche Ordnungen noch aus dem von Gott und seinen Propheten gestifteten heiligen Recht, dem Sakralrecht, stammen. Aber selbst große Nationen mußten von Fall zu Fall, zum Beispiel nach dem Dreißigjährigen Krieg oder nach dem Scheitern von Napoleons Rußlandfeldzug oder nach den desaströsen Weltkriegen, erkennen, daß die *ultima ratio* als systematisiertes Töten in großem Maßstab, also in Kriegen, keineswegs der Weisheit letzter Schluß, *ultima sapientia,* ist.

Angesichts der Folgerungen aus solchen Überlegungen fühlten sich die Schweizer jeweils bestätigt in der Annahme, es sei ökonomisch, politisch und moralisch besser, das heißt ergiebiger, nicht auf dem tödlichen Ernstfall zu beharren, vielmehr seine Durchsetzung zu vermeiden und so durch Unterlassen zu erreichen, was ohnehin mit Gewalt zu erzwingen selbst den Siegern in einer tödlichen Auseinandersetzung bei aller Macht kaum gelingt.

Mit dieser Einstellung zum Krieg und den entsprechenden Urteilen über die Effektivität der Durchsetzung der *ultima ratio* nahmen die Schweizer eine Maxime altrömischer Staatskunst wieder auf, die lautete: „Wenn man in Frieden leben will, muß man sich gegen jederzeit drohende Konflikte mit den Nachbarn wappnen, damit die gar nicht erst auf den Gedanken verfallen, ihre Interessen mit Gewalt durchsetzen zu können." Wer sich wappnet, muß einsichtig, das heißt intelligent, kurz, strategisch planen. Er muß zum einen wissen, daß mit all seiner Macht nichts getan ist, wenn ihm eine gleich starke oder stärkere Macht entgegentritt; und er muß intelligent genug sein, sich nicht in naivem Wunschdenken auf einen Sieg einzustellen, sondern stets mit seiner Niederlage zu rechnen. Erst dann ist es notwendig und wird es möglich, strategisch zu denken. Das äußerste Ziel einer solchen Strategie ist es,

Attitüdenpassepartout:
Wider die Sehnsucht nach der Unmittelbarkeit

– sich einerseits so klein zu machen, daß man im Konflikt der Großen zu einer *quantité négligeable* wird,
– andererseits in dieser Kleinheit ungreifbar zu werden durch Untertauchen in verwirrendem Gelände mit der Möglichkeit, nach Guerrilla-Manier von Fall zu Fall unkalkulierbare Bedrängnisse anzudrohen,
– sich als nützlicher Idiot den kämpfenden Parteien anzudienen, bei deren tödlichen Ernstfalldemonstrationen behilflich zu sein und ihre Interessen auf die große Beuteaussicht abzulenken.

Die wichtigste Einsicht, die in der Schweiz aus solchen Überlegungen der Stärke des Schwächeren entwickelt wurde, lautete aber, sich niemals zur Parteinahme, weder für die Verfolger noch die Verfolgten, hinreißen zu lassen. Die Schweizer kannten nur allzu gut aus eigener Gewaltrechtfertigung der Opferrolle, wie leicht, das heißt gutwillig oder mit Kalkül, sich Gelegenheiten für derartige Rechtfertigung herstellen lassen.

Bezogen auf den Umgang der Schweizer mit ihren künstlerischen Avantgarden hieß das, keinen Vorwand dafür zu bieten, daß Künstler aus der grundsätzlichen Ablehnung ihrer Positionen den Beweis gewinnen konnten, ihre Arbeiten seien so ungeheuerlich bedeutsam, weil sie mit rigiden Maßnahmen befeindet würden. Auch das wieder ein Zeichen zivilisierten Verhaltens, weder pro noch contra Partei zu ergreifen, also sich weder durch überwältigende Zustimmung zur Verbrüderung hinreißen zu lassen, noch durch vermeintlich prinzipienstarke Ablehnung den starken Kerl herauszukehren. Neutral zu sein, als Zeichen des bestens balancierten Ausgleichs zwischen erkannter Abhängigkeit und Autonomiestreben, ermöglichte es den Schweizern, nicht nur deshalb eine Künstlerposition für bedeutend halten zu müssen, weil sie von den Gegnern des Künstlers bekämpft wird, und umgekehrt Künstlerwerke nicht schon deshalb für bedeutungslos zu halten, weil niemand gegen sie energisch einschreitet. Die Schweizer demonstrierten produktive Indifferenz; unter Avantgardisten ist das die Position Duchamps.[2]

Die Vermeidung von Deklarationen der Zustimmung oder Ablehnung erzeugt allgemein den Eindruck von Unbestimmtheit. Dies ist die Voraussetzung für opportune Anpassung als Camouflage wie für die produktive Steigerung von Vieldeutigkeit und Vielwertigkeit, von Ambivalenz und Ambiguität. Wenn Neutralität nur durch die Balance zwischen Abhängigkeit und Selbständigkeit erreichbar ist, dann erlaubt es Unbestimmtheit, sich gegen jede Eindeutigkeit als Beschränkung des Möglichen zur Wehr zu setzen – erst recht gegen fundamentalistische Erzwingung von Eindeutigkeit. Mit derartigen Erzwingungsstrategien der rigiden Eindeutigkeit hatten die Schweizer mahnende Erfahrung gemacht, als ihre protestantischen Glaubensreformer sie mit ganz und gar eindeutigen Tugendgeboten terrorisierten. Da weiß man, was man an vermeintlich theologischer und philosophischer Unschärfe hat, nämlich Möglichkeiten zur Umgehung des tödlichen Ernstfalls, also zur Vermeidung von heroischer Dummheit; da nimmt man gern die kleinen Dummheiten in Kauf.

Träumt die Vernunft von Idealen, schafft sie Monster

Heutzutage möchte man uns mit aller Gewalt einreden, daß die Künstler auf Radikalität verpflichtet werden sollten. Hier zeigt sich der Postfaschismus als Demokratie.[3] Gerade unter Intellektuellen, Künstlern und leider auch Wissenschaftlern ist heute der Faschismus wieder gang und gäbe. Niemand, außer Adorno, hätte in den 50er Jahren vermutet, daß er gut fünfzig Jahre später in diesem Ausmaß grassieren würde.

Anläßlich der Diskussion über die Absetzung von Mozarts „Idomeneo", September 2006, auf Grund von möglichen Einwänden der Islamisten trafen sich in Berlin einige Herrschaften, unter ihnen auch der Intendant des Hamburger Thalia Theaters, Ulrich Khuon. Der Intendant hat sinngemäß geäußert: „Ja, aber die Kunst hat doch die Pflicht, Unruhe zu stiften und zu stören!"

Alle Menschen, die jemals selbst den Terror erlebt haben, würden so etwas nicht einmal denken, auch wenn sie es der eigenen Schwiegermutter gegenüber häufig behaupten möchten. Auch wer Terror nicht selbst am eigenen Leibe erfahren hat, weiß dennoch, daß heute jeder beliebige Hanswurst an irgendeiner Straßenecke mit etwas Dynamit jeden beliebigen, terroristisch inszenierten Ausnahmezustand herstellen kann – das ist wirklich keine Kunst![4] Der höchste Ausdruck von Kunst bestünde in der Eichung an der Folgenlosigkeit und an der Rückrufbarkeit als Programm, wie man es bereits im Bereich der Ökologie belohnt, wenn für bestimmte Produkte der Blaue Engel oder der Grüne Punkt vergeben wird.

Ein paar Dutzend großflächige Auseinandersetzungen der blutigsten Art gibt es Jahr für Jahr auf der ganzen Welt. Wenn einige Deutsche, intellektuell Tiefsinnige, auf die Idee kommen, Aufgabe der Kunst sei es, Unruhe und Zerstörung in die Welt zu setzen, möchte man sich darauf verlassen, daß ein Schweizer, als Verfechter des Normalfalls, dem niemals beipflichten würde.

Als wir 1957 in die Schweiz kamen, hatten wir den Krieg noch vor Augen: das Leben in Ruinen, das tägliche Rechnen mit dem Außerordentlichen, die Zerschlagung aller gesellschaftlichen Vermittlungsformen, Verbindlichkeiten und Institutionen. Wir erinnerten uns noch daran, wie innerhalb von wenigen Stunden das gesamte Lebensumfeld dermaßen drastisch verwandelt wurde, wie es kein Künstler mit noch so vielen Bühnenbildmillionen hätte bewerkstelligen können. Erheben Künstler als Kinder wohlstandsverwahrloster Zeiten die Forderung, die Gesellschaft habe sich ihren künstlerischen Vorstellungen anzupassen, während der Rest der Welt hungert, von Krieg und ständigem Terror der Kultur- und Religionskämpfe überzogen wird, so erteilen Schweizer den Ansprüchen dieser gnadenlosen Konkurrenten Gottes eine Absage. Denn, so wollen wir glauben, die einzig zivilisierten Repräsentanten der Menschheit im Sozialverband sind die Schweizer. Die Schweizer wissen aus eigener schmerzlicher Erfahrung, daß der Normalfall für einen zivilisierten Menschen die eigentliche Leistungsgrenze darstellt. Wer den Weltlauf bewertet, erkennt, daß die souveräne Leistung einer Gesellschaft nur darin bestehen kann, den Normalfall zu garantieren. Doch diese Erkenntnis war bisher nur in der Schweiz durchsetzbar.

Angesichts der Geschichte der letzten hundert Jahre ist es fast ein Wunder, daß unter den Bedingungen der Kommunikation, die nur gelingt, wenn sie produktive Mißverständnisse erzeugt, nicht so viele unproduktive Mißverständnisse wie Dogmatismus und Totalitarismus entstehen, die das Ziel, Normalität zu garantieren, fortwährend und vorsätzlich verfehlen. Den höchsten Attraktivitäts- und Aufmerksamkeitsgrad erzielt man durch die Anhäufung von Toten in großem Stil. Bis auf den heutigen Tag lautet daher der Generativitätsquotient der herkömmlichen Geschichtsschreibung: Wie viele Lebende hat jemand aus der Welt gebracht? Jemand, der nur zwölf Leute ermordet hat, erhält nicht einmal eine Fußnote in der Kriminalitätsstatistik. Bei hunderttausend Toten dagegen wird es interessant. Wirklich geschichtsbuchwürdig erweist man sich erst ab einer Million Toten; dauerhaft etabliert ist man ab einer Summe von sechs bis dreißig Millionen, einem Hitler, Stalin oder Mao ebenbürtig.

Die Konsequenz aus dieser verhängnisvollen Ökonomie der Aufmerksamkeitsverteilung wäre darin zu sehen, endlich eine Geschichte zu etablieren, in der als Großtat gefeiert wird, was sich nicht ereignet hat.[5] Das Verhindern ist eine viel größere Leistung als das Realisieren irgendeiner noch so großen Idee. Wer den Bau eines häßlichen Hotelkomplexes verhindert, stellt wirklich Erfindungsreichtum und kommunikationsstrategische Begabung unter Beweis – ein Faktum, das endlich anerkannt werden müßte. Schreiben wir also eine Geschichte des Unterlassens! Zeigen wir den Gottsucherbanden aller Herren Länder, was es heißt, Europäer und Christ zu sein, indem wir unsere Leistungsfähigkeit im Unterlassen demonstrieren.

Was die Schweizer seit Mitte des 17. Jahrhunderts außenpolitisch und seit Anfang des 19. Jahrhunderts innenpolitisch vertreten haben, nämlich die Vermeidung des Ernstfalls, hat inzwischen Chancen, als allgemein ethisches Prinzip anerkannt zu werden: Der *Ernstfall* des Krieges als Angriffs-, Durchsetzungs- oder Machtbehauptungskrieg wird nicht mehr toleriert. Der „verbotene Ernstfall" bildet den bisherigen Höhepunkt der Zivilisationsgeschichte. Selbst die Amerikaner erkannten bis vor kurzem die Null-Tote-Doktrin an, die besagt, daß Armeen dafür da sind, Frieden zu erzwingen und nicht, Krieg zu führen.⁶ Insofern das Töten die *ultima ratio* des existentiellen Ernstfalles ist, also die Irreversibilität schlechthin, ist das Verbot des Ernstfalls gleichbedeutend mit dem Gebot von Reversibilität. Die Sensation der weltgeschichtlichen Mission des Christentums lautet: Es gibt kein Gebot der Nachfolge in den Tod, im Gegenteil, der Gott ist für euch gestorben und damit basta! Wer jetzt noch argumentiert, daß er in der gewaltsamen, ja todbringenden Durchsetzung seiner Ansprüche gerechtfertigt sei, kann sich jedenfalls nicht auf Christus berufen.

Dada oder der Tempel innerweltlicher Transzendenz

Hatten die Schweizer mit dem Verbot des militärischen Ernstfalls, des Krieges, zur Durchsetzung von Selbstbehauptung bereits eine weltgeschichtliche Mission begründet, wie sie nur wenige andere Staaten zu praktizieren wagten, so haben sie mit dem Verständnis der „Logik des Wahnsinns" die Psychiatrie als Heimat aller Geisteswissenschaft etabliert. Das galt nicht nur dem Aufbau von psychiatrischen Anstalten von Weltruhm; vielmehr akzeptierten die Schweizer die Konsequenzen der grundlegenden Einsicht, daß die größere Zahl von „Geisteskrankheiten" als Strategien zur Selbsterhaltung des Organismus' zu werten sind. Was das *in praxi* bedeutet, demonstrierten der Weltöffentlichkeit nach den Vertretern der Berner Psychiatrie und dem Genfer Sprachphilosophen de Saussure vor allem die Dadaisten.

Patron
der Dadaisten

Durch die strikte Vermeidung des Ernstfallpathos und des Ernstfallheroismus zog die Schweiz im besonderen Maße zivilisierte Menschen an, die aus jenen Ländern flohen, die jedem Bürger

Dada
als Synthese von Antike
(Scheibenwelt) und Renaissance (Standei):
Haut sie in die Pfanne!

Gottesgehorsam, Gefolgschaftsverpflichtung oder Machtstreben mit radikaler Todesbereitschaft abverlangten. Im Jahr 1916 entwickelte sich in Zürich im Protest gegen die Schlachten als Schlachtfestorgien vor Verdun eine Kunstbewegung im Kontext des Theorems vom verbotenen Ernstfall. Die historische Leistung des Dadaismus bestand in der Zielsetzung, die Fixierung der Ernstfallheroen auf Gott oder das Schicksal, also auf transzendente Größen, zu zerschlagen. Um nicht in banalen Relativismus oder gar Wertenihilismus zu verfallen, ersetzten die Dadaisten programmatisch das übermenschlich Absolute durch ein allen geläufiges, für Menschen typisches Kernstück aller Beziehungen zwischen ihnen, nämlich die Kommunikation des Alltags. Das zielte darauf, daß Menschen gezwungen waren, auch dann sich in natürlichen oder sozialen Umgebungen zu behaupten, wenn sie die Bedingung der Möglichkeit des Lebens nicht verstanden. Man kann nicht mit der Fortsetzung der Lebensprozesse warten, bis man deren Funktionslogiken als Ursache-Wirkung-Verhältnisse und dergleichen zu simulieren in der Lage ist. Man kann nicht erst entscheiden, wenn man alle entscheidungsrelevanten Faktoren genauestens studiert und die Gesamtsituation in allen Hinsichten verstanden hat. Zu solchem Verstehen gehörte nämlich das experimentelle Überprüfen des behaupteten Verständnisses, wie das etwa in den Naturwissenschaften die Regel ist. Im Leben gibt es keine Experimente und es nützt keine kindliche Deklaration, man habe eben nur einmal gespielt und außerhalb des Spieles hätten die Resultate des Spiels keine Auswirkung. Sich auf Kommunikation einlassen zu müssen, anstatt Verstehen zu erzwingen, führte zu der bemerkenswerten Erfahrung, um nicht zu sagen zu der Belohnung, daß die Verständigung ohne Verstehen gerade durch eine Vielzahl von Mißverständnissen, Unklarheiten im Ausdruck und das Fehlen

Vatikann
des Synkretismus;
Mutti muß!

jeglichen Konsenses in der Kakophonie der Meinungen besonders erfolgreich ist, also die Kommunikation produktiv werden läßt. Demzufolge galt es, das fest gefügte Korsett der Konventionen, die Normativität des Bürokratischen oder juristischer Textarchitekturen zum Unfug zu entwickeln, in letzten Lockerungen auf dem Schüttelrost des Gelächters. Den Unfug, den die Dadaisten trieben, sortierten sie nach Graden der Befremdung, später Ver-Fremdung genannt. Je größer das Befremden durch den Unfug, desto lohnender die Herausforderung, sich dem Chaos gewachsen zu zeigen. Für die Dadaisten wurde zum ersten Mal die Streßresistenz, die Widerstandskraft gegen die Zumutung des Chaos, eine Auszeichnung der Kennerschaft. Seither signalisieren aufgeklärte Kunstsammler – Unternehmer, Zahnärzte, Urologen und Führer demokratisch legitimierter Institutionen – mit ihrem Kunstbesitz nicht mehr Statusambitionen, Erfolgsbeweise oder Mitgliedschaften in Exklusivclubs. Daher verfehlen auch kritisch gemeinte Analysen der Selbstdarstellungsattitüden von Sammlern in der Nachkriegsmoderne ihren Ansatz. Sie illustrieren nur die Bestätigung eines konsensfähigen Vorurteils, anstatt herauszufinden, auf welche Weise mächtige Männer ihre Hinwendung auf die Elaborate von ein paar Künstlern begründen, die nicht einmal Schutz und Anerkennung von sozialen, ökonomischen, politischen oder kulturell-religiösen Instanzen genießen. Denn es ist ja ganz und gar nicht selbstverständlich, daß sich ausgerechnet die Entscheider über Wohl und Wehe einer Gesellschaft auf die macht- und einflußlosen Meinungen von Individuen einlassen sollten, mit denen, wie allseits bekundet wurde, kein Staat zu machen ist.

Seit der große Unfug der Dadaisten als Kraft zur Auflösung der Bindungsfugen im ideologischen Gefüge von Weltbildern auf den Schlachtfeldern Flanderns als notwendig bewiesen worden war, zeigen sich die Herren der Welt „mit dem Rücken zur Kunst" (Wolfgang Ullrich), um geradezu stolz zu demonstrieren, daß sie hinreichende psychische Stabilität besitzen, mit dem Chaos, dem Unsinn, den Beliebigkeiten in den Werken der Künstler spielend fertig zu werden.

Wie gelingt das? Wer bereit ist, absonderliches Gebaren, partielle Absenzen und andere psychische Auffälligkeiten als sinnvolle Reaktionen auf Bedrohung durch vermeintlich nicht beherrschbare Konflikte gelten zu lassen, geht ja davon aus, daß das, was unmittelbar nicht verstehbar scheint, doch in irgendeiner Hinsicht sachgerecht und erfolgreich sein kann. Heute sind mathematische Demonstrationen der Ordnung des Chaos geradezu ästhetische Erlebnisse für jedermann und Mandelbrot-Bäumchen sind bereits in „bewußtlose" Telefonkritzeleien eingedrungen. Den Zeitzeugen der Schlachten vor Verdun, die bei ungeheurem Material- und Menscheneinsatz zu keinerlei grundsätzlicher Veränderung der Ausgangsposition führten, mußte der Sinn dieser Sinnlosigkeit erst mühsam und peu à peu von den Dadaisten eröffnet werden. Die expressionistischen Lyriker und Dramatiker waren ja gerade vom Gegenteil getragen, nämlich dem Wissen, daß sich das Weltende, zumindest das des Bürgertums, mit unabweislicher Macht in Szene setzte. Aber bereits die Konfrontation mit Absurditäten in der Entäußerung des höchsten Führerwillens ließ es nicht mehr zu, ein Strafgericht Gottes („Gott strafe England!") oder homosexuelle Dekadenz („Der Kaiser tanzt mit Eulenburg

Der Kunstwissenschaftler
Wolfgang Ullrich:
Streßresistenz
statt Statusbeweis

und Leutnants im Tutu durch den Schloßpark von Liebenberg") oder den Niedergang des Bürgertums für den Schrecken von Verdun verantwortlich zu machen; selbst untere Chargen wurden mit der Zumutung nicht fertig, akzeptieren zu müssen, daß auf beiden Seiten der Front behauptet wurde, der eine christliche Gott in unverbrüchlicher Einheit mit Sohn und Weltgeist sei mit ihnen und der Sieg ihrer Waffen durch Gottes Gnade gesichert. Derartige Zumutungen an den Verstand überwältigten umso mehr, als Kaiser und Generalstab keine andere Begründung für ihren Siegesoptimismus geben konnten als den Willen Gottes und die in der deutschen Geschichte immer wieder fatale Durchhalteparole „Wir werden siegen, weil wir siegen müssen!" Es leuchtet ein, daß es die Selbsterhaltungspflicht jedes Menschen erforderte, sich vor derartigem Ausdruck höchster geistiger Erleuchtung der Weltenführer im Namen Gottes zu bewahren, indem man sich verrückt werden ließ.

Die Bezugsquellen für die dadaesken Aktionen sind die Berichte der Psychiater aus den Krankenhäusern, in denen verrückt gewordene Soldaten behandelt wurden. Zahllose Berichte schildern die auffälligen Ausbrüche verwundeter und schwer traumatisierter Krieger, die durch anhaltendes Trommelfeuer, Gasangriffe und Grabenkrieg dermaßen unter Druck gesetzt worden waren, daß ihnen nur eine dadaeske Reaktion als allerletzte Rettungsmaßnahme übrig blieb. Indem das Gehirn, von den Stamm- und Zwischenhirnfunktionen genötigt, einen Teil der reflexiven Schleifen zwischen Psyche und Soma kappt, kann das schiere Überleben des Organismus gesichert werden.

Um das zu akzeptieren, hatten die Dadaisten, angeführt vom Kulturphilosophen Hugo Ball, eine Art Synthese zwischen Zustimmungslehre von Kardinal Newman und Ja-Sage-Pathos von Nietzsches Zarathustra entwickelt, die eine kulturelle Begründung für den Selbsterhaltungstrieb der Organismen lieferte.[7] Sich selbst erhalten kann nur, wer bereit ist, zur Welt Ja zu sagen gerade dann, wenn deren Zumutungen jeden Vernunftbegabten in den Irrsinn treiben. Irrsinn ist die extremste Ausprägung der Lebensbejahung. Auf die dadaistische Feier des Ja-Sagens zum Unfug als aufgehobener Fügung geht das Mythologem zurück, Dada habe seinen Namen aus dem russischen Wort für Ja von Lenin selbst erhalten. Denn Lenin wohnte Spiegelgasse 6, in der Nachbarschaft des Cabaret Voltaire, Spiegelgasse 1, und man kann sich ohne weiteres vorstellen, daß der große Apokalyptiker die spektakulären Aktionen der anarchistischen Clowns besuchte und sich dort vor den Lautgedichten, die Hugo Ball im Kostüm des Kardinals Newman vortrug, vor Vergnügen auf die Schenkel klopfte – unter fortwährender prustender Bekundung seines Wohlgefallens stieß er „da, da, da!" hervor und gab damit dem Unfug seinen programmatischen Namen.[8]

Dada als Hochzeitsphilosophie des Ja

Es ist schon längst geboten, den Dadaismus als eine Zustimmungslehre, sprich, eine Hochzeitsphilosophie zu würdigen. Bei der Hochzeit stellt sich für den Bräutigam und die Braut die zentrale Frage nach dem Ja-Sagen. Beide Parteien wissen von vornherein, daß sie im Grunde nicht wissen, wozu sie am Altar ihr Ja-Wort geben. Das ist der tiefere Sinn des Hochzeits-Ja als einer kulturell vermittelten und institutionell abgesicherten Form der Unerfahrbarkeit, der Unerwartbarkeit, der Nichtantizipierbarkeit dessen, was kommt, das Einverständnis zu signalisieren.

Der Dadaist, als ewiger Bräutigam und wahrer Heros des Ja, bekundet also, den Irrsinn zu ertragen, den Wahnsinn walten zu lassen und das Lächeln der Etrusker einzuüben.

Die Dennoch-Pathetik

Nach dem Ersten und dem Zweiten Weltkrieg gab es von der Regierung lizensierte Postkarten mit Malereien von „Dennoch-Künstlern". Das waren Künstler, denen im Kampfeinsatz die Hände weggeschossen worden waren, die sich in der Folge gezwungen sahen, beispielsweise mit dem Mund oder den Füßen zu malen. Ausgehend von solchen Schicksalen, wurde die alte Frage des ersten

Chefdramaturgen der Deutschen, Gotthold Ephraim Lessing, neu gestellt, ob es denn einen Raffael ohne Hände geben könne. Jüngst gestand der alte Künstlerprofi Jörg Immendorff, der durch eine Erkrankung in eine entsprechend mißliche Lage versetzt worden war, keine Antwort auf diese Frage gefunden zu haben.[9] Um zu begreifen, was im europäischen Sinne Künstlerschaft heißt, empfehle ich das Studium des Exempels, das der Oberdadaist Hugo Ball mit seiner biographischen „Kehre" geboten hat. Hugo Ball, heißt es oft in kritischer Absicht, habe sich nach seiner aktiven Zeit im Cabaret Voltaire zum christlichen Mystiker und Ekstatiker gewandelt. Jeder Wohlmeinende weiß dagegen, daß sich Ball überhaupt nicht verändert hat, denn christlich, mystisch und ekstatisch war er gerade als Dadaist.

Das Dennoch-Pathos entstammt der christlichen Passionsauffassung; die *imitatio Christi* nimmt man aber gerade nicht an, wenn man sich durch Leiden das Himmelreich zu erwerben hofft oder sich aus angeblicher Demut erniedrigt, Dreck frißt und den schwärenbedeckten Körper in Lumpen steckt. Der Verlust der Glieder befähigt noch nicht dazu, ein Raffael ohne Hände zu sein.

Die Kunst des Unfugs

Mit dem gerne albernden Albert gesagt, kommt es nicht darauf an, die Welt zu verstehen, sondern sich in ihr zurechtzufinden. Letzteres nennt man kommunizieren zu können, häufig ohne jegliches Verstehen. Und es funktioniert doch. Wie Ferdinand de Saussure und Alfred Jarry und Fritz Mauthner lernten auch die Dadaisten, der sinnreichen Natur das Geheimnis der Kommunikation zu eigenem Nutzen abzuhören.

Wir müssen uns die Bedeutung der Karriere des Kommunikationsbegriffs gegenüber dem wissenschaftlich-hermeneutischen Begriff „Verstehen" verdeutlichen. Kommunikation beruht auf dem Parallelprozedieren von Gehirnen und nicht auf Übertragung von irgendwelchen Substanzen, denen Informationen aufsitzen. Kommunizieren heißt nicht, Worte zu Aussagen zu formen nach dem Modell des Spießrutenlaufs beim Militär, wo am Ende eine zurechtgeprügelte Wahrheit herauskommt, die kaum noch kriechen kann. Sondern?

In Dada gipfelte die großartige Entdeckung, daß innerweltliche Transzendenz (negative Theologie, negative Ästhetik) durch Kommunikation gerade auf Grund von Unsinn, Widersinn, Blödsinn, karikierender Verzerrung, Satire und Parodie entsteht. Menschliche Gehirne können qualitätslosen Unsinn nicht akzeptieren. Da sie den Unfug wahrnehmen und identifizieren müssen, verleihen sie selbst dem Unsinn noch einen Sinn. Der Unfug hat im Hinblick auf die klassische Form der Fügung, im Musikalischen etwa als Fuge, eine eigene Würde. Unter dem Gesichtspunkt der Kommunikation hat die Unfugproduktion die Fugenproduktion tatsächlich überrundet.10

Grundlegende Bedingung für das Erzeugen von Unfug ist die triadische Struktur der Sprache, wobei erst die willkürliche Abkoppelung von semantischer, syntaktischer und pragmatischer Dimension der Zeichen zum Unsinn führt. In älterem Sprachgebrauch unterschied man die Namen und Begriffe von den Vorstellungen und Symbolen oder die *cognitiones* von den *imaginationes* und *repraesentationes,* wobei letztere der syntaktischen Zeichenebene entsprechen, die inneren Vorstellungsbilder der pragmatischen und die Namen/Begriffe der semantischen Ebene.

Wie wir im Traum die Fähigkeit erfahren, die drei Ebenen weitestgehend voneinander abzukoppeln, können wir auch im poetischen Umgang mit der Sprache, zum Beispiel durch Metaphern und Analogien, die Bedeutung der Zeichen von Sprachgestalt und Sprachgebrauch abkoppeln. Das Traumgeschehen lockert die festgefahrenen Verknüpfungen der drei Ebenen untereinander und stellt somit die Leistungsfähigkeit des Gehirns immer wieder her. Die künstlerische Entkoppelung und Neufigurierung von Bezeichnetem und Bezeichnendem in der Einheit des Zeichens läßt den poetischen Sinn selbst des herkömmlich Sinnlosen strahlen.

Wegweisend auf diesem Gebiet waren die Überlegungen von Ferdinand de Saussure. Er hatte gegenüber Dada einen Vorsprung von dreizehn Jahren, die Ergebnisse seiner Arbeiten

wurden allerdings kaum rezipiert. Seit den Zeiten des Kirchenvaters Augustinus bewies die Theologie der Trinität ihre Alltagstauglichkeit auf die verschiedensten Weisen, unter anderem in der Unterscheidung der drei geistigen Vermögen Denken, Vorstellen und Sprechen, die jeder Art von Kommunikation zugrundeliegen. De Saussure verdeutlichte, daß sich unsere Wort- und Bildsprachen, Gestus und Mimik allesamt nicht auf die Welt außerhalb unseres Bewußtseins beziehen. Wer in verschiedensten Sprachzeichen Pferde auf der Weide repräsentiert, soweit er nicht auf sie zeigen und dabei von seinem Kommunikationspartner gesehen werden kann, bezieht sich zwangsläufig auf die *cognitiones,* also Begriffsbestimmungen von Pferden und Weide etc. wie auf die inneren Vorstellungsbilder, die diese Begriffe in uns auslösen.[11] Demzufolge bezieht sich die semantische Ebene eines Zeichens nicht auf eine Begebenheit außerhalb des Bewußtseins. Kann etwas symbolisch (mit Bildern, Worten, Gesten etc.) repräsentiert werden, das sich nicht auf unsere Namen, Begriffe und Vorstellungen bezieht? Mit dieser Frage beschäftigen sich Künstler des Unfugs, der Sinnentleerung und Löschung von Bedeutung in besonderer Weise.
.

Bilderverbot braucht Bilder

In zeitlicher Nachbarschaft zu Dada erläßt der Wissenschaftstheoretiker Rudolf Carnap, analog zum Bilderverbot der jüdischen und moslemischen Theologien, das Bilderverbot für die Wissenschaften. Wissenschaftler unterliegen dem strikten Verbot, sich zu irgendeiner begrifflichen Bestimmung eine Vorstellung zu bilden. Ein Astrophysiker, der sich zum Begriff „Schwarzes Loch", das eindeutig mathematisch-physikalisch definiert werden kann, eine Vorstellung leistet, dürfte durchaus in Schwierigkeiten kommen, weil er entweder seine Vorstellungen mit den Begriffen nie zur Deckung bringen kann oder, wenn er Übereinstimmung erreicht, nicht mehr als Wissenschaftler vorankommen wird.

Die symbolische Repräsentation wird strikt als Tautologie bestimmt. Wer sich als Astrophysiker oder Mathematiker äußert, darf zur symbolischen Repräsentation nur dieselben Formeln benutzen, die er bereits in Gebrauch nimmt, um die Kognition zu gewährleisten; die geistige Arbeit wird also strikt auf den Aspekt der Kognition beschränkt. Sigmund Freud hat gezeigt, daß sich die inneren Antriebe (wie etwa die gefühlsmäßige Bewertung der Kognitionen oder das sogenannte Vorstellungs- oder Antizipationsvermögen) nur dann entfalten, wenn sie nicht in Deckung zu Begriffen gebracht werden. Auch entwickeln sich die psychischen Fähigkeiten erst, wenn man sich das Unvorstellbare nicht nur vorstellt, sondern die Unvorstellbarkeit selbst als Vorstellung symbolisch repräsentiert.

Angesichts des Unfaßlichen, des Undarstellbaren, des Undenkbaren und des Unvorstellbaren sich einfach bequem zurückzulehnen und intellektuell zu resignieren, ist ein typisches Verhalten der von religiösem Tiefsinn behauchten Menschen, die das Problem des Unfaßlichen schlichtweg mit einem Darstellungs- und Vorstellungsverbot bemänteln wollen. Zum Beispiel ist die theologisch hoch entwickelte jüdische Religion in dieser besonderen Hinsicht ziemlich unterbestimmt. Die Meinung, ein Bilderverbot sei dadurch durchzusetzen, daß man verfügt, sich kein Bildnis Gottes machen zu dürfen, ist nicht nur reichlich naiv, sondern geradezu absurd. Natürlich kann man Bildlichkeit verbieten, aber was geschieht mit der inneren Bildlichkeit, die entsteht, wenn der Begriff „Gott" angesprochen wird? Kann man diese ebenso verbieten und zugleich die Kontrolle dieses Verbotes gewährleisten, wenn doch jeder Mensch, der das abstrakte Kognitionsschema „Gott" aufruft, zwangsläufig sofort eine begleitende innere Vorstellung entwickelt?

In der Sphäre der kommunikativen Akte gilt es, das Undenkbare als Undenkbares zu denken, sich das Unvorstellbare als Unvorstellbares vorzustellen und das Undarstellbare als Undarstellbares darzustellen. Wird das Undarstellbare nicht dargestellt, ist es überhaupt nicht existent. Wird das Undenkbare nicht als undenkbar gedacht, hat man nicht nachgedacht. Kann man sich die Unvorstellbarkeit nicht als Unvorstellbarkeit vorstellen, ist die ganze Aussage gegenstandslos.[12]

Betrachtet man Dada als eine erkenntnistheoretische Methode und nicht als eine kurzfristige Demonstration von Ambitionen einiger Künstler, wird klar, welch immense Bedeutung Dada zukommt. Selbst die großen Meister des amerikanischen abstrakten Expressionismus, die Maler der Monochromie oder des Minimalismus zeigen sich noch von Gedanken inspiriert, wie sie im Ersten Weltkrieg in Zürich erstmalig Form annahmen. Ein Gemälde von Rothko ist die Erfüllung des jüdischen Bilderverbots als Bild auf höchstem Niveau. Seine Gemälde erfüllen den Anspruch auf die Entkoppelung der Kognition „Gott" und der Imagination „Gott" von der Repräsentation „Gott". Rothko hat tatsächlich zum ersten Mal gezeigt, was es unter westlichen wissenschaftlichen, an der christlichen Theologie orientierten Bedingungen heißt, ein Bilderverbot einzuhalten, indem man es *als Bild,* manifestiert.[13]

Die Dadaisten stehen modellhaft für die Beantwortung der Frage, wie sich unter den Bedingungen der Unangemessenheit, der Nichteinholbarkeit, der Nichtverfügbarkeit, der Nichtangemessenheit der Prozeß der Verständigung tatsächlich vorstellen läßt. Glaubte man zuvor noch, daß Gott gewußt habe, was er tat, als er die Welt erschuf, so war mit Dada ein für alle Mal bewiesen, daß selbst Gott ratlos vor seinem Arbeitsresultat stehen mußte. Die Dadaisten erwiesen als Künstler, was jedem Wirtschaftsunternehmer und Politiker als nietzscheanische Erfahrung ebenfalls zugemutet wird, daß nämlich der schöpferische Hersteller selbst nicht mehr versteht, was er bewerkstelligt. Stattdessen entsteht beim Urheber das ans Groteske grenzende Gefühl, bei der Entfaltung eines Werks permanent faszinierende und höchst attraktive Mißverständnisse zu produzieren, also Sachverhalte zu erzeugen, die das Uneinholbare, das Ambivalente, die Ambiguität, das Dunkle, den Hermetismus (Verschlossenheit) und die Enigmatik (Verrätselung) artikulieren.

Es wurde jedoch von den Dadasophen nicht etwas absichtsvoll verrätselt, wie etwa ein Tarnspezialist einen Klartext verschlüsselt, damit der Feind ihn nicht entziffern kann, sondern eine Verrätselung im Sinne prinzipieller Unerfaßbarkeit und Nicht-Antizipierbarkeit hervorgerufen. Etwas zu behaupten, was nicht antizipierbar ist, was also außerhalb der Erwartbarkeit liegt, ist gleichbedeutend mit dem Unsinn innerhalb seiner Gefügtheit als Unfug. Aber kann man mutwillig unsinnig sein, kann man etwas beabsichtigen, was sich jeder Art von Zuordnung in ein Handlungssystem oder in ein Entwurfssystem entzieht? Die Surrealisten haben mit dem *cadavre exquis* versucht, eine Logik zu entfalten, die man nicht antizipieren kann. Als Künstler haben sie symbolische Repräsentationen entwickelt, die nicht mehr per Ikonographiehandbuch in Kognitionen oder Imaginationen übersetzbar waren, sondern die ganz der Beschäftigung mit unlösbaren Problemen verpflichtet waren. Sie fanden heraus, daß gerade die Zumutung der Unlösbarkeit des Problems ungemein stimulierend auf den Betrachter wirkte. Plötzlich war klar, daß man sich nicht mehr mit Problemen auseinandersetzt, um sie loszuwerden, sondern um zum Kern der Sache vorzustoßen, der prinzipiellen Unlösbarkeit von Problemen.

ANMERKUNGEN

1 Siehe Brock, Bazon 2002, S. 207–219.
2 Siehe ebenda, S. 591.
3 Siehe Kapitel „Kontrafakte – Karfreitagsphilosophie – Die Gottsucherbanden – Der Faschist als Demokrat".
4 Siehe Kapitel „Rettungskomplett – Gorgonisiert Euch!"
5 Brock, Bazon, in: Crivellari, Fabio u.a. (hg.): Die Medien der Geschichte. Historizität und Medialität in interdisziplinärer Perspektive. Konstanz 2004.
6 „Wir benötigen ‚Lernzeit für Zivilisierungen', d.h. ein starkes Bewußtsein für die Tatsache, daß immer unter Bedingungen des Ernstfalls geübt wird, um seinen Eintritt nach Möglichkeit zu verhindern." In: Sloterdijk, Peter: Zorn und Zeit. Politisch-psychologischer Versuch. Frankfurt am Main 2006, S. 355 f.
7 „Ruhm und Ewigkeit. / [...] / Schild der Nothwendigkeit! / Höchstes Gestirn des Seins! / das kein Wunsch erreicht, / das kein Nein befleckt, / ewiges Ja des Sein's, / ewig bin ich dein Ja: / denn ich liebe dich, oh Ewigkeit! -" In: Nietzsche, Friedrich: Kritische Studienausgabe, Band 6. Hg. v. Giorgio Colli und Mazzino Montinari, München, New York 1999, S. 405.
8 Siehe Noguez, Dominique: „Lenin Dada". Zürich 1989.
9 Emil Staiger fragte mich einmal, worin eigentlich der Unterschied zwischen einem Dadaisten und jenem schriftlich tradierten Inskribenten bestehe, der an eine Wand in Pompeji geschrieben hatte: „Wir haben gesündigt, Herr Gastwirt. Wir haben uns wie Schweine benommen, Herr Gastwirt. Wir haben in die Betten geschissen. Aber wenn Sie uns fragen, warum, dann sagen wir Ihnen, weil Sie uns keinen Nachttopf unter das Bett gestellt haben. Sie sind also selber schuld." Handelte es sich etwa um die demonstrative Geste eines Dadaisten avant la lettre? Warum ist der Mann von der Wand in Pompeji kein Künstler? Die Antwort lautet: Weil er diesen Sachverhalt nicht im Hinblick auf eine Neudefinition der Kognition von „Verschmutzen" oder als eine neuartige psychische Bewertung von Im-Dreck-Suhlen, An-die-Wände-Schmieren, Sich-in-einer-fremden-Gegend-wie-ein-Schwein-Aufführen darstellte. Diese Darstellung einer Inschrift, die nicht einmal von einer kleinen pikanten Illustration begleitet wird, weist nicht das entscheidende Kriterium der Kunstentwicklung auf, das uns Europäer auszeichnet. Dieses Kennzeichen ist das Ausprägen einer vollkommen eigenständigen Begründung von Geltungsansprüchen, nämlich das Prinzip der *auctoritas,* der Autorität durch Autorschaft. Was ein Individuum äußert, kann überhaupt erst Autorität haben, wenn sich sein Gestus auf die eigene individuelle Urheberschaft einschränkt.
10 Zu Zeiten Johann Sebastian Bachs war dem noch nicht so. Bach kommunizierte als Stellvertreter Gottes ausschließlich im Medium des heiligen Geistes. Er konnte also seine Kommunikation noch auf religiös-kulturelle Bindungen verlagern. Wir Modernen müssen uns mit dem Innerweltlichen bescheiden und darauf verzichten, den heiligen Geist in Anspruch zu nehmen.
11 Jonathan Swift bietet in der grandiosen Satire „Gullivers Reisen" Einblicke in die Verquerungen der Sprachphilosophie, wie sie in der so genannten „Akademie von Lagado" praktiziert wird. Die Fakultät der Sprachen unternimmt Versuche, die Landessprache zu vereinfachen. Man geht sogar so weit, die Wörter überhaupt abzuschaffen. Stattdessen sind die zu bezeichnenden Objekte stets mit sich zu führen, was sicherlich praktiziert worden wäre, „wenn nicht die Weiber im Verein mit dem Pöbel und den Analphabeten gedroht hätten, einen Aufstand anzuzetteln, falls man

ihnen nicht erlaubt, nach ihren Vorfahren mit ihren Zungen zu reden. Solch ein beharrlicher, unversöhnlicher Feind der Wissenschaft ist das gemeine Volk! Viele der Gelehrtesten und Weisesten sind jedoch Anhänger des neuen Projekts, sich mittels Dingen zu äußern; das bringt nur die eine Unbequemlichkeit mit sich, daß jemand, dessen Angelegenheiten sehr umfangreich und von verschiedener Art sind, ein entsprechend größeres Bündel von Dingen auf dem Rücken tragen muß, falls er es sich nicht leisten kann, daß ein oder zwei starke Diener ihn begleiten." In: Swift, Jonathan: Gullivers Reisen. Frankfurt am Main, Leipzig 2004, S. 263. Unser theoretisches Objekt, „*Der Mantel von Lagado*" mobilisiert die von Swift angesprochene Vorstellung des „*To diti*" / das da": Durch die Demonstrationsgeste des Zeigens auf die Objekte wird die Ebene der symbolischen Repräsentation ausgeschaltet. Friedrich Schlegel war wahrscheinlich der erste Künstler, Ästhetiker und Kulturgeschichtler, der dieses Element, das damals noch als eine Art des Romantisierens verharmlost wurde, in seiner eigentlichen Bedeutung eingeschätzt hat. Liest man heute Schlegel, scheinen seine Texte wie Kommentare aus der Nach-Freud'schen psychoanalytischen Literatur oder der post-strukturalistischen Kulturphilosophie à la Postmoderne.
12 Auch bei der Debatte über das Holocaust-Denkmal in Berlin konnten wir den Aspekt der völligen Unangemessenheit in Form einer peinigenden Naivität, ja einer unglaublichen Stupidität verfolgen. Die Homosexuellen beabsichtigten, ein kleines Denkmal mit einem Guckloch aufzustellen, durch das man ein küssendes Männerpaar sehen könne; mittlerweile wurde dieser Plan auch in die Wirklichkeit umgesetzt. Dieser Hinweis auf die KZ-Opfer, die wegen ihrer Homosexualität eingesperrt worden waren, ist absurder Kitsch. Doch warum macht der Kitsch eine solche Karriere? Weil es keine andere Möglichkeit gibt, als in der Nichtangemessenheit dieser Erfahrung zu operieren. Wenn ich behaupte, daß meinem Erlebnis von Paris die Darstellung eines 12 cm hohen Türmchens entspricht, das in irgendeiner Weise auf den Eiffelturm bezogen ist, dann bin ich ein Kitschier. Jede Darstellung ist kitschig, die als Zeichen prätendiert, dem Bedeuteten zu entsprechen.

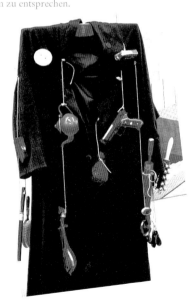

Mantel von Lagado

13 Diese Überlegungen sind der einzig vernünftige Rahmen, in dem man die Frage des Ungegenständlichen und der Nicht-Figürlichkeit in der Kunst sinnvoll beschreiben kann; zur Ikonographie der Nicht-Darstellbarkeit, siehe Brock, Bazon: Zur Ikonographie der gegenstandslosen Kunst. In: ders., 2002, S. 726 ff. Siehe Kapitel „Faken – Erkenntnisstiftung durch wahre Falschheit".

„R. wie Richard" – Tagebuchaufzeichnungen der Cosima Wagner. Tapete im Theoriegelände.
Gestaltung und Satz: Gertrud Nolte

Selbstfesselungskünstler gege

Selbstfesselungskünstler gegen Selbstverwirklichungsbohème

Seit 1968 hat Brock zahllose Besucherschulen angeboten. Zwei Gedanken sind maßgeblich: Wer eine Auswahl von Werken als kuratorische Leistung beurteilen soll, muß die Werke kennen, die der Kurator nicht in die Ausstellung aufgenommen hat. Eine Besucherschule repräsentiert in einer Ausstellung die nicht gezeigten Werke. Das ist keinesfalls paradox.

xperimentalräume

Selbstverwirklichungsbohème

Das Zeigen als Zeigen des Nichtgezeigten ist eine grundlegende Erkenntnisleistung für jedes Urteil über das Gezeigte. Mit den Besucherschulen folgt Bazon Brock auch dem naheliegenden Gedanken, daß die Zuschauer, Betrachter, Zuhörer, Patienten, Konsumenten, Wähler in gewissem Grade professionalisiert werden müssen, damit sie als Partner der Künstler überhaupt in Frage kommen ebenso wie als Partner der Ärzte, der Produzenten und der Politiker. Besucherschulen sind das Gegengewicht zu den künstlerischen Selbstverwirklichungsanleitungen in den Meisterklassen der Kunsthochschulen.

Totale:
Deutsche
Selbstverwirklichungsanlage
1904

Die Wohnung ist für Menschen nicht nur eine Heimat oder ein Zuhause, sondern auch eine Bühne des inszenierten Lebens, ein Anschauungsfeld für die Realisierung der eigenen Biographie oder, wie es bei Carl Hentze heißt, ein „Weltort der Seele". Das Modell Heimat übersetzen wir in eine ganze Reihe von Containments, in denen vielfältige Artefakte und Kunstwerke aus meinem Wuppertaler Wohnzimmer zu einer Inszenierung zusammengestellt sind. Da ich nicht die ganze Welt in mein Wohnzimmer einladen kann, trage ich es im Medium einer Ausstellungspräsentation hinaus in die Welt.[1] Interessante und auffällige Objekte sollen als Anlässe und Vorschläge für das Theoretisieren und für das sinnende Anschauen einer Lebens- und Ideengeschichte zu verstehen gegeben werden. Damit nehme ich die Idee zu einer Demonstration in der Stadthalle Hannover wieder auf: Im Juni '67 stellte ich dort die Wohnung des ortsansässigen „Film heute"-Redakteurs Werner Kließ aus.[2] So konnten die Leser seiner Artikel ihn gewissermaßen in seinem Zuhause besuchen, um Interesse an dem Zusammenhang zwischen seinem Wirken als öffentlicher Person und seiner Privatsphäre zu entwickeln. Das demonstrative Zusammentreffen des Privaten mit der Privatisierung des öffentlichen Raums kennen wir ansonsten leider nur als Besetzung von Straßen und Plätzen mit Bier- und Würstchenbuden, die spannende Themen eher vermissen läßt. Themen werden erst dann wirklich interessant, wenn sie sich auf Probleme beziehen, die eine Vielzahl von Menschen berühren. Es sind gerade die prinzipiell nicht zu lösenden Probleme, die alle betreffen. Philosophen sind im Unterschied zu Ingenieuren und anderen auf Anwendungsbezug orientierten Tätertypen auf Probleme ausgerichtet, die sich grundsätzlich nicht lösen lassen – auch nicht durch das Schaffen neuer Probleme.

Im Theoriegelände zeigen wir den historischen Experimentalraum für die Selbstentfaltung der deutschen Heimatsucher. Bei dieser Versuchsanlage handelt es sich um die phantasiegetreue Simulation der Wohnung von Ludwig Derleth (1870–1948). Man findet in dieser Inszenierung ausgesuchte Einrichtungsgegenstände, wie zum Beispiel altarartige Aufbauten mit Heiligenfiguren und Kandelabern, eine Betbank, einen Diwan, einen Rundtisch mit gelb polierter Platte, auf der ein Adler eingebrannt ist, und eine Gipssäule mit Altardecke, auf der Brot und Wein präsentiert werden. An den Wänden, unter anderen Photographien, fällt bei einem Photographierten die zur Schau gestellte Pose und Mimik auf, die in unterschiedlichen Ausprägungen an berühmte Darstellungen Dantes, Goethes oder Wagners erinnern. Der Photographierte ist der Großdichter Stefan George, der seinen Bezugsgrößen entsprechend Wirkung zu erzielen versuchte.

Stefan beneidet Richard und redet sich auf Tante Dante raus.

Sein geistiger Zögling, Ludwig Derleth, gestaltete am Karfreitag 1904 seine Dachkammer zu einem Versammlungsort um, an dem sich bei Kerzenlicht eine Schar von George-Jüngern und anderen persönlich eingeladenen Münchnern einfand. Auch der Schriftsteller Thomas Mann war unter den etwa zwölf extravaganten Geistesdienern, die zu Teilnehmern an einer feierlichen Séance wurden; heute würde man „Performance" sagen. Mann schildert in seiner Novelle „Beim Propheten" (1904) erinnerungsgenau, wie sich die effektvolle Einrichtung auf die Besucher auswirkte und was sich in der Bohèmebehausung des „Daniel Zur Höhe" zutrug; so lautete karikaturhaft der Name Derleths später bei Thomas Mann.³

Karfreitagszeuge 1904 – der Prophet beim Propheten

„Er liebte es, die Arme über der Brust zu kreuzen oder eine Hand napoleonisch im Busen zu bergen, und seine Dichterträume galten einer in blutigen Feldzügen dem reinen Geiste unterworfenen, von ihm in Schrecken und hohen Züchten gehaltenen Welt, wie er es in seinem, ich glaube, einzigen Werk, den schon vor dem Kriege auf Büttenpapier erschienenen ‚Proklamationen', beschrieben hatte, einem lyrisch-rhetorischen Ausbruch schwelgerischen Terrorismus', dem man erhebliche Wortgewalt zugestehen mußte. Der Signatar dieser Proklamationen war eine Wesenheit namens christus imperator maximus, eine kommandierende Energie, die todbereite Truppen zur Unterwerfung des Erdballs warb, tagesbefehlartige Botschaften erließ, genießerisch-unerbittliche Bedingungen stipulierte, Armut und Keuschheit ausrief und sich nicht genugtun konnte in der hämmernden, mit der Faust aufgeschlagenen Forderung frag- und grenzenlosen Gehorsams. ‚Soldaten!' schloß die Dichtung, ‚ich überliefere euch zur Plünderung – die Welt!'"⁴

Das Ambiente dieser Wohnstätte eines Propheten schildert Thomas Mann wiederum im 34. Kapitel des „Doktor Faustus". Meines Erachtens stellt dieser Roman die wichtigste und umfassendste Entstehungs- und Wirkungsgeschichte der „Deutschen Ideologie" dar.[5] Darin fungiert ein Komponist namens Adrian Leverkühn als Träger der deutschen Weltrettungsmission (à la Wagner und Schönberg).[6] Der Erzähler Serenus Zeitblom schreibt die Biographie Leverkühns während der Phase des Zweiten Weltkriegs, in der der Untergang Deutschascherns unabweislich sichtbar wird. Die Frage, die Thomas Mann dabei bewegt, lautete, ob mit der Zerstörung des deutschen Reiches auch jene bürgerliche Welt und die ihrer Künstler zwangsläufig mituntergehen wird, die das Schaffen Leverkühns bestimmte. Die Antworten versuchte Thomas Mann in Radioansprachen an die deutschen Hörer oder in Einflußnahmen auf amerikanische Politik wirksam werden zu lassen, das heißt auf die notwendig werdende Nachkriegspolitik der Alliierten, aber vor allem der USA auszurichten. So eindeutig er die Kontinuität der Entwicklung und Wirkung deutscher Ideologie aus dem Mittelalter über Luther, Grimmelshausen, die Faust-Mythologie, die schwarze Romantik eines E.T.A Hoffmann und Wagner bis zu den Konservativen Revolutionären bekannte, bestand er doch darauf, Lebensschicksal und künstlerische Arbeit Leverkühns nicht als bloße Illustration der Ideologiegeschichte zu präsentieren, sondern gleichzeitig als einen Versuch darzustellen, sich aus diesem weltanschaulichen Druck zu befreien. Kam er, so fragte man 1945, damit weiter als die Zeitgenossen der inneren Immigration, die sich einredeten, sie könnten den Teufel mit dem Beelzebub vertreiben?

Fasching und Faschismus

Im Münchner Stadtteil Schwabing war durch das Zusammentreffen von alteingesessener Landbevölkerung und hinzugezogenen armen Künstlern eine Art von animistisch-neuheidnischer Kultur entstanden, die sich als permanenter Fasching des Lebens darstellte. Karneval und Fasching waren ja sehr ernst zu nehmende Auffassungen vom Leben in fixierten Sozialstrukturen. Die alten Römer feierten Saturnalien, in denen die Weltverhältnisse auf den Kopf gestellt wurden. Die Herren wurden zu Sklaven, die Sklaven zu Herren auf Zeit: ein riskantes Manöver der Entlastung vom Druck sozialer Verhältnisse.

In München, dieser „Stadt von Volk und Jugend" (Stefan George), wurde der Fasching ganz bewußt unter kultur- und zeitgeschichtlichen Aspekten interpretiert. Auch in der Kölner und der Mainzer Tradition des wilden närrischen Treibens hatte der Karneval eine sehr ernsthafte Dimension, etwa als eine politikhistorische Reaktion auf die napoleonische beziehungsweise die preußische Besetzung der Rheinlande, als subversive Aktion also. Warum aber hat man derlei Treiben geduldet?[7]

Ein großer Bonvivant wie Hermann Göring lebte gleichsam im permanenten Karneval. Er trug das ganze Jahr über „Kostüm" und damit das Karnevalmotto zur Schau, daß der Humor der Stuhlgang der Seele sei. Beschäftigt sich nun ein Volk zynisch, humorvoll und kritisch mit den Herren und anderen Mächtigen wie Managern, Chefärzten, Politikern, so handelt es sich offensichtlich auch um eine Form der Anerkennung der Überlegenheit dieser Mächte, weshalb Karneval/Fasching stets das Wohlwollen der Verhöhnten genießen durfte. In Köln und Mainz entwickelte man die Fähigkeit, Themen so vorzutragen, daß sie selbst von konservativsten Zensoren nicht als Anlaß für strafrechtliche Verfolgung gewertet werden konnten. Das gelang durch raffinierteste, mit sichtlichen Übertreibungen arbeitende Deformation aller Eindeutigkeiten. Äußerte man sich uneindeutig, so konnte der Zensor nichts unternehmen, wollte er nicht selbst die Insulte formulieren, die er den Karnevalisten anzulasten hätte.

In Schwabing entwickelte sich ein Milieu, das die Faschingsideologie nutzte, um äußerst ernsthafte Themen durchzuexerzieren. Trat beispielsweise ein Dichter in dem Bewußtsein auf, nicht nur von den Musen geküsst, sondern das sprechende Organ der Offenbarung zu sein, so konnte er faschingshaft-übertreibend dergleichen getrost vortragen. Diese Schwabinger Experimentierwerkstatt der „ernsten Scherze" (Goethe), des ernsten Faschings nannte man „Wahnmoching".[8] Denn dort erprobte man die Anwendung der verschiedensten Visionen und Prätentionen von Dichtern und deren Gefolgschaft. Junge Leute spielten auf Maskenbällen Weltverbesserer und Welteroberer. Denker errichteten Weltanschauungen wie Marktweiber ihre Buden.

Der in der Aura Georges sich sonnende Ludwig Derleth versuchte sich ebenfalls in der experimentellen Errichtung von Gedankengebäuden oder Ideologien. Er phantasierte sich als großen Weltenbrandleger und Strafgerichtsautorität höchsten und heiligsten Ranges. In Thomas Manns Schilderung werden die von Derleth („Daniel Zur Höhe") stammenden pathetischen Kriegserklärungen und Welteroberungskommandos allerdings von einem Jünger des Dichters verlesen, der eigens für die „Proklamationen" aus der Schweiz anreist, um hinter einer Gipssäule stehend Aufrufe herauszuschmettern.

„Er überflog das Gemach mit einem drohenden Blick, ging mit heftigen Schritten zu der Gipssäule vorm Alkoven, stellte sich hinter sie auf das flache Podium mit einem Nachdruck, als wollte er dort einwurzeln, ergriff den zuoberst liegenden Bogen der Handschrift und begann sofort zu lesen."[9]

Manns Darstellung darf als authentisches Kulturdokument gelten, da er ja selbst an der Karfreitagsveranstaltung 1904 in Derleths Wohnung, Destouchesstraße 1, teilnahm. Von der Schwabinger Bohème weiß man ebenfalls aus den Tatsachenberichten der Mitverfasserin des „Schwabinger Beobachters", der Gräfin Franziska zu Reventlow. Sie unterhielt mit allen Hauptbeteiligten, vom Großphilosophen über Politiker bis hin zu Dichtern, intime Verhältnisse. Die von Ludwig Klages als „heidnische Heilige" bezeichnete Fanny Reventlow floh vor der wahntrunkenen Schwabinger Gesellschaft 1910 in die Schweiz auf den oberhalb von Ascona gelegenen Monte Verità. Dort hat sie einen 1913 in München erschienenen romanhaften Bericht über die Wahnmochinger Selbstentfesselungsanstalt geschrieben. In „Herrn Dames Aufzeichnungen oder Begebenheiten aus einem merkwürdigen Stadtteil" stellt sie karikaturhaft die gesamte Entwicklung „Schwabylons" (Friedrich Podszus) und seiner führenden Persönlichkeiten (der ehemalige Kreis der sogenannten „Enormen" beziehungsweise „Kosmiker-Zirkel" um Karl Wolfskehl („Hofmann"), Stefan George („der Meister"), Ludwig Klages („Hallwig"), Alfred Schuler („Delius"), Oskar A. H. Schmitz („Adrian Oskar") und Paul Stern („Sendt")), so dar, daß man die „Wahnmochingerei" heute noch mit Originalzitaten aus anderen Quellen jederzeit vergleichen und verifizieren könnte.

Unter den „Enormitäten" Wahnmochings herrschte die allgemein verbreitete Überzeugung, im Werke Richard Wagners den Schlüssel für die Zukunft zu besitzen. In den Augen dieser Propheten der ersten und letzten Dinge galt Wagner als der Stifter einer neuen Religion, in deren Zentrum eine theologische Entdeckung ersten Ranges stand: Jesus Christus war vom Makel seines Jüdisch-Seins zu „erlösen". Gegen Ende des 2. Akts von Wagners Oper „Parzifal" singen alle gemeinsam im Angesicht des Grals weihetrunken die Forderung „Höchsten Heiles Wunder! Erlösung dem Erlöser!".

Damit war eine der wichtigsten Erfindungen der Moderne, die Selbstbezüglichkeitsmethode, angesprochen. Das aus der antiken Dialektik stammende Prinzip der Reflexivität ist neben Wagners „Erlösung dem Erlöser" auch in anderen wichtigen Grundkonzeptionen der Moderne, wie etwa Lenins Diktum „Erziehung dem Erzieher" oder in Martin Heideggers „Führung dem Führer", weiter entwickelt worden. Die Innovation Wagners war die Stiftung einer neuen Religion, in der nicht mehr ein jüdischer, sondern ein arisch-blonder Christus im Zentrum stand.[10]

Begleitend zu der Konzeption von Wagners letzter Oper „Parzifal" und den damit einhergehenden programmatischen Welterlösungsplänen schreibt seit dem 1. Januar 1869 die Komponistengattin Cosima an einem Tagebuch. Täglich berichtet sie über den Fortgang seines Welterlösungsprogramms. Diese von entschlossenem Opferwillen zeugenden Aufzeichnungen Cosimas schmücken anstelle der bei Thomas Mann beschriebenen Tapete mit kleinen Empirekränzen die Wände im Inneren unserer Versuchsanlage. Die ersten Sätze jeder Tagebucheintragung, die wir auf unserer Tapete zitieren, gelten dem Bericht über den Verlauf der jeweils zurückliegenden Nacht: „R. träumte, ich sei in Tränen und umarmte ihn, weil er krank sei." oder „R. träumte wiederum einmal die Gedanken, welche eine schlaflose Nacht mir eingab." „R. erzählt mir, er habe bis halb zwei auf mich gewartet!" „R. träumte von einem vollständigen Bruch zwischen uns." „R. immer nachts gestört." „Von halb vier an schlief R. nicht mehr und hatte Verdauungsbelästigungen." „R. hatte eine gute Nacht, das heißt, er stand nur einmal auf." Oder „R. träumte einen schlimmen Traum, er sah sich von Juden umgeben, die zu Gewürm wurden und ihm in die Köperöffnungen wie schlimme schleimige Urtiere krochen". Cosimas wenig rühmliche Rolle wird es sein, die antisemitische Haltung ihres Mannes Richard in den zu Beginn der 20er Jahre entstehenden Kreis um Houston Stewart Chamberlain und Adolf Hitler einzubringen und damit einen Beitrag zu dem von beiden Herren propagierten Erlösungskonzept, der politisch wie religiös motivierten Rassen- und Judenfrage, zu leisten; Cosima war es, die Chamberlain die Lektüre von Arthur Gobineaus Rassenlehre „Essai sur l'Inegalité des Races Humaines / Essay über die Ungleichheit der Men-

Rot-Kreuz-Gründung, Reichsgründung, Bayreuth-Gründung: Progression von der Blutspende über die Blutsbrüderschaft zum Blutorden

„R. hatte eine schlechte Nacht"

schenrassen" anempfahl und damit einen grundlegenden Anstoß zur Wissenschaft nachäffenden Diskussion über die Degeneriertheit der Rassen im Anschluß an Wagners „Erlösung dem Erlöser"-Konzept gegeben hat.

Die britische Blaupause für das deutsche Wolkenkuckucksheim als Zuchtanstalt

Allerdings sollte Wagners Entwurf nicht ohne historische Parallelerscheinungen bewertet werden. Er hat als Deutscher seine Vorstellungen parallel zu einem englischen Literaten namens Benjamin Disraeli entwickelt, der eine Schlüsselrolle bei der Weiterentwicklung des Britischen Empires gespielt hat.[11]

Im Britischen Empire und im Deutschen Reich stellte man sich im 19. Jahrhundert die Frage, wie Annahmen der Rassenlehre beziehungsweise der Rassenmythologie wirksam werden könnten.[12] Damals hielt man derartige Konzepte für die denkbar beste Annäherung der Wissenschaft an die als Naturgesetze formulierten Wahrheiten. Heute sollte etwa eine Rassenlehre über die natürliche Unterschiedlichkeit, d.h. Leistungsfähigkeit, der sogenannten schwarzen, gelben, roten, weißen, braunen Menschenrassen von niemandem mehr als definitiv gegebene Naturwahrheit benutzt werden können. Dennoch wird sie mit geradezu unbeirrbarem Glauben an die Bedeutung des offensichtlich Kontrafaktischen weltweit in Dienst

Warte, Schwabing, Schwabing warte, Dich holt Jesus Bonaparte; mit Dreckstiefeln auf der Chaiselongue.

genommen. Die Frage lautet: Wie kann das Jenseits der vernünftigen Begründung von Geschichte als absurde Wahnhaftigkeit wirksam werden? Zum vorläufigen Hinweis auf die Antwort haben die Wahnmochinger einen kleinen Spottreim gebildet: „Warte, Schwabing, Schwabing, warte, dich holt Jesus Bonaparte!" Das ist eine auffällige Begriffskombination, weil sie zum einen die durch Jesus verkörperte Spiritualität und zum anderen die diesseitige Macht eines Napoleon als Einheit behauptet. Es ist das Konzept des byzantinischen Cäsaropapismus, des Gottesstaates oder des Kalifats beziehungsweise des Sowjetregimes, das die Gleichschaltung von geistig/geistlicher Führung durch die Partei und ausführender Gewalt zum System werden läßt. Der Vorstellung eines Jesus Bonaparte entsprach in Deutschland das Verlangen nach einer Realisierung der ursprünglich auf das Jenseits gerichteten Heilsgeschichte in der Immanenz, wobei man auf die Schaffung eines Heiligen Römischen Reiches Deutscher Nation nach dem Vorbilde des Kaisers Barbarossa zurückgreifen wollte.

Um die Wirkkräfte der Deutschen zu entfesseln und sie auf eine Mission größten Maßstabs auszurichten, wurde das realhistorische Beispiel Benjamin Disraelis als Orientierungsgröße bemüht.[13] Disraeli war das schier Unglaubliche gelungen, die legendäre Königin Victoria, das Oberhaupt des mächtigsten Imperiums aller

Der Traum der Vernunft von ihren Idealen gebiert Ungeheuer: Disraeli inszeniert den Küchenroman „Die Kaiserin von Indien" mit Königin Sieg („Hier gilt's dem Deutsch, wir bitten von allen Anglizismen gehörigen Abstand zu nehmen!").

Zeiten, für die Verwirklichung seiner Romanphantasien zu gewinnen. Die Königin lebte einsam, da ihr Mann Albert von Coburg sehr früh verstorben war und andere Beziehungen zu Männern und Frauen aus dem Volke am Ende sie enttäuschten. Disraeli wollte der Witwe die überaus schmerzlichen Verluste erträglicher erscheinen lassen und trat mit dem verblüffenden Vorschlag an sie heran, sie zur Kaiserin von Indien zu erheben. Er selbst habe, seines Zeichens Literat, Künstler, Dichter, einen Roman mit dem programmatischen Titel „Die Kaiserin von Indien" entworfen und er beabsichtige, diesen Roman gemeinsam mit ihr zu verwirklichen. Sie müsse ihn nur zum Ministerpräsidenten von Britannien ernennen, dann würde sie Kaiserin von Indien. Da Königin Victoria einwilligte, bei diesem gewagten Unternehmen die Hauptrolle zu spielen, konnte Disraeli seinen Roman tatsächlich in die politische Realität umsetzen. Parallel zu Wagner in Bayreuth schuf er 1876 ff. das Kaiserreich Indien.

Nunmehr berief man sich auch in Deutschland auf das Beispiel der Königin Victoria von England. Da die mächtigste Frau der Weltgeschichte gemeinsam mit einem Literaten einen phantastisch-spekulativen Roman verwirklicht hatte, war bewiesen, daß ein fiktionales Machwerk als Handlungsanleitung für politische Macht grundlegend alle Gegebenheiten der Geschichte verändern kann. Königin Victoria vermochte als Kaiserin von Indien mit Napoleon, mit dem Habsburger-Kaiser und dem Deutschen Kaiser in Rang und Geltung in der Welt gleichzuziehen. Disraeli seinerseits hatte den Beweis für die Macht des Wortes und des Geistes geliefert.

Disraeli also war der historische Ausgangspunkt für das Zukunftskonzept der Wahnmoching-Besatzung. Seitdem man in Schwabing wußte, daß ganz Deutschland (mit Ausnahme von Theodor Fontane und Friedrich Nietzsche) überzeugt war, die Zukunft gebiete, die Umsetzung des Wagner-Konzeptes zur Weltrettung hatte man nur noch einen Schritt weiterzugehen.[14] Man mußte nur stark genug wollen, um mit Hilfe des genialen Programms von Richard Wagner Europa zu demonstrieren, wie hochrangige Literatur und höchstrangige Musik die Welt bezwingen. Mit dem Literaten, Musiker, Dramatiker und Bühnenbildner Richard Wagner stand der größte Meister nicht nur musikalischer, sondern auch theatralisch-inszenatorischer Wirkung zur Verfügung. Von nun an sollten Kronprinz Wilhelm, von seinem Freund, dem später gefürsteten Philipp von Eulenburg, frühzeitig auf Wagner getrimmt, und alle Berliner Reichsgrößen regelmäßig die Opernhäuser besuchen. *Tout* Berlin wurde Woche für Woche mit Wagneropern berauscht. Kritiker wiesen frühzeitig auf dieses Phänomen hin, wofür sie aber konsequent als jüdische Kritikaster abqualifiziert wurden. So nahmen die Dinge ihren fürchterlichen Lauf. Die Deutschen orientierten sich mehr und mehr an der durch den „Ring des Nibelungen", den „Parzifal" und die „Meistersinger von Nürnberg" entfalteten Weltanschauung, was zur Folge hatte, daß bald ganz Deutschland in eine einzige gigantische Wagner-Oper verwandelt wurde. Binnen kurzem wußte so gut wie niemand mehr, ob der „Ring des Nibelungen" eine Inszenierung Bismarcks, Wagners oder Wilhelms II. gewesen sei oder ob nicht die großen Leistungen von 1866 bis 1871, also die Gründung des Zweiten Kaiserreiches, doch nur eine riesige Inszenierung der Politik nach dem Beispiel und Vorbild von Wagner gewesen seien. Im Nachhinein stellte Hartmut Zelinsky fest: „Erst hat Wagner sich mit dem deutschen Volke, daraufhin das deutsche Volk sich mit Richard Wagner verwechselt."

Doch welche Ideen wurden in Deutschland ins Spiel gebracht? Was war es, was man mit aller zur Verfügung stehenden Willensanstrengung umgesetzt sehen wollte? Der Deutschen Bestreben sollte es sein, stärker als alle anderen an die Selbstentfesselung von Missions- und Gotteseifer zu glauben. Sie sollten durch die wegweisenden Ideen Wagners eine

Leiden und Größe
Hartmut Zelinskys – Kämpfer gegen den dummen Opportunismus vermeintlicher Hüter der „Heil'gen deutschen Kunst" Wagners

Vorstellung von der Rolle Deutschlands in der Welt erhalten. Wagner selbst schreibt am Ende seiner Lebensdarstellung von der Aufgabe der Deutschen, zu der sie, wenn sie nur erst alle falsche Scham ablegten, wohl besser als jede andere Nation befähigt sein würden, nämlich den Juden ihren Untergang als die einzige vertretbare Form der Erlösung zu bereiten. Wagner dekretierte:

„Nehmt rückhaltlos an diesem selbstvernichtenden, blutigen Kampfe teil, so sind wir einig und untrennbar! Aber bedenkt, daß nur Eines Eure Erlösung von dem auf Euch lastenden Fluche sein kann, die Erlösung Ahasvers – der Untergang!"[15]

Solche Gedanken wurden unter dem Motto „Erlösung dem Erlöser" im deutschen Kaiserreich proklamiert und fanden öffentlich Eingang in Zeitungsartikel, in denen Wagners Regieanweisungen für die Politik aufbereitet wurden, damit Deutschland (s)eine welthistorische Rolle spielen könne. Zuerst müßten alle zivilisatorischen Bedenken und alle falsche Scham hintangestellt werden. Schier unermeßlich schien das Vertrauen in die Annahme, daß man nur inniglich wollen, also fundamentalistisch-radikal und frei von Rücksichten oder, wie Wagner wiederholt äußerte, „schonungslos" sein müsse, um sich zu realer Weltgeltung aufzuschwingen. Wer sich für die Mission der gnadenlosen Entfesselung entscheide, habe seine Ideen mit der unbändigen Kraft des Glaubens nur noch in der Wirklichkeit zu realisieren und schon sei nirgends ein Halten mehr und jeder Widerstand werde zwecklos sein. Und selbst wenn erbittertster Widerstand aufkomme, sei dies nur weiterer Beweis und Beglaubigung für die heilsbringerische Rolle der Deutschen auf der Bühne der Weltgeschichte. Zu diesem „heil'gen" Zwecke war Wagner jederzeit bereit, rücksichtslos Brände zu entfesseln:

„Wie wird es uns aber erscheinen, wenn das ungeheure Paris in Schutt gebrannt ist, wenn der Brandt von Stadt zu Stadt hinzieht, wir selbst endlich in wilder Begeisterung diese unausmistbaren Augiasställe anzünden, um gesunde Luft zu gewinnen? – Mit völligster Besonnenheit und ohne allen Schwindel versichere ich Dir,

daß ich an keine andere Revolution mehr glaube, als an die, die mit dem Niederbrande von Paris beginnt."[16]

Die Deutschen waren von ihrer gewaltigen geistigen Potenz überzeugt, weil sie unbestrittenermaßen auf allen Gebieten der Wissenschaft und ihrer Anwendungen zwischen 1875 und 1935 eine überragende intellektuelle Leistungsfähigkeit erreicht hatten.[17] Auf dem Gebiet der Geistes- wie der Naturwissenschaften beanspruchte man Weltgeltung und auch in den Künsten zählte man zur absoluten Weltspitze. Gerade im Musikalischen zeigte man sich überlegen – andernorts schienen ganze Stränge der Musikentwicklung nicht zu existieren. England war im Vergleich zu Deutschland ein *frisia non cantat*, also ein Volk der Koofmichs und nicht der Künstler, der Händler und nicht der Helden.[18]

Das Gefühl, gegnerischen Gruppen offensichtlich geistig überlegen zu sein, nutzte man zur Erweckung des Anscheins, auch auf der Ebene der realen Machtverhältnisse überlegen und führend wirken zu können. Die politisch naiven und deswegen für Radikalismen offenen Deutschen waren anfällig für hochfliegende Ideen, die es auf Biegen und Brechen zu verwirklichen galt:

„*Der Gedanke will Tat, das Wort will Fleisch werden. Und wunderbar! Der Mensch, wie der Gott der Bibel, braucht nur seinen Gedanken auszusprechen, und es gestaltet sich die Welt, es wird Licht oder es wird Finsternis, die Wasser sondern sich von dem Festland, oder gar wilde Bestien kommen zum Vorschein. Die Welt ist die Signatur des Wortes. – Dies merkt euch, ihr stolzen Männer der Tat.*"[19]

Mit diesen „stolzen Männern der Tat" zielte Heinrich Heine auf die deutschen Lieblingsgegner der „Idealisten", die englischen Krämerseelen, die kaufmännisch so erfolgreich zu sein schienen, weil sie ungezügelter Raff-, Macht- und Geltungsgier folgten. Die Deutschen hingegen waren wegen des ostentativ herausgestellten Idealismus in der Welt des Mammons erfolglos geblieben. Selbst auserlesenen Geistern wie den Großkritikern Werner Sombart oder Max Weber ist es niemals gelungen, den deutschen Prätendenten auf den Platz an der Sonne einsichtig zu machen, wie widersinnig ihr Bestreben war, Idealismus und Mammon miteinander zu verbinden, also die britannische Krämerseele mit der germanischen Weltrettungsidee zu kopulieren. Wenn Geldmachen Dummheit voraussetzt (Nietzsche nennt das die Notwendigkeit des beschränkten Horizonts) und Idealismus daran zu erkennen ist, daß den Idealisten die Hoheit und Würde ihrer Ideen durch die Radikalität, mit der man sie andernorts ablehnt, bestätigt wird, dann wird verständlich, warum sich die Deutschen berechtigt fühlten, Weltgeltung zu beanspruchen, die noch über die britische, französische und amerikanische hinauszielte. Gewänne man diese Weltgeltung, so wäre die überwältigende Macht des von Wagner entfalteten Systems der deutschen Ideologie bewiesen. Scheiterte man bei der Durchsetzung des Reiches des deutschen Geistes, dann sei dessen alles überragende Bedeutung erst recht bestätigt, weil sich der Rest der Welt unter dem Diktat des imperialen Materialismus Englands gezwungen sehe, gemeinsam gegen die Weltgeltung des Deutschen vorzugehen. Viel Feind, viel Ehr'. So hieß die rechtfertigende Schlußfolgerung: Man fürchte Gott, sonst niemand, und der wisse schließlich Glaubenstreue und unerschütterliches Vertrauen in die Macht des Geistes am besten zu würdigen.

Die Deutschen waren als Resultat des Dreißigjährigen Krieges gezwungen worden, im Wolkenkuckucksheim der Ideen auszuharren, während es den Dänen, Schweden, Holländern, Belgiern, Spaniern, Engländern, Portugiesen, Franzosen und sogar den Russen gelungen war, weite Landstriche zu kolonisieren, also etwas zu schaffen in der Welt. Schon mit dem Frieden von Münster und Osnabrück (1648) hatten diese Politrealisten Deutschland in viele Kleinstterritorien zerstückelt und es damit als Konkurrenten der Welteroberung ausgeschaltet. Die Deutschen fühlten sich doppelt bestraft und waren umso beleidigter, da die Bevölkerung des Landes wie kein anderes durch die Religionskriege gelitten hatte. Tröstlich waren den Deutschen nur einige anerkennende Zusprüche von außen, wie sie etwa von Madame de Staël überliefert sind. Diese passionierte Kennerin des deutschen Elends bescheinigte den Deutschen, aus der Zerstreuung durch die Folgen des Dreißigjährigen Krieges in die Heimat des Denkens, das Vaterland der Ideen, eingezogen zu sein.

Aus dieser Auffassung heraus läßt sich verstehen, daß die Deutschen ihr politisches Schicksal in mittelbarer Beziehung zu dem des jüdischen Volkes glaubten betrachten zu sollen. Auch die Juden hatten sich, nach Verwüstung des Zweiten Tempels und nach der Zerstreuung in die heimatlose Welt der Diaspora, mit einer verstärkten, geradezu radikalen Emphase ihres Glaubens in ihre spirituelle Sonderstellung gerettet. Genauso verstanden sich die Deutschen. Tragischerweise wollten sie beweisen, daß sie die besseren Juden seien, wie die Juden bewiesen haben, daß sie von 1770 bis 1933 tatsächlich die besseren Deutschen gewesen sind.

Nach dem Sieg über Dänemark (1864), Österreich (1866) und Frankreich (1870/71) hatten die Deutschen, auch befördert durch die französischen Reparationsleistungen, die Chance, ihr gewaltiges, bisher im Ideellen angestautes intellektuelles Potential durch Anwendung im Aufbau einer gigantischen Schwerindustrie weltwirksam werden zu lassen. Nun endlich konnte man realiter zeigen, daß das deutsche Maß der Tüchtigkeit – die idealistische, philosophische und künstlerische Verstiegenheit als Höhenflug über alle Grenzen des von anderen bloß Machbaren, aber nicht Denkbaren hinweg – in der Welt etwas zu bewegen wußte. Ingenieure konstruierten auf dem Papier technische Konzepte, die zuvor als Bauplan des Wolkenkuckucksheims reine Spekulation waren. Es gilt ja, daß für Ingenieure Pläne nur dann sinnvolle Konstruktionen beschreiben, wenn der Plan fundamentalistisch im 1:1-Verhältnis realisiert werden kann. Eine Aussage wird radikal fundamentalistisch aufgefaßt, wenn sie eineindeutig in die Wirklichkeit umgesetzt wird. Will ein Ingenieur von seiner Brückenzeichnung Gebrauch machen und soll die Brücke hinterher stehen, muß notwendigerweise ein 1:1-Verhältnis zwischen Papier und Stahlbeton erzeugt werden. Die angewandten Naturwissenschaften, wie die Physik und die Biologie verfahren nach diesem Muster.

Heinrich Schliemann und die „deutsche Ideologie"

In zeitlicher Parallele zur Verwirklichung von Romanen im weltgeschichtlich wirksamen Gespann Queen Victoria – Benjamin Disraeli und zum faszinierenden Fundamentalismus der Ingenieurstechnik entstand ein weiterer Anlaß zur Begeisterung für entsprechende, unter dem Titel „Macht des Geistes" zusammengefaßte Konzepte in Deutschland. Der bald zum neuen Kulturheros erhobene Heinrich Schliemann las den homerischen Roman „Ilias", als ob es um einen historischen Tatsachenbericht ginge. Er folgte der Imagination Homers, indem er in der realen Topographie Kleinasiens den Punkt ausmachte, wo auf Grund der Homer'schen Vorgaben Troja situiert sein mußte. Mit der Methode der 1:1-Übersetzung der vom Dichter ausgewiesenen Ortschaft auf die realen Verhältnisse glückte Schliemann das schier Unglaubliche: Er entdeckte tatsächlich eine archäologische Schicht einer historischen Stadt, die das historische Troja gewesen sein konnte; kurze Zeit später legte er mit Hilfe des nämlichen fundamentalistischen Übersetzungsverfahrens zwischen Phantasie und Wirklichkeit, trivialem Roman und Reportage auch Mykene frei. Die sensationelle Leistung des Archäologen bestand in der Demonstration, daß Kulturgeschichte nicht aus der Vergangenheit, sondern aus der Gegenwärtigkeit des Vergangenen heraus geschrieben wird. Auf diese Weise fand er etwas Beachtliches für die weitere Entfaltung des europäischen Selbstbewußtseins heraus, nämlich die Entdeckung der Archäologie als einer unmittelbar politisch wirksam werdenden Kraft.

Schliemann transferierte seine Fundstücke nach Berlin ins damalige Völkerkundemuseum, das neben dem Gropius-Bau, Ecke Stresemannstraße (damals Königgrätzer Straße) und der heutigen Niederkirchnerstraße lag. Das am Ende der Stresemannstraße gelegene Gelände um den Askanischen Platz war, wie der Name schon sagt, immer schon als ein Stück Troja betrachtet worden.[20] Askanius, der jüngste Sohn von Äneas, galt als Stammvater der Askanier aus der Provinz Anhalt, die mit Heinrich dem Bären ab dem 12. Jahrhundert die Kolonisierung des Sand- und Sumpfgeländes, das spätere preußische Erzland Berlin-Brandenburg, vorantrieben. Ähnlich wie die Trojaflüchtlinge in Gestalt der Etrusker zu Kulturstiftern Roms wurden, wollten die trojaflüchtigen Nachfolger des Askanius zu Kulturstiftern in den der slawischen Urbevölkerung abgenommenen Territorien des deutschen Nordostens werden. Diese Absicht hat die Geschichte insofern bestätigt, als ausgerechnet der Name einer unterworfenen slawischen Minderheit, der Pruzzen, zum Synonym preußisch-deutscher Machtmission geworden ist. Das askanische Gelände wurde so zum Troja der Deutschen.

Durch den überragenden Erfolg Schliemanns war ein für alle Mal bewiesen, daß man nur einen historischen Roman, ein Epos, einen Gründungsmythos oder Offenbarungstext wortwörtlich lesen und auslegen müsse, um auf die „geschichtliche Wahrheit" zu stoßen. In der Folge meinten die deutschen Idealisten, man tue gut daran, das Nibelungenlied nicht als eine literarische Phantasiegeburt oder Mythologie, sondern als Geschichtsschreibung aufzufassen. Der Fall Schliemanns hatte den Deutschen Mut gemacht, sich nun im Sinne von Wagners Nibelungenheroik entfesseln zu lassen.

Hermann, Hermann, gib uns die Zivilisation zurück!

Das Nibelungenlied geht auf das für das geschichtliche Selbstverständnis der Deutschen so bedeutsame Teutoburger-Wald-Erlebnis zurück. Im Jahre 9 n. Chr. zerschlugen germanische „Barbaren" die Armee Roms in den Sümpfen bei Kalkriese. Die Uminterpretation der Geschichte des Cheruskers Hermann in die des Siegfried von Xanten wurde notwendig, weil man schon wenige Jahre nach dem Sieg der Germanen das wahre Motiv Hermanns zur Kenntnis nehmen mußte. Hermann und sein engster Freund waren als Söhne von Anführern der germanischen Hilfsvölker Roms bereits im vorpubertären Alter als Geiseln nach Rom verbracht worden. Dort wurden sie nach dem Kanon der Ausbildung römischer Ritter zu erstklassigen Militärführern ausgebildet und mit dem Status der römischen Staatsbürgerschaft ausgezeichnet. In Rom hielt man sie für bestens geeignet, in den neubegründeten transrheinischen Kolonien der Römer zwischen Siegburg und Haltern ihre ehemaligen Stammesbrüder von den Segnungen der römischen Zivilisation zu überzeugen. Der Chef der römischen Kolonisatoren, Feldherr Varus, glaubte allerdings aufgrund seiner Erfahrungen in Regionen des Vorderen Orients, nur mit Gewalt eine renitente Bevölkerung unter die Segnungen der *Pax Romana* zwingen zu können. Die beiden heimgekehrten römischen Ritter erlebten die Willkür des in Germanien waltenden Generals Varus als Verstoß gegen römisches Recht. Deshalb glaubten sie sich als römische Offiziere verpflichtet, Varus für seinen Rechtsfrevel bestrafen zu müssen – eine Art „20. Juli" zivilisierter Germanen. Das geschah in der legendären Schlacht im Teutoburger Wald, deren weltweites Echo Kaiser Tiberius mit den Worten dokumentierte: „*Vare, Vare, redde mihi legiones meas*".

Das Kaiserwort war ein Appell an die römischen Militärchefs und Regierungsfunktionäre, die Durchsetzung der römischen Zivilisation nicht durch die Wahl fragwürdiger Mittel aufs Spiel zu setzen. Wurde bereits diese geschichtliche Ausgangslage zu einem Freiheitskampf der Germanen gegen die römische Besatzerarmee verfälscht, so waren die mit der Tötung Hermanns verbundenen Motive nach dem Zusammenbruch des römischen Reiches für die triumphierenden Sieger völlig inakzeptabel. Als Hermann seinen nächsten Blutsverwandten unmißverständlich klar machte, daß der Sieg der Germanen über das mächtige Rom gerade nicht zur Aufkündigung römischer Rechtspositionen führen dürfe, also zu erneuter barbarischer Willkür, wurde er von seinem Vetter heimtückisch ermordet. Der Kerl hatte sich nach der Zerschlagung der römischen Hoheit erhofft, wieder zur Rechtfertigung der Macht des Stärkeren zurückkehren zu dürfen. Das aber verwehrte ihm energisch der Ritter und *Civis Romanus* Hermann – die Stammesgenossen verstanden nicht, daß er erst durch seine römische zivilisierende Militärausbildung sie zum Sieg über Varus' Legion hatte führen können und zwar im Namen des Rechts.

Nach dem Zusammenbruch des römischen Reiches entwickelten die Verfasser des Nibelungenliedes zwischen dem sechsten und neunten Jahrhundert ein Deutungsschema für die Vorgänge, mit dessen Hilfe die über ihren eigenen zivilisatorischen Tiefstand beschämten Sieger der Geschichte sich ein wenig entlasten konnten. Im Nibelungenlied wird die Konfrontation von römischer Zivilisation mit keltischer Spiritualität (die Germanen wurden von keltischen Priestern christianisiert) und germanischer Gesellschaftsstruktur (Stammes-/Clanbindung) zu einer Gesetzmäßigkeit entwickelt, derzufolge blutrünstige Kollisionen von Kulturen unvermeidbar sind, weil Zivilisationsansprüche, Spiritualitätsbekenntnisse und soziale Loyalitäten niemals zu einer konfliktlosen Eintracht führen können. In der späteren Nibelungenfassung spielt Hagen die Rolle des Hermann- = Siegfriedmörders. Beide konnten soziale Loyalitätsverpflichtung und Zivilisierungsgebot nicht auf einen Nenner bringen. Hermann/Siegfried scheitern also gerade durch ihr Insistieren auf der historischen Mission, die drei kulturellen Urgewalten, repräsentiert durch Römer, Germanen und Kelten im Raum Bonn/Siegburg/Köln/Euskirchen/Xanten, zu versöhnen. Heutzutage sollte jeder Europäer die Aktualität der originären Erzählung zu Hermannschlacht und Nibelungenlegende erkennen können, sind doch die alltäglichen Erfahrungen von Migrantenschicksalen unüberhörbar. Welcher Einwanderer aus Anatolien wird es konfliktfrei fertig bringen, sein Selbstverständnis als Moslem und als der Familienehre Verpflichteter mit den Zivilisierungsgeboten des Grundgesetzes der BRD in Übereinstimmung zu bringen? Von diesen grundsätzlichen Widersprüchen in den Überlebensstrategien berichten die Hermann-/Nibelungengeschichten.

Wie stark die jeweils zeitgenössischen Aneignungsversuche den Nibelungenstoff variieren, zeigt vor Wagners Gesamtkunstwerksversion besonders die Fassung von Anfang des 13. Jahrhunderts in der allen Fakten spottenden Übertragung in den Donau-Kulturraum. Der „geniale Dilettant" Heinz Ritter-Schaumburg weist nach, wie aus der Düna des Urtexts, die bei Leverkusen in den Rhein fließt, kontrafaktisch die Donau wird, die trotz aller Finessen literarischer Adaption niemals bei Worms in den Rhein münden wird.[21] Die Umschreibungsphantasten störte nicht, daß ihre Vereinnahmung der in der Ursprungsversion genannten Recken Attila und Theoderich als Dietrich von Bern und Hunnenkönig Attila völlig unsinnig erscheinen muß, weil die historischen Persönlichkeiten nicht gleichzeitig gelebt haben. Ritter-Schaumburg zeigt an zahlreichen weiteren Beispielen für die Verfälschung der Ursprungsversion durch spätere Adaptationen, wie wirkmächtig gerade die offensichtlich kontrafaktischen Behauptungen sind. Denn: Wer ganz offen auf die Unterscheidung von Wahr und Falsch zugunsten phantasieergreifender Kräfte verzichtet, kann auch nicht widerlegt werden. Diese Unwiderlegbarkeit ist der Kern aller Macht des Kontrafaktischen.[22]

Nibelungentreue

Mit der Eröffnung des Ersten Weltkrieges erhielt das Nibelungenmotiv eine geradezu weltgeschichtliche Bedeutung. Der Entschluß der Deutschen (Kaiser, Militärführung, Regierung, Parlament und Bevölkerung), den Österreichern nach dem tödlichen serbischen Attentat auf ihren Kronprinzen in den Krieg gegen die Serben und deren Schutzmacht Rußland etc. etc. zu folgen, wurde mit der germanischen Beistandstugend, eben ihrer Nibelungentreue, begründet. Während des Ersten und des Zweiten Weltkrieges beschwor man ununterbrochen die Realität des Nibelungenliedes, zum Beispiel mit der Kennzeichnung der Siegfriedlinie als der ultimativen Verteidigungsstellung. Weil auf Englisch „line" sowohl Linie wie Leine heißt, verspotteten die britischen Soldaten die Siegfriedchoristen mit dem Küchengesang „We are hanging our washing on the Siegfried line". Der Erste und der Zweite Weltkrieg waren die gewollten Konsequenzen des deutschen Experiments, Wagners Werk in die Realität umzusetzen, wie zuvor bereits Schliemann die „Ilias", wie Disraeli die „Kaiserin von Indien" und wie der Ingenieur die Phantasie eines Brückenbaus verwirklicht hatten.

Der Erste Weltkrieg war der erste große Umsetzungsversuch, der für ungültig erklärt wurde, weil dessen Leiter bereits 1918 mit der sogenannten Dolchstoß-Legende das Experiment für unvollendet erklärten. Die treibenden Herren und Generäle behaupteten, daß der Friede einer im Felde unbesiegten Armee von der konspirativen Verschwörung von Sozialisten und Juden aufgezwungen worden sei; in Wahrheit hatten sie selbst um Frieden gebeten. Die Dolchstoß-Legende der Generalstabschefs Hindenburg und Ludendorff diente dazu, einerseits die Nicht-Anerkennung der Bedingungen des Versailler Friedens den Deutschen plausibel zu machen, und andererseits der Absicht zu folgen, den Versuch tatsächlich noch ein weiteres Mal durchzuführen, wofür Hitler vom Kulturphilosophen und Rassetheoretiker Houston Stewart Chamberlain an dessen Krankenbett den Auftrag erhielt. Man traf sich bereits 1923 zum ersten Mal im inneren Wagner-Zirkel und verhandelte die Rassenfrage wie einen großen Inszenierungsauftrag. Just in Villa Wahnfried überwältigte Hitler mit seinem auratischen Charme den abgeschieden lebenden Chamberlain als Großideologen (Standardwerk: „Grundlagen des neunzehnten Jahrhunderts"), die greise Cosima (die dogmatisch streng über Richards Werk wachende „Gralshüterin", die das ganze Programm protokolliert und die Festspiele nach Richards Tod fortgeführt hatte) und natürlich die junge Schwiegertochter Winifred Wagner als deren zukünftige Nachfolgerin.

Im Hause Wagner war man ja darauf geeicht zu beurteilen, wie sich jemand auf der Bühne ausnehmen würde. Sie sahen sofort, daß Hitler wie der neue Christus wirkte. Seine unglaubliche Ausstrahlung würde ihn zum besten Darsteller eines Politikers machen, den man für einen Heilsauftrag irgend finden konnte. Hitler führte bis 1945 vor, inwieweit man mit dem „Erlösung-dem-Erlöser"-Konzept, also der Stiftung einer neuen Religion, tatsächlich die Zukunft Europas in der Weltgeschichte erzwingen könne. Wir wissen um das Resultat. Rückblickend kann man sagen: Die nationalsozialistische Ideologie bestand in nichts anderem als in übersetzter Wagner-Weltanschauung. Adolf Hitler, der größte Wagner-Fanatiker aller Zeiten, adaptierte fast alle Programmpunkte des Wagner-Konzepts.[23] Es gehört zu den grandiosesten Regieeinfällen der Weltgeschichte, daß ein Standesbeamter mit dem Namen des Kunstreligionsstifters R. W. den größten Wagner-Propheten Adolf Hitler wenige Stunden vor dem Brand Walhalls mit Eva, der namentlichen Repräsentantin der Urfrau des Paradieses, traute.

Ende April 1945 gab Hitler seine persönliche Einschätzung vom Ausgang des welthistorischen Experiments bekannt. Er war davon überzeugt, daß die Deutschen der Evolution die Arbeit abgenommen hätten, indem sie sich (und anderen) den Untergang bereiteten. Die Deutschen seien deshalb untergegangen, weil ihr Glaube an die welthistorische Mission nicht stark genug gewesen sei. Als Beweis der mangelnden Erfülltheit mit unbedingtem Willen und Siegesfanatismus habe die Tatsache zu gelten, daß sie angesichts der Judenverfolgungen zu barmherzig und zu unentschlossen gewesen seien. Hitlers Fazit kurz vor Ende des Größten Wagnerianers aller Zeiten (GRÖWAZ) lautete also, daß nicht nur Deutschland, sondern ganz Europa aus der Weltgeschichte ausscheiden werde. Frankreich und England verlören als Konsequenz des Krieges ihre Imperien, was außer Hitler damals niemand zu äußern wagte. Der große Triumph Rußlands sei nur eine vorläufige Eröffnung neuer politischer Räume, durch die in Zukunft die Horden aus der Steppe, Mongolen und Chinesen, zur Weltmacht stürmen würden. Das deutsche Volk gehe zu Recht unter, weil es sich als das schwächere erwiesen habe. Mit anderen Worten, Hitler beschrieb das, was sich gegenwärtig als neue Weltlage ankündigt.[24] Sein Abgesang korrespondiert im übrigen mit dem, was die vereinigten Wirtschaftsminister der Welt im Februar/März 2006 bei ihrem offiziellen Zusammentreffen in Rio de Janeiro feststellten, nämlich daß Europa nur noch die Chance verbleibe, als zukünftiges Open-Air-Museum der Welt zu überleben.

Die Zukunft der Welt sieht laut Wirtschaftsexperten folgendermaßen aus: China sei das Territorium, in dem künftig die Welt produziert. Indien sei das Steuerungszentrum, weil die gesamte Elektronik von Mathematikern abhänge und Indien das größte mathematische Potential besitze. Die spirituelle Lenkung der Welt übernehme der moslemische Gürtel zwischen Malaysia und Marokko. Amerika spiele keine Rolle mehr, sondern werde nach dem großen Bild der Neuen Welt in seinem Innern in den christlichen Bible Belt und Mormonenstaat, einen Sharia-Staat der Vereinigten Moslems, einen asiatischen Nordwesten und einen hispanischen Süden aufgeteilt. Von New York bis Boston biete sich das gute alte Amerika als Freizeitpark der toten Musen. Und Europas Zukunft?

Europa kommt nach Meinung der Minister in dreißig Jahren bereits die Rolle des Weltmuseums der Zukunft zu. Touristen aus aller Welt werden sich millionenfach nach Europa aufmachen, um sich dort zu amüsieren. Sie werden nach Berlin, Rom, Paris und London kommen und es ungemein spannend finden, die Bevölkerung zu beobachten, die ernsthaft behauptet, es habe in Europa so etwas wie den Rechtsstaat gegeben. Chinesische Touristen treffen auf Europäer, die von der Individualisierung infolge der Unmittelbarkeit des christlichen Individuums zu Gott berichten. Sie begegnen kundigen Menschen, die erzählen, wie es einst das Prinzip Autorität durch Autorschaft gegeben habe. Die Chinesen werden sanft lächeln und peinlich berührt kichern. Manch einer wird vielleicht nach diesem komischen Konzept „Demokratie" fragen und sich köstlich amüsieren, wenn er von einem historischen Entwicklungsprozeß hört, der die Säkularisierung hervorbrachte.

Das Ende der Selbstfesselungsstube BRD

Um noch einmal zurückzukommen auf die Verhältnisse in Deutschland nach Beendigung der Selbstentfesselungen, nach dem Zählen von über fünfzig Millionen Toten auf allen Seiten, nach der größten Wagner-Inszenierung aller Zeiten: Haben die Deutschen doch tatsächlich gelernt, sich anders zu verhalten? Nach der Währungsreform 1948 und der Gründung der beiden deutschen Staaten 1949 hat man von der fundamentalistischen Selbstverwirklichung abgesehen und ist dazu übergegangen, Selbstfesselung zu betreiben. Die Deutschen lernten, sich als zivilisierte Menschen zu gebärden, das heißt vor allem Selbstbeherrschung, also geglückte Sublimierung

Deutscher Friedensgehorsam nach 1949: Alles Elend der Welt rührt daher, daß die Menschen nicht in ihrem Zimmer bleiben wollen.

zerstörerischer Triebe an den Tag zu legen, um somit die Wiederkehr des Wahnsinns für alle Zeit zu vermeiden. Wie sich dieses Bekenntnis zur Selbstbeherrschung architektonisch-gestalterisch in den Wohnräumen der Deutschen ausdrückte, kann man auf der Rückseite der „Selbstverwirklichungsbohème" betrachten. Es eröffnet sich in den einzelnen Elementen dieser Rekonstruktion eines deutschen Wohnzimmers der 50er Jahre die für die damalige Zeit neuartige Lebensform des deutschen Bundesbürgers, für den es im Zuge des sozialen Wandels nun allmählich aufwärts ging. Zu Zeiten des deutschen Wirtschaftswunders wurde es für viele Bürger möglich, sich eine standesgemäße Wohnung in Modernität verheißendem Stil und behaglichem Geschmack einzurichten. Die deutsche Familie traf sich zum Abendbrot zwischen den die Modernitätsikonographie des Bauhauses repräsentierenden Tapeten der Firma Rasch, zu Füßen Modernitätsbewußtsein, geschmacklich-stilistisches Unterscheidungsvermögen demonstrierende Teppiche, die die Zeichen des gestalterischen Formalismus trugen.

Die Selbstfesselungsanlage der zivilisierten Nachkriegsdeutschen

Statt den verflossenen Größen Wagners, Nietzsches oder Georges an der Wand zu huldigen, hängte man sich die Reproduktion eines Kunstwerks an die Wand, signierte selbst kurzerhand und schon besaß man Kunst. In der Zimmerecke aufgepflanzte Tütenlampen spendeten Licht für die Bildnisse Wim Thoelkes, Hänschen Rosenthals, Rudi Carells oder Peter Frankenfelds. Sie ersetzen als Stars der Nachkriegszeit die schauerlichen Ikonen der Nazizeit.

Das gesamte Ambiente des bundesdeutschen Wohnzimmers ist als Ausdruck der historischen Einsicht bewertbar, daß die Entfesselung der Ideen und des Idealismus zur Weltkriegskatastrophe geführt habe und folglich die Deutschen es sich für alle Zeit im Fernsehsessel bequem machen müßten. Also fesselten die Deutschen sich selbst und sagten: Nie wieder! Nie wieder soll uns eine Idee, ein Gedicht, ein Roman, eine Religion aus dem Sessel holen. Die Welt soll ausschließlich im virtuellen Bereich der Fernsehprojektion bleiben. Die Fernsehzuschauer der 50er Jahre nutzten die ihnen von den amerikanischen, britischen und französischen Besatzern nahegelegte Möglichkeit, sich zu den verführerischen ideologischen Vorlagen auf Distanz zu bringen, hatten doch die Alliierten ihnen im Zuge ihrer Besatzungspolitik beigebracht, daß alle geistigen Produkte Werke der Ideologie seien. Dieser anempfohlenen Einsicht folgend, beschied man sich nunmehr mit einem Platz im Fernsehsessel anstatt einem Platz an der Sonne: Käsehäppchen futternd, Salzstangen knabbernd und im Genuß von Coca-Cola versank man in einen vierzig Jahre währenden (außenpolitischen) Dornröschenschlaf von geheilten Zauberlehrlingen.

Diese gern als allzu bürgerlich verunglimpfte Einstellung eines schlafmützigen Biedermanns entsprang einem durchweg zivilisierten Verhalten, das die Deutschen wirklich bis 1989 brav aufrechterhalten haben. In dieser Zeit haben sie niemandem ein Haar gekrümmt, sind nirgends eingerückt, haben in keiner Weise versucht, jemanden unter die Knute von Reinrassigkeitsvorstellungen zu zwingen. Stattdessen etablierte sich ein geradezu vorbildlicher Sozialstaat, in dem jedermann die Chance zur Integration bekam, selbst wenn er sich als verlorener Sohn mit noch so viel schicksalhaftem Versagen zu erkennen gab. Es war eine wahrlich zivilisierte Gesellschaft, allerdings um den Preis, daß die schiere Gegenwart auf Dauer gestellt werden mußte, solange keine andere Kraft/Macht dieses „Ödyll" bedrohte. 1989 kam die Wende, 1990 die Deutsche Einheit, 1991 brach die Sowjetunion auseinander. Seitdem erleben wir die Karriere der Fundamentalismen: des Islam, der Ökologie, der Ökonomie und schließlich der Bush-Politik. Plötzlich sind die alten entfesselungsbereiten Deutschen wieder gefragt. Sie sehen sich gezwungen, Stellung zu beziehen in der Welt. Sie müssen raus aus der gemütlichen Stube!

In den 90er Jahren (und vollends unter dem Eindruck der Geschehnisse des Porsche-Logos 911) lernten die Deutschen, was sie für ihr paradiesisches Leben zu zahlen hatten. Durch die terroristischen Ereignisse in der Welt wurden sie dazu verpflichtet, Gedanken, Ideologien, Philosophien der Macht neu zu bewerten. Sollte man etwa im Namen der eigenen Religiosität gegen die Ansprüche fremder Götter angehen? Als ein in diesen Fragen besonders erfahrenes und geprüftes Volk hatten die Deutschen wieder auf die Weltbühne zu treten, wenn es um Religion als Ressource für fundamentalistische Entfesselungsdynamik ging. Im Kern ist es stets die Religion, die in Entfesselungsprogramme investiert, indem sie beispielsweise permanente Selbstmordbereitschaft predigt. Die religiös Inspirierten, Märtyrer, Virilbluter und Testosteronkrieger wissen, je größer der Widerstand, der sich gegen sie formiert, desto bedeutender sind ihre Ideen; je stärker man sie bekämpft, desto größer scheint die Gewißheit zu sein, daß der vertretene Anspruch absolut einmalig, großartig und durchsetzungswürdig sei. Deshalb wird in Zukunft die fundamentalistische Logik aller radikalen Kräfte weiterhin lauten: Wenn wir nur stark genug glauben, unterwerfen wir tatsächlich die Welt unseren Ideen. So denken nicht nur Islamisten, sondern auch die ökonomischen Chefdenker, die im Geiste der Globalisierungsstrategie den Ton angeben. Die Globalisierung entspricht strukturell dem unseligen Geist von 1914; sie verläuft nach genau demselben Schema. Wie diese Geschichte enden mag, wenn die westlichen Unternehmer sich so stark fühlen, daß sie glauben, die ganze Welt ihrem liberalistischen Konzept unterwerfen zu können? Haben sie jemals daran gedacht, daß sie selbst die ersten Opfer der Durchsetzung dieses Konzepts sein könnten? Aber ihnen bleibt ja der Trost, daß im Scheitern die Bestätigung der eigenen Größe gegeben ist. Auch unsere Herren der Globalisierung können ihr Scheitern zum Beweis dafür umwerten, daß sie eine Wahrheit vertreten wollten, die alle anderen partout leugneten: Alles, was entsteht, ist wert, daß es zugrunde geht, lautete seit eh und je die heilige Missionsbotschaft des Kapitalismus. Wo bleibt das Schöpferische in diesem Untergang?

ANMERKUNGEN

1   „Sein [Joseph Conrads] Werk ist wie ein möbliertes Zimmer, in dem sich Leser aus allen Zeiten zu Hause fühlen" in: Frankfurter Allgemeine Zeitung, 1. Dezember 2007, Nr. 280, S. 36.
2   Brock, Bazon: Blaue Illustrierte. Darmstadt 1969. Siehe Kapitel „Fininvest – Gott und Müll".
3   Mann, Thomas: Beim Propheten. In: ders., Erzählungen. Frankfurt am Main 2005, S. 355 ff. Helmut Bauers Schwabing-Buch zeigt in einer Abbildung das Haus in der Destouchesstraße 1. Im Atelier im vierten Stock fanden die Treffen, Lesungen und Proklamationen der George-Schüler statt. In: Bauer, Helmut: Schwabing. Kunst und Leben um 1900. Münchner Stadtmuseum 1998, S. 66.
4   Mann, Thomas: Doktor Faustus. Das Leben des deutschen Tonsetzers Adrian

Leverkühn, erzählt von einem Freunde. 31. Aufl., Frankfurt am Main 1999, S. 483.

5 Im 34. Kapitel des Romans wird die gesamte Ideologiegeschichte seit Albrecht Dürers Zeiten aufgerufen. Die Zahl 34 ist eine Anspielung auf das in *Dürers „Melencholia" dargestellte magische Zahlenquadrat:* Ganz gleich, welche Zahlenreihe man in diesem Quadrat addiert, stets kommt 34 heraus. Das 34. Kapitel Deutschaschern umreißt ungefähr die Zentrale des ottonischen Kernlandes, das sich um Magdeburg, Halle, Wernigerode und Quedlinburg bis ins thüringische Erfurt und Weimar erstreckte. In Erfurt steht rudimentär die älteste Synagoge des Kontinents, es ist also der Ort, an dem man Neu-Jerusalem gebaut hat, was heute aktuell wird: Wenn die Juden in Palästina

des „Doktor Faustus" weist im Kern eine außerordentlich beziehungsreiche Erschließung des Komplexes „Deutschaschern" auf, wie Bazon Brock das Thomas Mann'sche „Kaisersaschern" nennt, um mit dem Verlust jenes Kerngebiets des ottonischen Reiches auch den endgültigen Verlust der deutschen Reichsidee nach dem Zweiten Weltkrieg anzusprechen; Thomas Mann erschrieb den „Doktor Faustus" und dessen Heimatstadt Kaisersaschern in eben der Nachkriegszeit.

nicht mehr leben können sollten, weil sie durch die arabischen Kräfte überrannt werden, sind sie auf Europa zurückverwiesen. Es ist nicht unwahrscheinlich, daß das neue Jerusalem wieder bei Erfurt liegen wird, wo die Synagoge schon einmal vor tausend Jahren Anlaß zur Spekulation über ein neues Zentrum der Heilsgeschichte als Weltgeschichte bot; siehe Brock, Bazon 2002, S. 342 ff.

6 Arnold Schönberg hat den Antisemiten Wagner mit seinem Welterlösungsgetue, seinen Reichsgründer-, Eroberer- und Religionsstifterphantasien spiegelbildlich in seiner Kompositionslehre nachgebaut, mit dem gravierenden Unterschied, ein derartiges Unternehmen als Jude zu wagen. Solange es um Musik, um die Bühne und das Theater geht, mag man das alles für interessant befinden. Sobald man es aber vom Theater auf den Königs- oder Heldenplatz überträgt, hört der Spaß der Kunst auf.

7 Die französischen Offiziere wollten junge Mädchen in ihre Zelte locken – Zelt heißt auf Französisch „tente" und „Visitez ma tente" lautete die Einladung der Offiziere. Wenn die Mädchen aufgeklärt wurden, hieß es in der deutschen Bevölkerung: Mach' keine Fisimatenten, laß' dich nicht von einem Offizier verlocken, in sein Zelt zu gehen, denn dann bist du verloren. Also wurden im Karneval Fisimatenten vorgeführt.

8 Zum Gesamtzusammenhang „Wahnmoching", siehe Franziska Gräfin zu Reventlow: Herr Dames Aufzeichnungen oder Begebenheiten aus einem merkwürdigen Stadtteil. Roman. München 1969. Richard Wagner nannte sein Bayreuther Haus „Wahnfried", an der Fassade um den Satz ergänzt: „Wo mein Wähnen Frieden findet". Damit wird ein Bezug zum kleinbürgerlichen Wohnzimmer, dem Rückzugsraum vor den Drangsalen des Lebens, geboten, den B. J. Blume im Photo seines „Wahnzimmers" bearbeitet. Wahnfried plus Wohnzimmer gleich Wahnzimmer.

9 Mann, Thomas 2005, S, 361.

10 Siehe zum Gesamtzusammenhang, Zelinsky, Hartmut: Richard Wagner. Ein deutsches Thema. Eine Dokumentation zur Wirkungsgeschichte Richard Wagners 1876-1976. Berlin, Wien 1983.

11 „Die bisher wenig hervorgehobene Verbindungslinie zwischen Hitler und Disraeli ist zu berücksichtigen. „Hitler als der ‚illegitime Sohn Disraelis!' In keiner Hitlerbiographie – Gisevius, Bullock, Toland, Fest, auch bei Haffner nicht – wird die Filiation Disraeli-Hitler auch nur erwähnt. Dabei ist sie das für Genese und Struktur der zur ‚nationalsozialistischen Weltanschauung' radikalisierten ‚deutschen Ideologie' sicher bedeutsamste geistesgeschichtliche Faktum. An ihm lässt sich ablesen, was man den Identifikationsmechanismus in der deutsch-jüdischen Beziehung nennen könnte." In: Sombart, Nicolaus: Die deutschen Männer und ihre Feinde. Carl Schmitt – ein deutsches Schicksal zwischen Männerbund und Matriarchatsmythos. München, Wien 1991, S. 285.

12 All die Zuchtideen von Deutschen im Hinblick auf Reinrassigkeit waren ideologisch zum größten Teil dem Rassebegriff von Disraeli entliehen. Als deutsche Zutat fügte man noch die Mendel'schen Gesetze und die Ergebnisse der Versuche von Justus Liebig hinzu, so daß man von einem allgemein vorhandenen Bewußtsein im Hinblick auf Optimierungsstrategien sprechen darf. Wenn mit künstlichen Mitteln die Ertragsfähigkeit in Landwirtschaft und Viehzucht zu steigern ist, so folgerte man damals, ist es auch die Sache der Naturwissenschaft, die Vorstellung von der Veredelung des Menschen zu einem Übermenschen zu entwickeln und die Bedingung der Möglichkeit dieser Veredelung zu ergründen. Schon allein deswegen waren die Naturwissenschaftler die größten Ideologen. Nicht ein Parteifunktionär hat etwa den Begriff der „verjudeten Physik" erfunden; als Kampfbegriff hat ihn Philipp Lenard, ein Nobelpreisträger für Experimentalphysik, vorgetragen, mit dem die Rassenreinheitsvorstellungen im Bereich der Wissenschaften nach 1933 durchgesetzt worden sind.

13 1845 veröffentlicht Disraeli „Sybil oder Die beiden Nationen". Er erwog die Allianz von Arbeiterklasse und Aristokratie zur Rettung der Welt vor dem Vernichtungskapitalismus, wie sich das auch Lassalle als Koalition mit Bismarck vorgestellt hatte. Die zwei Nationen sind natürlich die Tories und Whigs. Disraeli wurde zum ersten Mal 1868 Premier. Seine wichtigen Amtszeiten (1874 bis 1880) fielen in die Bayreuth-Periode. Er ist als Figurencharakter wie Wagner zu kennzeichnen: Schuldenmacher, Dandy, Kostümfetischist, Attitüdencharmeur; die zeitgenössische Schmähung als Affe auf dem Bauch von John Bull ließe sich auch auf Wagners Verhältnis zu Ludwig anwenden. Wie Wagner propagierte er, daß die Krone die Einheit von Adel und Volk in Wohlfahrt und fester Traditionsverpflichtung garantiere. Kennzeichnend ist das Faszinosum des Künstlers in politischer Mission (wie später bei Wilhelm II., Stalin, Mussolini, Hitler). Wie Premierminister Gladstone bei seiner Kritik an Disraeli, geadeltem Earl of Beaconsfield, zeigt, ist der Aspekt der vulgären Geltungssucht eines literarisch wenig bedeutsamen Karrieristen in diesem Fall unübersehbar. Die Übertragung von Romanzen auf die Politik, also die politisch soziale Inszenierung von Hirngespinsten, die als Kunstwerke bedeutsam sein mögen, stellt in der Realisierung bestenfalls Riesenspielzeuge für allzu Phantasiebegabte her.

14 Wagner greift zu der Pathosformel von der „Erlösung durch die Kunst" und deklariert große Kulturträume: „Die Politik müsse zum großen Schauspiel werden, der Staat zum Kunstwerk, der Künstler an die Stelle des Staatsmannes treten, verlangte er; die Kunst war Mysterium, ihr Tempel Bayreuth, das Sakrament die kostbare Schale arischen Blutes, das dem gefallenen Amfortas Genesung geschenkt und die in Klingsor verkörperte Gegenkraft von Judentum, Politik, Sexualität unter die Trümmer des Phantasieschloßes verbannt hatte." Fest, Joachim C.: Hitler. Eine Biographie. Berlin 1973, S. 523.

15 Wagner, Richard: Das Judentum in der Musik. In: Zelinsky, Hartmut 1983, S. 20; vgl. Wagner, Richard: Gesammelte Schriften und Dichtungen. Leipzig 1888.

16 Brief Wagners an den Freund Theodor Uhlig. In: Strobel, Gertrud; Wolf, Werner (Hrsg.): Richard Wagner – Sämtliche Briefe, Band III – 1849–1851, Leipzig 1975, 460 f.

17 „Die Deutschen, sagt man, sind, was Höhe des Kunstsinns und des wissenschaftlichen Geistes betrifft, das erste Volk in der Welt. Gewiß; nur gibt es sehr wenige Deutsche." In: Schlegel, Friedrich: Kritische Fragmente. In: ders., Werke in einem Band. Die Bibliothek der Klassiker, Bd. 23, Wien, München 1971, S. 22.

18 „Wenn man den Deutschen die Neigung nachsagt, alles, was sie beschäftigt, gedankenschwer in Systeme zu bringen – und vor allem: zur Weltanschauung zu machen, dann ist diese Eigenschaft nicht einem besonderen, nicht weiter erklärbaren und unveränderlichen Nationalcharakter zuzuschreiben, sondern den Bedingungen ihrer Geschichte, ihrem Abgeschnittensein von politischer Praxis und Erfahrung Jahrhunderte hindurch. [...] Doch solchen Konsequenzen weit voraus, als Ausdruck wie als Kompensation der blockierten Praxis, entstand eine theoretische Tiefenschärfe, eine philosophische

Radikalität, die einen beispiellosen Abbruch geistiger Traditionen bewirkte. [...] Karl Marx, selbst zum Theoretiker einer blockierten und eben darum revolutionär entworfenen Praxis bestimmt, hat in seiner ‚Deutschen Ideologie' den Sachverhalt sarkastisch kommentiert." In: Graf von Krockow, Christian: Die Deutschen in ihrem Jahrhundert 1890–1990. Reinbek bei Hamburg 1990, S. 239.

19 Heine, Heinrich: Zur Geschichte der Religion und Philosophie in Deutschland, Drittes Buch. Frankfurt am Main 1968, S. 240.

20 Siehe Brock, Bazon (IDZ): Im Gehen Preußen Verstehen. Schliemann verlegte den Troja-Schatz dorthin, wo sich 1945 Troja im brennenden Nichts auf die gleiche Weise realisierte, wie es schon historisch im Jahre 1260 v.Chr. untergegangen ist. Vgl. ebenda, die „Topographie des Terrors".

21 Ritter-Schaumburg, Heinz: Die Nibelungen zogen nordwärts. 6. Auflage, München, Berlin 1992.

22 Siehe Kapitel „Kontrafakte – Karfreitagsphilosophie – Die Gottsucherbanden – Der Faschist als Demokrat"

23 Siehe Hartmut Zelinsky, Sieg oder Untergang: Sieg und Untergang. Kaiser Wilhelm II., die Werk-Idee Richard Wagners und der 'Weltkampf'" München 1990.

24 Siehe Kapitel „Eine schwere Entdeutschung – Widerruf des 20. Jahrhunderts"

Kontrafakte – Karfreitagsphilosophie – Die Gottsucherbanden – Der Faschist als Demokrat

„Wenn die Wirklichkeit nicht mit unseren Konzepten übereinstimmt, umso schlimmer für die Wirklichkeit; jetzt erst recht!" bekennen wir pathetisch – das nennen wir idealistisch – und huldigen der Gesetzeskraft des Kontrafaktischen, des Ausgedachten, der Fiktionen. Mit dem Bekenntnis: Ist es auch Wahnsinn, so hat es doch Methode. Aber dem Karfreitagspathos der Gottesmörder folgt immer ein österlicher Katzenjammer.[1] Ihn bezeugt gegenwärtig das westliche Demokratieverständnis, demzufolge es nicht das Gleiche ist, wenn zwei dasselbe tun.

– **Die Gottsucherbanden**

Karfreitagszauber I

Also bloß kein schlechtes Gewissen bei Angriffskrieg, Eugenik, Euthanasie, Vertreibung als Pazifizierung, wie sie veritable Demokratien rechtfertigen, obwohl sie seit den Nürnberger Prozessen für verbindliche Bestimmung von Faschismus gehalten werden. Der „Wandel durch Annäherung" war so erfolgreich, wie er uns lieb war. Wir haben uns bei vollem politischen Bewußtsein den totalitären, fundamentalistischen Regimen weitgehend anverwandelt.

Entzauberungen

Kontrafakte – Karfreitags-philosophie –

Der Faschist als Demokrat

„Wer Wissenschaft und Kunst besitzt, / Hat auch Religion; / Wer jene beiden nicht besitzt, / Der habe Religion."
(J. W. v. Goethe)

Das angezeigte Thema wird im Theoriegelände durch ein theoretisches Objekt repräsentiert, das jedermann aus der Tradition christlicher Ikonographie vertraut sein dürfte. Es handelt sich um den freien Entwurf eines barocken Amboaltars, auf dem die bekannten Insignien der Kreuzigung Christi ausgebreitet liegen, die an ihre Funktion in der christlichen Heilsgeschichte erinnern. Auf dem

Karfreitagszauber II

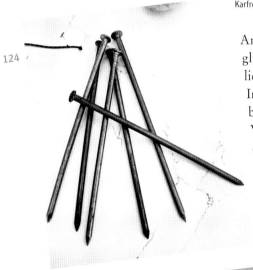

Amboß bringt der Schmied das glühende Metall durch kontrollierte Gewalteinwirkung in Form. In der Kirche wird von der Ambokanzel gepredigt, um das Wissen und auch das Gewissen der lauschenden Gottesdienstbesucher zu formen. Von der Pergamokanzel aus werden die auf Pergament geschriebenen testamentarischen Botschaften verlesen.

Unter den auf dem Altar platzierten Marterwerkzeugen – Dornenkrone, Zange,

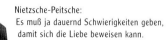

Nietzsche-Peitsche:
Es muß ja dauernd Schwierigkeiten geben, damit sich die Liebe beweisen kann.

Essigkrug, Schwamm, Speer, Hammer, Zimmermannsnägel – fällt die Variante der Geißel auf; dieses Instrument antiken Strafvollzugs zeigen wir in der Gestalt der „Nietzsche-Peitsche". Mit ihr wird herkömmlich Nietzsches Diktum zitiert: „Gehst du zum Weibe, vergiß die Peitsche nicht", als hätte Nietzsche sagen wollen, Männer genössen es, Frauen zum Opfer zu machen, um Befriedigung zu empfinden. Aber das Diktum bietet eine entscheidende Erweiterung des Gedankens, eine sadomasochistische Komponente, derzufolge Männer wollten, daß Frauen sie züchtigen, weil sie als Kinder körperliche Bestrafung durch ihnen überlegene Erwachsene als lustvoll erfahren hätten.

Im Sinne dieser Variante betrachten wir eine historische Photographie. Sie zeigt die Studio-Inszenierung eines lebenden Bildes, in der Lou Andreas Salomé als peitschende Lenkerin ihrer beiden Zugpferde, Nietzsche und Paul Rée, erscheint – eine karikierende Anspielung auf Helios und die Rosse des Sonnenwagens; die Sonne ist bekanntlich im Deutschen weiblich. Andererseits ist nicht zu übersehen, daß die Inszenierung auf das seinerzeit populäre Thema für lebende Bilder „Frauen bändigen die unbändige Lust der Männer, indem sie sie unter das Zugtierjoch spannen" anspielt. Gerade die Differenz von strahlendem Sonnenwagen der Liebe und dem Ehegespann im Alltagstrott, von himmelhochjauchzend und den Mühen der Ebene, eröffnete einen weiten Spielraum der Interpretation, ohne das Risiko, jemanden unmittelbar zu kränken. Selbst in höchstherrschaftlichen Kreisen konnte so vom Altar der Liebe oder dem Altar des Vaterlandes gesprochen werden, was auf der

Der Sonnenwagen der Helios-Lou-Andreas

einen Seite der Medaille das Opfer des Verstandes und des Interessenkalküls um der Liebe und des Vaterlandes willen bedeutete, auf der Rückseite der Medaille oder des Spiegels ahnbar werden ließ, daß Vaterland und Liebe selber durch schiere Vernunftlosigkeit und Absurditäten bestimmt sind.

Zu gestellten Bildern wie dem Sonnenwagen des Bürgertums boten Jahrmärkte kurz nach der Einführung der Photographie als Sensation der Bildgebung überall Gelegenheit.

Der Jahrmarktscherz erweist sich aber post festum, nachdem sich Nietzsche in der finalen Schrift „Ecce homo" zum Christus umbildete, als Versuch, die Marterwerkzeuge im Alltagsleben apotropäisch zu gebrauchen, ganz im bürgerlichen Verständnis der Einheit von Vorsehung und Vorsorge: „Nimm den Regenschirm mit, dann regnet es nicht!" Nur im apotropäischen Gebrauch der Bilder konnten es Bürger aushalten, ständig mit den Werkzeugen konfrontiert zu sein, mit denen man den Gottessohn zu Tode brachte, damit sich erfülle, was geschrieben stand. Der Bürger übersetzte die Bedeutung dieser Einheit von Vorsehung und Vorsorge in den Entwurf einer Biographie, dem er von Stufe zu Stufe zu folgen versuchte, wodurch sich erfüllte, was er selbst geschrieben hatte: *Ecce homo,* also: auch ich werde nicht gerichtet, sondern gerettet.

Amboaltar vor Dante-Grab, Wahnzimmer und Museumsmonstranz

Zu Altären gehören Altarbilder. In unserem Falle erfüllt die Funktion ein ungegenständliches Gemälde des Düsseldorfer Malers Ulrich Erben aus dem Jahre 1983, das, wie der Maler rückseitig anmerkt, auf ausdrücklichen Wunsch von Bazon Brock vom Künstler nicht weiter bearbeitet wurde, obwohl er das ursprünglich vorhatte. (Empfinden wir nicht gerade die Werke in den Ateliers der Künstler als besonders schaudernmachend, an denen sie arbeiteten, als sie der Tod überraschte? Damit Erben nicht möglicherweise ein ganz durchschnittliches Bild den Besuchern seines Ateliers als Werk, in das der Tod intervenierte, hinterlassen möge, empfahl ihm Bazon, ein letztes Bild auf Vorrat zu malen; dieses unvollendete „letzte Bild" tritt in die Konstellation Altar – Altarbild unseres Theoriegeländes ein.)

Daß vor allem die bürgerlichen Unternehmer trotz ihres Teufelspakts mit dem Kapital, dem Maschinengeist und dem Bigotteriebordell hoffen konnten, am Ende doch noch der verdienten Strafe zu entgehen, lasen sie aus der Schlußpassage des größten Werkes ihres größten Dichters heraus. Das gemäßigte Bildungsbürgertum, dem kein Teufel einen Pakt anbot, hielt sich an die ältere und womöglich noch größere, weil international geltende Autorität Dantes, den nicht der Teufel durchs Leben führt, sondern der Dichter aller Dichter des augusteischen Zeitalters, in welchem ja Christus sein Heilswerk begann. Vergil geleitet Dante durch die Nacht zum Licht, aus dem Höllental des verworfenen Lebens zur geläuterten Sehnsucht edlen Strebens, wie ein Cicerone Burckhardts, der die ersten bürgerlichen Bildungsreisenden in die Kulturlandschaft zwischen Florenz und Ravenna einwies, in der Dante gelebt hatte.

Die Strukturen und die Farbgebungen des Erben-Gemäldes richten unsere Einbildungskraft auf Dantes Grabmal in Ravenna aus. Von seiner Vaterstadt Florenz als Gefolgsmann des Kaisertums und damit natürlicher Gegner des Papsttums ins Exil nach Ravenna vertrieben, stirbt Dante 1321 dort. Die geschäftstüchtigen Florentiner wollen sich des Leichnams bemächtigen, um den inzwischen berühmten Dichter wie eine Reliquie in seiner Geburtsstadt zu vermarkten. Seit die Venezianer Anfang des 13. Jahrhunderts aus Konstantinopel derartige Reliquien und Kunstschätze in ihre Stadt verbracht hatten, glaubten die Florentiner zu wissen, wie man im Falle Dantes vorgehen müsse. Die ravennatische Konkurrenz war schlauer, trickste sich aber schlußendlich selber aus, weil vor lauter Versteckspiel mit Teilen des Leichnams von Dante nicht mehr übrig blieb als von Christus. Auferstanden wie Christus war Dante zu unzweifelhaft ewigem Ruhm. Schließlich errichteten die Florentiner ein Epitaph, ein Denkmal als Ersatz für das fehlende Grab, und die Ravennaten erbauten ein Grabmal, von dem sie behaupten konnten, dort seien tatsächlich die *disiecta* membra des göttlichen Dante begraben.

Wenn man die Erinnerung an dieses Grabmal in Ravenna in räumlichem und zeitlichem Abstand sich vergegenwärtigt, werden, wie auf dem Gemälde Erbens, Ziegelmauern, eine patinierte Bronzetür und das Grün von Efeu, Lorbeer und Pinien imaginierbar. Ein handkoloriertes, zeichentischgroßes Blatt von Aldo Rossi aus dessen Entwürfen zeitgenössischer Friedhofsarchitekturen unterstützt diese Einbildung. Auch dieses Blatt ist im Zentrum auf die Konfrontation von Ziegelrot und Bronzepatina orientiert. In einer irritierenden Überlagerung von Erinnerungsräumen sind Erbens und Rossis Werke auch als Darstellungen von Gefängnisanlagen lesbar: j.w.d – janz weit draußen ahnt man in die Landschaft gesetzte Umfassungsmauern mit einem gewaltigen Bronzetor, das sich immer nur hinter Menschen schließt; nie sah man jemanden heraustreten – bis auf den Moment, in dem Albert Speer durch das Portal der Spandauer Zitadelle in die Arme von Wolf Jobst Siedler und Joachim Fest entlassen wurde.

Karfreitagsphilosophie

Wir tauchen ab in die Entzauberung des Zaubers. Karfreitag, der Feiertag der Philosophen, der großen und der minderen; also auch unser Festtag, der Tag der hochzielenden Weltveränderer, der intellektuellen Berserker und wissenschaftlichen Wundertäter? Karfreitag, der Festtag heroischer Übermenschen!

Endlich es den Göttern heimzahlen; vor allem den Gott der christlichen Geschöpfesliebe einmal zur Verantwortung ziehen, indem wir ihm jenes Elend zumuten, dem er uns so unerbittlich ausliefert im menschlichen Dasein. Ihn wenigstens auch einmal viehisch maltrātieren, aufs Kreuz nageln, verhöhnen, entwürdigen und zerbrechen. Ihm einmal entgegentreten im Triumph unserer Ohnmacht als der Macht zu töten; denn das verstehen wir als einzigen Beweis unserer Macht: die Götter töten zu können, den Schöpfer zu zerstören, die Schöpfung zu verwüsten. Karfreitag: Rache für die Zumutungen ewiger Gotteskindschaft und des Gehorsams. Rache für die Zumutungen der Liebe, des unumgänglichen Verzichts auf Selbstherrlichkeit, auf menschliche Autonomie und Glorie.

Seht den berühmten Arzt, der sich nicht selber zu helfen weiß – jetzt kratzt er ab. Seht den Gesalbten, den Gesandten der größten Macht – jetzt krümmt er sich schmerzlich wie irgendein Ausgestoßener. Seht den Richter, den hoheitlichen Vollstrecker der göttlichen Willkür – jetzt richten wir ihn aus unserer unerbittlichen Rechtlosigkeit.

Karfreitag: die Götter sind einmal wenigstens aus der Welt vertrieben, das Gesetz der unmenschlichen Herren zerschlagen, die fesselnden Traditionen gesprengt; endlich stehen wir im Bewußtsein unseres eigenen Willens und der Kraft unserer eigenen Willkür.

Und dann wird es Abend und still; weil wir erschöpft sind durch die Orgie des Tötens? Still, weil wir doch nicht so genau wissen, ob wir ganze Arbeit geleistet haben? Ahnen wir schon, daß uns die radikalste Demütigung noch bevorsteht, das Eingeständnis, nicht einmal in der brutalsten Zerstörung wirklich Großes zu leisten? Oder haben wir gerade das an Karfreitag herausfordern wollen: unsere Widerlegung als letzte Instanz, als Schöpfer aus eigener Macht, als Herren der Welt?

Ja, und dann der *Ostermorgen*, der helle Tag, an dem die Götter wieder in die Welt einziehen mit einem peinigend milden Lächeln. Wir sind beschämt, wir wurden ertappt, wir bitten um Nachsicht und versprechen, unseren heroischen Furor, die Rebellion

der Elenden zu zügeln. Die Philosophen ziehen den Schwanz ein, die intellektuellen Besserwisser und Kritiker der göttlichen Wahrheit versprechen, ihre Kraft nur noch in der Selbstwiderlegung zu beweisen: *Osterversprechen – Osterglück.*

Von Ende der 60er bis Ende der 70er Jahre habe ich jedes Jahr diese meine Version des Karfreitagszaubers dem Feuilleton der FAZ zum Abdruck in der Gründonnerstag- oder Ostersamstag-Ausgabe angedient. Sogar Günter Rühle, als Feuilleton-Redakteur den Frankfurter Aktionisten besonders zugetan, lehnte ebenso regelmäßig ab. Vergeblich versuchte ich, ihm klarzumachen, daß sich an Karfreitag nur verdichtet, was ohnehin am Altar geschieht, sobald an ihm bestimmungsgemäß das Kultgeschehen sich erfüllt.

Im Zentrum jeder Kultur steht die Religion. Zu allen Zeiten haben die Kulturen in ihrer jeweiligen religiös-rituell-kultischen Ausprägung Altäre errichtet, an denen sie die Erzwingung der absoluten Gewißheit anschaulich und glaubwürdig demonstrieren konnten. Der Altar steht für die Art und Weise, wie alle Kulturen aller Religionen und umgekehrt alle Religionen aller Kulturen Verbindlichkeit stiften. Wenn für alle Mitglieder einer Gruppe in der kultischen Handlung die gleichen letzten Wahrheiten bestätigt werden, gewinnen sie das Gefühl, daß die Zweifel und Bedenken überwindbar sind, die sie möglicherweise daran hinderten, vorbehaltlos die soziale Ordnung in ihrer Gemeinschaft anzuerkennen.

Um die Verbindlichkeit kultureller Selbstgewißheiten behaupten zu können, muß mit größtem Nachdruck Unwiderrufbarkeit demonstriert werden. Töten ist der überzeugendste Akt,

Handlungsresultate unwiderrufbar zu machen. Bekenntnisse können widerrufen werden, Verträge können gebrochen werden, Wissen kann sich als falsch erweisen, affektive Bindungen können durch Gewöhnung so abgeschwächt werden, daß sie sich auflösen – allein das Töten läßt keinerlei Hoffnungen oder Spekulationen zu, das Geschehene ungeschehen zu machen im Widerruf oder in der Umkehrung. Seit Menschengedenken, also seit unvordenklichen Zeiten wird an allen Altären dieselbe unwiderrufliche Opferhandlung vollzogen. Die Irreversibilität ist selbst dann unwiderlegbar, wenn man mit Schiller behauptet, das Leben sei der Güter höchstes nicht, sondern die Erfahrung der Unwiderruflichkeit. Am Altar wird die Grenze manifestiert, die das Leben vom Tode, das Diesseits vom Jenseits, die Rationalität von der Irrationalität, die Faktizität von der Kontrafaktizität und das Interessenkalkül vom Jenseits des Kalkulierbaren, also vom Absurden, scheidet. Wenn man sie überschreitet, wie im Akt des Tötens, gibt es kein Zurück. Überzeugt werden sollen von dieser Verbindlichkeit ja die lebenden Teilnehmer am Kult und nicht die Geopferten. Es kann auch nicht sinnvoll sein, darauf abzuheben, daß alle Lebenden sich dem Beweis der Irreversibilität beugen im Bewußtsein, demnächst selber geopfert zu werden.

Am Altar wird also nicht der lange Marsch ins Jenseits initiiert, mit mehr oder weniger freiwilligen Gefolgsleuten. Zwar haben sich europäische Ethnologen dazu hinreißen lassen, für ihre Unterscheidungstätigkeit und damit Urteil von so etwas wie Wildem Denken oder Animismus oder mythischem Budenzauber bei sogenannten Naturvölkern oder Barbaren oder Primitiven auszugehen. Aber längst sind wir gezwungen anzunehmen, um unserem eigenen Gebot der Rationalität zu entsprechen, daß der Altar nicht die Welten scheidet. Über ihn wird in grandioser Weise im Diesseits und aus dem Diesseits heraus ein sinnvoller Bezug auf das Jenseits ermöglicht. Am Altar wird die Welt nicht geschieden in die der Rationalität und die der Irrationalität, sondern jenes Verfahren begründet, mit welchem man einen vernünftigen Gebrauch von der Unvernunft machen kann. Im Kult werden soziales Kalkül und die Kraft des Glaubens nicht ein für allemal und uneinholbar getrennt, sondern zueinander vermittelt. Denn jedem Erfahrenen ist klar, daß man zum Beispiel aus sozialem Kalkül, nämlich um Unangreifbarkeit zu erreichen, eine Behauptung als Glaubenssache ausgibt, die es nicht ist. Man wird von Strafverfolgung verschont beziehungsweise gnädig behandelt, wenn man für ein strafwürdiges Verhalten religiöse Überzeugungen als Ursache anführt. Wobei die religiösen Überzeugungen traditionsgemäß dadurch definiert werden, daß sie unwiderleglich seien, weil sie ihre Unwiderleglichkeit ja gerade zum Glaubensgrund machen.

Diese Tradition wurde von Kirchenvater Tertullian am Ende des 2. Jahrhunderts begründet, in der höchster Rationalität verpflichteten Formulierung „*credo quia absurdum*" – ich glaube, was nicht widerlegbar ist. Solange man nämlich nur glaubt, was einem einleuchtet, hat man nicht den rechten Glauben, sondern reagiert auf eine momentane Überwältigung durch einen logischen Beweis. Aber der höchste logische Beweis steckt ja gerade im „*credo quia absurdum*", nämlich etwas glauben zu müssen, weil es sich jeder Widerlegbarkeit entzieht. Die theologische Argumentation zur unumgänglichen Orientierung am schlichtweg nicht widerlegbaren Glauben begründet die notwendigen Ergänzungen der tertullianischen Maxime, wie sie im Mittelalter galten. Also:

„*credo quia absurdum*"
ich glaube,
weil der Glaube *per definitionem* unwiderlegbar ist;

„*scio ut credam*"
ich weiß, daß ich glauben muß,
weil das Wissen gerade seine Begrenztheit weiß;

„*scio absurdum*"
also kann ich vernünftig
mit dem Jenseits der Vernunft umgehen.

Einen Hinweis darauf liefert die Alltagswendung, man müsse einer Behauptung so lange glauben, bis man daran glaubt. Noch einmal das Ganze *in nuce:* Ein Medizinmann oder Schamane ist noch bei den hinterwäldlerischsten Völkern dadurch Autorität, daß er weiß, wie er selbst bei lebensbedrohlichen Zumutungen wie dem Aufnehmen von Giften so den Gesetzen der Vernunft zu folgen vermag, daß er aus dem Jenseits der Normalität, der Krankheit, dem Wahnsinn oder der Ekstase gesichert zurückkehrt. Nichts da von Hingabe an das Jenseits; wieso sollte einer zurückkehren wollen, wenn es doch drüben in den Gefilden der Kontrafaktizität, der Irrationalität und der Absurdität so großartig zugeht, wie man sich das wünscht, wenn man unter dem Diktat der Rationalität, der Faktizität und der Kalküle steht?

Die Christen haben sich in besonderer Weise befreien wollen von derartigen kindlichen Scheidungen der Sphären – Jammertal und Paradies, Leiden und Glückseligkeit, Rechtschaffenheit und Häresie, Tod und Auferstehung, Zeit und Ewigkeit. Das hielten sie für theologische und philosophische Naivitäten. Die versuchsweise Durchdringung und Vermischung aller Sphären geschieht am Karfreitag als eine Umformung des Verkehrte-Welt-Spiels während der römischen Saturnalien. Der Mob rast, Geifer, Niedertracht, Mordlust toben sich aus. Der Gottessohn bietet sich als Opfer an. Selbstgefällig genießen die Gottestöter ihren Triumph, den sie sich trotz der Widerlegung am Ostersonntag immer wieder verschaffen werden. „Es war ihm, als könne er eine ungeheure Faust hinauf in den Himmel ballen und Gott herbeireißen und zwischen seine Wolken schleifen – als könne er die Welt mit den Zähnen zermalmen und sie dem Schöpfer ins Gesicht speien." *(Georg Büchner, Lenz)*

Natürlich geht das nur unter der Voraussetzung, den falschen Gott zu treffen, um gerade den selbst geglaubten zu bestätigen. Da aber die Geschichte der ewigen Religions- und Kulturkämpfe die Menschen wissen läßt, daß so gut wie jeder Gott irgendwann als vernichtenswürdig, weil falscher ausgerufen worden ist, dient das Karfreitagsgeschehen universell als Aufstand der Gläubigen zur Festigung ihres Glaubens durch Prüfung der Götter, ob sie noch stark genug seien, Fluch, Leugnung und Sturz zu überstehen oder ob man sich besser der Allgewalt prometheischer Führer anvertrauen sollte. Das Motiv wanderte mit Goethes Gedicht „Prometheus" in unsere Schulbildung ein. Heute raten selbst Polizeipsychologen, man solle den radikalen Fanatismus der *hooligans* sich erschöpfen lassen, anstatt ihn durch Widerstand der Ordnungskräfte immer weiter anzustacheln. Der Triumph der Radikalen aus der Kraft der rationalen Mobilisierung von Irrationalität, Kontrafaktizität und Absurdität währt nicht lange und die Beweise für die Durchsetzung ihrer Ziele lösen sich innerhalb kürzester Zeit in Luft auf. Auferstehung als christliche Botschaft ist eben nicht nur für Gläubige der Beweis, daß Gewaltandrohung und Töten keine Kräfte zur Erzwingung von Gottesgehorsam, Glaubensstärke und Gesetzestreue sind, selbst dann nicht, wenn man, wie im Falle Jesu, ein legales Urteil vollstreckt. Niemals hätte die christliche Botschaft von der Auferstehung eine derartige Überzeugungskraft entwickeln können, wenn sie nicht vollständig den rationalen Argumenten der Einbeziehung des Jenseits des Lebens ins Leben entsprochen hätte – etwa der griechisch-römischen antiken Vorstellung, wie man die Toten unter den Lebenden vergegenwärtigt. Ein Beispiel dafür boten die Lokrer, die ausgerechnet in der auf Geschlossenheit gründenden Phalanx stets eine Leerstelle wahrten. Die Leere gab Raum für die Vergegenwärtigung ihres toten Kulturhelden Ajax, der auf diese Weise in ihren Reihen mitmarschierte – noch die Nazis beschworen im Horst-Wessel-Lied „Kameraden, die Rotfront und Reaktion erschossen, marschieren in unserem Geiste mit", und während der Feiern für das Scheitern des Hitler-Ludendorff-Putsches von 1923 an jedem 9. November wurden die November-Toten namentlich einzeln aufgerufen wie bei einem militärischen Appell; zur Bestätigung der Anwesenheit der Toten antwortete das Kollektiv mit dem appellüblichen „Hier!"

Am Karfreitag feiern die Menschen ihren bedeutendsten Triumph. Sie bejubeln ihre Macht zur Erzwingung des Absoluten im irreversiblen Akt der Tötung selbst eines Gottes. Doch am Morgen des Ostersonntags soll sich bereits die völlige Vergeblichkeit dieses kindlich-naiven Erzwingungsversuchs herausstellen. Denn das Grab Christi ist trotz Versiegelung leer. Die einzige vernünftige Erklärung bei dieser Faktenlage war die Schlußfolgerung, daß etwas geschehen sein mußte, was kontrafaktisch alle bisherigen Erfahrungen überstieg und gerade deswegen als vollzogene Auferstehung von vernünftigen Leuten geglaubt werden mußte.

Kontrafakte

Überträgt man nun diese Überlegungen auf die immer erneuten welthistorischen Versuche, das Prinzip der Einheit von geistlicher und weltlicher Herrschaft zu erreichen, gewinnt man ein neues Verständnis für den Cäsaropapismus von Byzanz über Mekka bis Moskau. In Westrom wie im Westen hingegen wurde nach dem Ende der von den Etruskern stammenden Staatsreligion *(maniera tusca)* unter Kaiser Claudius und unter dem sich herausbildenden Einfluß des Christentums die Trennung von geistlicher und weltlicher Macht politisch wirksam und damit die unsinnige Entgegensetzung von Rationalität und Irrationalität, von Faktizität und Kontrafaktizität und von Kalkül und Absurdität verfestigt.

Der Investiturstreit des 11. Jahrhunderts um die Frage, ob der Kaiser oder der Papst berechtigt seien, die Bischöfe nach ihren jeweilgen Interessen zu berufen, war vom Papst gewonnen worden, aber unter der Bedingung strikter Trennung der Sphären von Reich und Rom, die schließlich Martin Luther mit seiner Zwei-Reiche-Lehre auch für die protestantischen Anti-Römer erfüllte. Bis heute leidet die Debatte um die Säkularisierung darunter, daß man das zentrale Argument immer noch nicht verstanden hat, demzufolge es nicht um die Aufspaltung von Rationalität und Irrationalität in ein Diesseits oder Jenseits des Altars geht, sondern um den vernünftigen Gebrauch, den man von der Irrationalität, vom Absurden, vom Surrealen, vom Kontrafaktischen zu machen versteht. Säkularisierung heißt gerade nicht, daß für die aufgeklärte Moderne das Religiös-Kulturelle keine Bedeutung mehr haben sollte; im Gegenteil, Säkularisierung wurde notwendig wegen der sich steigernden Macht des Kontrafaktischen und Irrationalen unter dem Diktat von funktionalisierter Rationalität als Bürokratie und anderen normativen Verfahrensregeln. Säkularisierung bedeutet also, Verfahren zu entwikkeln, durch deren Anwendung die vernünftige Orientierung auf den Glauben in modernen Gesellschaften erreicht werden kann. Die Gegenbewegung zielt auf die Ununterscheidbarkeit von Rationalität und Irrationalität oder von Glauben und Wissen, so daß zwingende Vernunftgründe im Namen des höheren Glaubens abgewiesen werden können und umgekehrt der zur bloßen Dogmatik beliebiger Offenbarung herabgewürdigte Glauben sich berechtigt fühlen darf, seine Kritiker als Ungläubige zu stigmatisieren. Der Sinn der Säkularisierung liegt darin, die machtpolitische Erzwingung der Einheit von Glauben und Wissen abzuweisen, weil der Primat der Vernunft nicht gewahrt werden kann, wenn man schlichtweg, wie unter Stalins Regime, den Glauben, die Religionen und damit die Kulturen für obsolet erklärt, ihre Ausübung zum bösen Spuk werden läßt und Atheismus dekretiert.

Gerade diese Vorgehensweise entspricht ja dem religiös geprägten Kulturalismus. Er möchte bestimmen, was zu gelten hat. Kulturen können keine Wirklichkeit außer ihrer eigenen anerkennen; diese Wirklichkeit wird wesentlich durch andere Kulturen bestimmt, die man entweder unter die eigene Macht zu zwingen versucht oder, soweit das nicht gelingt, als feindliche Antipoden zur Stärkung des eigenen inneren Zusammenhalts offensiv nutzt. Denn schließlich sind Kulturen Überlebenskampfgemeinschaften. Die eigenen kulturell-religiösen Gewißheiten auch nur in Frage zu stellen, käme der Bereitschaft gleich, sich selbst aufzugeben. Um das zu verhindern, unterwerfen alle Kulturen und Religionsgemeinschaften ihre Mitglieder der Normativität des Kontrafaktischen, also der verbindlichen Durchsetzung der Selbstgewißheiten gerade, weil sie nicht mit denen anderer übereinstimmen.

Unüberbietbar prächtig hat diesen kulturalistischen Trotz und das Dennoch-Pathos oder die Jetzt-erst-recht-Mentalität Hegel mit dem Merksatz formuliert: Wenn die Ideen mit der Wirklichkeit nicht übereinstimmten, umso nachteiliger für die Wirklichkeit; kulturalistisch gesagt, heißt das, wenn unser religiöskulturell geprägtes Weltverständnis nicht mit dem anderer Gesellschaften zusammenpaßt, müssen wir uns gegen diese anderen zur Wehr setzen.²

Der Macht des Kontrafaktischen entkommt man schwer. Was soll eine Mutter ihrer Tochter antworten, wenn diese behauptet, einen Jüngling gerade deshalb wahrhaft zu lieben, weil für sie dessen Bildung, Berufsfähigkeit, Vermögen oder Herkunft keine Rolle spiele, während die Verbindung allen anderen aus denselben Gründen inakzeptabel scheint? Jedes Gegenargument wird nur die Gewißheit der Tochter stärken, daß sie wahrhaft, weil grundlos liebe.

Wie soll Heinz Buschkowsky, Bezirksbürgermeister von Neukölln zu Berlin, auf Wohlgesinnte reagieren, die ihm anraten, alle Erfahrungen mit der Haltlosigkeit von vermeintlich menschenfreundlichen Multikulti-Konzepten durch ein trotziges „Wenn's nicht geht, dann erst recht" zu leugnen.

Wie bewahrt man sich vor dem Durchdrehen, den Denkkrämpfen der Gegenvernunft, wenn man in einer Selbstdarstellung der Stadt Braunschweig liest, die Braunschweiger seien stolz auf ihre Vergangenheit und hätten deshalb das Residenzschloß wieder aufgebaut, um gleich nach der Jubelüberschrift indirekt aus der demonstrierten Selbstgewißheit als großartige Kulturträger zu erfahren, daß von Wiederaufbau ebenso wenig die Rede sein kann wie von Liebe zur Vergangenheit? Denn zum einen hatten die Braunschweiger parallel zur Walter Ulbricht'schen Beseitigung des Berliner Schlosses ihr eigenes ohne jeden zwingenden Grund abgerissen und zum anderen stellt sich der angebliche Wiederaufbau als kontrafaktisch heraus, weil ein Konsumtempel und nicht das Schloß hinter der normbereinigten Fassade entstanden ist. Wer sich erinnert, mit welcher Empörung die Demokraten des Westens gegen den Autokraten der Ostzone wegen des Schloßabbruches gewettert hatten, erfährt erst wahrhaft die normative Kraft des Kontrafaktischen. Denn Ulbricht hatte ja für den Abrißbefehl einen politideologischen Grund, nämlich die Beseitigung der Spuren von Aristokratie als Herrschaftsform, während man in Braunschweig gerade keinen Grund vorzuschieben brauchte, außer den, daß es keinen zwingenden Grund gab, das Schloß abzureißen.

Die Entscheidung der SED-Funktionäre zum Abriß wurde im Westen als sprechendes Beispiel für eine Diktatur der Unfreiheit und der Geschichtsvergessenheit gegeißelt. Das Gegenteil war der Fall. Gerade wegen der Anerkennung der Macht der Geschichte wollte man das Schloß als Ikone des Wilhelminismus beseitigen, während man im Westen genau das demonstrierte, was man dem Osten vorwarf, nämlich Geschichtsvergessenheit.

Jede Willkürgeste, wie sie sich etwa im Braunschweiger angeblichen Schloßwiederaufbau manifestiert, wird inzwischen damit gerechtfertigt, sie diene dem Geschichtsbewußtsein, sie stärke die lokale kulturelle Identität. In der Tat: Etwas anderes als ideologische Rechtfertigung von Macht und Willkür ist die pathetische Vergangenheitspflege noch nie gewesen.

So geht das in jeder Kultur. In den zurückliegenden fünfundzwanzig Jahren hat der Zwang zur Sprache der politischen Korrektheit und der Selbstbeweihräucherung von Gutmenschen zur Überhöhung jeder beliebigen Tätigkeit als kulturellem Ausdruck geführt: Von der Argumentationskultur über die Erinnerungskultur zur Trauerkultur, von der Liebeskultur über die Erziehungskultur bis zur Dialogkultur wurden in Hunderten von Beispielen die Ansprüche auf kritiklose Akzeptanz der eigenen Methoden von Erziehung, der Formen von Liebesbekundungen und der Versuche, mit jemandem ins Gespräch zu kommen, geltend gemacht. Denn was sich als Kultur ausweist, kann nun mal nicht kritisiert werden. Folgerichtig gibt es inzwischen eine Angstkultur und eine Verbrechenskultur, die allesamt das Prädikat „Kultur" so ins Feld führen, wie in wilhelminischen Zeiten ein „von" oder sonstiger Adelstitel Respekt heischend zur Geltung gebracht wurde. Selbst ernstzunehmende Autoren hantieren wie der „Birnenadel" im Reich des Operettenkaisers Wilhelm.

Wolfgang Schivelbusch veröffentlichte eine „Kultur der Niederlage", deren Formulierung schon nahe an der Kultur der Dummheit ist.[3] Immerhin, Thomas Mann, der die Kulturpathetik gegen die Pflicht zu zivilisiertem Verhalten in seinen „Betrachtungen eines Unpolitischen" hemmungslos gefeiert hatte, kennzeichnete im „Doktor Faustus" die Stammtischbrüder der „Deutschen

Ideologie" mit der „apokalyptischen Kultur", nachdem er längst selber erkannt hatte, daß Kultur als Deckname für „intentionelle Re-Barbarisierung" genutzt wird.[4] Intentionelle Barbarei ist ein ausgezeichneter Ausdruck für die Verteidigung von Kulturen gegen Einsprüche einer transkulturellen universellen Zivilisation.

Gottsucherbanden Imitatio Christi: Golgatha – Nürnberg – Versailles – Moskau

Alle Mitglieder einer Überlebenskampfgemeinschaft genannt Kultur folgen der Psychologie des Märtyrertums. Zum einen gilt, daß die eigene kulturell-religiöse Überzeugung umso bedeutender sein muß, je mehr Anstrengung darauf verwendet wird, sie zu relativieren: „viel Feind, viel Ehr'!". Zum anderen nimmt der Märtyrer an, daß seine Kraft zum Leiden eine Bestätigung für seine besondere Rolle bei der Durchsetzung des eigenen kulturell-religiösen Anspruchs ist. Wer sein Leben für seine Sache einsetzt, muß unbezweifelbare Rechtfertigungsgründe haben. Je stärker man zu leiden gezwungen ist und dieses Leiden dankbar erträgt, desto größer die Bestätigung der individuellen wie der kulturell-religiösen Auserwähltheit.

In besonderer Weise ist durch das Beispiel von Jesus Leiden als Beweis der Erfüllung des höheren Willens demonstriert worden. Wer ihm nachfolgte, wurde zum Märtyrer, zum Zeugen (griech. *martys*) als Bekenner. In der europäischen Geschichte sind drei Menschen unter den Millionen Männern und Frauen in der ausdrücklichen Nachfolge Christi hervorzuheben (mit dem Originalbegriff *imitatio* wird heute wohl ein *look-alike-by-suffering-like*-Christ-Verständnis verbunden): Dürer, Ludwig XIV. und Jagoda, also ein Künstler, ein König und ein Kerkermeister.

Dürer verfertigte von sich ein Porträt in der Anmutung von Jesus-Darstellungen; eine Anmaßung, so schien es den einen, die Eröffnung eines völlig neuen Künstlerverständnisses, glaubten die anderen. Denn Dürer zielte auf die übergeordnete

Frage, ob ein Künstler selber gelitten haben muß, um authentisch oder mindestens eindrucksvoll das Leiden Christi oder generell das Leiden der Menschen darstellen zu können. Lag die Wirkungskraft der Bilder in den Fähigkeiten und Erfahrungen derer, die sie schufen, oder genügte es, „akadämlich" Formen und Farben zu manipulieren, nach Ausdrucksschemata, die keines Rückbezugs auf den Künstler bedürfen? Dürer wie zeitgleich Luther unterschieden mit Verweis auf Christus zwischen Werk und Wirkung. Jesus hatte keine Werke geschaffen und doch eine ungeheuere Wirkung erzielt. Sollte das nicht Künstlern zu denken geben, zumal Luther verkündete, daß man nicht durch noch so prächtiges Werkschaffen der Gnade Gottes teilhaftig werden könne (heute heißt das, in die *Hall of Fame* einzuziehen), sondern ausschließlich durch den Glauben, also durch eine Haltung, durch Grundsätze und kulturell-religiöse Standfestigkeit? Luther und Dürer vertreten bereits die Position des Konzeptkünstlers, obwohl es in ihrer Zeit noch um eine Balance zwischen *maniera* und *concetto* einerseits und den Materialien der Realisierung von Werken andererseits ging. Dürers Nachfolger betrieben dann die *imitatio Düreri* und nicht mehr die Christi.

Ludwig XIV., König von Frankreich, entfaltete sein Weltmodell zwischen dem Ende des Dreißigjährigen Krieges und der Etablierung des „Zeitalters der Vernunft". War es Echnaton rund tausendfünfhundert Jahre vor Christus bestenfalls indirekt gelungen, die Sonne als Begründerin und Erhalterin allen Lebens auf Erden zu etablieren und damit als höchste Gottheit zu verehren, so gelang das Ludwig XIV. tausendsiebenhundert Jahre nach Christus, indem er sich selbst, sein Königreich und seine Macht zu Repräsentanten der Sonne erhob. Um den Sonnenkönig drehte sich das tägliche Leben in all seinen Ausprägungen, wie die Himmelskörper sich um die Sonne drehen. Diese Konstellationen haben absolute Gültigkeit, weswegen sich diesem Absolutismus alle europäischen Fürsten, auch wenn sie nur kleinste Territorien regierten, einzufügen suchten.

In Versailles, dem Mittelpunkt des Ludwig'schen Weltmodells, glänzten sogar die Gitter des Schloßhofes noch gülden. Den Kern dieses absolutistischen Sonnensystems bildete die Tatsache, daß Ludwig XIV. seinen Anspruch wie Christus durch Leiden rechtfertigte; Christus dürfte alles in allem sechs Stunden schwer gelitten haben vor allem durch Geißelung, Schmähung, Folter. Ludwig XIV. hingegen ertrug dreißig Jahre lang ein Leiden, das Christus würdig gewesen wäre. Die Ärzte schnitten ihm erst eine Fistel aus dem After, wobei sie den Dickdarm verletzten. Die Folge war eine riesige eiternde Wunde, die jeden Stuhlgang zu einer horriblen Erfahrung machte. Beim prophylaktischen Ziehen aller Zähne brachen die Ärzte Teile des Kiefers heraus. Aus der unstillbaren Wunde stank er so entsetzlich, daß vier Meter Distanz vom König eingehalten werden mußten, um nicht in Ohnmacht zu fallen. Die Christus-Analogie zielt für Ludwig XIV. weiter als für jeden anderen Menschen in der *imitatio Christi,* denn Ludwig genoß göttlichen Rang als König im System des Absolutismus. Man kann mit vielen Ärzten und Medizinhistorikern gut begründet annehmen, daß die Passion des Sonnenkönigs die bis dato in der Menschheitsgeschichte zweifellos größte Leidensbiographie eines Prätendenten auf Außerordentlichkeit gewesen ist.

In einer Hinsicht kann aber unser dritter Akteur in der *imitatio Christi* nach Dürer und Ludwig es mit beiden aufnehmen und zwar im Hinblick auf die Beweiskraft seines Beispiels. Er hieß Genrich Grigorjewitsch Jagoda, ein kleines, bis 1937 Stalin blind ergebenes Männchen, ein „Alberich" der sozialistischen Unterwelt, der als Chef des NKWD, später KGB, im Reiche des GULAG so mächtig war wie Dürer im Reich der Kunst und Ludwig im Sonnenstaat. Auf Jagodas Fingerschnipsen hin wurden über achtzigtausend Menschen verhaftet, in die Moskauer Lubljanka verfrachtet, um in den Folterkammern im Durchschnitt neun Monate lang zu leiden und für ihre Aussagen in den Moskauer Prozessen zugerichtet zu werden. Auf dem Weg ins anonyme Grab durften sich die geschundenen Inhaftierten noch einmal umdrehen, um vor Oberrichter Ulrich und Oberstaatsanwalt Wyschinski ein letztes Wort abzugeben. Jagoda – von Haus aus Apotheker, Giftmischer, politkrimineller Karrierist – konnte sich auf Grund eines zufälligen Verdachtmoments oder aus einer bloßen Laune heraus zur schicksalsmächtigen Gewalt über so gut wie jedermann in seinem Herrschaftsbereich aufschwingen. Erst recht folgte Jagoda jedem kleinsten Anzeichen dafür, daß Stalin über Menschen ein Urteil gesprochen haben wollte.

Als Jagoda mehr oder minder eigenhändig abertausende Individuen umgebracht hatte, rief ihn Stalin im Frühjahr 1937 zu sich: „Jagoda, es ist großartig, was du, im Namen des Aufbaus des universalen Sozialismus, geleistet hast. Du hast die Feinde Lenins bekämpft. Du hast die Trotzkisten, Kamenjew, Bucharin und die Sinowjewisten vernichtet. Das alles ist ungemein lobenswert. Ich bin allerdings verpflichtet, als derjenige, der für diese Entwicklung die Verantwortung trägt, zu überprüfen, ob das auch alles seine Richtigkeit hat, was, und vor allem, wie du das vollziehst. Deswegen mußt du dich selbst nunmehr den Methoden unterwerfen, die du gegen andere angewendet hast. Denn du weißt ja sicherlich, daß die einzig logische Begründung von Ethik ist: Was du nicht willst, daß man dir tu', das füg' auch keinem anderen zu! Lieber Jagoda, vom heutigen Tag an wirst du also elf Monate Folter auf dich nehmen. Hier ist dein Nachfolger Nikolai Jeschow, – ihr seht euch sehr ähnlich. Den nenne ich nicht Zwerg wie dich, sondern Brombeere, weil er so viele Narben und eine so komische Haut hat. Aber er ist ebenfalls nur ein Hänfling von knapp 1,60 m und hat sich schon seine Sporen in der Verfolgung der Mörder von Kirow in Leningrad verdient. Also, du bist verhaftet und wirst nun im Selbstbezüglichkeitsverfahren überprüft. Es dürfte dir ja bekannt sein, daß wir die Speerspitze des Avantgardismus bilden, d.h. wir sind in dem Maße Vertreter der Moderne, wie wir die angewendeten Verfahren auf uns selbst beziehen. In deinem Falle besteht die Prüfmethode darin, den Folterer der Folter zu unterwerfen."[5]

Daraufhin wurde „das Genie der Folterkunst" (R. Payne) bearbeitet, bis er nur noch aus Haut und Knochen bestand und kaum mehr atmen konnte. Nach elf Monaten wurde er im März 1938 vor den obersten Richter Ulrich und den Generalstaatsanwalt Wyschinski geführt. Sie gestanden dem zitternden und in Schmerzenskrämpfen sich nicht mehr selbständig auf den Beinen haltenden Jagoda, der kaum mehr sprechen konnte, ein Schlußwort als letzter Chance zur Erklärung seines Einverständnisses mit dem Verfahren zu. Jagoda sagte:

„Für das, was ich für den Aufbau des universalen Sozialismus getan habe, hätte ich vom Genossen Stalin nichts als Ruhm und Ehre verdient. Man hätte mir wegen meiner Verdienste um den Sieg des Sozialismus und die Bekämpfung seiner Feinde Dankbarkeit erweisen und mir ein großartiges Leben bis zu meinem Ende gestatten müssen. Allerdings muß ich gestehen, daß ich für die Methoden, die ich dabei angewendet habe, von Gott die schlimmsten und grausamsten Foltern verdient habe, die man sich nur denken kann. Jetzt sehen Sie mich an, verehrte Genossen, und urteilen Sie selbst: Gott oder Stalin?"

Insofern Jagoda selbst der lebendige Beweis für die Foltern war, die er von Gott verdient hatte, hat er den Jagoda'schen Gottesbeweis erbracht. Dürer – Ludwig XIV. – Jagoda, das ist eine einzigartige Beweiskette von gesamteuropäischer Dimension.[6]

So folgenreich auch diese Beispielgeber zur *imitatio Christi* gewesen sind, so werden sie doch übertroffen von den unzähligen Mitgliedern der Gottsucherbanden. Heutigentags sind das vor allem junge Männer, die unter dem Druck des Testosterons und in dem Verlangen danach, daß Blut fließen möge, sich zu Märtyrerkampfverbänden zusammenschließen. Sie sind, wie der Bremer Soziologe Gunnar Heinsohn meint, nicht mehr in die Sozialsysteme ihrer Geburtsländer integrierbar Überschüssige. Sie werden zu Beispielen für rücksichtslose Machtpolitik als lebende Waffen aus der staatlich geförderten, weil gewollten Erzeugung von Übervölkerung. Niemand wird sich freiwillig als überflüssig akzeptieren wollen. Der Zusammenschluß zu Gottsucherbanden ermöglicht es diesen Machtmassen, den Spieß umzudrehen und sich zum Träger einer gottgewollten Neuordnung aller Verhältnisse zu erklären. *Deus vult*, Gott will es, lautete immer schon die Parole für derartige Umwälzungen; das Niedrigste wird zum Höchsten, die Herren der alten Welt stürzen in den Staub.

Wer da nicht mitmacht, wird zum ungläubigen Beleidiger des göttlichen Willens und damit zu Ungeziefer, das man zu vernichten hat. Den Beweis für das, was Gott will, liefert eine genaue, verbindliche Lesart der Texte, für die niemand wagen wird, einen anderen Autoren als Gott zu benennen. Die Bandenstruktur ist bewährt als effektivste Gruppenbildung überhaupt, weil sie durch strikte Exklusivität für Außenstehende entweder so furchterregend oder so vorbildlich erscheint. Die Mafia oder die *hooligans* oder die auf ethnische, sprachliche, religiöse Homogenität getrimmten Kulturen aller Regionen der Welt sind dafür bestes Beispiel. Zur Bewahrung derartiger kultureller Strukturen darf jeder so gut wie jedes Mittel anwenden, sei er nun europäisches ETA-Mitglied oder afrikanischer Hutu oder südindischer Tamil-Tiger oder Bewohner Osttimors oder des Balkans.

Von allen Seiten wird Separatismus als Ausprägung kultureller Identität zum Grundrecht schlechthin erhoben. Wer es einfordert, darf mit reichlicher Belohnung rechnen, denn das lohnt sich gerade für diejenigen Geldgeber des blühenden Kulturwahnsinns, die den Globalismus befördern wollen, um jeglicher Reglementierung für ihr Tun und Lassen zu entgehen. Wenn man die Weltbevölkerung in lauter kleinste Kulturgemeinschaften zerlegt, hat man jedenfalls nicht damit zu rechnen, daß die Verlierer der Globalisierung sich zu unübersehbarem Widerstand zusammenrotten könnten.

Der Faschist als Demokrat

Theodor W. Adorno hat 1959 im Rundfunk geäußert, daß er nicht die Wiederkehr des Faschismus als Schlägerbande fürchte, die nach SA-Manier das Volk aufmische, sondern er fürchte die Wiederkehr des Faschismus als Demokratie.[7] Nach dem Zweiten Weltkrieg wurden Faschismus und Totalitarismus mit Euthanasie, Eugenik, Vertreibung als Pazifizierungsmaßnahme oder Angriffskrieg gleichgesetzt. Dies waren zumindest die ausgewiesenen Hauptkriterien, die die Ankläger bei den Nürnberger Prozessen von November 1945 bis April 1949 anführten. Heute begegnet man eben jenen Merkmalen für faschistische Systeme im politischen Leben verschiedener westlicher Demokratien.

Amerika ist zweifellos eine Demokratie und führt ohne jede Bedenken Angriffskriege. Die Niederlande sind sicherlich eine Demokratie und lassen die Euthanasie in einem Umfang zu, wie es historisch bisher noch nie der Fall gewesen ist. Die Engländer sind gewiß Demokraten und fördern dennoch den Eingriff in die menschliche Keimbahn, betreiben also Eugenik. Die Tschechen sind demokratische Europäer und ihre Benesch-Dekrete sind Teil europäischen Rechts, das heißt, man könnte jederzeit Menschen aus ihren Lebensräumen vertreiben und diesen Akt – gedeckt durch in Europa geltendes Recht – als Wahrung der Friedenspflicht ausweisen. Was bisher als stalinistisch oder hitleristisch, totalitär und faschistisch galt, feiert in verschiedenen Demokratien fröhliche Auferstehung. Wenn derlei Unrecht in einer Diktatur geschähe, könnten die Menschen das Geschehen für inakzeptabel halten, dagegen aufbegehren und sich zur Wehr setzen. Indem sie sich nicht den politisch verordneten Wahnsinn aufdrängen ließen, würden die Menschen als Bürger ihre Würde wahren können. In einer Demokratie hingegen kann man seine Würde nicht wahren, da man ja gezwungen ist, aus demokratisch legitimierten Verfahren hervorgegangene Sachverhalte zu akzeptieren.[8]

Also, wo stehen wir heute? Hat Hitler wirklich verloren? Wurden wir wirklich von Goebbels, Göring und Konsorten befreit? Oder ist es nicht vielmehr so, daß die Nazis täglich in ihren Auffassungen bestätigt werden, am Ende doch zu siegen – nicht nur medial in der Guido-Knopp-Geschichtswochenschau?[9]

Göring meinte in Nürnberg kaltschnäuzig, in fünfzig Jahren werde man den Nationalsozialisten ein Denkmal setzen. Wie konnte er so sicher sein? Als Mann, der an den Gipfel der Macht, wie überall üblich, nur durch die Bereitschaft gelangt war, „unerbittlich" zu sein, wußte er, daß es nicht um die objektiven Taten ging, sondern um deren Bewertung. Das Schema hatte sich ihm als Schulmeistermaxime unvergeßlich eingebrannt: „Wenn zwei das Gleiche tun, ist es nicht dasselbe." Das war und ist eine Ungeheuerlichkeit, die sich aber als sehr nützlich erwies, um Tatvorwürfe ins Leere laufen zu lassen. Man tötet ja nicht nur im Namen der Liebe und mordet, um die Ehre zu retten. So weit man weiß, gilt es im EU-Herzen Frankreich immer noch als strafmindernd für einen Mörder, wenn er den Liebhaber seiner Frau in flagranti umlegt. Nie ist eine größere Pervertierung von ethischen Prinzipien auch noch gerichtsnotorisch geworden wie die Behauptung, daß Zwecke die Mittel rechtfertigen. Wer Menschenversuche sogar im öffentlichen Raum, nicht nur hinter Psychiatriemauern und Lagerzäunen, von Staats wegen betreibt, soll angeblich gerechtfertigt sein, wenn er damit jene Feinde abzuwehren behauptet, die solche Versuche aus rassischen, kurz ideologischen Gründen durchführen? Das geht natürlich auf die so einleuchtende, weil uralte Praxis zurück, Angriffskriege für unmoralisch, Verteidigungskriege aber geradezu für eine Ehrenpflicht zu halten, obwohl doch immer wieder bewiesen wurde, daß Aggressoren sich mit Vorliebe als die Opfer fremder Aggression ausgeben. Göring in Nürnberg wußte, daß auch in Zukunft die Reklamierung höchster Zwecke über jede Kritik an der Wahl der Mittel siegen würde.

Wer es nicht glaubt, sollte mal eine Rußlandreise auf sich nehmen, bei der ihm täglich, ja stündlich nicht von den Profiteuren, sondern den unzweideutigen Opfern des Untergangs der Sowjetunion bekundet wird, auf wie großartige Weise Stalin das Heil der Menschheit gefördert habe; der GULAG beweise nur, welche unmenschlichen Anstrengungen das gekostet habe, für die man noch heute dankbar sein müsse, weil es schlechterdings nicht akzeptabel ist anzunehmen, daß die Abermillionen Bürger der UdSSR für nichts und wieder nichts gestorben sind. Himmler argumentierte in seiner Posener Rede von Herbst 1943 von der Seite der Täter aus: Die Größe ihrer Tat (Vernichtung des Judentums) sei nur den SS-Männern selbst bewußt und beglaubige sie als Erlöser der Welt gerade deshalb, weil allen anderen Menschen die furchterregende Wahrheit nicht zuzumuten sei.

In den westlichen Demokratien hält inzwischen die Mehrheit der Bevölkerung, trotz aller politischen Korrektheitsforderungen, Meinungsumfragen zufolge die Ordnung der Dinge nicht mehr für grundgesetzkonform. Es herrsche weder Gerechtigkeit noch Gleichheit noch Freiheit, wo Manager das Vielhundertfache der Durchschnittseinkommen für sich reklamieren, obwohl sie an der produktiven Leistung von Unternehmenskulturen weiß Gott keinen entscheidenden Anteil haben. Mit der Freiheit von Hartz-IV-Empfängern und anderer Überlebenskünstler in Millionenstärke ist es wohl nicht weit her. Und von der Gleichheit etwa vor Gericht, vor dem Finanzamt, vor den Verteilern akademischer Weihen kann keine Rede mehr sein, wenn es nur eine Frage der Zahl der Anwälte oder der Bereitschaft, Bußgelder zu zahlen oder der sozialen Herkunft ist, ob man sich den Sanktionen entziehen kann oder nicht. Wer Milliarden mutwillig und in krimineller Absicht verspielt, wird mit den Geldern der kleinen Steuerzahler schadlos gehalten, weil es angeblich unzumutbar ist, so große Täter bankrott gehen zu lassen – mit dem aberwitzigen Argument, daß die Großtäter mit ohnehin gesicherten Millionenabfindungen Golf spielen gingen und die Konsequenzen doch wieder nur der Durchschnittsmitarbeiter und Steuerbürger zu spüren bekäme.

Aber auch im kleinsten Alltäglichen erweist sich die Wiederkehr des Faschismus als Demokratiespiel.

Die wackeren Mehrheitsdemokraten haben im unbändigen Bewußtsein ihres Anspruchs auf Autonomie inzwischen die Öffentlichkeit als Raum der *res publica* vollständig vernichtet. Sie zwingen jedermann ohne jede Rücksicht, ihr privatbeliebiges Verhalten zu akzeptieren, bis hin zu selbstbewußter Jubeljugend, im Leibchen schwitzend in Hotelfrühstücksräumen, im Badekostüm auf dem Arbeitsamt oder in der Uni zu erscheinen und wieder und wieder Toleranz einzufordern gegenüber der Mißachtung von Konventionen und Regeln, die gerade verhindern sollen, daß sich private Willkür beherrschend durchsetzen kann. Genehmigungsbehörden machen fröhlich mit, wenn es im Namen der Wirtschaftsförderung darum geht, öffentlichen Raum zur privatkapitalistischen Nutzung freizugeben.

Von der öffentlichkeitzerstörenden Macht der quotenabhängigen Medien sind inzwischen selbst einige ihrer Vertreter überzeugt. Auf Vorhalte, warum sie diese Zerstörung von demokratischer Verfaßtheit und Öffentlichkeit mitmachten, antworten sie mit gespielter Naivität, Politik und Gesellschaft seien selber schuld, weil sie Wirtschaft und Medien keine verbindlichen Richtlinien setzten.

ANMERKUNGEN

1 „Wenn unsere abstrakten Bilder in einer Kirche hingen: man brauchte sie am Karfreitag nicht zu verhängen. Die Verlassenheit selber ist Bild geworden. Kein Gott, keine Menschen mehr sind zu sehen. Und wir können noch lachen, statt vor Bestürzung in den Boden zu versinken? Was bedeutet das alles? Vielleicht nur das eine, daß die Welt im Zeichen der Generalpause steht und am Nullpunkt angelangt ist. Daß ein universaler Karfreitag angebrochen ist, der außerhalb der Kirche in diesem besonderen Falle stärker empfunden wird als in ihr selbst; daß der Kirchenkalender durchbrochen und Gott auch zu Ostern am Kreuze gestorben bleibt. Das bekannte Philosophenwort ‚Gott ist tot' beginnt ringsum Gestalt anzunehmen. Wo aber Gott tot ist, dort wird der Dämon allmächtig sein. Es wäre denkbar, daß es, so wie ein Kirchenjahr, auch ein Kirchenjahrhundert gibt und daß auf das unsere der Karfreitag und genauer die Todesstunde am Kreuze fällt." In: Ball, Hugo: Flucht aus der Zeit. Luzern 1956, S. 162.

2 „Hitler war ein vollendeter Schauspieler, doch wie konnte er in sich selbst eine so unerschütterliche Siegesgewissheit wecken, daß er damit auch andere, nicht zuletzt die Generäle, zu überzeugen vermochte? Ein Teil der Antwort liegt zweifellos in seinem tief verwurzelten Glauben an die Macht des Willens. Dies war die Stunde der Wahrheit, und wieder und wieder betonte er, daß zuletzt derjenige die Oberhand behalten werde, dessen Willenskraft die stärkere, dessen Ausdauer die größere sei. Seine Hauptsorge in den ihm verbleibenden eineinhalb Lebensjahren war deshalb der Schutz seiner Willensstärke vor allen Einflüssen, die geeignet gewesen wären, sie zu beeinträchtigen. Das zeigte sich auch in seiner wütenden Weigerung, die ihm vorgelegten Zahlen über die Stärke der sowjetischen Truppen und den Umfang der sowjetischen Rüstungsproduktion zur Kenntnis zu nehmen. Stalin sei, so beharrte Hitler, am Ende seiner Reserven; seine Armeen seien zu erschöpft, um weiter in der Offensive bleiben zu können; und es sei Unsinn, unmöglich so belehrte er Manstein –, daß die Russen 57 neue Divisionen aufgestellt hätten: Es sei nichts als Defätismus, solchen Zahlen Glauben zu schenken. Das war der Tenor seiner Kritik an den Stabsoffizieren. Immer wieder warf er ihnen vor, sie belögen ihn und stellten den Gegner absichtlich stärker dar, als er sei, um ihren Mangel an Mut und Siegeswillen zu verbergen." In: Bullock, Alan: Hitler und Stalin. Parallele Leben. Berlin, 1991, S. 1059 f; vgl. Brock, Bazon: Deutschsein. Die normative Kraft des Kontrafaktischen. In: ders., 2002, S. 820 ff.

3 Schivelbusch, Wolfgang: Die Kultur der Niederlage. Der amerikanische Süden 1865. Frankreich 1871. Deutschland 1918. Berlin 2001.

4 „Sie gaben sich mehr die Miene distanzierter Beobachter, und als ‚enorm wischtisch' faßten sie die allgemeine und schon deutlich hervortretende Bereitschaft ins Auge, sogenannte kulturelle Errungenschaften kurzerhand fallen zu lassen, um einer als notwendig und zeitgegeben empfundenen Vereinfachung willen, die man, wenn man wollte, als intentionelle Re-Barbarisierung bezeichnen konnte." In: Mann, Thomas 1999, S. 491.

5 Zur Selbstbezüglichkeitsmethode in der Moderne, Richard Wagners Konzept „Erlösung dem Erlöser", Lenins „Erziehung der Erzieher" und Heideggers „Führung des Führers", siehe Kapitel „Selbstfesselungskünstler gegen Selbstverwirklichungsbohème".

6 „So fügt sich eines zum anderen: Der wirkliche Wert, die Aufgabe und der Lebenssinn des Menschen, wie alle sein Kulturleistungen, bestehen darin, daß er sich im Dienste herrscherlicher und geheiligter Institutionen opfert, sich ‚konsumieren' läßt. Jede Ablösung von den Institutionen setzt die libertären, egalitären und humanitären Tendenzen in Gang, die unaufhaltsam der Entartung und dem Verfall, dem Untergang der Kultur zutreiben. [...] Und Rettung bietet nur noch eine die Zerstörung zerstörende Gewalt. Punkt um Punkt zeigt sich damit Gehlens Theorie als Bestätigung jener Entscheidungs- und Entschlossenheits-Ideologie der zwanziger Jahre, die wir in Beispielen dargestellt haben – auch oder gerade in der Form, die sie in Hitlers ‚Mein Kampf' annimmt. Es liegt wenig an Etikettierungen, aber wenn man in diesem Zusammenhang vom Faschismus spricht, dann hat Arnold Gehlen in seinem Werk eine, nein: die faschistische Theorie entworfen und vollendet, auf dem allerhöchsten Reflexionsniveau, das sie überhaupt zu erreichen vermag. Ihr Verdienst ist es, daß sie aus der conditio humana, aus den Bedingungen des Menschseins, Möglichkeiten des Unmenschlichen, die Antriebe zur Vernichtung der europäischen Vernunft erklärbar macht. Der Wahn aber, dem sie zugleich verfällt, hat mit einer historischen Verblendung zu tun: Die Chance zu freiheitlichen Institutionen, wie sie in westlichen Demokratien entstanden, bleibt völlig außer Betracht. Damit enthüllt sich diese Theorie als eine Sonderform der Ideologie, die das deutsche Drama gleichsam nachinszeniert." Krockow, Christian Graf von 1990, S. 340.

7 Thomas Mann spricht in einem Brief an den von ihm später als NS-Spitzel verdächtigten Journalisten Kiefer am 26. Oktober 1933 einen Gedanken an, den manch ein Zeitgenosse heute auch akzeptieren könnte, wenn man wirklich die politische Situation bedenkt: „Das Heilmittel, das dem ganzen Spuk von heute ein katastrophales Ende bereiten und eine neue Welt aus sich erstehen lassen würde, kann man aus individueller Menschenschwachheit nicht wünschen – und doch wünscht man es heimlich, trotz der Gewißheit, darin mit unterzugehen." Gemeint ist offensichtlich der zu entfachende Bürgerkrieg zwischen Linken und Rechten in Deutschland. Ähnlich argumentiert Thomas Mann 1949 ff. gegenüber den Nationalchauvinisten der USA, geführt von McCarthy.

8 Daß die Gegenwehr in der Demokratie ziemlich sinnlos ist, erfuhr ich im Januar 1987 nach einer mehrstündigen Besucherschule zur Eröffnung der Anselm-Kiefer-Ausstellung in Chicago. Brock endete mit der Schlußbemerkung: „Es ist eine Tragödie, daß sich die israelische Armee bei der Reaktion auf die zweite Intifada zu Maßnahmen gezwungen sieht, unter denen gerade Juden in extremer Weise zu leiden hatten." Daraufhin: Pöbelhafte Reaktionen von angeblichen jüdischen Kunsthändlern im Zuhörerraum, die es einen Skandal fanden, am Vorgehen der israelischen Armee (Teeren und Abbrennen von Wohnhäusern) auch nur die leiseste Kritik zu üben. Seither war mir klar, daß diesen Personen weder an Humanität noch historischer Gerechtigkeit gelegen ist. Sie treiben ein banales Machtspiel mit den angeblich heiligsten Gütern nach bekannten historischen Mustern. Ich hatte mich seit 1959 und 1965 stets gegen derartige Einsichten von Seiten Adornos oder Leibowitz' mit aller Kraft gewehrt; ihnen dann doch Weltkenntnis zugestehen zu müssen, bedaure ich bis heute.

9 „Später fragte mich Augstein nach dem Fortgang der Hitlerbiographie, und als ich womöglich etwas allzu deutlich

durchblicken ließ, daß mir nach nunmehr vier Jahren die Arbeit daran zusehends schwerfalle, unterbrach er mich ungeduldig: ‚Hören Sie bloß auf! Ich kann das Gejammer nicht hören! Nur der Klischee-Autor jammert. Der wirkliche Autor dagegen tut das Nötige.‘ Dann fügte er hinzu: ‚Und bitte! Nur kein Gewinsel über die Last der deutschen Geschichte! Darin wetteifern doch schon die vielen Esel ringsum! Stellen Sie sich einmal vor, wir hätten diese verdammte Geschichte nicht! Nicht Luther und nicht Friedrich, Bismarck nicht und nicht die ganzen Bagage bis hin zu Hitler!‘ ‚Was fingen wir an?‘ fuhr er fort, ‚So, wie es war, hat jeder von uns Stoff für drei Leben und sogar noch ein paar mehr. Nicht auszudenken, daß wir Franzosen wären mit diesem einen Napoleon! Und davor und danach nur eine Handvoll glänzender und meist erbärmliche Chargen wie Herzog von Orléans, den dritten Napoleon oder diesen Vorstadtchauvinisten Poincaré! Auch die Italiener sind nicht besser dran, die sich immer gleich um fünfhundert Jahre zurückbesinnen müssen, um auf einen attraktiven Bösewicht zu stoßen! Oder sogar, am schlimmsten vielleicht, nein! Bestimmt am schlimmsten: Holländer zu sein!‘ Er jedenfalls habe stets einen Vorzug darin gesehen, als Deutscher gerade dieser Generation anzugehören: ‚Zu jung, um sich von den Nazis korrumpieren zu lassen, aber alt genug, um die interessante Sache dauernd mit sich herumzuschleppen.‘ Nach ein paar Wortwechseln setzte Augstein noch hinzu: ‚Die Generation nach uns wird sich mit der Inhaltsleere abmühen müssen und am Ende an der Langeweile zugrunde gehen. Alles, was ich von ihr weiß und beobachte, nötigt mich zum Bedauern. Anders als Sie und ich hat sie kein Lebensthema! Sie wird sich eines erfinden müssen! Und wer weiß, was dabei herauskommt?‘ Natürlich war bei dem und allem, was Augstein sonst noch dazu sagte, viel von dem ‚positiven Zynismus‘ im Spiel, dessen er sich gern rühmte. Was aber seine Vorhersage angeht, hatte er, wie wir als Zeitgenossen der Spaßkultur und des Event-Getues wissen, mehr recht, als irgendwer damals ahnte.“
In: Fest, Joachim: Begegnungen. Über nahe und ferne Freunde. Reinbek bei Hamburg 2004, S. 358 f.

Illustration: Stefan Reimering

Eine schwere Entdeutschung: Widerruf des 20. Jahrhunderts – Aufklärung als Enttäuschung

In zahlreichen Ausstellungen, Büchern, Filmen und action teachings hat Bazon Brock das Forum Germanum – „das Troja unseres Lebens zwischen Landwehrkanal, Anhalter Bahnhof, Kochstraße, Wilhelmstraße, Askanischem Platz" – durchforscht, Quadratmeter für Quadratmeter.[1] *Zunächst anhand Nietzsches Anleitung: „Ehrwürdig und heilbringend wird der Deutsche erst dann den Nationen erscheinen, wenn er gezeigt hat, daß er furchtbar ist und es doch durch Anspannung seiner höchsten und edelsten Kunst und Kulturkräfte vergessen machen will, daß er furchtbar war." Diese Ehrwürde und Heilsbringung können wir nicht mehr reklamieren. Dann fordern wir doch besser mit Axel Springer, der sein Direktorenzimmer über dem Grundriss der Apsis der schwer zerbombten Jerusalem-Kirche errichtete, man sollte einen Post-Zionismus doch einmal mit Mendelssohn versuchen, nachdem der Prä-Zionismus mit Wagner und Herzl zur problematischen Form geworden sei.*

Im Anschluß an meinen 1981 in Berlin ausgesteckten Lehrpfad der historischen Imagination, auf dem die Karrieren von Architekturen, Plätzen und Straßenzügen des *„Forum Germanum"* die Beständigkeit

Eine schwere Ent-deutschung

Widerruf des 20. Jahrhunderts

Aufklärung als Ent-täuschung

Gedächtniskollektiv

des Wechsels unter Beweis stellten, trainieren wir in der Erlebnislandschaft des „Theoriegeländes" das kollektive Gedächtnis der Deutschen und zwar im Hinblick auf eine Möglichkeit, das 20. Jahrhundert zu widerrufen. Wir folgen damit einer weitentwickelten Fähigkeit von Historikern, die tatsächlich abgelaufene Geschichte danach zu bewerten, welche anderen Verläufe sie hätte nehmen können.

Dieter Hacker
„Gestapo" (1984)

Diese Art des Gedächtnistheaters soll die Vorstellung davon befördern, was eigentlich zur Diskussion steht, wenn wir auf vielfältige Weise, von verschiedenen Gesichtspunkten aus und mit unterschiedlichen Zielsetzungen etwa die Geschichte der Deutschen im 20. Jahrhundert anzusprechen behaupten.

Die Deutschen sind nach allgemeiner Auffassung nicht eben bekannt dafür, daß sie einen besonders sicheren Umgang mit dem besäßen, was Engländer, Franzosen, Amerikaner und Russen für die Wirklichkeit halten und worüber sich die Deutschen oft genug erhaben fühlen. Als Merk- und Denkmal für die „Balken im eignen Auge" (Matthäus 7,3), für die Blindheit bei der Sicht auf die Chimäre der „deutschen Identität" in Abgrenzung von *American way of life,* von *Britishness,* von *latinità* und *la douce France* sind in unserem Memorialtheater Pfähle errichtet worden. Sie assoziieren Stammestotems, den Mast der Selbstfesselung, an dem sich Odysseus den Lockungen der Sirenen aussetzte;[2] man kann sie als die Marterpfähle seliger Jugendlektüre der Werke des deutschen Nationaldichters Karl May ansprechen oder man sieht

Thementotems,
links Rationalität und Animismus,
rechts Spiritualität und Ökonomie

sie als Exekutionspfähle, als Ortsmarkierung zum Beispiel für den Zielpunkt oder für Grenzen. Diese verschiedenen Assoziationen zur Gestalt des Pfahls vereinigen wir zu sogenannten Thementotems, in diesem Fall Thementotems der Entdeutschung. Dem Publikum zeigen wir – wie mit einem zum Ausstellungsobjekt gewordenen Inhaltsverzeichnis – welche Aspekte des Themas vom Gestor abgearbeitet werden sollen.

Schukow fällt vom Roß

Ins graue und gräuliche Umfeld der Identitätstotems der Deutschen gehört die Reproduktion eines kolossalen Gemäldes, das in der Moskauer Tretjakow-Galerie hängt. Auf diesem Historiengemälde von Wassilij Jakowlew wird dem militärischen Genius des Sieges der Sowjetunion über Deutschland, Marschall Schukow, gehuldigt. Die

Marschall Schukow
von Jakowlew – Sieger leben besonders gefährlich

Ikonographie des Gemäldes ist eindeutig: vor dem Hintergrund des brennenden Berlin – ausdrücklich sind Gedächtniskirche und Brandenburger Tor hervorgehoben – führt Schukow auf einem Schimmel, der sich über deutschen Feld- und Parteizeichen und Fahnen, den Trophäen des Sieges, aufbäumt, eine Parade an.

Diese Siegesparade fand nicht in Berlin, sondern im Mai 1945 in Moskau statt. Zunächst war daran gedacht, ältester historiographischer Tradition gemäß, Stalin auf dem Schimmel der Parade über den Roten Platz voranreiten zu lassen, die dann Lenin in seinem Mausoleum abgenommen hätte. Möglicherweise wäre es zu Irritationen gekommen, wenn auf der Tribüne des Mausoleums der Staatspräsident, Mitglieder des Politbüros und der Regierung gestanden hätten, weil dann sie und nicht Stalin als Adressaten der

Huldigung hätten gelten können. Aber auch hier bietet der Geist der Geschichte eine Pointe, die noch so begabte Historiker nicht besser hätten erfinden können. Stalins Tochter Swetlana berichtet, daß er bei der Übung am Vortage der Parade schmerzlich erfuhr, nicht das Format zu haben, mit einem solch edlen Roß fertig zu werden. Er mußte also dem trainierteren und potenteren Schukow die Rolle überlassen. Schukow genoß die Demonstration seiner nicht nur physisch gemeinten Überlegenheit während der Parade zu offensichtlich, als daß Stalin sich das hätte gefallen lassen können, zumal, wie Jakowlew überaus deutlich macht, Schukow durchaus in das Imaginationsschema des auf seinem Rosse zum Himmel aufsteigenden Religionsstifters Mohammed hineinpaßte und somit möglicherweise in der Öffentlichkeit als der wahre Stifter der sowjetischen Siegesbestimmung und Siegeskraft hätte gelten können. Stalin holte Schukow vom hohen Roß, indem er ihn als Provinzkommandeur nach Fernost verbannte.[3]

Zwei weitere Gemälde schließen den Wahrnehmungshorizont hinter den Thementotems; Thomas Wachweger hat sie Mitte der 1970er Jahre gemalt. „Alle Schwestern werden Brüder" und „Mater dolorosa" gehören zum Themengebiet „Eine schwere Entdeutschung" und können als Bildnisse sowohl meiner prä- wie meiner postnatalen Existenz gelten. „Alle Schwestern werden Brüder" zeigen einen angeschwollenen Mutterbauch, der ins Berliner Olympiastadion von 1936 ragt, wobei erwähnt sei, daß der Betrieb

„Alle Schwestern werden Brüder"   „Mater dolorosa"

meines Vaters, „Hermann Brocks Brotfabriken", das olympische Berlin mit Brot beliefert hat. Auf dem Gemälde „Mater dolorosa" sieht man eine deutsche Heldengebärerin mit Kind im Arm. Das Baby signalisiert mit emporgestrecktem Finger bereits die Verpflichtung der Mutter auf die Erziehung eines Heroen. Mutter und Kind werden ihrerseits umfangen von den Flügeln des Staats- und Wappentiers der Deutschen, dem Adler, also dem ursprünglichen Assistenztier des Gottes Zeus, heute Vater Staat.

Die beiden Wachweger-Gemälde entsprechen für meine Biographie dem Gemälde Jakowlews für die Biographie Schukows. Der Mohammed-Ikonographie bei Jakowlew korrespondiert die Christus-Ikonographie bei Wachwegers „Mater dolorosa". Die Ruinen Berlins bei Jakowlew sind äquivalent den vollbesetzten Rängen des Olympia-Stadions, über die der rechte Arm Hitlers mit imperialer Machtgeste bereits hinwegwischt. Beide Motive der Wachweger-Gemälde entstehen als Rückblicke, die man als Nachbilder und Nachklang der Beteiligten verstehen kann. Irritierende Nachbilder und Nachklänge: Seit alter, alter Zeit wird den Müttern empfohlen, ihre Leibesfrucht nur Wohlklängen als harmonischen Friedenslauten auszusetzen, weil man vermutete, daß schon Kinder im Mutterbauch wahrnehmungsempfindlich seien. Welche Auswirkungen auf den pränatalen Organismus musste man erwarten, wenn er dem Stakkato marschierender Stiefelträger, dem tausendfachen Heilrufen und Jubelgeschrei, dem niederträchtigen Johlen und Pfeifen triumphierender Barbaren ausgesetzt war!

Das Nachbild eines Kleinkinds im Arm seiner Mutter, die er offensichtlich mit herrischen Gesten seinem Willensdiktat verpflichten will, wird umso bedenklicher wirken, als man weiß, wie schicksalsverschärfend sich für Preußen in Deutschland eine erst späte Taufe erweisen konnte, in meinem Falle gerade aus der Familiengeschichte mütterlicherseits: die kindliche Präpotenzgeste ist offenbar eine Ermahnung, strikt vom mütterlichen Zentkowski zum väterlichen Brock überzugehen.

„Geh' in dich. Auch auf die Gefahr hin, daß du dort niemanden antriffst." (Wolfgang Neuss)

Entdeutschung – Enttäuschung

Die zertrümmerten und in den Staub getretenen Hoheitszeichen Nazi-Deutschlands, über die Schukow sich als Sieger erhebt, manifestieren einen Aspekt der „Entdeutschung" nach 1945. Ein weiterer wurde als Entnazifizierung historisches Faktum; sie scheiterte bekanntlich an dem bemerkenswerten Bekenntnis von Millionen der Otto-Normaldeutschen, überhaupt keine Nazis gewesen zu sein. Nur wenn jemand Nazi gewesen war und das auch bekannte, konnte er logischerweise entnazifiziert werden. Für diese Gruppe steht beispielhaft Hans Globke, der Staatssekretär im Bundeskanzleramt unter Konrad Adenauer. Globke hatte 1935 immerhin an der Formulierung der „Parzifal-Gesetze" zur Reinhaltung des deutschen Blutes entscheidend mitgewirkt (mit Bezug zu Disraelis Schöpfung des Kontrafakts „Rassereinheit"). Adenauer war der Überzeugung, daß gerade diejenigen verläßliche Mitarbeiter einer demokratisch legitimierten und kontrollierten Regierung werden könnten, die ihre einstmals üblichen Irrtümer eingesehen und deren Folgen glaubwürdig bereut hatten.

Zum politischen Kampfbegriff wurde Entdeutschung durch die Gewohnheit von Siegern, aus gewonnenen Territorien die Angehörigen besiegter Völker zu vertreiben oder auszusiedeln (Entdeutschung Westpreußens nach 1921, Entdeutschung Schlesiens, Ostpreußens und von Hinterpommern nach 1947).

Begründet hat das Konzept der Entdeutschung, so weit wir wissen, Friedrich Nietzsche, um damit seinen Widerstand gegen das antisemitische Pathos von Bayreuth und Berlin, von

Wagner und dem Hofprediger Stoecker zu bekunden. Nietzsche bereitete damit eine Beurteilung der deutschen Entwicklung nach 1871/72 (Reichsgründung und Bayreuth-Gründung) vor, die erst gegenwärtig, also weit jenseits von Nietzsches Erwartungshorizont, verstanden wird und die wir unter dem Titel „Widerruf des 20. Jahrhunderts" ansprechen.

Die im Namen der „heil'gen deutschen Kunst" von Wagner und im Namen der deutschen Weltgeltungsmission von Wilhelm II. durchgesetzte Entfesselung der Deutschen führte in historischer Sicht zur weitestgehenden Zerschlagung von Reich, Nation, Volk und Land, jedenfalls in der Gestalt, die man zum Ende des 19. Jahrhunderts mit so überwältigender Evidenz glaubte errungen zu haben, daß daraus der Anspruch auf Weltgeltung abgeleitet werden konnte. Daß der Versuch radikaler Durchsetzung eines Machtanspruchs zum vollständigen Verlust der Machtmittel führt, wird den Mächtigen der Welt nicht zuletzt durch Propheten, Dramatiker und Historiker seit Jahrtausenden vorgeführt. Hingegen blieb die Frage unentschieden, ob es gelingen kann, nach der Selbstzerstörung der Macht durch Allmachtswahnsinn wieder in die Ausgangslage zurückzukehren. Für die Deutschen nach 1989 heißt das zu fragen, ob es eine Chance gebe, nach der grausamen Entdeutschung aller Sphären des menschlichen Daseins auf dem europäischen Kontinent (und durch Verfolgung und Vertreibung nach 1933 weit über Europa hinaus) an das vorwagnerische und vorwilhelminische Deutschland in all seinen kulturell-religiösen, künstlerisch-wissenschaftlichen, politischen und sozialen Potentialen anzuschließen. Aber welche Zeit wäre das? Etwa die Dekaden von 1813 bis zur Entlassung Bismarcks, mit Zensurregime, blutig/unblutig gescheiterten Freiheitsbewegungen wie 1848/49, mit Landflucht und Bildung städtischen Proletariats unter heute unvorstellbaren Lebensbedingungen? Wäre die Entdeutschungsorgie, die gerade im Namen der heiligsten deutschen Güter gerechtfertigt wurde, nicht entstanden, wenn schon 1866 und nicht erst 1938 die großdeutsche Vereinigung mit Österreich erfolgt wäre? Was wäre, so die Frage an die Uchronie-Forschung, zu erwarten gewesen, wenn nicht Herzl mit den Mitteln deutscher Großpathetiken aus Musik, Philosophie und Dichtung das zionistische Projekt maßgeblich bestimmt hätte, sondern etwa der Wiener Rabbiner Bloch, dem der Musiker Felix Mendelssohn-Bartholdy und der Aufklärer Moses Mendelssohn wichtiger waren als Wagner und die Titanen Ranke, Treitschke und Mommsen?

Es gibt aber auch die gut begründete Auffassung, daß nach 1945 nicht nachhaltig mit dem Machtwahn im Namen der Weltgeltung des Deutschtums gebrochen worden ist. Entdeutschung wäre dann immer noch erst fällig als eine Befreiung (im Sinne Nietzsches) von der Suggestivität eines wörtlich verstandenen „Deutschland über alles", das durch Verweis auf in Deutschland erbrachte wissenschaftliche, künstlerische, technologische und sportliche Leistungen gestützt wurde.

Daß ein programmatisches Bemühen um Entdeutschung ins Gegenteil umschlagen kann, beweisen nicht zuletzt die Millionen deutscher Nachkriegstouristen, die ganz gegen die Gewohnheit des altdeutschen Auftrumpfens („hier wird deutsch gesprochen, Eisbein und Bier serviert") alles daransetzen, nicht als Deutsche identifiziert zu werden. Deutsche reisen in der ganzen Welt umher und üben sich darin, andere zu sein, als sie sind. Im Ausland täuschen sie gerne das Beherrschen von Fremdsprachen vor, um sich den Anschein des Weltläufigen zu geben. Gerade durch dieses Verhalten, dem Stottern auf Italienisch, Spanisch und Englisch, erscheinen sie den Einheimischen erst recht als das, was sie eben sind, nämlich Deutsche, die unbedingt ihr Deutschsein abschütteln wollen – heute vornehmlich unter dem Vorwand, sich der Globalisierung anpassen zu müssen. Es gibt nichts Lächerlicheres als deutsche Wissenschaftler, in erster Linie Germanisten, Soziologen, Philosophen, Kunsthistoriker, die stolz auf den Gebrauch ihrer Muttersprache, das heißt auf zwei Drittel ihrer Denk- und Ausdruckskapazität, verzichten, um Anpassung an eingebildete Internationalität zu demonstrieren.

Zur schweren Entdeutschung, aber auch zur umso lohnenderen Enttäuschung, das heißt zur Befreiung von Identitätspolitik und Kulturkrampferei zugunsten von Weltbürgertum und universaler Zivilisierung der Menschheit, wird unser Bemühen, wenn wir die Tatsache nicht leugnen, daß auch die aufgeklärtesten Zeitgenossen als Sozialisten, Humanisten, Universalisten, die glücklich den Kulturen und Religionen entlaufenen Künstler und Wissenschaftler, grundsätzlich und für ihre gesamte Lebenszeit kulturalistisch und religiös geprägt bleiben. Niemand kann seiner Muttersprache, seiner Enkulturation, von der Kleinfamilie über den Stamm bis zur Ethnie und zur Religionszugehörigkeit, entgehen. Man kann nur lernen, mit dieser Grunddisposition umzugehen angesichts der Tatsache, daß es sehr viele unterschiedlich kulturell-ethnisch-religiös-sprachlich geprägte Individuen wie Gruppen von Menschen gibt. Eine schwere Entdeutschung hieße dann nicht, seine Prägung als Deutscher zu verleugnen, zu mißachten oder zu verlernen. Wie es sinnlos ist, Europäer sein zu wollen, ohne etwa als Bulgare, Brite oder Belgier geboren zu sein und wie es sinnlos ist, Weltbürger sein zu wollen, ohne etwa dem arabischen oder dem chinesischen Kulturkreis, geschweige dem der Bantus anzugehören, bleibt es auch vergeblich, sich zu entdeutschen, ohne Deutscher zu sein und zu bleiben. Das zeigten vor allem die Zwangsentdeutschten, die etwa als Juden in den USA oder in Tel Aviv die höchsten Standards des Deutschseins repräsentierten, welche in Deutschland selbst gerade im Namen der Durchsetzung des Deutschtums zerstört worden waren. Den besten Beleg für derartige Zusammenhänge bietet die explosionsartige Entfaltung der Wissenschaften, seit ihre Repräsentanten gerade angesichts der allen gemeinsamen Untersuchungsgegenstände in ihrer jeweiligen Muttersprache zu denken und zu veröffentlichen begannen. Wie das Lateinische als Universalsprache des Mittelalters und der Frühen Neuzeit sich gerade dem Machtanspruch und der Machtentfaltung Roms, also des *katholikos*, verdankte (und nicht etwa der Idee freien Zugangs zu den Heilsgütern), so ist auch die angebliche Universalsprache Englisch Ausdruck der Begierde, der mächtigsten Agglomeration von Verfügung über Wissen anzugehören (und nicht etwa Einladung an jedermann, an der Nutzung des Wissens teilzuhaben). Dafür ist unübersehbarer Beweis, daß jede halbwegs Profit versprechende Erkenntnis durch Patentierung und ähnliche Verfahren gerade der Allgemeinheit entzogen wird. Über diese Beraubung darf dann die ganze Welt im touristischen Minimalenglisch lamentieren.

Europa im Kulturkampf?

Eine heute wesentliche Kennzeichnung der Europäer durch die islamische Welt lautet: Europäer sind Kreuzfahrer, also Leute, die mit kriegerischen Mitteln Andersgläubige, vor allem Moslems und ihr Territorium, zu unterwerfen versuchen. Doch wann hat man von einem intelligenten Politiker oder sonstigen Repräsentanten der als Kreuzfahrer denunzierten Europäer die Gegenfrage gehört: „Ihr Araber nennt uns Kreuzfahrer, aber was soll das heißen? Wohin hat sich denn der Islam ab 636 ausgebreitet? Ihr habt doch das christlich-jüdische Jerusalem erobert. Wer also waren die ersten „Kreuzfahrer", also „Halbmondfahrer"? Als die christlichen Kreuzfahrer den Zugang zu ihren heiligen Stätten wiedergewinnen wollten, beschwerten sich die islamischen Landnehmer über Praktiken, die sie selber angewandt hatten, indem sie sich jüdisch-christlich besiedeltes Gebiet aneigneten und dessen Bevölkerung mit allen Mitteln zu missionieren sich verpflichtet fühlten. Zu den geschmähten Zügen der Kreuzfahrer kam es erst, als die moslemischen neuen Herren Jerusalems den Christen den Besuch ihrer Kultstätten radikal verweigerten. Noch nie haben Juden oder Christen Mekka zu erobern versucht, um dort die heiligen Stätten des Islam in Synagogen oder Kathedralen umzuformen."

Die Verkehrungen historischer Tatsachen folgen einem bekannten psychologischen Muster: Wenn die Mitglieder einer Kultur, einer Überlebenskampfgemeinschaft, von Widersprüchen in ihrer Selbstlegitimation irritiert werden und diesem inneren Druck nicht standhalten, projizieren sie den Vorwurf auf den Gegner und behaupten, die anderen seien die Täter respektive die Schuldigen; offenbar erfolgreich, denn in nahezu jeder Zeitung des moslemischen Kulturraums wie auch in westlichen Feuilletons werden die Kreuzfahrergebärden, die Europäer angeblich an den Tag legen, gegeißelt. Jerusalem ist seit König Davids Zeiten, also seit mindestens 1.000 v. Chr. das Zentrum der Entwicklung des Judentums. Die Christen als universalisierte Juden sind seit nahezu zweitausend Jahren in dieser Region zuhause.

Warum läßt sich das zentrale Problem im Umgang mit islamischen Gesellschaften unter Europäern nicht diskutieren, nämlich daß 636 der offensive muslimische Auftrag zur Missionierung ergangen ist (zum Beispiel Koran, Sure 9, Vers 41), aber unter Missionierung die Eroberung der Welt mit Feuer und Schwert gemeint ist. Der durchschnittliche Europäer lebt mittlerweile in fast vollständiger Unkenntnis seiner Geschichte. Er will auch nichts mehr hören vom Zusammenhang von christlicher Theologie mit der Entstehung der Konzepte von Individualisierung, von Säkularisierung, von Gewaltenteilung und von Demokratie. Er bezeugt nur offenkundiges und arrogantes Desinteresse, wie es nicht einmal die „bösen Imperialisten" an den Tag legen konnten, weil sie ja auch mit dem Widerstand der Völker der islamischen Welt zu rechnen hatten. Da die Europäer, zumal im Wohlstandsrausch, nur allzu gerne glauben, von der Geschichte nichts mehr wissen zu müssen, fühlen sie sich berechtigt, auch von allen anderen anzunehmen, daß denen Kultur und Religion, Sprachgemeinschaft und territoriale Integrität, Sicherung von Ressourcen und allgemeine Fragen des Fortlebens ihrer Gemeinschaften genau so gleichgültig seien wie den Europäern. Der arrogante Europäer hält es von vornherein für unnötig, sich mit dem Machtpotential anderer Völker, Kulturen, Nationen und Religionsgemeinschaften zu beschäftigen, denn: „Was haben die schon zum Fortschritt der Sozialversicherung, der Getränkeindustrie und der Unterhaltungspornographie beigetragen, die uns allein noch in unserem Alltagsleben wirklich interessieren? Im übrigen werden diese Leute durch die Probleme ihrer rasant wachsenden Bevölkerung und andere innenpolitische Zumutungen so geschwächt werden, daß man von ihnen nichts mehr befürchten muß."

Noch mehr Arroganz von Überlegen zeigen die gewählten Repräsentanten dieses harmlosen europäischen Wohllebevölkchens. Wie Stichproben zeigen, ist nicht zu erwarten, daß diese Herren, die leichtfertig über die Zukunft Europas verfügen, etwa in der Lage wären, drei Jahreszahlen von Großereignissen, drei theologische Themen, drei Ereignisorte, drei Personennamen, drei aus dem Ereignis abgeleitete Folgeerscheinungen, also fünfzehn

Angaben zu tausenddreihundertfünfzig Jahren christlich-moslemischer Auseinandersetzung zu nennen. Die Moslems sind zu Recht schwer enttäuscht, ja sie fühlen sich beleidigt, daß Europäer nicht einmal im eigenen Interesse es für nötig halten, sich über das moslemische Selbstverständnis kundig zu machen, obwohl es ständig zu Kollisionen kommt, die von beiden Seiten als Auswirkungen von religiös-kulturellen Selbststilisierungen ausgegeben werden. Die Moslems müssen schmerzlich erfahren, daß sie aus mangelnder Bildung europäischer Politiker und Unternehmer als beliebige Verfügungsmasse nicht ernstgenommen werden. Und das ist in der Tat ein Skandal der Wohlstandsverwahrlosung.

    Aber allmählich dürfte sich selbst bei diesen Europäern herumsprechen, daß nicht die Islamisten die große weltpolitische Gefahr darstellen, sondern die Arroganz, mit der Europäer sich in der Sicherheit von Weltbeherrschung nach einem seit 1683 bewährten Muster wiegen. Selbst aus Anlaß von Fußballspielen der türkischen Nationalmannschaft etwa gegen die deutsche wird der historische Appell zur Fortsetzung des 1683 vor Wien abgebrochenen Eroberungsfeldzugs der Heere des Islam beschworen. Völlig kontraproduktiv wäre es indessen, den islamischen Halbmondfahrern ihre Pendants in Gestalt christlicher Fundamentalisten entgegenzuhalten. Was die anrichten, hat man jüngst ihrem Einfluß auf die amerikanische Entscheidung ablesen können, einen Angriffskrieg im Irak zu führen. Da bleibt nichts zu hoffen, ebenso wenig wie von fundamentalistischen Globalisierungsfanatikern, deren haltloses Gerede von den den Weltlauf selbst regulierenden freien Märkten sich im rapiden Verlust des Vertrauens zur sozialen Marktwirtschaft in demokratisch verfaßten Gesellschaften spiegelt. Seit die Globalisierung, die folgenreichste Ideologie aller Zeiten, aus dem vermeintlich endgültigen Sieg des Westens über den Rest der Welt durch Abschied aus den Logiken der Geschichte 1989 hervorgegangen ist, hat sich diese Rationalisierung und Behuldigung von brutalster Mafiagesinnung nach Meinung ihrer Erfinder aufs schönste bewährt: Macht legitimiert sich seither alleine aus ihrem Durchsetzungserfolg, Widerspruch erledigt sich als Mißerfolg am Markt von selbst. Wer nicht überlebt, war doch nur wert, daß er zugrunde geht.[4]

Ist es auch Wahnsinn,
so hat es doch Methode!

Heute äußert sich der Fundamentalismus vor allem im allgemein spürbaren Zwang, eine kulturelle Identität auszuweisen. Sein Name ist Multikultur, was ja nicht bedeuten kann, daß jeder beliebig viele kulturelle Identitäten besitzt, sondern daß sich gefälligst jedermann auf die ihm zukommende, weil ihm zugeschriebene Identität zu fixieren hat und die Vielzahl der Identitäten zur Einheit in der Vielzahl kommt. Wem das als Tautologie erscheint, hat völlig recht. Denn multi heißt Vielzahl und Multikultur eben die Kultur der Vielzahl. Die Beschwörer multikultureller Elitenbildung lassen sich nicht davon irritieren, daß sie eine Vielzahl als Einheit ausgeben. Wie vernünftig war das amerikanische Aufklärermotto *„e pluribus unum"*, also aus der Vielheit eine Einheit zu bilden. Die heutige Europa-Elite verordnet das Motto „In der Vielheit liegt die Einheit"; schöner kann man Sinnentleertes nicht sagen. Wer dagegen aufzumucken wagt, wird zur ersten Bürgerpflicht ermahnt, nämlich zur Toleranz im Ertragen von Wahnsinn; denn „ist es auch Wahnsinn, so hat es doch Methode".

Ich empfehle zur Einübung in das Toleranzgebot Gerhard Polts phantastische Aufklärung über den Begriff Toleranz. Polt geht von der zutreffenden Annahme aus, daß Toleranz tatsächlich im Zuge hochnotpeinlicher Befragungen von Abweichungsverdächtigen während der Inquisition eingefordert wurde: „Nun seien Sie doch einmal ein bißchen toleranter und jammern Sie nicht bei jedem kleinen Schmerz." Denn *tolerare* heißt im Lateinischen etwas ertragen können. Also fordert der Folterknecht von seinem Opfer, toleranter zu sein gegenüber den ihm bisher zugefügten Qualen, denn es seien noch sehr viel stärkere zu erwarten. Die Abwehr von Einwänden gegen die Haltlosigkeit des Begriffs Multikultur gipfelt in der scheinbar coolen Gegenfrage:

„Worüber beschwert ihr euch? Wartet nur ab, was noch auf Euch zukommt! Da braucht ihr erst wirkliche Toleranz!"

Globalisierung: Diaspora für alle

Spiritualität und Ökonomie: Von Narren und Wandervögeln

Wenn man, gerade um Europäer und Weltbürger zu werden, den größten Wert darauf legen muß, sich zu entdeutschen, sollte man doch wohl ein wenig detaillierter wissen, was Deutsch-Sein bedeutet hat.[5] Unsere schon vorgestellten Totempfähle im Theoriegelände sind mit bestimmten Anordnungen von Objekten versehen, die zur Einschätzung und Interpretation von Handlungen als typisch deutsch im Gebrauch waren und sind. Obwohl sich die Deutschen von Fall zu Fall natürlich auch anders verhalten, bilden diese Verdinglichungen von Zuschreibungsidentitäten dennoch nicht zu leugnende Kennzeichnungen für positive wie negative Bewertungen des Deutschen.

Auf das obere Ende eines Pfahles ist eine Strohkrone gesetzt. Diese Kopfbedeckung sollte zum einen den Narren signalisieren, der, unter dem Schutz seiner Selbstdenunziation als närrisch, freie Meinungsäußerung für sich reklamierte. Wer aber mit seinen „strohdummen" Hans Wurstiaden oder Eulenspiegeleien zu weit gegangen oder zu vorlaut gewesen war und die Wahrheiten der guten Bürger Lügen gestraft hatte, dem wurde das Stroh über dem Kopf angezündet.

Strohdumm, aber leicht entflammbar – europäische Heldenkrone

Der Deutsche als Weltenwanderer, immer schon grün unter dem Rucksack

Wenn ein Narr seinen Mitmenschen auf seinen Buchstabenglauben respektive Wortwörtlichkeitswahn hingewiesen hatte, mußte er oft genug stiften gehen. Auf der Flucht trug der in die Heimatlosigkeit Getriebene sinnvollerweise leichte Fußbekleidung („the German birkenstock"). Auf der ewigen Wanderschaft durch die Natur bot jedes Vergißmeinnicht dem Deutschen Gelegenheit, seine besondere spirituelle Orientierungskraft unter Beweis zu stellen. Solchermaßen auf der Suche nach der „Blauen Blume" frühzeitig zu einem typischen grünen Spinner geworden, legte er sich mit Novalis' „Heinrich von Ofterdingen" oder Goethes „Werther" ins Gras. Wo Angehörige anderer Nationen sich ekelten, suhlte sich der Deutsche laut Goethes Wertherbriefen in Auen und feierte im Geruch frischer Kuhfladen seine *unio mystica* mit Mutter Natur.[6]

Er ist stets der typische Angehörige einer Nation ewiger Wanderer, der mit einem Rucksack auf dem Rücken, darin alles, was er besitzt – *omnia mea mecum porto* –, wanderlustig unterwegs ist, selbst wenn er eigentlich flüchtet. Das geht schon seit tausend Jahren so; die Gestalt des deutschen Narren, des deutschen Romantikers, des deutschen Taugenichts, des deutschen Wandervogels wandelte sich zum deutschen Grünen, einer vielgeschmähten und dennoch nachgeahmten Gestalt in Europa. Vom „Parzival" des Wolfram von Eschenbach (Anfang des 13. Jahrhunderts) über die Besatzung des „Narrenschiffs" von Sebastian Brant (Ende des 15. Jahrhunderts), den „Simplicius Simplicissimus" von Grimmelshausen (Mitte des 17. Jahrhunderts), den Goethe'schen „Werther" (1774) bis zu Eichendorffs „Taugenichts" (1826) und die Gründung der Wandervogelbewegung (1896) gibt es schier endlose Ausprägungen des Deutschen auf seinem Wege durch die Welt zur Blauen Blume, zu den Müttern, zu den Bergeshöhen, zum Licht.

Der Startschuß für die Öko-Bewegung in Europa, zu Recht für typisch deutsch gehalten, fiel schon zum Ende des Dreißigjährigen Krieges als Befehl zur Aufforstung nach den Verwüstungen. Der Deutsche als ein spiritueller *viator mundi*, als mit Jesuslatschen bewehrter Weltenwanderer, irrte wie Juden und Zigeuner heimatlos durch die Welt. Er hatte nicht wie Franzosen oder Engländer eine Nation, oft genug nicht einmal eine feste Heimstadt. Wer ihn heute von außen beobachtet, glaubt ihn wechselweise auf der Flucht vor und auf der Suche nach einem politisch korrekten Begriff des Deutschseins in all-liebendem Verständnis für die Sorgen der ganzen Welt, weil er sich sündenstolz darauf festgelegt hat, alles Elend sei schließlich von Deutschen verursacht. „Was ist des Deutschen Vaterland?" lautet die alte Frage von Ernst Moritz Arndt. Und in Heinrich Heines „Die romantische Schule" heißt es, die Deutschen seien vornehmlich ein „wanderndes Volk, Vagabunden, Soldaten, fahrende Schüler oder Handwerksburschen" gewesen, die sich auf der Suche nach dem Gral befanden. Der parzifaleske Weltenwanderer wird heute aber in Büchern wie Dan Browns „Da Vinci Code" zum Agenten der *quester legend,* dieser großen Geschichte des Menschen als Grals-, Sinn- und Wahrheitssucher.[7] Der Inbegriff des Wahrheitssuchers ist der Narr, der Außenseiter. Franzosen, Engländer, Italiener identifizieren parallel verlaufenden Stränge in ihrer Tradition: *Le fou, the fool* und *il buffone* sind großartige Gestalten westlicher Spiritualität, deren phantasievolle Strategie der Verstellung die reine Naivität des Gutgläubigen sein könnte. Sie setzen ihre gespielte Narretei, den höheren Blödsinn, ernste Scherze als Erkenntnisinstrumente und kritische Korrektive zu allen kulturalistischen Gewißheiten ein. Durch die Erklärung „Was ich sage, ist sowieso alles Blödsinn, ihr braucht es nicht ernst zu nehmen", formuliert der geisteskräftige Narr ein autonomes Urteil über die Welt.

Der deutsche Narr mußte als armer Schlucker und Pilger stets anderen Menschen sich verständlich machen, nach dem Weg fragen, und hatte deshalb frühzeitig Langenscheidts Taschenwörterbuch, das erste seiner Art, dabei. Desweiteren transportierte er in seinem Rucksack eine wiederverschließbare Flasche, meist

Mit dem TET-Keks in die Ewigkeit, niveageschützt

Made in Germany der Sonderklasse

mit Bier gefüllt, das nach dem deutschen Reinheitsgebot von 1516 gebraut war. Das Prinzip gründlicher Reinheit und Rationalität berücksichtigte der ewige Wanderer ohnehin, mußte er doch auf kleinsten Raum seine gesamte Existenz organisieren. Solch eine Lebensform läßt die fixe Idee entstehen, auf der Flucht stets Autarkie bewahren zu wollen. Diesem Verlangen entsprechen bestimmte Produkterfindungen, die weltweit Synonyme für das Deutschsein geworden sind: Uhu-Alleskleber, Tesa-Film, Tempo-Taschentuch, Nivea, Odol und Leibniz-Keks in entsprechend gestalteter Verpackung.

Der Unternehmer Hermann Bahlsen bestand ab 1904 darauf, alle Verpackungen seines Leibniz-Butterkekses mit dem TET-Zeichen für Langzeitnutzung zu versehen und alle Mauern und Schornsteine auf seinem Fabrikgelände in Hannover als Pharaonenbauten auszuweisen, indem er diese markanten Punkte seiner Fabrik ebenfalls mit dem weithin sichtbaren TET-Mal kennzeichnete. TET ist das ägyptische Hoheitszeichen für Ewigkeitsmanagement.[8] Was als Grabbeigabe tauglich war, den Pharao in die Ewigkeit zu begleiten, wurde als TET gekennzeichnet und war gerade gut genug, den deutschen Wanderer zum Heil mit nichtverderblichen Nahrungsmitteln auszustatten. Der Leibniz-Keks ist demonstratives Zeichen der Unabhängigkeit von den Bedingungen der Endlichkeit. Mit diesem Unsterblichkeitskeks hat man vorgesorgt. Er schmeckt zwar wie gebackener Wüstensand, ist aber ausgesprochen nahrhaft. Endlich wußte man Marie Antoinettes Frage zu beantworten, warum die Leute, die kein Brot haben, nicht einfach Kuchen äßen. In Deutschland bevorzugen sie jedenfalls zu recht in vernünftiger Wahl den Leibniz-Keks. Das ist eine Botschaft aus Hannover zwischen der Monadologie von Leibniz, dem größten Gelehrten, den die Stadt je beherbergte, und Kurt Schwitters' Reklame-Dadaismus, dem schönsten Wahrzeichen Hannovers. Wie Schwitters' Anna Blume, ist der Leibniz-Keks von vorne wie von hinten gleichermaßen ein Genuß zu ewiger Lust.

Das eingefleischte Autonomiebestreben des Deutschen, der auf der Flucht jederzeit mit Bordmitteln bedrohliche Schäden beheben können muß, spürt man noch heute, wenn er den heimischen Herd *(=oikos)* glaubt verlassen zu müssen. Und das geschieht unter Deutschen so häufig wie in keinem anderen Volk. Die Deutschen sind unbestrittene Weltmeister des Tourismus. Wenn sie ein Fluchtfahrzeug kaufen, Wohnwagen oder Caravan genannt, verlangen sie im Unterschied zu den zivilisierten Engländern oder Franzosen vom Verkäufer eine komplette Ausrüstung mit Werkzeugen für jeden Eventualfall.[9]

Zu diesem Autonomiestreben unter Reinheitsgebot selbst in der kleinsten Hütte trug die ehemalige DDR ihre fabelhafteste Erfindung bei, den perfekten Reinigungsvlies.

Beseelte Technik: Rationalität und Animismus

Die Spitze des zweiten Thementotems bildet die wilhelminische Pickelhaube, eine Art militärischer Version der Tarnkappe des Nibelungen, die einem Totenschädel aufgesetzt wurde. Es ist eine verhüllende Enthüllung besonderer Klasse, daß deutsche Krieger von den Zeiten der Freiheitskriege bis ins Dritte Reich ausgerechnet das Emblem des Totenschädels trugen. Soldaten führen immer nur ein Leben zum Tode, o Heidegger! Das ist der Grund, weshalb sie immer schon den Denkern voraus waren und selbst deutsche Philosophen den Ernstfall des Krieges nicht in ihr Nachdenken

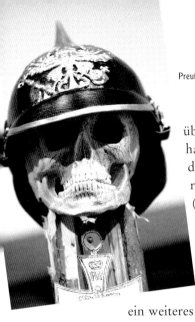

Preußische Tarnkappe

über die Welt aufnahmen. Der mit Pickelhaube bewehrte Soldat ist der Inbegriff der kulturellen Todes- und Tötungsbereitschaft. Das Lützow'sche Freikorps (1813) führte das Totenschädelemblem zum Zeichen unbedingten Opferwillens im Namen des deutschen Widerstands gegen und Befreiungskampfes von Napoleon ein. Später bediente sich die SS ebenfalls dieser Emblematik, ein weiteres Indiz, um die Deutschen in den Augen der anderen Nationen als mörderische Krieger und todessüchtige Kanonenhelden erscheinen zu lassen.

Doch historisch verhielt es sich genau umgekehrt: Dank ihrer hochgradig entwickelten Rationalität kamen die Militärs zu dem Ergebnis, daß man gerade dann strikte Regeln vorgeben muß, wenn es um die berufliche Bestimmung von Soldaten zum Töten und Getötet-Werden geht. So entstand das Prinzip des gehegten Krieges. Seither durften auch Feinde, die zu Gegnern geadelt worden waren, nicht mehr willkürlich getötet werden; es wurde zwischen Kombattanten und Nichtkombattanten unterschieden und Regeln für den Umgang mit Kriegsgefangenen, Verwundeten, Zivilisten, Schiffbrüchigen, Spionen festgelegt. Supranationale Regelwerke und zwischenstaatliche Abkommen wie die Genfer Konvention (1864) und die Haager Landkriegsordnung (1899) sind große zivilisatorische Modelle, wie sie heute von der UNO mit dem Höhepunkt allgemein geltenden Völker- und Menschenrechts (1948) repräsentiert werden.

Sprengkräfte

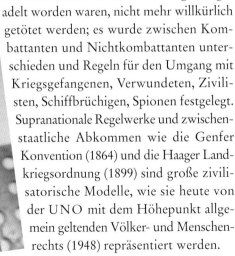

Kochgeschirr, Leitz-Ordner, Kulturbeutel – Insignien deutschen Weltmachtstrebens

Den Militärs, die hochrational Waffen und Bürokratien entwickelten, wie Friedrich Kittler auf einzigartige Weise gezeigt hat, verdanken wir nicht nur die Entwicklung im Waffendesign, sondern auch im Bereich der Gerätschaften des Lebens wie dem deutschen Kochgeschirr. Der blecherne Fressnapf demonstriert, zu welchen ausgezeichneten gestalterischen Definitionen das Militär in der Lage ist; dennoch sind Waffen niemals bei Design-Wettbewerben um die „Gute Form" prämiert worden, obschon sie eigentlich im höchsten Maße dem Anspruch auf vollendete Funktionalität und gelungene Formgebung entsprechen. Auch Orden wurden als Design nie prämiert, nicht einmal das Eiserne Kreuz, das im Übrigen von dem preußischen Großmeister aller Gestaltungsprozesse Karl Friedrich Schinkel höchstpersönlich entworfen worden war.

Zu der Feldausrüstung der Soldaten, also auch der deutschen, zählte die Weltorientierung gewährende Literatur im Tornister. Raumsparende Kleinstformate von Büchern Hölderlins, Nietzsches oder Rilkes wurden als feldtaugliches Gut in riesiger Zahl an die Soldaten verteilt. Zu literaturreifer Tragik steigerte sich der Gebrauch solcher geistiger Waffen, wenn sich etwa Kämpfer gegenübertraten, die die gleichen Bücher mitführten. Die einen griffen im Namen des Nietzsche'schen Heldenradikalismus an, die anderen verteidigten den deutschen Geist, wie ihn Hölderlin oder Rilke in die Welt getragen hatten.

Wurden deutsche Soldaten im Kampf verwundet, verabreichte man ihnen das Allheilmittel Aspirin – übrigens in Wuppertal-Elberfeld erfunden, wo der Färbermeister Bayer die Chemieindustrie in die Welt gesetzt hat. Diesem Nibelungenlandstrich entstammen so großartige Erfindungen wie die der Kranken-

und Sozialversicherung, siebzig Jahre, bevor sie Bismarck formulieren ließ, der bekanntlich dem Rest der Welt damit weit vorausgeeilt war. Eine weitere berühmte Erfindung aus diesem Kontext ist der deutsche Kulturbeutel. Psychologisch höchst interessant ist, daß die Soldaten gerade im Bewußtsein der von ihnen verlangten Opferbereitschaft eine in hohem Maße ritualisierte Selbstwahrnehmung entwickelten. Vor dem möglicherweise todbringenden Kampf wuschen und rasierten sie sich noch einmal, putzten die Zähne, gurgelten mit Odol, benetzten sich vielleicht noch mit 4711 Kölnisch Wasser und zogen sich sauber an. Auffällig ist die Übereinstimmung mit gewissen Reinigungsritualen, die Selbstmordattentäter durchführen, wenn sie beschließen, sich mit einer Bombe in die Luft zu sprengen. Der Kulturbeutel sollte auf Grund seiner physische wie psychische Stabilität gewährenden Kraft und zivilisierenden Wirkung eher „Zivilisationsbeutel" heißen!

Dem Militärwesen verdanken wir die hochgradige Rationalität der Verwaltung. Eine einzigartige designerische Konsequenz ist der Leitz-Ordner, der zwischen zwei Deckeln auf kleinstem Raum das Größte bewirkt und im Übrigen das bestgestaltete und markanteste Loch der Welt aufweist. Mit seiner Hilfe wurde die Organisationsfähigkeit und Planbarkeit von Operationen gesteigert, so daß auch wirtschaftliche Feldzüge und Abwehrschlachten effizienter bestritten werden konnten.

Die technisch-zivilisatorische Rationalität des Militärs steht in enger Verbindung mit dem Animismus. Gerade die Soldaten verwandeln technische Prozesse zurück in seelische. Sie wissen, ein Gewehr in der Hand zu halten, ist das eine, ein anderes aber, über die psychische Stabilität zu verfügen, den Feind herankommen zu lassen und erst zu schießen, wenn der Effekt garantiert ist. Dies verlangt Kräfte, die mit dem animistischen Potential in Verbindung stehen. Soldaten machen ihre Waffe zur Braut, bemalen ihre Panzer mit Haigebissen, Schlangen und Tigern. Der Bomberpilot sitzt nicht in einem Düsenjäger, sondern gleichsam auf den Schwingen eines Adlers. Der Panzerfahrer lenkt nicht einen Tank, sondern steuert mit einem Leoparden durchs Gelände. Ana-

Animismus – größte Wirkkraft auf Erden

log hierzu wirkt bis heute nicht die chemische Formel des Putzmittels, sondern Meister Proper. Es kommt nicht von Bayer aus Leverkusen, was den Reinigungseffekt garantiert, es ist vielmehr der Geist aus der Flasche, der als Weißer Riese gegen Mief und Gilb wirken soll. Der gigantische Erfolg des VW-Käfers geht vornehmlich auf das Konto animistischer Potentiale. Und auch der Mercedes-Stern feierte in der Nachkriegszeit weltweit Triumphe im Automobilbau, was selbst Erwin Panofsky (ich sah in ihm immer schon einen wahren „Pan-of-sky") zu einer Analyse der Stern-Ikonographie bewegte.

In ihren Haushalten entwickeln die Deutschen ein besonderes Verhältnis zu animistisch beseelten Wesen. Ob Kölner Heinzelmännchen oder Fernseh-Mainzelmännchen, immer trifft man auf das Verlangen, kleine Wichte und Kobolde als Wunscherfüller einzusetzen. Märchenhafterweise werden diese Gnome nur zur Befriedigung edler Bedürfnisse eingesetzt! Sie helfen im Haushalt der „guten", aber überlasteten Hausfrau, die der eigentliche Inbegriff kalkülhaften Planens sein muß. Sie hat die sprichwörtliche „Deutsche Gemütlichkeit" zu garantieren, was heißt, eine saubere, heitere Atmosphäre zu schaffen, wo durch Melitta-Filter rinnendes stadtwerkgeprüftes Trinkwasser dem heimkehrenden Angestellten als Kaffee entgegenduftet, während die Kinder mit Käthe-Kruse-Puppen spielen, also bereits soziale Formationen einstudieren.

Kinderarbeiter sind die Urbilder der Heinzelmännchen. Als die seit Nibelungenzeiten im Kreise Siegburg betriebenen Bergwerke wegen Erschöpfung der abbaubaren Erzadern schließen mußten, strömten die arbeitslosen Kleinmenschen, die allein für die Arbeit in den engen Schächten geeignet waren, in die nächste größere Stadt, also Köln. Dort schämte man sich in seiner ostentativen christlichen Mildtätigkeit, die armen Kleinen offen

auszubeuten. Man verfiel auf den Gewissen mit Tatkraft verbindenden Gedanken, die kleinwüchsigen Illegalen dann eben in der Nacht einzusetzen und damit den Kontrollblicken zu entziehen.
Innerhalb dieser äußerlichen, zum Teil buchstäblich „fabelhaften" Zuschreibungsmerkmale kann jede einzelne Entäußerung des Deutschseins bewertet werden. Es bildet sich aus der besonderen Mischung von Rationalität und Animismus in Militär und Verwaltung einerseits wie romantischer Wandersucht und Autonomiestreben in Wirtschaft und Gesellschaft andererseits. Letztere Position ergibt zusammengefaßt den Gemütlichkeitsmief in altdeutschen Wirtsstuben – erstere vereinen sich zur singulären Gestalt des expressionistischen Paragraphenreiters. Heute sind das die erlaß- und vorschriftengläubigen Öko-Fundis und die qualmenden Party-Griller auf den vermüllten Liegewiesen der städtischen Naherholungsgebiete.
Eine auffällige Besonderheit in der Ausprägung von Deutschsein sei noch erwähnt. Zwar haben deutsche Generalstäbler ganz entscheidend zur Entwicklung des modernen strategischen Denkens beigetragen, aber es im Zweiten Weltkrieg selbst nicht berücksichtigt. Daß Hitler nach der Verabschiedung von Brauchitsch' die Strategen entmachtete, zugunsten kindischer Erwartung von Haurruck-Siegen, war nur folgerichtig, denn strategisch zu denken ist nur für den sinnvoll, der nicht deshalb zu siegen glaubt, weil er sich für den Stärkeren hält, sondern der mit den Stärkeren zu rechnen versteht. Strategen fragen sich, was zu tun sei, wenn die Durchsetzung des eigenen Willens nicht gelingt. Erst die Militärs und nicht schon die Lehrer des richtigen Lebens haben darüber nachgedacht, wie man durch Scheitern klug wird, nämlich durch das Scheitern Formen des Gelingens erreicht, also nicht nur folgenreich, sondern erfolgreich scheitert. Dieses strategische Denken führten die aus Krieg und Gefangenschaft ins Zivilleben zurückkehrenden jungen Obersten als Anwärter auf hohe Führungsposten in die deutsche Nachkriegswirtschaft ein. Ihr strategisches Vermögen als Unternehmer und Manager ließ schon zehn Jahre nach Kriegsende die Wirtschaft des geschlagenen Deutschland in den Augen der überanstrengten Sieger wie einen Gewinner des Krieges aussehen.

Kultur versus Zivilisation

Die Geschichte der Deutschen seit den Freiheitskriegen, das heißt seit dem Kampf gegen die napoleonische Unterwerfung Europas, wurde im wesentlichen durch die radikale Konfrontation von zivilisatorisch gemeinter Universalisierung und kulturalistisch behaupteter Regionalisierung bestimmt. Beide Kräfte waren den Deutschen aus teuer erkauften Erfahrungen und den sie begleitenden kollektiven Traumatisierungen Schrecken und Hoffnung zugleich. Für die kulturalistisch-religiöse Auseinandersetzung zwischen Protestanten und Katholiken stand der Dreißigjährige Krieg; die heilende friedensstiftende Kraft transreligiöser und transkultureller Ordnungen riefen die Deutschen in schwärmerischen Erinnerungen an das mittelalterliche Kaisertum zwischen Otto dem Großen und Friedrich II. von Hohenstaufen an. In praktischer Demonstration führten ihnen aber der Humanismus Kants und das Weltbürgertum Goethes vor Augen, wie eine wünschenswerte Zivilisation jenseits religiöser Bekenntnisse und kulturellen Provinzialismus' aussehen könnte. Es ist eine geschichtliche Tragödie, daß die Deutschen (vor allem im Verein mit den Russen) ausgerechnet gegen die Durchsetzung der napoleonischen Vision einer zivilisierten Welt auf der Basis des Gesetzeswerkes *Code Napoléon* nicht nur patriotische, sondern chauvinistische, auf jeden Fall kulturalistische Kräfte mobilisierten. Die Chimäre eines Nationalstaats deutscher Kultur und Zunge wurde mit den grauenhaftesten, weil so ent-

Strategisch denkt, wer anerkennt, daß die Gegner ebenso fähig sind wie man selbst.

menschlichenden Kennzeichnungen des französischen Gegners gemästet, wie man sie erst nach 1933 gegenüber den Juden wieder zu äußern wagte.[10] 1806 dichtete der Nationalheld Karl Theodor Körner: *„Heran, heran zum wilden Furientanze! Noch lebt und blüht der Molch! Drauf, Bruder, drauf, mit Büchse, Schwert und Lanze, drauf, drauf mit Gift und Dolch! Was Völkerrecht? Was sich der Nacht verpfändet, ist reife Höllensaat. Wo ist das Recht, das nicht der Hund geschändet mit Mord und mit Verrat? Sühnt Blut mit Blut! Was Waffen trägt, schlagt nieder! 's ist alles Schurkenbrut! Denkt unseres Schwurs, denkt der verratenen Brüder, und sauft euch satt in Blut! Und wenn sie winselnd auf den Knien liegen und zitternd um Gnade schreien, laßt nicht des Mitleids feige Stimme siegen, stoßt ohn' Erbarmen drein! Und rühmen sie, daß Blut von deutschen Helden in ihren Adern rinnt: die können nicht des Landes Söhne gelten, die seine Teufel sind. Ha, welche Lust, wenn an dem Lanzenkopfe ein Schurkenherz zerbebt und das Gehirn aus dem gespaltnen Kopfe am blutigen Schwerte klebt! Welch Ohrenschmaus, wenn wir beim Siegesrufen, von Pulverdampf umqualmt, sie winseln hören, von der Rosse Hufen auf deutschem Grund zermalmt! Gott ist mit uns! Der Hölle Nebel weichen; hinauf, du Stern, hinauf! Wir türmen dir die Hügel ihrer Leichen zur Pyramide auf. Dann brennt sie an! Und streut es in die Lüfte, was nicht die Flamme fraß. Damit kein Grab das deutsche Land vergifte mit überrhein'schem Aas!"*

Von dieser Aufforderung, aus patriotischer Pflicht das Recht zu mißachten, kein Pardon zu gewähren, Schädel zu zertrümmern, bis das Gehirn an der eigenen Waffe klebt, und die Leichen der Feinde im großen Brandopfer spurlos zu beseitigen, hat sich Deutschland als Kulturvolk bis 1945 nicht wieder erholt. Der Weg zur zivilisatorischen Mäßigung oder gar Umorientierung war verschlossen, weil für die zivilisatorischen Kräfte zumal seit 1789 die französische Nation stand, der man als „Erbfeind" nicht eingestehen durfte, Deutschland selbst gern zu einer von Wissenschaften und Künsten, von Technologie und Medizin, von extrem leistungsfähiger Verwaltung und beispielhafter Infrastruktur getragenen Zivilisation entwickeln zu wollen. Man war gezwungen, um der

Erbfeindschaft willen auf dem Gegenbild berserkerhafter germanischer Kraftmeierei von kulturellen Ansprüchen zu beharren, die welteinmalig seien. Die Franzosen vernahmen dieses kulturalistische Pathos mit Fassungslosigkeit. Die Konstellation „Wagner, Richard Strauß, Nietzsche, Wilhelm II. – das roch ihnen nach neronischen Möglichkeiten", wie Romain Rolland die zivilisierte Welt wissen ließ. Und Wilhelm II. bestätigte zum Anfang des 20. Jahrhunderts mit seinem Auftrag an das deutsche Militär, sich in China aufzuführen wie die Hunnen, im Mittelalter der Schrecken der Völker, es getan hatten, die schlimmsten Befürchtungen. Der kaiserlichen Verpflichtung zur Barbarisierung als Kulturpflicht der Deutschen folgte dann mindestens die Hälfte der Deutschen, wenn auch im heiligen Schauder.

Für die Spaltung der Deutschen in die Mehrheit national-religiöser Kulturkämpfer und die kleinere Gruppe der Verfechter einer universalen Zivilisierung der Kulturen stand auf höchstem intellektuellem und literarischem Niveau die Konfrontation der Brüder Thomas und Heinrich Mann.

Thomas Mann veröffentlichte gleich nach dem Ende des Ersten Weltkriegs seine „Betrachtungen eines Unpolitischen", an denen er während der vier Kriegsjahre geschrieben hatte.

Zugleich erschien Heinrich Manns Roman „Der Untertan", mit dem er bereits vor Ausbruch des Krieges die wilhelminische Barbarei so zutreffend analysiert und dargestellt hatte, wie das erst nach dem Kriege allgemein verstanden werden konnte. Die Positionen der beiden Brüder wurden denn auch als die prinzipielle Unversöhnbarkeit von Zivilisationsliteraten und Kulturkämpfern behauptet. Thomas Mann hatte die charakterliche Stärke und geistige Größe, 1923 die Unhaltbarkeit seiner Position nach dem Gebaren der Deutschen im Ersten Weltkrieg einzugestehen. Bis zum Ende seiner Tage vertrat er den Primat einer universalen Zivilisation gegenüber allen wie auch immer begründeten kulturalistischen, religiös-fundamentalistischen oder politisch-totalitären Regimes.

1923 begann dann Hitler mit der Abfassung von „Mein Kampf", einer genauer nicht denkbaren Parallele zu den „Betrachtungen eines Unpolitischen" – allerdings geschrieben von einem Illiteraten, der seiner Überwältigung durch wagnerianische Musik- und Bühneneindrücke nichts entgegenzusetzen hatte als ein wenig, allerdings bemühte Karl-May-Lektüre.[11]

Heinrich Manns Romane fragen nach dem Gelingen der Säkularisierung und dem Scheitern der Zivilisierung der Kulturen. Er erkennt als einer der ersten, daß die fundamentalistischen Kulturalisten das Regime in Deutschland übernommen hatten und die Errungenschaften der über fast zweihundert Jahre hart umkämpften Aufklärungsbewegung peu à peu zerschlagen wurden. Doch was trägt das bei, um heute einen aufgeklärten, das heißt der Zivilisierung verpflichteten Europäer zu definieren?

Erstens: Wir sind nur Europäer, wenn wir das Prinzip „Autorität durch Autorschaft" (Brock), also das der strikten Individualität und Subjektivität als Begründung von Aussagenautorität anerkennen. Das ist seit dem 14. Jahrhundert originär europäisch. Von der Antike bis über das Mittelalter hinaus ging Autorität stets vom Clanchef, Familienvater, Lehrer, Stammesführer, von Sitten und Traditionen aus. Es gab ausschließlich diese sechs Quellen von Autorität. Im Gegensatz zu allen anderen Kulturen brachte Europa jedoch mit Renaissance und Humanismus unzählige Quellen der Autorität hervor, nämlich so viele, wie Autoren publizierten und wahrgenommen wurden. Die europäische Hervorbringung von Künsten und Wissenschaften verdankt sich dem Prinzip „Autorität durch Autorschaft".[12]

Zweitens: Letztbegründungen gelten nicht mehr aus der Behauptung von definitivem Wissen oder von göttlicher Offenbarung, sondern leiten sich ausschließlich aus formalen, rechtsstaatlich gesicherten Verfahren her. Wer sich nicht durch Verfahren, zum Beispiel als jederzeit wiederholbare Aktivierung von wissenschaftlichen Experimenten, legitimiert, hat wenig Chancen der Anerkennung als Europäer. Rechtsstaatlichkeit zur Sicherung der Legitimation und Ausweis der experimentellen Verfahren wie ihrer als wissenschaftlich verbreiteten Ergebnisse sind unabdingbar.[13]

Drittens: Alle Strategien der Überprüfung von Aussagen müssen dem Verfahren der Reflexivität unterworfen werden. Sie müssen im Selbstbezüglichkeitsverfahren den Kriterien ausgesetzt

Werner Büttner: „Deutscher Geist" (1983)

werden, die sie anderen gegenüber in Anschlag bringen. Aussagenansprüche gelten als Hypothesen, die durch den Versuch der Widerlegung erprobt werden müssen. Man arbeitet also mit der Falsifizierbarkeit von Hypothesen (Popper) und der prinzipiellen Unzulänglichkeit von Behauptungen, die deswegen immerfort überprüft und modifiziert werden müssen und nicht im Rückgriff auf höhere Wahrheiten religiöser Offenbarung oder weltliche Machtgebote gestützt werden dürfen.

Viertens: Wer fundamentalistische, dogmatische und totalitäre Durchsetzung von religiös-kulturalistischen Wahrheiten vermeiden will, muß als Europäer allen Kulturen und Religionen seinen Respekt erweisen. Das gelingt nur durch Musealisierung, weil gerade im Museum die Möglichkeit geboten wird, einzelne, ja singuläre Leistungen von Kulturen und Religionen durch den Vergleich mit anderen herauszuarbeiten und anzuerkennen, und zwar selbst dann, wenn diese kulturell-religiösen Zeugnisse auf bereits untergegangene Gesellschaften verweisen.[14]

Da die Institution Museum weltweit als einzig unbestrittene Errungenschaft des Westens anerkannt und zu guten Teilen bereits übernommen worden ist, darf man hoffen, daß sich noch so dogmatisch-fundamentalistische Verfechter des Vorrangs ihrer eignen Kultur vor allen anderen Kulturen mit der Zeit, wenn auch langsam, langsam zur Anerkennung bereitfinden werden, daß ihrem Wunsch nach dem Primat der eigenen Überzeugungen besser durch den Vergleich mit anderen Prätendenten auf Einmaligkeit ihrer religiös-kulturellen Weltsichten gedient wäre.

Kultur geht stets davon aus, im Recht zu sein; die „anderen" sind die Feinde. „Wir sind wir", glauben Kulturalisten, wohingegen zivilisierte Menschen sich auf eine Ebene stellen, auf der alle Beteiligten bekunden, gleichermaßen nichts Absolutes zu wissen und gerade deswegen sich zusammenfinden zu müssen, weil alles, was Menschen tun, nur zu einer Verwandlung ihrer Probleme führt. Alles, was wir angehen, wird am Ende noch unbestimmter, unbekannter, rätselhafter, komplexer, als es ohnehin der Fall ist. Was bleibt dann zu tun? Man hat endlich einen triftigen Grund, sich mit denen zusammenzuschließen, die sich gemeinsam der Unlösbarkeit der Probleme widmen, also dem Anspruch der Wirklichkeit

ANMERKUNGEN

1   Brock, Bazon; Giersch, Ulrich; Burkhardt, François: Im Gehen Preußen verstehen. Ein Kulturlehrpfad der historischen Imagination, Berlin 1981.
2   Siehe Kapitel „Rettungskomplett – Gorgonisiert Euch!".
3   Stalin war seit seiner frühesten Ernennung zum Kommissar für die Volkstumsfragen sehr bewußt, daß der Sozialismus als Staatsdoktrin nur so lange ungefährdet bleiben würde, wie mit allen Mitteln sichergestellt werden konnte, daß die religiös-kulturellen Differenzen der zahllosen Kultur- und Religionsgemeinschaften in der Sowjetunion unter strikter Kontrolle gehalten werden könnten. Das dritthöchste Kultzentrum des Islam, zu dem sich die Kaukasusvölker der SU überwiegend bekannten, war die Al-Aksa-Moschee in Jerusalem; dort huldigte man dem Abdruck der rechten Hinterhuf von Mohammeds Roß im Akte des Aufstiegs gen Himmel. Schukow in Analogie zu diesem Ereignis zu präsentieren, war mehr als riskant; mit Schukow verschwand auch das 1946 fertiggestellte Gemälde seines historischen Triumphes aus den Schauräumen des Museums.
4   Siehe Kapitel „Selbstfesselungskünstler gegen Selbstverwirklichungsbohème".
5   „Der Begriff deutsch steht selbst unter Deutschen keineswegs fest. Hervorragende Führer haben sich vergebens bemüht zu definieren, was eigentlich deutsch sei. Sie widersprechen einander alle. Fichte kam dem Problem am nächsten. Deutsch sein heißt originell sein, fand er. Und da er Lutheraner war, bedeutete das, die Originalität bestehe im Bruch mit der Tradition, in jenem stets neu und von vorn beginnen,

das den Kanon verneint, statt ihn auszubauen, das den Gedanken bekämpft, kaum daß er gefunden ist. Deutsch sein heißt quer zu beugen, um sich die ‚Freiheit' zu wahren. Deutsch sein heißt babylonische Türme zu errichten, auf denen in zehntausend Zungen der Eigensinn Anspruch auf Neuheit macht; deutsch sein heißt renitente Systeme voller Sophistik ersinnen, aus einfacher Furcht vor Wahrheit und Güte." Ball, Hugo: Formen der Reformation, S. 129 f. in: Bernd Wacker (Hg.): Dionysius DADA Areopagita. Hugo Ball und die Kritik der Moderne. Paderborn, München, Wien, Zürich, 1996, S. 226, Fußn. 51.

6   In der „Frühlingsfeier" (1759) des Goethe-Vorläufers Klopstock findet sich der Leser als derjenige angesprochen, der das Erlebnis religiöser Erhebung selbst noch im „Frühlingswürmchen" erblickt: Gott ist überall – und wir sind selbst ein Ausstrom des Göttlichen: „Da der Hand des Allmächtigen // Die größeren Erden entquollen, // Die Ströme des Lichts rauschten und Siebengestirne wurden, // Da entrannest du, Tropfen, der Hand des Allmächtigen!" in: Klopstock, Friedrich Gottlieb: Klopstocks Werke in einem Band (=Bibliothek der Klassiker). Berlin, Weimar 1979, S. 45 f. Klopstocks erlebnislyrische Ode kehrt im „Leiden des jungen Werthers" wieder; zuvor jedoch feiert Werther in dem ersten Brief an den Freund die pantheistische Verschmelzung mit der allumschließenden Herrlichkeit der Natur: „Wenn das liebe Tal um mich dampft, und die hohe Sonne an der Oberfläche der undurchdringlichen Finsternis meines Waldes ruht, und nur einzelne Strahlen sich in das innere Heiligtum stehlen, ich dann im hohen Grase am fallenden Bache liege, und näher an der Erde tausend mannigfaltige Gräschen mir merkwürdig werden; wenn ich das Wimmeln der kleinen Welt zwischen Halmen, die unzähligen, unergründlichen Gestalten der Würmchen, der Mückchen näher an meinem Herzen fühle, und fühle die Gegenwart des Allmächtigen, der uns nach seinem Bilde schuf, das Wehen des Allliebenden, der uns in ewiger Wonne schwebend trägt und erhält." in: Goethe, Johann Wolfgang von: Die Leiden des jungen Werthers. In: ders., Werke (=Hamburger Ausgabe), Bd. 6, München 1998, S. 9.

7   Dazu die Übersetzung von Heils-, Grals- und Sinnsuchern als quester/questioner legend; die angelsächsische Tradition vermag die Artuslegende (ein Yankee am Hofe König Artus') nicht mit der Sozialbiographie des weisen Toren, des Hofnarren, Eulenspiegel oder Schwejk, zu verbinden.

8   Siehe Kapitel „Uchronie – Ewigkeitsmanagment".

9   Siehe Kapitel „Rettungskomplett – Gorgonisiert Euch + Ewigkeitskosten!" Darin: der Gedanke des Rettungswerkzeuges und der Pragmatologie.

10   Brock, Bazon: Der Deutsche im Tode. In: ders., Die Gottsucherbande. Ästhetik gegen erzwungene Unmittelbarkeit. Köln 1986, S. 65 ff.

11   Zu Manns „Bekenntnissen eines Unpolitischen": „Er berief sich auf die ‚Innerlichkeit', die machtgeschützte – jene Formel fand sich erst später ein – er bestand darauf: ‚Ich will nicht Politik. Ich will Sachlichkeit, Ordnung und Anstand. Wenn das philisterhaft ist, so will ich ein Philister sein. Wenn es deutsch ist, so will ich denn in Gottes Namen ein Deutscher heißen, obgleich das in Deutschland nicht Ehre bringt.' Nichts, nahezu nichts ließ er aus, was sich hernach im Katalog der ‚Volksgemeinschaft' wiederfand." In: Harpprecht, Klaus: Thomas Mann. Eine Biographie. Reinbek bei Hamburg 1995, S. 415.

12 Ein Kupferstich von Albrecht Dürer 1526 zeigt Erasmus von Rotterdam am Schreibpult in seinem Studierzimmer, zur Linken Notizzettel, ein aufgeschlagenes Buch und Hinweise auf weitere Bibliotheksbestände. Im Hintergrund, vom rechten Schreiberarm des Erasmus überschnitten, sehen wir eine gerahmte Tabula, durch deren Inschrift dem Betrachter versichert wird, daß Dürer das Porträt in unmittelbarer persönlicher Konfrontation mit dem Porträtierten angefertigt habe. Das Abbild soll also als authentisch verstanden werden. Die griechische Zusatz-Inschrift verweist auf den Unterschied zwischen dem Bildnis als Abbild *(effigie)* und dem Bildnis als Repräsentation eines Geltungsanspruchs *(imago,* heute Image), wobei das Image von Erasmus in erster Linie durch seine Arbeit als Schriftsteller begründet werde, und nicht durch seine individuellen Gesichtszüge.
13 Vgl. Werner Büttners Arbeit „Deutscher Geist", 14 Holzschnitte von 1983.
14 Siehe Kapitel „Musealisierung als Zivilisationsstrategie – Avantgarde – Arrièregarde – Retrograde".

zivi

drittens

isierung der Kulturen

Avant
Arrière
Retro

Behälterwissenschaft

Musealisierung als Zivilisationsstrategie

Musealisierung als Zivilisationsstrategie – Avantgarde – Arrièregarde – Retrograde

Die Betonung des Neuen in allen Kunstavantgarden ist eine Herausforderung, die häufig durch Aggression, Leugnung oder Flucht des Publikums beantwortet wird. Professionalisierte Betrachter gehen vernünftiger vor. Wenn das Neue wirklich neu ist, ist es unbestimmt, also kann man von diesem unbekannten Neuen nur mit Bezug auf das bekannte Alte sprechen. Die gesamte Moderne ist in dieser Vergegenwärtigung von Vergangenheiten als höchst bedeutsame Erweiterung der gegenwärtigen Ressourcen extrem erfolgreich gewesen. Avantgarde verabschiedet sich nicht aus den Traditionen, sondern hält sie in immer neuer Sicht präsent. Musealisierung ist die Strategie des Fortschritts, vor allem der Zähmung des Mutwillens von Kulturkämpfern, Testosteronkriegern, Virilblutern und ihrer ideologischen Betreuer. Nur wenn die Zivilisierung jener Kulturbarbaren gelingt, besteht Aussicht auf Normalität.

Museumsvitrine –
die Welt in Konstellationen

Im Theoriegelände zeigen wir das behälterwissenschaftliche Objekt der Museumsvitrine.[1] Sie repräsentiert den Inbegriff der Museumsinstitution als Zivilisationsagentur und enthält eine ganze Reihe von eigenartigen Kunstprodukten und von Menschenhand gestalteten wie in der Natur vorkommenden Objekten. In kulturhistorischer Anbindung an die fürstlichen Kunst- und Wunderkammern ermöglicht die Vitrine Objektarrangements, die in einer Ordnung des Heterogenen allgemeines Interesse beanspruchende Wahrnehmungsanlässe bieten.[2] Die Fürsten errichteten diese Sammlungen von Kunst und Kuriositäten lange, bevor es Museen als ausgewiesene Institutionen gab. Unter den fürstlichen Schätzen befanden sich *curiositates rerum naturae*, also beispielsweise auffällige Steine, die aus Kamelmägen stammten, oder der Stoßzahn eines Narwals, den man als Einhorn interpretierte. Vor allem die Neugier erregen und die Phantasie beschäftigen sollten diese Objekte, so daß ihre Präsentation gleichsam zur Anleitung wurde, wie man sich eine Ordnung der Welt vorstellen könne; dieser Gedanke war zuvor schon in die Einrichtung der *studioli* eingegangen. Solch private Studierstuben und Gelehrtenzimmer, in denen der Fürst der Welt in Gestalt von Büchern und ausgezeichneten Kunstwerken begegnete, boten einen ganz und gar weltlichen Erschließungszusammenhang.

Auf der Ebene geistlicher Präsentationsformen taten sich die Reliquienkammern in den mittelalterlichen christlichen Zentren hervor. Die Reliquiensammlungen interessierten die Bevölkerung in erster Linie auf Grund der heilsgeschichtlich aufgeladenen Objekte, denen eine heilende Wirkung zugesprochen wurde. Reliquien waren äußerst kostbar und vor Dieben zu schützen. Da das Fingerknöchelchen eines Märtyrers nicht jedem in die Hand gegeben werden konnte, mußte es aus einem Abstand von ein paar Metern gezeigt werden. Die Reliquie war oft so winzig klein, daß sie kaum sichtbar war. Folglich mußte die Sichtbarkeit des Nicht-Sichtbaren sichergestellt werden. Aus der Notwendigkeit, die Knöchelchen, Splitter und Reste der Heiligen auf eine ansprechende Weise zu zeigen, entstand das phantastische Instrument der sogenannten Monstranz. Dieses sehr auffällig gestaltete Zeigegerät mit goldenem Strahlenkranz besitzt in der Mitte einen Behälter, der, mit optischen Vergrößerungsspiegeln versehen, etwas in Erscheinung treten läßt, was ohne technische Unterstützung weitestgehend unsichtbar bliebe; zugleich wird das in der Monstranz befindliche Objekt als Gezeigtes hervorgehoben. Mit der Monstranz wird uns die Geburtsstunde aller musealen Techniken im Zeigen des Zeigens vor Augen geführt. Je mehr sich die präsentierten Dinge der Sichtbarkeit entziehen, desto bedeutsamer wird das Zeigen des Zeigens, und damit rückt das Sehen und Betrachten selbst in den Mittelpunkt der Betrachtungen.

Beobachtung der Beobachtung

Im Museum sieht der Besucher, auf welche Weise etwas gezeigt wird. Zugleich beobachtet er dort Menschen, die selbst Artefakte betrachten. Er beobachtet also andere Besucher, die ihrerseits anderen Menschen zusehen, denen etwas dargeboten wird. In verschiedenen Kunstgattungen sind diese reflexiven Formen des Betrachtens besonders anschaulich gestaltet, so etwa in der im 18. Jahrhundert auf dem Höhepunkt stehenden Veduten-Malerei. Bei Veduten (italienisch *veduta*, „Ansicht", „Aussicht"; aus dem lat.

vedere, „sehen") handelt es sich zumeist um Stadtansichten. So vermittelt uns ein Maler wie Bernardo Bellotto, genannt Canaletto, beispielsweise im Blick durch ein geöffnetes Fenster, Ansichten von venezianischen Stadtlandschaften, auf denen der Betrachter dem Treiben einer munteren Bevölkerung auf Straßen und Plätzen zusieht. Die im Bild Dargestellten schauen sich nach anderen Menschen um, die ihrerseits die Kulisse Venedigs betrachten; unter ihnen sind einzelne Gestalten anzutreffen, die den Bildbetrachter zu fixieren scheinen.

Wenn, wie in dieser für die Veduten charakteristischen Zusammenstellung, Menschen andere Menschen bei der Betrachtung beobachten, so spricht man von Beobachtung zweiter Ordnung. Die Beobachtung der Beobachter ist ein reflexives Grundphänomen, das uns heute in den modernen Wissenschaften der Soziologie, der Psychologie und der Erkenntnistheorie allenthalben begegnet. Im Wesentlichen thematisiert die Vedute Wahrnehmung als reflexives Sehen. Wer sich zu dieser reflexiven Anstrengung nicht bereit findet, kann zwar immer noch Gemälde betrachten, wird allerdings nichts erkennen, also nichts der Betrachtung anheimstellen können.[3]

Der einzige Weg zur sinnvollen Betrachtung führt über die Theorie. Der griechische Begriff Theorie bedeutet, eine sinnfällige Betrachtung über das vor Augen Stehende anzustellen. Als vor 2.500 Jahren die Zuschauer in den Rängen eines Theaters saßen und dem Tragödiengeschehen auf dem Proszenium folgten, betrieben sie nichts anderes als Theorie.[4] Indem sie Verständnis für das präsentierte Ereignis entwickelten, es also in einen Bezug zu sich selbst brachten, erschlossen sie sich reflexiv das theatralisch dargestellte Gefüge.

Sein heißt wahrgenommen werden

Seit den 1710er Jahren wurde mit den englischen Parks ein mustergültiger Raum der anschaulichen Verknüpfung von Menschen und Artefakten wie der Natur zu einem idealen gesellschaftlichen Gefüge geschaffen. Der englische Garten als Hege sozialer Bindungsfähigkeit jenseits von kulturellen Zugehörigkeiten wie Religion, Ethnie oder Familie diente zur Optimierung der zukunftsorientierten Lebensanstrengungen einer menschlichen Gemeinschaft. Zur Idee des englischen Landschaftsgartens gehörte das Bewußtsein eines durch den Park aufbereiteten Weltmodells. Diese öffentlich betriebene Theoriebildung, das heißt, Entwicklung der Zusammenhänge durch das Fügen von Konstellationen, nahm bereits den Gedanken eines Präsentationsraumes vorweg, der nicht als *showroom*, sondern als Erkenntnisraum verstanden wurde. Ähnlich wie bei der Kunstgattung der Vedute war im Englischen Garten die Bereitschaft leitend, etwas durch die Beobachtung der Betrachter zu lernen, deren Umgang mit den Objekten mitzuerleben, also zu erfahren, welche Schlußfolgerungen andere Betrachter aus ihrer Wahrnehmung ableiten.

 Heutzutage kann das jeder Galeriebesucher nachvollziehen. Für gewöhnlich geht man nicht zur Eröffnung einer Kunstausstellung, um Bilder zu betrachten, sondern um die Besucher zu betrachten, die zwar Bilder anschauen wollen, zugleich aber durch ihre zahlreiche und zumindest körperliche Anwesenheit die Betrachtung der Bilder verhindern. Bei einer Vernissage steht also nicht das Betrachten der Bilder im Vordergrund, sondern ein Sich-zur-Schau-Stellen. Den Effekt des Sich-Präsentierens als lächerliche Mode abzuqualifizieren, ist wenig ratsam; man würde die Tatsache übersehen, daß soziales Dasein immer schon vom Wahrgenommen-Werden durch andere bestimmt ist. Sein heißt wahrgenommen werden, oder, auf Lateinisch, *esse est percepi*. Für den Anderen ist man nur in dem Maße bedeutsam, wie man ihm Anlaß bietet, sich in einen Bezug zur eigenen Person zu setzen. Was mit dem Begriff des Netzwerkens zur Sprache kommt, ist dieses sich ständig wechselseitige Einbringen in die Wahrnehmung anderer, das die Bestätigung für die eigene Anwesenheit darstellen soll.[5]

 Das Zeigen des Zeigens, das Lernen des Lernens und das Wissen des Wissens sind diejenigen Formen der Erkenntnisstiftung, die im Museum betrieben werden können. Jedermann weiß, daß die Beziehungen und Bekanntschaften unter Menschen besonderes Interesse beanspruchen, wenn Selbstbezüglichkeit ins

Spiel kommt. Reflexivität ist das Stichwort für die gesamte moderne Entwicklung, die der Soziologe Ulrich Beck als „Reflexive Moderne" charakterisiert hat.

Um unseren Besuchern Selbstbezüglichkeit vor Augen zu führen, verweise ich auf ein ausgezeichnetes theoretisches Objekt, das aus einem Paar Bürsten besteht. Eine Bürste wird für gewöhnlich verwendet, um Kleidung, Schuhe oder Haare zu bürsten. Dabei entfernt die Bürste den Schmutz von einer Oberfläche, indes sie selbst beschmutzt wird. Ein Teil des Schmutzes wird durch Zerstäubung in die Umwelt entsorgt, der Rest bleibt in der Bürste hängen; also wird die Bürste durch ihre sinngemäße Anwendung selbst schmutzig. Wendet man das Prinzip des Bürstens auf die Bürste selbst an, wird sie wieder sauber. Durch das instinktiv richtige Bürsten der schmutzigen Bürste entfaltet sich das Geheimnis der Reflexivität. Unser kleines Bürstenpaar mag man sich an die Garderobe hängen, damit man sich jederzeit darüber verständigen kann, wie der häusliche Alltag als Philosophenschule Orientierung bietet. Zu Hause bewährt sich das Zauberwort der Moderne – Reflexivität: Im Bürsten der schmutzigen Bürsten zeigt sich täglich reinigende Selbstbezüglichkeit.

Moderne gleich Zauber der Reflexivität: Verdreckte Bürsten werden sauber, wenn man die Bürsten bürstet.

Das Museum
als Zivilisationsagentur Europas

Das Museum als Institution entsteht aus einem Ansatz der französischen Revolutionäre, die dem gemeinen Volk die im Louvre untergebrachte Schausammlung König Ludwigs XVI. zugänglich machen wollten. Nachdem Napoleon das Regime übernommen hatte, wurde einer interessierten Öffentlichkeit Zugang zu Instrumenten des Erkenntnisgewinns gewährt. Die Sammlung galt nicht mehr als Teil des Palastes und damit auch nicht mehr als königliches Eigentum, sondern ging in öffentlichen Besitz über.

In Deutschland entstand im Zuge der Aufklärung des 18. Jahrhunderts das (später für die documenta genutzte) Fridericianum in Kassel als erster Museumsbau auf dem Kontinent. 1779 fertiggestellt, beherbergte es zunächst noch keine museale Sammlung, sondern war eine Ausweitung der fürstlichen Kunst- und Wunderkammern. Erst ab 1820 wurde die Institution Museum förmlich entwickelt, nachdem kurz vorher der erste Lehrstuhl für Kunstgeschichte eingerichtet worden war. Zuvor wurden die Probleme der Wahrnehmung und Urteilsbildung nur von Ästhetikern und Philosophen behandelt. Ästhetik als philosophische Disziplin war um 1800 mit der Frage beschäftigt, wie die Gegebenheiten in der Außenwelt mit den Vorgängen in menschlichen Gehirnen zusammenhängen.[6]

Alle Erkenntnis besteht im Grunde in nichts anderem als der Problematisierung von Hypothesen und dem Gebrauch, den wir von ihnen machen. Solche Überlegungen sind in die europäische Institution des Museums aufgenommen worden und ließen es zu einer Zivilisationsagentur ersten Ranges werden, die bis auf den heutigen Tag in der Welt ihresgleichen sucht. Als jüngste Ausweitung solcher Bedeutung kann die von Bazon Brock, Peter Sloterdijk und Peter Weibel im Rahmen des Lustmarschs entwickelte Initiative zur Zivilisierung der Kulturen durch die Kraft der Musealisierung vom 24. November 2007 im Badischen Landesmuseum Karlsruhe gelten: Gerade im Museum kann man mit erarbeiteten Kriterien des Unterscheidens die spezifischen Leistungen der Kulturen in aller Ruhe würdigen, ohne die Gefahr, zu einem Bekenntnis der Loyalität mit der einen gegen die andere Kultur gepreßt zu werden. In keiner einzelnen Kultur, auch in den westlichen nicht, wurden die Leistungen anderer Kulturen derart anerkannt, wie in den Museen als Agenturen einer universalen Zivilisation. Wenn Kulturkämpfer vor allem Respekt, ja Anerkennung der Hervorbringungen ihrer kulturellen Gemeinschaft erzwingen wollen, dann wird diesem Verlangen nirgends derart entsprochen wie in den Museen. Deshalb besteht die Hoffnung, durch immer differenziertere und umfassendere Musealisierung aller Kulturen der Welt zur Pazifizierung durch Anerkennung beizutragen und Zivilisierung durch Befähigung zur Verantwortung für die gesamte Menschheit, anstatt bloß für die eigene Kulturgemeinschaft zu befördern.

Eine der beispielhaften Formen solcher Zivilisierung durch Musealisierung bot der türkische Staatspräsident Mustafa Kemal Pascha, dem im Jahre 1934 der Ehrentitel „Atatürk" („Vater der Türken") verliehen wurde. Am 24. November 1934 hat er per Dekret den schwelenden Kampf zwischen muslimischen Kulturalisten und westlichen Säkularisten dadurch zu entschärfen versucht, daß er eine der imposantesten und bedeutendsten Moscheen des Islam in ein Museum verwandelte. Die Großartigkeit von Atatürks Leistung wird erfahrbar, sobald man weiß, daß die zum Museum umgewandelte Moschee ursprünglich als Hagia Sophia, von Kaiser Justinian in den 530er Jahren gestiftet, der machtvollste Ausdruck des oströmischen Cäsaropapismus gewesen ist, also eine nahezu singuläre Einheit von weltlicher und geistlicher Herrschaft, von Königreich und Gottesreich in der Berufung auf die christliche Trinität darstellte.

Mit dem Musealisierungsdekret wurde auch die weltgeschichtliche Einheit der menschlichen Lebensräume am Bosporus programmatisch in Erinnerung gerufen. Denn das historische Byzanz/Konstantinopel ist nach Atatürks Meinung 1453 durch die türkisch-islamische Eroberung nicht vernichtet, sondern an die Gegenwart vermittelt worden. Damit zeigte Atatürk, daß die Musealisierung als Vergegenwärtigung der Vergangenheiten ihr Ziel erreicht: Das Bewußtsein des Zusammenhangs von Entstehen und Vergehen der Kulturen, wie Großartiges sie auch immer geleistet haben. Die menschheitsgeschichtliche Bedeutung erhält der Kulturraum Bosporus gerade durch die unmittelbare Gegenwart hethitischer, hellenistischer, byzantinisch-oströmischer und osmanischer Kulturentfaltung. Sich gleichermaßen als Lebender auf alle diese Ausdrucksformen der menschlichen Gemeinschaften anerkennend, dankbar und herausgefordert beziehen zu können, begründet das Selbstbewußtsein eines über seine kulturelle Prägung hinaus zivilisierten Menschen, den wir in Kemal Atatürk ehren.

Avantgarde – Arrièregarde – Retrograde

Die wachsende Zahl von Museen, nicht nur im alten Westen, sondern inzwischen weltweit, dürfte uns vor Augen führen, daß die Repräsentation von Geschichte dem Ideal der gleichzeitigen Vergegenwärtigung einer Vielzahl von Vergangenheiten immer näher kommt. Die Museen sichern die Vergangenheiten als Bestandteil der Gegenwart. Sie trainieren mit ihren pädagogischen Diensten unsere Fähigkeit, historische Artefakte mit Gründen wertzuschätzen, die aus ihrer Unterscheidbarkeit abgeleitet werden, und sie leiten zu einer gesellschaftlichen Akzeptanz solcher Wertschätzung an.

Einen wesentlichen Beitrag zur Weiterentwicklung der Fähigkeit der Zeitgenossen, den Dingen der Welt Bedeutung durch Unterscheiden zu verleihen, haben die Avantgarden der Moderne geleistet. Sie haben sich als Vorhut und Vorauskundschafter der Zukunft in einem nicht erwartbaren Maße als Vertreter der Toten und deren Geschichte bewährt. Den Avantgardisten des 20. Jahrhunderts gelang es, neuartige Repräsentationen der Vergangenheiten als Wirkungspotential in der Gegenwart zu schaffen. Denn Traditionen wirken nicht aus der Vergangenheit ewig fort; sie verlieren ihre Wirkung gerade durch ihre selbstverständliche Geltung. Diese Vertrautheit stumpft die Aufmerksamkeit ab, die überkommenen Wahrnehmungs- und Urteilsmuster werden gleichgültig, weil sie niemanden mehr zu Rechtfertigungen zwingen. Gegen diesen Verschleiß durch Gewöhnung entdeckte die Moderne insgesamt eine umfassende Orientierung auf das Neue. Der Vorwurf, die Avantgarden wollten mit aller Gewalt das Neue um der Neuigkeit willen erzwingen und sich so von den Traditionen absetzen, läuft ins Leere. Wenn etwas tatsächlich neu ist, bleibt es zunächst unbestimmt, sonst wäre es ja nicht neu. Auf die Zumutungen des Neuen reagieren Menschen entweder durch Leugnung oder durch Zerstörung oder mit der Einsicht, daß man über das unbestimmte Neue tatsächlich nur mit Bezug auf das Alte zu reden vermag. Gerade der Druck des Neuen erzeugt so eine neue Sicht auf tradierte Artefakte, Weltbilder, kulturelle Überzeugungen, die durch ihre Selbstverständlichkeit uninteressant geworden waren.

Für den Anspruch der Avantgardisten, etwas völlig Neues in die Welt gebracht zu haben, gibt es ein entscheidendes Kriterium der Bewertung: Avantgarde ist nur, was uns veranlaßt, die anscheinend bis ins Letzte bekannten Traditionen und ihre Bestände mit neuen Augen zu sehen. Nach diesem Kriterium bewährten sich zum Beispiel die Dresdner Brücke-Maler, ab 1911 allgemein deutsche Expressionisten genannt, weil sie ein völlig neues Interesse an dem seit seinem Tode 1614 ganz und gar vergessenen spanischen Maler El Greco weckten – bis hin zu dem überraschenden Eindruck, El Greco sei geradezu ein Zeitgenosse der Expressionisten.

Der Wiener Architektur-Avantgardist Adolf Loos verschreckte seine Zeitgenossen mit dem Konzept der nackten weißen Wand derartig, daß sie sich schleunigst auf die bewährte Architekturgeschichte zurückzogen, mit der überraschenden Entdeckung, bereits bei den Großmeistern Palladio und Brunelleschi habe es im 16. und 15. Jahrhundert Problemstellungen gegeben, die vermeintlich erst der Neuheitsfimmel des Adolf Loos mutwillig in die Welt gesetzt hatte.

Dem Schweizer Avantgardisten Alberto Giacometti und seinen zunächst für aberwitzig gehaltenen Abweichungen vom herkömmlichen Verständnis des skulpturalen und plastischen Gestaltens verdanken wir eine völlig neue Sicht auf die kykladischen

Skulpturen des zweiten vorchristlichen Jahrtausends. Der Weg zu solchen überraschenden Neubewertungen durch neue Sicht auf vermeintlich bestens bekannte Bestände der Vergangenheiten wird durch das zunächst vage Erkennen und Erproben von Gestaltanalogien zwischen avantgardistischen und traditionellen Artefakten eröffnet. Unzählige solcher Wege zeigten uns die wahren Avantgardisten des 20. Jahrhunderts, so daß die aktuellen Vergegenwärtigungen von Kulturen aller Zeiten und Breiten dazu zwangen, in immer kürzeren Abständen weitere Museen zu erbauen, in denen uns kostbare Ressourcen für die Bewältigung von Herausforderungen der Zukünfte zur Verfügung stehen.

Also: Ohne Avantgarden gibt es keine gegenwärtig wirksamen Traditionen. Traditionen sind immer erneut von jeweiligen Gegenwarten aus zu stiften – vornehmlich unter dem Druck des Neuen.

Im Unterschied zu epigonalen Traditionalisten und konservativen Traditionsverfechtern entwickeln Avantgardisten neue Vergangenheiten unserer Gegenwart. „Utopische Vergangenheiten" (Nikolaus Himmelmann) verdanken wir Künstlern wie A. R. Penck und Daniel Spoerri, die in einer Art von „experimenteller Geschichtsschreibung" den Zusammenhang von Kulten und Artefakten in Objekten realisierten.[7]

Eine weitere Klasse von Avantgardisten hebe ich hervor, deren erklärtes Ziel es ist, gewisse absehbare Zukünfte zu verhindern. Durch spekulative Vorwegnahme potentieller Zukünfte ergibt sich ein Avantgardismus der Verweigerung, der als zu verfechtende Position die größte Überzeugungskraft und das gewaltigste Durchhaltevermögen verlangt. Künstler, die den apokalyptisch stimmenden Zukunftsannahmen und den aussichtslos wirkenden Entwicklungen Widerstand entgegensetzen, nennen wir Arrièregardisten. Die Vertreter der Arrièregarde arbeiten mit dem Angebot eschatologischer Behauptungen und konfrontieren sie in der Gegenwart mit zukünftigen Vergangenheiten. Das ist einfacher, als es klingt, weil man ja unsere Vergangenheiten als ehemalige Zukünfte beschreiben kann und unsere Gegenwart als Vergangenheit von morgen zu betrachten vermag. Zukunft nennen wir dann den Vorstellungsraum, in dem das Wechselspiel der Zeitformen phantasievoll, das heißt mit dem Ziel möglichst vieler Optionen in Gang gesetzt wird. Diese Avantgarde der offenen Rückbeziehung von Zukunft auf Gegenwart und Vergangenheit nennt unser Freund und Kollege Adi Hoesle „Retrograde". Ihr wesentliches methodisches Vorgehen ist der Rückbau zur Eröffnung von Alternativen, die man entweder ursprünglich nicht gesehen hatte oder unter von der Zukunft her unzutreffenden Annahmen nicht glaubte wählen zu können.[8]

Konstellationen bilden auf Fuge und Unfug

Bereits antike Philosophen fragten sich, wie auf das Abwesende verwiesen werden könne und wie man zu klären vermöchte, ob das begrifflich Faßbare auch tatsächlich irgendwo auf Erden anzutreffen sei. Diese Frage wird mit Leidenschaft im mittelalterlichen Universalienstreit erörtert: Ist der Begriff der Röte auf gleiche Weise real gegeben wie die Eigenschaft „rot-sein" von verschiedenen Dingen, beispielsweise (rubin-)roten Gläsern, rotgefärbter Wolle und rot gestrichenen Wänden? Wer behauptete, daß die durch Substantivierung von Eigenschaften gebildeten Begriffe (Universalia) genauso real gegeben seien wie die Dinge mit ihren Eigenschaften, wurde Realist genannt. Wer hingegen sich gezwungen sah anzunehmen, daß derartige Begriffe nur Namen für jeweils eine Klasse von Eigenschaften zu deren Unterscheidung seien, galt als Nominalist. Also: Sind Universalia Realia oder bloße Nomina? Die Antwort lautet: teils teils.

Es ging ja nicht um einen abgehobenen Budenzauber von Philosophen und Theologen, sondern um handfeste Alltagsfragen oder um das noch bedeutendere menschliche Streben nach ewiger Seligkeit – heute geht es wohl eher um die Verpflichtung auf Gleichheit, Freiheit, Brüderlichkeit oder die Unantastbarkeit menschlicher Würde im Lebensalltag wie im Verfassungssonntag. Bei aller zugestandenen Begriffsgläubigkeit wird selbst jeder Deutsche darauf bestehen, daß das politische Bemühen um gerechte Verteilung von Gütern, um Gleichbehandlung aller vor dem Gesetz und um die Chance, sein Leben selbst zu bestimmen, auf jeweils konkrete Menschen in konkreten Lebenssituationen gerichtet sein muß und nicht etwa mit dem Verfassen noch so großartiger Texte über Gleichheit, Freiheit, Brüderlichkeit erledigt werden kann. Insofern ist der Nominalismus verpflichtend. Andererseits können wir die konkreten Gegebenheiten, etwa als Dinge und ihre Eigenschaften, Tiere und ihre Bedürfnisse, Pflanzen und ihre Lebensbedingungen oder Menschen und ihr Vermögen, Sinn zu stiften, nicht ohne Rückgriff auf Universalien beurteilen – nicht ohne begriffliche Differenzierung zwischen Wesen und Erscheinung oder Attribut und Substanz oder Potentialität und Aktualität, das heißt ohne die Genese des aktuell vor Augen Stehenden.

Dazu werden wir durch die spezifische Bereitstellung unserer geistigen Fähigkeiten in der Evolution des Gehirns genötigt. Seine phantastischen Leistungen erwarb unser „Weltbildorgan" (Konrad Lorenz) zu einem Teil durch die Herausforderung, im Laufe der Stammesgeschichte die Überlebensfähigkeit seines Trägerorganismus' immer besser zu sichern. Es galt, die konkreten Probleme der Umwelt zu bewältigen. Insofern operieren wir mit unseren geistigen Fähigkeiten als Nominalisten. Zum anderen Teil entstanden die phantastischen Leistungen unseres Weltbildapparats durch Rückbeziehung seiner erworbenen Optimierungsstrategien auf sich selbst. Das gelang vornehmlich durch die Fähigkeit, den Umgang mit der Virtualität, mit der Abwesenheit, mit der Unsichtbarkeit genauso zu entwickeln wie in der bewährten Konfrontation mit dem Realen, Anwesenden und sinnlich Wahrnehmbaren. So weit das Virtuelle oder auch das Potentielle nur im Begriff vergegenwärtigt werden konnte und nicht im zeigenden Verweis auf etwas Gegebenes, sind wir Begriffsrealisten. Der Universalienstreit ist also nicht durch die Entscheidung für die eine oder andere Seite beendbar; es gilt vielmehr zu erkennen, in welches Verhältnis Nominalismus und Realismus angesichts konkreter Herausforderungen zur Bewältigung der Lebensanstrengungen gesetzt werden sollten.

Im Theoriegelände wie generell in Darstellungs- und Untersuchungsanlagen zur Bewertung von Behauptungen über die Welt werden die Studienobjekte in Konstellationen eingefügt, die unter anderem durch die Verhältnisse von nominalistischem und realistischem Begriffsgebrauch bestimmt werden wie auch von gestalterischen Ordnungsprinzipien, genannt Hänge- oder Präsentationslehren, von Differenz stiftenden Gestaltanalogien und ähnlichem.

Ziel dieser Bildung von Konstellationen ist es, Sinnfälligkeit, Evidenz zu schaffen, aber mit der Absicht, daß jeder, dem etwas einleuchtet oder als evident erscheint, weiß, wie leicht er sich täuschen kann. Also muß jedes Evidenzerleben aus der Erfahrung der Täuschbarkeit kritisiert werden. Das kann nicht nur virtuell als geistige Operation geschehen, sondern die Evidenzkritik muß auf den Evidenzerweis zurückwirken. Evidenzkritik kommt nur zum Ziel in der Schaffung neuer Evidenz. Dieses Vorgehen begründete die bis dato nicht bekannten Leistungen von Künsten und Wissenschaften mit der Entwicklung von Meßgeräten als Evidenzerzeugern nach der Kritik des heiklen menschlichen Augenscheins. Die Künstler schufen Repräsentationsformen der Differenz von Wahrnehmung und Denken, also von Sinnfälligkeit und Kritik, (also von nominalistischem oder realistischem Begriffsgebrauch, von Virtualität und Realität oder von Aktualität und Potentialität).

Wir wollen kurz auf einige Konstellationen im Theoriegelände eingehen, zum Beispiel im Verweis auf die museumsüblichen Vitrinen, in denen die angestrebten Gefüge von Evidenzerzeugung durch Evidenzkritik dem Publikum präsentiert werden.[9] Sie sind der eine Teil der Konstellation als Monstranz, als eine Möglichkeit zu zeigen, daß etwas gezeigt wird. Soweit das Publikum auf solches Zeigen des Zeigens, auf solche Monstranzen reagiert, bildet es die andere Seite der Konstellation als Demonstranz. Es bekennt durch sein Interesse, durch seine Fragen, durch seine Kritik die Bedeutung der Konstellation für das Selbstverständnis der Museumsbesucher als Rezipienten oder im weiteren der Konsumenten, Patienten, Wähler.

Seit dem *action teaching* „Zeig dein liebstes Gut!" im IDZ und Berlins Straßen 1977 versuchte ich eine ganze Reihe von Konstellationen als Einheit von Monstranz und Demonstranz aufzubauen.

„Vergleiche Dich! Erkenne, was Du bist!"[10]

Unsere Vitrine konfrontiert eine Skulptur des hellenistischen Künstlers Skopas (die Göttin der Medizin Hygieia, ca. 320 v. Chr.), mit einer kuboexpressionistischen Bronzeskulptur von William Wauer, die den Rezitator Rudolf Blümner darstellt (1918); diese wiederum wird mit einer afrikanischen Ritualmaske in Beziehung gesetzt. Solche Modelle der Konstellationsbildung sind weltweit gängiger Standard in Museen, seitdem sich die Erkenntnis durchgesetzt hat, daß der Wert der Artefakte tatsächlich ausschließlich durch den wechselseitigen Vergleich festzustellen ist. Alle Kulturgüter werden nach Kriterien beurteilt, die auf ihrer Verschiedenheit beruhen.

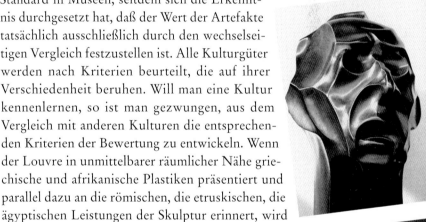

Will man eine Kultur kennenlernen, so ist man gezwungen, aus dem Vergleich mit anderen Kulturen die entsprechenden Kriterien der Bewertung zu entwickeln. Wenn der Louvre in unmittelbarer räumlicher Nähe griechische und afrikanische Plastiken präsentiert und parallel dazu an die römischen, die etruskischen, die ägyptischen Leistungen der Skulptur erinnert, wird ganz auf Erkenntnis durch Vergleich abgehoben. Denn gerade die Verschiedenheit der Kulturen macht ihren je spezifischen Wert aus. Um unterschiedliche Kulturen durch Vergleich beurteilen zu können, muß das Verständnis von kultureller Produktion insgesamt zu einer Art von Konstellation werden, die vergegenwärtigt, was Menschen als Produzenten von Artefakten und Sozialkörpern

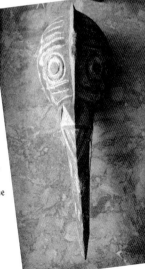

Oben: Skopas und El Lisitzky – Gesundheit, soziale Fürsorge, Leibesübungen – GeSoLei, Düsseldorf 1926. *Mitte:* Rudolf Blümner von William Wauer (1918): Lieutnantskasinoton rettete er in die expressionistische Lyrik *Unten:* Afrikanische Ritualmaske: Bild im Kult keine Kunst

geistig wie materiell leisten können. Das Denken in Konstellationen macht also Kriterien der Unterscheidung als Kriterien des Vergleichs anschaulich. Das entspricht einem alten Grundsatz der Philosophie, demzufolge die Dinge sich im Blick auf ihre Gleichheit unterscheiden lassen und durch ihre Unterschiedenheit vergleichbar sind. Wie nötig wir auch heute noch die Erinnerung an diesen Grundsatz haben, beweist die tägliche Ermahnung, man könne doch nicht Äpfel und Birnen oder die Wirkungsfolgen Hitlers mit

Objekte aus der Museumsvitrine

denen von Stalin und Mao vergleichen. Erst durch den Vergleich ließe sich ja gewährleisten, zwischen den angeblich unvergleichlichen Dingen zu unterscheiden; offenbar fürchtet man den Vergleich als Gleichsetzung. Aber jeder Vergleich erfüllt sich ja erst in der Unterscheidung, wenn auch jede Unterscheidung Gleichheit, nämlich der Fragen an die in Beziehung gesetzten Sachverhalte, voraussetzt.

Indem man Konstellationen aufbaut, die mit einem bestimmten Übersetzungsmechanismus (z.B. der Gestaltanalogie) verbunden sind, nähert man sich dem an, was gewöhnlich Metapher genannt wird. Metaphorisierung ist eine Übertragung aus einem geistigen in einen anschaulichen Bereich, aus einer Anschauung in einen Verhaltensbereich und aus diesem wiederum in einen psychischen Bereich. Metaphorisierung bezeichnet also das ständige Wechseln der Bezugsebenen.[11] Die wichtigste aller sprachlich-gedanklichen Operationen ist die Übertragung aus einem Status in einen anderen, aus einer Zeitform in eine andere, aus der Mikrosphäre in die Makrosphäre oder eben aus einer Kultur in die andere. Metaphorisierung ermöglicht uns, die strukturellen Analogien und funktionalen Äquivalenzen zwischen beiden Sphären zu erkennen (Niklas Luhmann).

Eine der in unserer Museumsvitrine angesprochenen Konstellationen lesen wir als Metapher für eine Reihe historischer Entwicklungen oder, wie es im Sprachgebrauch des 19. Jahrhunderts heißt, von „Bewegungen". Mögen die präsentierten Gegenstände auf den ersten Blick noch so banal aussehen und zum Teil in jedem Kaufhaus erhältlich sein, sie evozieren doch in ihrer Zuordnung große historische Zusammenhänge. In einem Kompartment der Vitrine bilden drei banale Objekte aus bemaltem Ton oder Gips eine Konstellation zur Musealisierung von Kulturkämpfen in der zweiten Hälfte des 19. Jahrhunderts: ein Elefant, eine geballte Faust und eine Figurengruppe „Herr und Hund". Bei hinrei-

Hagenbeck, Bebel, Bismarck

Angewandtes Konstellationsdenken: Assistenztiere deutscher Führergestalten

chendem Interesse lassen sich die Objekte anhand von Lexika der Ikonographie zum einen als Bismarck mit seiner Dogge identifizieren, zum anderen als die geballte Faust der seit der Bismarck-Zeit wirksamen Arbeiterbewegung und der Elefant als Schauattraktion in den zur selben Zeit entwickelten neuen Konzepten von Zoologischen Gärten, deren bedeutendstes vom legendären Karl Hagenbeck stammt.

Als Konstellation verstanden, heißt das also: Hagenbeck musealisierte die Natur durch den Aufbau seines Zookonzepts. August Bebel musealisierte zur gleichen Zeit die aggressive soziale Bewegung der Arbeiter durch Anschluß an die Partei der Sozialdemokraten. Und Bismarck musealisierte den Kulturkampf mit Rom wie die Machtkämpfe der europäischen Staaten durch Aufbau von komplexen Rückversicherungsverträgen. Er vergaß allerdings, der Öffentlichkeit mitzuteilen, wie die Verknüpfungskriterien lauten – wozu jedes Museum seiner Bestimmung nach verpflichtet ist –, weshalb nach seiner Entlassung durch den Autokraten Wilhelm II. kaum jemand die von ihm geschaffene Konstellation durchschaute. Der Gründer des Zweiten Deutschen Reiches setzte in Reaktion auf die reformerische Bedrohung durch die Sozialdemokratie die Sozialgesetzgebung als innenpolitische Pazifizierungsstrategie durch. So gesehen, vertrat Bismarck die Musealisierung und damit die Zivilisierung der Politik, was sich ebenfalls im Verhältnis zu den europäischen Großmächten durch die Begünstigung einer „balance of powers" ablesen läßt. In einem engmaschig gezogenen Netz vertraglicher Bindungen und Allianzen unter den auf imperialistische Durchsetzung drängenden Nationalstaaten sah er eine grundsätzliche Chance, wenn nicht zur Vermeidung, dann zumindest zur Zivilisierung kriegerischer Konflikte, die sich im Inneren der deutschen Nation als Kulturkampf abzeichneten.[12]

Auf die Bismarck-Zeit als kulturhistorisch wie zivilisationstheoretisch bedeutsame Zeit beziehen sich die drei Objekte der Konstellation in einer Art experimenteller Geschichtsschreibung.[13] Was Hagenbeck anbelangt, habe ich ein solches Experiment persönlich angestellt, indem ich 1963 den Frankfurter Zooleiter Grzimek, den ersten „Fernseh-Noah", Naturschützer des TV-Zeitalters, aufforderte, mich als Angehörigen einer gefährdeten Art in die Gruppe der Primaten in seinem Zoo aufzunehmen. Grzimek hat die Rote Liste der Gefährdung von Tierarten und Spezies in Attraktionshierarchien für seinen Zoo übersetzt. Damals entstand der Gedanke, daß man gewisse Arten von Tieren nur noch im Zoo vor dem Aussterben bewahren könne, um sie günstigstenfalls nach erfolgter Vermehrung auszuwildern. Durch meine Aufnahme unter die Primaten der Schauanlage des Frankfurter Zoos wollte ich dessen Besucher anregen, sich selbst nach den Wertigkeitskriterien zu beurteilen, die Grzimek aufgestellt hatte. Mir verweigerte er ein Leben als Schausteller des Menschen im Bewußtsein seines Endes – ich wurde trotz bescheidenster Ansprüche nicht in den Zoo aufgenommen. Aber vierzig Jahre nach meinem gescheiterten Antrag beschloß der Londoner Zoo, einer Gruppe von Homoniden der Art *homo sapiens sapiens* neben den Menschenaffen Asyl zu bieten (wahrscheinlich hatten die Zuständigen Sloterdijks „Regeln für den Menschenpark" von 1999 gelesen und verstanden, daß Konzepte des Humanismus immer schon an die Erkenntnis gebunden waren, die Menschen wie alle Lebewesen als Entfaltungen ein und derselben Naturevolution zu verstehen).

Unter den Verweisen auf experimentelle Geschichtsschreibung, die unsere Vitrinenkonstellation bietet, heben wir einen weiteren hervor, wozu die in einem anderen Kompartment gezeigte Versammlung von Hunden als ersten Domestikationsfolgen anhält. Denn Bismarck wird ja vor allem auch durch sein Assistenztier identifiziert, wie man etwa Zeus am Adler erkennt, der in seinen Fängen die Blitze des zürnenden Gottes bereithält. Anfang der 1980er Jahre entwickelten die Redakteure der Wilden Akademie Berlin und der Zeitschrift für Verkehrswissenschaft „Tumult", Ulrich Raulff und Ulrich Giersch, mit einigen Experimentatoren eine kynologische Versuchsreihe. Nach den bekannten Zuordnungen von Politikern und Denkern zu den Eigenschaften ihrer Hunde (Hitler und Schäferhund Blondie, Mephistopheles / Schopenhauer und Pudel, Kaiser Wilhelm II. und Dackel, Thomas Mann und Mischrassen, Königin Elizabeth und Corgies, Blinde und Golden Retriever, Bergführer und Bernhardiner ...) sollten entsprechende tierische Naturen als Assistenztiere für Chruschtschow, Chomeini, Heidegger, Celan, Kanzler Schmidt, Carl Schmitt, Goebbels und ähnliche Kaliber gezüchtet werden. Über die historische Formel der Funktionstüchtigkeit *domini canes*, also der Dominikaner, sind wir nicht hinausgekommen. Herr und Hund, Hund und Heil, Hüten und Hegen sind so großartig bereits historisch ausgeprägt, daß keine Phantasie selbst eines wildgewordenen Zuchtmeisters dagegen ankommt. Schon gar nicht gegen den Eisernen Kanzler mit seinem Respekt einfordernden *butcher's dog.*

Die drei mit einfachen Zeichengebungen in unserer Museumsvitrine repräsentierten Bewegungen haben sich als beispielhaft und richtungweisend für die Bemühungen um eine Zivilisierung der Kulturen erwiesen. Zugleich sieht man, daß stimmige Konstellationen die Entwicklung von Gedanken durch Metaphorisierungen ermöglichen, die von der Geschichte der Zivilisierung der Kulturen in der zweiten Hälfte des 19. Jahrhunderts erzählen: mit Hagenbeck von der Naturbeherrschung und dem Imperialismus, mit Bebel von der Arbeiter- und Sozialbewegung und dem Kampf um soziale Standards, mit Bismarck von dem herrschenden System diplomatischer, bürokratischer und letztlich auch militärischer Macht und der Durchsetzung des Verhältnisses von Idee und Wirklichkeit in der Regierungskunst. Regierung heißt stets, zwischen den Wünschen der Menschen und den politischen, sozialen und ökonomischen Realitäten zu vermitteln. Sich selbst regieren ist auf die gleiche Weise ein Weltregieren, stellt Thomas Manns Held Hans Castorp auf dem „Zauberberg" fest. In diesem Begriff sind Formen des Abseits-Sitzens und des stillen Überdenkens, also des Museumsverhaltens angelegt. Sich selbst regieren ist der Versuch, einen entscheidenden Einfluß auf das eigene Verhalten zu entwickeln, bis hin zur Rückübertragung dieses Modells auf die Gesellschaft.

Die in der Museumsvitrine platzierten Konstellationen verweisen auf die wichtige Aufgabe, die Gewalttätigkeiten des kulturellen Identitätswahns durch die Kraft der Metapher aufzubrechen. Wer Fundamentalisten zivilisieren will, muß ihnen einen metaphorischen Sprachgebrauch nahelegen. Sie müssen in die Lage versetzt werden, Übertragungsleistungen zwischen verschiedenen Ebenen zu akzeptieren, damit an die Stelle der gotteseifrigen Kulturmissionen das Konzept zivilisierender Transmissionen treten kann.

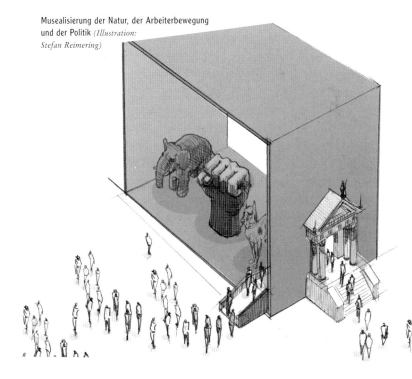

Musealisierung der Natur, der Arbeiterbewegung und der Politik *(Illustration: Stefan Reimering)*

ANMERKUNGEN

1 Als ich 1974 in der Uni Kassel in einer Veranstaltung von Lucius Burckhardt die Behälterwissenschaft einführte, habe ich expressis verbis bereits die Einheit von Museum als Behälter (=Müllcontainment) und andererseits Mülldeponien/Endlagerungsstätten des atomar strahlenden Mülls als Schatzhäuser der kulturellen und religiösen Letztbegründung konzipiert. Siehe Kapitel „Fininvest – Gott und Müll" und Brock, Bazon: Das Einzige, was Menschen in Zukunft gemeinsam haben werden, sind Probleme. In: Die Re-Dekade. Kunst und Kultur der 80er Jahre. München 1990, S. 11 ff.

2 Brock, Bazon: Zur Rekonstruktion einer zeitgemäßen Kunst- und Wunderkammer. In: Le Musée sentimental de Cologne. Hg. v. Daniel Spoerri. Köln 1979, S. 18–27.

3 Seit Schülerzeiten versuchte ich mir klar zu machen, wie man durch bloßes Maulhalten zu einem Weisen werden könne, denn Lateinlehrer Naumann hielt offenbar die Sentenz „si tacuisses philosophus mansisses" in ihrer Bedeutung für so selbstverständlich, daß er uns keine Erklärung für die Behauptung geben zu müssen glaubte. Wie Boëthius in seinen Tröstungen der Philosophie angibt, gilt es, auf Kränkungen und Schmähungen als wahrer Philosoph nicht zu reagieren; wienerisch: gar nicht erst ignorieren. Die Methode gilt offensichtlich nicht nur zum Beweis von philosophischer Charakterbildung, sondern ebenfalls zur Begründung von Tiefsinn schlechthin. Denn es heißt ja „et at tacites deduxit Pallas sacros", also: Pallas offenbart die Heiligtümer nur dem, der bereit ist, im Staunen sprachlos zu werden, oder: die Göttin schafft uns Seelenkraft dadurch, daß wir lernen zu schweigen. Mich haben diese Begründungen von Tiefsinnigkeit immer wütend gemacht, zumal die Schweigenden ihre Überlegenheit, also Weisheit, durch ein mokantes, herablassendes Lächeln zu bekunden pflegen. Die vor Staunen Sprachlosen unter den Museumsbesuchern stellten sich am Ende der Gespräche in der Besucherschule als die Dümmsten, aber Anspruchsvollsten heraus. Sie forderten alle denkbaren Informationen, Erklärungen, Sinnstiftungen vor den Werken ein, um dann stets überlegen zu bekunden, daß dieses Wissen natürlich nicht im Geringsten der Großartigkeit des staunenden Schweigens vor den Meisterwerken gewachsen sei.

4 Zum Verständnis des Verhältnisses von Theorie und Praxis siehe im Kapitel „Musealisiert Euch! Europas Zukunft als Museum der Welt. Ein Lustmarsch durchs Theoriegelände" den Abschnitt „Eröffnungsspiel: Preußische Partie".

5 Siehe Kapitel „Pathosinstitut AZ – Opferolympiade".

6 Der parabelhafte Film „Rashomon" von Akira Kurosawa zeigt diesen komplexen Zusammenhang zwischen dem äußeren Geschehen und dem inneren Erleben auf sehr prägnante Weise: Vier Personen sollen den gleichen Tathergang registrieren und dann berichten, was sie gesehen haben (im Falle „Rashomons" handelt es sich um einen Mord); die vier Zeugen des Verbrechens erzählen vier verschiedene Geschichten. Genötigt, dennoch einen Zugang zur Wahrheit zu entwickeln, beginnt erst der komplizierte Erkenntnisweg.

7 Brock, Bazon: „Prillwitzer Idole" – Über die obotritischen Heiligtümer und ihre Faszination für die neuesten Bronzeskulpturen von Daniel Spoerri. In: Daniel Spoerri – Prillwitzer Idole. Kunst nach Kunst nach Kunst. Staatliches Museum Schwerin 2006, S. 18 f.

8 Zu diesen zwischen 1977 und 1982 entwickelten Theorien der Avantgarde und der Neophilie der Moderne siehe „Avantgarde und Tradition" in, Bazon Brock, 1986, S. 102–298.

9 Siehe Mulsow, Martin; Stamm, Marcelo (Hg.): Konstellationsforschung. Frankfurt am Main 2005.

10 Siehe Torquato Tasso von J. W. v. Goethe, Fünfter Aufzug, Fünfter Auftritt.

11 Siehe die „Süddeutsche Zeitung" vom 8. Januar 2008, Beitrag von Joseph Weizenbaum (MIT) u.a. zur Metaphorisierung in den Wissenschaften: „Metaphern und Analogien bringen, indem sie disparate Kontexte zusammenfügen, neue Einsichten hervor. Fast all unser Wissen, einschließlich des wissenschaftlichen, ist metaphorisch. Deswegen auch nicht absolut."

12 Brock, Bazon 2002, S. 287 f.

13 Zur Musealisierung als einer Form der experimentellen Geschichtsschreibung siehe Brock, Bazon: Das Zeughaus. Diesseits – Jenseits – Abseits. Die Sammlung als Basislager für Expeditionen in die Zeitgenossenschaft. In: ders., 2002, S. 721 ff.

Faken – Erkenntnisstiftung durch wahre Falschheit

Werbung für Produkte, Propaganda für Parteien oder Missionierung für Kirchen zielen darauf ab, dem Adressaten eine eigene Augenscheinbestätigung für eine Behauptung nahezulegen. Seit sechshundert Jahren sind die bildenden Künstler darauf spezialisiert, den Augenschein zu problematisieren, also behauptete Evidenz zu kritisieren – aber nicht nach dem Muster der religiösen Bilderverbote, sondern als Darstellung des Undarstellbaren, also als Bilder des Bilderverbots. Nichtnormative Ästhetik der Fakes: Sie sind Artefakte, die bewußt signalisieren, daß sie häßlich, fragmentarisch, beliebig sind und sich denknotwendig an den Begriffen Schönheit, Wahrheit und Gutheit orientieren. Nur das Falsche ist als das erkannte Falsche noch wahr.

Auf oder zu? Krieg oder Frieden? Echt oder falsch? Wer lügen kann, ist damit der Wahrheit verpflichtet.

Im Theoriegelände zeigen wir die auf die Leistungen des großen preußischen Baumeisters Karl Friedrich Schinkel zurückverweisende Fake-Wand, der verschiedene Objekte appliziert sind, die den Betrachter mehr oder weniger peinlich an heutige Anpreisungen von Schönheitschirurgie am weiblichen wie männlichen Körper und an plastische Chirurgie zur Wiederherstellung von Körpern nach Deformationen durch Krankheiten und Unfälle denken lassen.

Kunst als Evidenzkritik – Erkenntisstiftung durch wahre Falschheit

Faken

211

Tand von Menschenhand

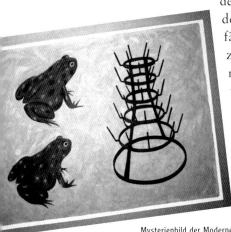

„Mysterienbild der Moderne"
der kleinstmögliche Unterschied im Ununterscheidbaren

Die Konstellation theoretischer Objekte, zu denen neben der Schinkel-Wand auch eine sogenannte „Pyramide der Eitelkeiten" nach Savonarola, ein Gemälde von Braco Dimitrijević und eine Photographie von Michael Wesely gehören, orientiert uns auf die Frage, wie man Aussagen etwa im Hinblick auf ihren behaupteten Wahrheitsgehalt beurteilen können soll, wenn die Wahrheit nicht bekannt ist.

Diese Frage ist als das Dilemma gelungener, also nicht erkannter Fälschung nicht nur für die Kunstgeschichte der Gegenwart von herausragender Bedeutung. Seit sich reihenweise Großfälscher freiwillig der Fälschungen zahlreicher berühmter Werke moderner Künstler bezichtigt haben, die weltweit in allen Museen sich des lebhaftesten Interesses und der überschäumenden Anerkennung sowohl des Laienpublikums wie der Kunstsachverständigen erfreuten, wurden hochnotpeinliche Fragen gestellt, auf die bisher höchst unzureichend geantwortet wird. Warum wird ein Gemälde als Fälschung diskreditiert, wenn doch selbst Fachleute von seiner Echtheit überzeugt waren? Und immer noch überzeugt wären, wenn nicht die Fälscher den gegenteiligen Beweis angetreten hätten.

Warum zeigten sich so viele Fälscher selber an, obwohl sie damit rechnen mußten, daß Justiz und Bildbesitzer Fragen der Fälschung, gegen alle Logik, immer noch als strafrechtliches und nicht als erkenntnistheoretisches Problem einschätzen? Das erklärt sich aus der Psychologie von Hochleistern. Was außer einem nicht einmal üppigen Bankkonto hat ein bedeutender Fälscher von seiner Leistungskraft, wenn niemand, außer ein paar Zwischenhändlern, ihn überhaupt identifizieren kann, um ihm Anerkennung für seine Leistungen zu bekunden? Bei großen Fälschern handelt es sich nicht bloß um Hochleister im Sinne der üblichen Zuordnung zu Eliten. Sie müssen noch mehr bringen als alle anderen Großkönner, weil sie die außerordentlichen Fähigkeiten vieler verschiedener Meister zum Beispiel als Künstler besitzen und ausprägen müssen. Wer gleich ein halbes Dutzend Künstlergenies in seinem eigenen vereinigt, hat ja wohl als jedem einzelnen Künstler weit überlegen zu gelten. Mit der Selbstanzeige fordern jahrzehntelang erfolgreiche Fälscher als Genie der Genies endlich die gebührende Anerkennung ein.

Wieso werden solche grandiosen Figuren meisterlicher Größe immer noch wie Taschendiebe oder Kreditbetrüger behandelt? Haben sie irgendjemandem geschadet? Jedenfalls nicht dem Käufer der schließlich als Fälschung enthüllten Bilder. Denn wieso kann sich ein Bildersammler gerade auf seine außerordentlichen Kenntnisse berufen, wenn sie nicht ausreichen, ein echtes von einem gefälschten Bild zu unterscheiden? Kommt es ihm aber ohne jede Kennerschaft nur darauf an, mit dem Besitz allseits geschätzter Kunst anzugeben, also aus unlauteren Motiven Kunst zu erwerben, und sich mit dem Erwerb die soziale Anerkennung als kunstsinnig zu erschleichen, so würde seiner Vortäuschung von Kennerschaft nur mit der Angabe eines falschen Urhebers entsprochen.

Darüber hinaus aber bleibt die Frage unbeantwortet, warum ein Bildwerk, dessen Konzept, formale Gestaltung, Ikonographie und Wirkungskraft bisher geradezu gefeiert wurden, nur deshalb plötzlich wertlos sein soll, weil es nicht von dem namhaften Künstler selbst stammt, sondern von einem Namenlosen, der allerdings über die gleichen, ja prinzipiell über größere Fähigkeiten verfügen muß als der bekannte Herr, der aber nicht der Autor ist. Natürlich gehen wir dabei davon aus, daß es sich bei den Fälschungen um originäre, einzigartige Werke handelt und nicht um bloße Varianten oder Kopien ohne Eigenständigkeit.

Und wie soll durch die Fälschung die Wertschätzung von Kunstwerken um ihrer selbst willen beschädigt worden sein, wenn sogar Experten Fälschungen nicht von Originalen unterscheiden können[1] – weder im Hinblick auf Authentizität der künstlerischen Haltung noch auf Stimmigkeit der nur sekundär intuitiv wahrnehmbaren Aura noch auf die Einpassung in Werk und Biographie des prätendierten Urhebers?

Erkenntnisstiftung durch kognitive Fakes

Ein Ausweg aus den Dilemmata eröffnet sich mit der Erarbeitung des neuen Objektstatus' „Fake" zwischen originalem Kunstwerk und Fälschung. Es wurden bereits an vielen Stellen der Welt Schausammlungen für echte Fälschungen eröffnet, in denen grandiose Kunstwerke im Rang von Braque, Chagall, Feininger, de Chirico, Malewitsch oder Dalí mit dem Zertifikat „erstrangiges Fake" ausgestellt werden. Grundsätzlich gilt ein derartiges Werk als Fake, wenn es nicht in krimineller Absicht vorspiegelt, echt zu sein. Stattdessen zeigt sich das Fake als eigenständige schöpferische Leistung mit dem Hinweis auf seine völlige Gleichrangigkeit zu den bisher noch als gesichert anerkannten Klassikerwerken in den boomenden Museen der Metropolen – anerkannt, weil sie von Künstlern hervorgebracht wurden, die niemand anderer sein können, als sie selbst sind. Nur das Genie aller Genies, Picasso, behauptete stolz von sich, daß er seine eigenen Werke genauso gut fälschen könne wie die besten Großmeister ihrer Zunft.

Wenn Menschen nachweislich derartig grandiose kreative Kapazität besitzen können, daß sie nach Belieben Werke anderer singulärer Schöpferpersönlichkeiten hervorzubringen vermögen, dann wird die Schätzung glaubwürdig, daß gut die Hälfte der außerordentlichen Kunstwerke der Moderne falschen Urhebern zugeordnet werden. Die Schätzung geht zurück auf Angaben von „Fälschern", die sich selbst offenbarten. Was befürchten die Herren der unbezifferbar wertvollen Sammlungen, wenn sie die „Fälscher" legalisierten, also neben den Picassos von Picasso auch die Picassos von de Hory als de Hory präsentierten? Es verwundert immer wieder, daß sich seit der Aufdeckung der Vermeer-Fälschungen Ende der 1920er Jahre die Diskussion achtzig Jahre lang in den gleichen Bahnen bewegt, also weiterhin unsinnig geführt wird. Nicht einmal Orson Welles' geniale filmische Bearbeitung des Themas in „*F for Fake*" (1974) mit den besonders erhellenden Sequenzen über den Großfälscher Elmyr de Hory hat bei unseren Feuilletonisten, Staatsanwälten und Sammlungsdirektoren gefruchtet, obwohl mit der Verwendung des Begriffs Fake ja bereits die Qualität bezeichnet wird, durch Eingeständnis der Falschheit auf Wahrheit bezogen zu sein. Offenbar hat sich auch der Begriff der originären Fälschung trotz entsprechender Ausstellungen (zuletzt die lebensgroßen Terrakottafiguren aus der Armee des ersten chinesischen Kaisers im Hamburger Völkerkundemuseum) nicht durchgesetzt. Hängt dem Problem immer noch seine Entstehungsgeschichte in Antike und früher Neuzeit nach, als man nicht auf eigenes Urteil nach persönlichem Augenschein vertrauen konnte, sondern dem Hörensagen ausgeliefert war? Aber damals ging es im wesentlichen um Vortäuschung eines behaupteten Materialwerts wie dem von Gold oder Silber oder hochwertigen Stoffen, den man einem Käufer in betrügerischer Absicht vorenthalten wollte.

Die ewige Wiederholung der gleichen Einwände gegen die Anerkennung von Fälschungen als besonderen Leistungen der Künstler ist umso unverständlicher, als sich inzwischen herumgesprochen haben dürfte, daß sich Expertenurteile über Zuschreibungen und Aberkennungen ohnehin im Laufe der kunstwissenschaftlichen Entwicklung ändern, zum Beispiel für das Œuvre von Rembrandt, ohne daß dabei irgendeine betrügerische Absicht oder ähnliches im Spiel wäre. Aber auch da gilt es, die Frage zu stellen, warum der jahrzehntelange Liebling der Rembrandt-Kenner wie der Rembrandt-Fans, der sogenannte „Mann mit dem Goldhelm" plötzlich an Wert und Interesse verlieren soll, bloß weil eine Expertenkommission ihn nicht mehr *in toto* Rembrandt persönlich, sondern einem Maler aus seinem Umfeld zuschreibt.

Hinterhofkunst gegen „Hofkunst":
Martin Warnke in schwerem Zweifel

Wenigstens bei Kennern wäre doch zu erwarten, daß der „Mann mit dem Goldhelm" jetzt umso interessanter ist, als er nicht nur Rembrandts Konzepte, sondern auch die eines zweiten Großmalers vom Range eines Rembrandt zu repräsentieren vermag. Sollten Museen, vor allem die für moderne Kunst, nach Café und Shop nun auch den Museumslimbo anbieten, in dem Betrachter ihre Dalí-Lieblinge, Rembrandt-Ikonen und Gauguin'schen Paradieszeugnisse im Bewußtsein von deren Falschheit anzuschwärmen hätten? Eine solche Einrichtung wäre nicht nur in Sachen der teuflischen Problematik echter Falschheit und falscher Echtheit wertvoll, sondern leistete auch kulturgeschichtliche Bildung der Besucher, nachdem am 20. April 2007 (!) ausgerechnet der deutsche Papst Benedikt XVI. mit der rückstandfreien Auflösung der tausendjährigen Institution Vorhölle/Limbo einen nicht unwesentlichen Teil von deren theologischer Bildung gestrichen hat.

Gerade die Könnerschaft, wie sie Fälscher demonstrieren, schien den Laien vom Teufel zu stammen, mit dem Künstler und andere Übermenschen ja bekanntlich gerne regelrechte Pakte abschließen. Zur teuflischen Macht gehörte eine schier unkontrollierbare Verwandlungskraft, vor der man sich in Sicherheit bringen sollte. Deswegen fühlte der Bürger sich verpflichtet, nur Personen anzuerkennen, die niemand anderer zu sein vermögen, als sie tatsächlich sind. Wer hingegen bekundet, daß er beliebig anders könnte, verscherzt es sich offenbar mit dem Publikum, das angesichts eigener Kümmerlichkeit derart viele Optionen einer Person für teuflischen Schwindel halten muß.

Einen Höhepunkt der Auseinandersetzung um die erkenntnistheoretische Problematik von echten Fälschungen erlebten nach dem Zweiten Weltkrieg die Lübecker. Als man daran ging, die von Bomben schwer beschädigte Marienkirche am Marktplatz zu sichern und wieder herzustellen, entdeckte man entlang der Chorwände unterhalb des Dachs einige Fresken in sensationell gutem Erhaltungszustand, die man für romanisch hielt. Die Kunstwelt, Ordinarien der Kunstgeschichte, Mediävisten und Ministerpräsidenten pilgerten erwartungsfroh zur Anbetung der Kunstoffenbarung. Zur Feier der Vollendung der Restaurierung richtete man einen großen Festakt aus. Ganz hinten im Festsaal saßen die Handwerker und hörten, wie die Experten auf der Tribüne die einmalige Leistung eines mittelalterlichen Künstlers priesen und die Kirchenvertreter sich über die kulturelle Bedeutung menschlicher wie göttlicher Schöpferkraft ergingen. Schließlich erhob sich einer von den billigen Plätzen und bekannte, daß er sich sehr gewürdigt und geehrt fühle, nach so einer Vergewisserung seines Könnens durch die anwesenden Kapazitäten. Er danke ergebenst, denn er sei der geniale Schöpfer dieser Fresken und heiße Lothar Malskat.

Naturgemäß verschwand Malskat für längere Zeit hinter Gefängnisgittern. Er konnte nie nachvollziehen, warum dieselben Kunstwissenschaftler, die zuvor die entdeckten Arbeiten in höchsten Tönen gepriesen hatten, von dem Augenblick seines Bekenntnisses an ihnen jede Bedeutung absprachen. Leider haben die Experten, um ihre Blamage vergessen zu machen, das Malskat'sche Werk eines romanischen Großmeisters mit Hilfe ebenso ahnungsloser Staatsanwälte, Richter und der üblichen Beteiligten an Großtaten von Dummheit verschwinden lassen.

Bloß dumm aus Geltungssucht und Habgier führten sich die Herren jenes Sterns auf, der sich gerne als Logo unnachgiebiger Gesellschaftskritik vermarktete, als sie Hitlers Tagebücher entdeckten und publizierten. Der Fall ist wirklich nur strafrechtlich und psychopathologisch anzugehen, weil jeder halbwegs Kundige umstandslos die Fälschung aufdecken konnte. Aus dem Fall ist nichts Erkenntnisstiftendes zu holen, da Konrad Kujau nur ein gering begabter Fälscher und ein noch weniger befähigter Faker war. Zu seiner Ehrenrettung könnte man die Hypothese wagen, sein reines Gemüt habe die Selbstrechtfertigung sabotiert, er, Kujau, habe ja nur spielerisch sein Können erproben und den Betrug anderen überlassen wollen.

Wenn ein Gemälde gelungen gefaket ist, dann handelt es sich um eine auf allen qualitativen Niveaus der Darstellung überzeugende Leistung, durch die die Frage nach der Ununterscheidbarkeit von Falschheit und Echtheit unabweislich wird. Wie ließe sich ein Unterschied zwischen einem fünfhundert Jahre alten und einem nur fünfzehn Jahre alten Bild behaupten, wenn dieser nicht feststellbar ist? Die Fälschungsproblematik sollte mittlerweile für so grundlegend gehalten werden, daß man erfolgreiche, weil nur durch Selbstanzeige entdeckte Fälscher nicht mehr ins Gefängnis steckt, sondern auf Philosophielehrstühle beruft.

Kontrafakte

Nach den entwicklungspsychologischen Studien Jean Piagets ist bei Kindern mit viereinhalb Jahren das Bewußtsein perfekt ausgebildet. Ein Kind mit einem funktionstüchtigen Verstand trainiert ihn durch Lügen, da es offenkundig zwischen richtiger und falscher Wiedergabe von Sachverhalten und auch zwischen Wahrheit und Unwahrheit, zwischen Verpflichtung auf richtige Wiedergabe oder bewußtes Abweichen durch Erfindung von Varianten der Erzählung zu unterscheiden gelernt hat. Durch Erprobung seiner Kommunikation mit Erwachsenen erfährt das Kind, vor allem in moralischen Appellen, daß es bei bewußtem Lügen sogar besonders deutlich auf die Wahrheit bezogen bleibt. Das Kind trainiert seine Intelligenz, indem es die Eltern erfolgreich anzuschwindeln versucht. So erzählen Kinder phantastische Geschichten im Bewußtsein der Falschheit dieser Erzählung. Sie schildern ihre Erfindungen so, als trieben sie irgendeinen Schabernack. Doch das Kind spürt selbst: Je mehr die eigene Erzählung so klingt, als ob sie wahr wäre, desto faszinierender wird sie. Man muß immer wieder betonen, daß die erzählerische Erfindungsgabe von Kindern ein Ausweis für eine gesunde Entwicklung von deren Bewußtsein ist. Die Kinder müssen darin geradezu unterstützt werden, denn Bewußtsein beruht prinzipiell auf einer Differenzerzeugung, in diesem Falle der Differenz von Wahrheit und Erfindung, obwohl beide Erzählungen nach den gleichen Argumentationsmustern vorgetragen werden müssen. Es stehen sich zwar Richtigkeit und Falschheit, aber nicht Wahrheit und Lüge gegenüber; vielmehr ist die Lüge bereits als Ausbildung von Bewußtsein der Differenz zwischen Tatsachen- und Fiktionswiedergaben zu verstehen.

Wenn man in diesem Sinne Lügen bereits als einen Erkenntnisvorgang auffaßt, sollte man auch begrifflich dem entsprechen, zumal das Lügen immer noch als moralisch verwerflich und nicht als erkenntnistheoretisch erhellend gewertet wird. Da bietet sich – analog zum Fake als drittem Objektstatus zwischen originärem Kunstwerk und Fälschung in krimineller Absicht – ein dritter Aussagenstatus zwischen Richtigkeit und Falschheit beziehungsweise zwischen überprüfbarer Aussage als Wahrheit und unüberprüfbarer Aussage als Unwahrheit an, nämlich das Kontrafakt; das ist eine Aussage, die darauf abzielt, dem Urteilsschema Wahr – Falsch zu entgehen, indem man ausdrücklich auf die Ebene von persönlichen Überzeugungen und Glauben wechselt.[2] Wenn etwas als Kontrafakt präsentiert wird, kann man ihm nicht etwa mit der Unterscheidung von zutreffender und unzutreffender Wiedergabe entgegentreten, da eine Glaubensüberzeugung zwar opportunistisch vorgetäuscht sein mag, aber per Definition als ein Jenseits der Rationalität nicht durch Verweis auf unzutreffende Wiedergabe von Sachverhalten erledigt werden kann.

Wenn hingegen die Eltern den Vortrag eines Märchens nach eigenem Gusto abwandeln, werden die Kinder sofort stutzig und insistieren auf einer Wiedergabe des „wahren" Textes in seinem ursprünglichen Wortlaut. Das Kind drängt also darauf, die Eltern auf nicht variierbare Wiedergabe als Wahrheit zu verpflichten, selbst wenn es um die Wiedergabe von Märchen, also von Fiktionen geht. Damit sichern sich die Kinder eine neue Ebene der Bewertung von Aussagen: die der Souveränität oder Autonomie des Sprechenden – also auch ihrer eigenen Autonomie als Sprecher, nämlich selber über die Bewertung von Wahrheit und Unwahrheit, von Nachprüfbarkeit und Nichtnachprüfbarkeit beziehungsweise von Kontrafakt und Fake zu entscheiden.

Kleine Köstlichkeit

Ein wunderbares Beispiel für die Implikationen des Fakens im Alltag bietet sich unter einigen heutigen Jugendlichen. Sie haben ihre Umwelt daran gewöhnt anzunehmen, daß sie kleine Angeber seien, die sich mit chinesischen Billigkopien teurer Rolex-Uhren an den Handgelenken dicke tun wollen. Auf Grund dieser Einschätzung der Erwachsenen ist es für sie der sicherste Weg, eine gestohlene oder als Hehlerware besorgte echte Rolex durch ostentatives Tragen zu verstecken.

Ihre Urteilssouveränität demonstrieren Jugendliche durch den Gebrauch von Fakes, um sich den präpotenten Erwachsenen der Generation ihrer Eltern überlegen zu zeigen, gerade weil sie von ihnen immer noch unmittelbar abhängen. Haben sie nicht recht, wenn sie sich über Zeitgenossen mokieren, die dumm genug sind, echte Klunker spazierenzuführen – dumm, weil sie nicht damit rechnen, daß das geradezu eine Aufforderung zur Beraubung mit riskanten Folgen sein kann und andererseits dem Eingeständnis gleichkommt, man sei nur eine kümmerliche Figur, die es nötig hat, sich durch Luxusplunder statt durch Witz und Können bemerkbar zu machen? Wenn Jugendliche derartige Souveränität zeigen können, warum herrscht dann zwischen ihnen der alltäglich die Zeitungen füllende Kampf um Markenklamotten, Handys, MP3-Player als Statussymbolen? Zum einen deswegen, weil die Unterhaltungsindustrie diesen Jugendlichen von Kindesbeinen an durch tausendfaches Wiederholen derselben Brutalomuster einbläut, sie müßten gerade in den Käfigen der Raubtiergesellschaft ihr Überleben trainieren, indem sie sich durch Nachahmung der Brutalitäten gegen jede Zumutung feien, als Opfer prädestiniert zu sein. Zum anderen hört man in den Medien täglich von den Statuskriegen, weil man die Berichte so glaubwürdig erfinden kann und dadurch nicht genötigt wird, zutreffend über Ausprägungsformen von Jugendkultur zu berichten, und man hört wenig von denen, die zutreffen. Zutrifft nämlich, daß es gerade keine Jugendkultur gibt, daß längst die grandiose Erfindung der Kindheit rückgängig gemacht wurde und daß sich diese Gesellschaft jede Art Pädagogik als erzieherisches Einwirken verbittet. Denn Kinder und Jugendliche definieren sich für die Gesellschaft ausschließlich durch die Kaufkraft, über die sie verfügen. Wir sind wieder zurück im Mittelalter, wo man Kinder von Erwachsenen nicht unterschied, sondern über sie als Wirtschaftsfaktoren ohne jede Rücksicht auf Psyche und Geist wie auf körperliche Entwicklung verfügte. Wer sich heute dennoch als Jugendlicher jenseits von moralischer Bigotterie des Jugendstrafrechts und des Jugendschutzes entwickeln kann, wird sich als brillanter Faker und Kontrafaktler bemerkbar machen.[3]

Schwindel als Kulturleistung

Wir versammeln an unserer Schinkel'schen Fake-Wand einige anschauliche Beispiele für die Annahme, Menschen seien von Natur aus Mängelwesen (Arnold Gehlen), deren Defizite kulturell kompensiert werden müssen. Oder anders gesagt: Sind Glasaugen, künstliche Wimpern, Brillen, Silikonbrüste und falsche Zähne nicht Anzeichen dafür, daß Kultur im wesentlichen durch das Angebot definiert wird, natürliche Mängel oder erlittene Beschädigungen zu ergänzen oder auszugleichen? Selbst vermeintliche Eitelkeiten, also das Bedürfnis nach Optimierung, Perfektionierung, Idealisierung, sind kulturell vermittelt. Das heißt, in erster Linie wünscht man Tränensackentfernung, Plattenbepflanzung, Zahnkorrektur, Brustvergrößerung oder Bauchstraffung nicht aus Jux und Dollerei, sondern weil daran Attraktivität als Mitarbeiter, als Partner und sogar die Verpflichtung auf ein positives Selbstverständnis gekoppelt sind. Dabei verweisen uns diese Ergänzungsversuche auf die spannende Frage, wann eine solche Kompensation von Mängeln durch Prothesen gelingt und wann nicht. Gerichte müssen ja nicht nur klären, ob etwa Schönheitschirurgen nach allen Regeln ihrer Kunst vorgegangen sind oder sich etwa Schlamperei vorwerfen lassen müssen. Wirklich interessiert ist der Richter erst bei der Sache, wenn es um die Frage geht, ob eine Reihe perfekter Zähne als Gebiß oder Implantat oder eine geradezu bilderbuchartig geformte Brust nicht gerade als mißlungener Versuch bewertet werden müssen, einen empfundenen oder tatsächlichen Mangel zu beheben. Denn jeder erkennt zu perfekte Körperformen von vornherein als unnatürlich, und dann als abstoßend, wenn deren Träger so tut, als zeige er seine natürliche Ausstattung, um mit diesen Idealmaßen einen Vorteil anderen gegenüber zu erreichen. Seit gut fünfzehn Jahren wird der Richter Chirurgen und Patienten ermahnen, sich von vornherein darauf zu einigen, daß es nicht um die Perfektionierung und Idealisierung der ursprünglichen Ausstattung gehen darf, die immer als Fälschung erkannt werden wird, sondern um Fakes. Ein gefaketes Gebiß wirkt absolut natürlich, wenn es Irregularitäten und Defekte offen zeigt. Denn als natürlich wird nur verstanden, was nicht ideal oder optimal ist.

Pia fraus

Auch anderen Klägern wird der Richter seit einem Jahrzehnt einen Weg zur Eröffnung der Einsicht in ihren Klagegrund bieten, der aus der Sache hervorgeht und nicht durch die von außen kommende Entscheidung eines Gerichts bestimmt wird. Da gibt es Leute, die wollen ihr Geld zurück, das sie einem Reiseveranstalter zahlten, weil sich vor Ort herausgestellt habe, daß das gebuchte Hotel nicht so aussah wie im Prospekt und daß es überhaupt einen immer wieder schmerzlich bemerkbaren Unterschied zwischen den Prospektangaben und der Realität gegeben habe: der Strandsand sei nicht weiß, sondern grau gewesen, das Wasser nicht blau, sondern hellgrün, die Palmen nicht österlich frisch, sondern verstaubt und matt, usw. usw. Der Richter wird milde lächelnd die Klage wegen Prospektbetrugs abweisen, nachdem er festgestellt hat, daß die Kläger mit Fernsehen aufgewachsen seien, selber über Photoapparate und Videokameras verfügten und sogar auf ihrem PC ein Paintbox-Programm hätten, mit dem eingespeiste Photos bearbeitet werden können. Wer solche Ausbildung erfahren habe,

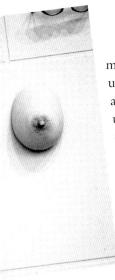

müsse wissen, daß Prospekte, Nahrungsmittelverpackungen oder Modeanzeigen in ausdrücklicher Weise auf die ästhetische Differenz zwischen einer Sache und ihrer bildlichen Darstellung ausgerichtet sind, denn deswegen finden sie unsere besondere Aufmerksamkeit. Selbst beim besten Willen und Bemühen läßt sich eine symbolische Repräsentation nicht in hundertprozentige Übereinstimmung mit ihrem realen Bezug bringen. Niemand käme auf die Idee, die Bilder von Nahrungsmitteln mit den Nahrungsmitteln selbst identisch zu setzen, weil man schließlich Bilder nicht essen, sondern nur wahrnehmen und bedenken könne (es sei denn, man komponiert die Nahrungsmittel selber zu einem Bild). Auch fiele es niemandem ein, sich darüber zu beschweren, daß er durch Kauf eines Anzugs nicht das Aussehen des entsprechenden Models auf der Anzeige des Herrenausstatters miterwirbt. Der Richter wird die Kläger sogar nachdrücklich auf ihre Eigenverantwortung verweisen, mit Werbeprospekten oder Modeanzeigen kritisch umzugehen, nicht nur, weil sie Erfahrungen mit ihrer natürlichen Täuschbarkeit gemacht hätten oder wüßten, wie leicht man sich irrt und den Wunsch zum Vater der Entscheidung werden läßt. Kritik am Augenschein wird verlangt und ist ermöglicht durch die Erfahrungen, die alle Zeitgenossen mit Bildgebungsverfahren vom Photo bis zum Computer machen.

Nur das erkannte Falsche ist als solches noch echt

Gravierenden Mängeln ausgesetzt zu sein, gehört zur menschlichen Erfahrung des Alterns. Man erlebt den Verlust der Zähne und die Vermehrung von Krankheiten und anderer Leiden. Unsere Ethiken verbieten, die Wahrnehmung von derartigen Mängeln in unsere Einstellung zu und unser Urteil über andere Menschen eingehen zu lassen. Dennoch kann sich niemand vor der Beeinflussung seiner

Haltung durch derartige Wahrnehmungen schützen. Er muß vielmehr wissen, welche ausdrückliche Leistung er aufbringen muß, um sich in seinem Verhalten vom natürlichen Widerwillen gegen Ausscheidungen im Umgang mit hilfebedürftigen Menschen nicht beeinflussen zu lassen. Das kann niemandem wunschgemäß gelingen. Man versucht dann, mit gewisser Übertreibung seiner Hinwendung sich gegen seine natürlichen Vorurteile zu wehren. Niemand wird dieses Verhalten als eine unstatthafte Verstellung bewerten. Im Gegenteil, man stützt diese Reaktion sogar ausdrücklich durch das ethische Konstrukt eines Verhaltens-Fakes mit dem Namen *pia fraus*, fromme Lüge. Zu ihr sind Eltern gegenüber Kindern, Ärzte gegenüber ihren todgeweihten Patienten und Priester gegenüber verzweifelten Gemeindemitgliedern geradezu verpflichtet.

Was im Sozialen als fromme Lüge gilt, heißt im Bereich der Künste Huldigung an den bloßen ästhetischen Schein. Wie das? Geht es der Kunst nicht gerade um das Wesentliche anstatt um die gehübschten Oberflächen? Es gibt eine Malereigattung des 17. Jahrhunderts, in der man sich der Kunst der Vorspiegelung mit höchster Meisterschaft widmete. Ihr Name *Trompe-l'œil*-Malerei gibt bereits die Zielrichtung der Wirkung vor, nämlich die Augen zu täuschen, aber in der Absicht, aus der bewußten Täuschung eine Erkenntnis zu gewinnen. Die Augentäuscherbilder schaffen sich die Bürger der Niederlande vor allem an, um ihre relativ kleinen Stuben mit der visuellen Simulierung zum Beispiel einer ziemlich hohen und breiten Schrankvitrine attraktiver zu machen. Die Vitrine war so gemalt, daß der Betrachter glaubte, tatsächlich ein Möbelstück im Zimmer zu sehen, zumal der Eindruck perfektioniert wurde durch das Ausarbeiten einer Unzahl von Details. Lichtspiegelungen im Vitrinenglas weisen zum Beispiel deutliche Differenzen in der Sichtbarkeit von Objekten im Innern der Vitrine und solchen, die am äußeren Rahmen angebracht sind (Merkzettel, Briefe, Etuis …), auf. Sobald der Betrachter im Raum aber merkt, daß er keinen realen Schrank vor sich hat, sondern eine Simulation, wird er zu der erkenntnisstimulierenden Erfahrung geführt, daß ein visueller Eindruck und das begrifflich gefaßte Wissen in Spannung zueinander treten.

Um diese Einsicht zu gewinnen, zogen wir als Kinder das Erlebnis vor, auf einem in die Ferne führenden Eisenbahndamm die beiden Schienenstränge sich noch vor dem Horizont vereinigen zu sehen, obwohl wir gerade in der Schule gelernt hatten, daß Parallelen sich erst im Unendlichen treffen. Und was ist der Gewinn, warum gab man (und gibt man) viel Geld für das Getäuschtwerden aus? Sehr einfach! Sobald jemand seiner Täuschung gewahr wird, enttäuscht er sich ja. Ihm geht ein Licht auf. Das heißt, er wird aufgeklärt durch die Erfahrung, in ein und demselben Augenblick die Täuschung zu genießen und sie als solche zu durchschauen. Das ist der Kern der Arbeit, die man im Europa des 18. Jahrhunderts entweder Aufklärung oder *enlightenment* oder *siècle des lumières* nannte. Im Theoriegelände präsentieren wir aus der Sammlung Brock ein Großphoto von dem Berliner Künstler Michael Wesely. Es kommt, wie häufig bei Wesely, durch extreme Langzeitbelichtung zustande. Wesely zieht die Konsequenz aus Überlegungen Warhols, der Photos mit der Filmkamera und Filmsequenzen als stehende Bilder gegenüberstellte (stundenlange filmische Aufnahme ein und desselben Objekts). Wesely vereinigt Photo- und Filmtechnik; dauert ein Fußballspiel neunzig Minuten, eine Rede zwei Stunden oder ein Neubau acht Monate, dann wählt er bei stehender Kamera entsprechend lange Belichtungszeiten von neunzig Minuten, zwei Stunden oder acht Monaten. Dabei stellt sich ein Effekt ein, der es mit den subtilsten Wirkungen der *Trompe-l'œil*-Malerei aufnehmen kann: das vermeintlich Interessante der photographierten Vorgänge, die Ereignisse, verschwinden aus dem Photobild, die statische Objektwelt tritt umso prägnanter hervor – ein Effekt, den Gottfried Benn literarisch in seinen statischen Gedichten zu erzeugen versuchte; Wesely bringt die einzigen angemessenen Entsprechungen zum Benn'schen Programm unter der Voraussetzung, daß man den in jeder Hinsicht ereignisbewegten Herrn Benn als großartigen Rezitator erinnert und stets ungläubig, aber tatsachenkonform vor Wesely imaginiert, was tatsächlich photographiert wurde, aber gerade dadurch auf den Bildern nicht zu sehen ist. Ist das nicht ein extrem gelungener Beweis, daß das Falsche als erkanntes und gewußtes Falsches gerade darin wahr ist?

Um mehr zu sein, als man scheint,
muß man mehr scheinen.

Mehr Scheinen als Seinen

Friedrich Nietzsche entdeckte, daß dem preußischen Wahlspruch „Mehr Seyn als Scheinen" erst entsprochen werden kann, wenn man mehr zu sein scheint, als man ist. Logo! Unsere Schinkel'sche Wand verweist auf das Prinzip der Entwicklung ästhetischen Scheins als Kompensation von Defiziten. Preußen war anfänglich ein äußerst ärmliches Land, das sich für seine repräsentativen Bauten kein teures Baumaterial leisten konnte. Preußen, besser gesagt, die Streusandbüchse Brandenburg, war eine Wüste, die Sumpfinseln umschloß. Man lebte wie die Wüstenvölker in realer Konfrontation mit dem Nichts und mußte seinen Gott mit ähnlich radikaler Strenge behaupten wie das Volk Mose. Trotz allen rigiden Vorgehens gegen Gemütsweichheit, katholische Bilderseligkeit und das Blendwerk der Verzierungen offenbarte sich Gott nicht. Kein Wunder, daß man deshalb Gott als Preußen imaginieren mußte, weswegen es selbst den Intelligentesten nicht schwerfiel, die Könige als von Gottes Gnaden eingesetzt zu akzeptieren. Der vom König eingesetzte Generalbaumeister Schinkel entwickelte ein bis heute beispielhaftes Verfahren des Fakens, um den Mangel an Geld und damit an kostbarem Baumaterial zu kompensieren. Schinkel leistete Unglaubliches, nicht durch Vorspiegelung von Echtheit, sondern durch Ausstellung des Echten im Falschen, nämlich der Form- und Gestaltprägnanz noch im billigsten Material, das dadurch eine andere Anmutung erhält. Allein durch geschickte

Setzen von Fugen und die Proportion der durch die Fugungen vermeintlich sichtbar gemachten Steinplatten vermag Schinkel den Anschein zu erwecken, als ob sie, wie bei den reichsten Bauherren der Welt, aus den angesehensten Steinbrüchen angeliefert worden seien. Wir verbinden unsere Schinkel-Wand mit der Ikonographie des Mars-Tempels, die besagt, daß die römischen Bürger Krieg zu erwarten hatten, wenn sich die Tempeltür öffnete, hingegen Frieden herrschte, wenn sie geschlossen war. Unsere gemalte Türsimulation entwickelt insofern den *Trompe-l'œil*-Effekt, als keinesfalls eindeutig zu entscheiden ist, ob die Tür geschlossen oder geöffnet wird. Ist das nicht eine sinnfällige und deshalb kritikwürdige Darstellung der erzpreußischen Philosophie des geradezu vergötterten Strategen Clausewitz, der ein für allemal feststellte, Krieg sei die Fortsetzung der Politik mit anderen Mitteln und damit Politik zu treiben eine Kriegshandlung? Weshalb vornehmlich militärisch ausgebildete Herren in Preußen für die Politik prädestiniert erschienen. Selbst ein Bismarck trat am liebsten in Militäruniform auf, obwohl er weiß Gott höhere und andere Qualifikationen unter Beweis gestellt hatte als seine Bewährung im Militärwesen.

„Pyramide der Eitelkeiten"

Savonarola versuchte, mit einer geradezu sprichwörtlichen preußischen Sittenstrenge, Begriffs- und Programmgläubigkeit in Florenz das Reich Gottes auf Erden zu etablieren, dies fünfundzwanzig Jahre bevor Luther glaubte, durch die Lehre von den Zwei Reichen, dem Himmlischen und dem Irdischen, unsinnige Konsequenzen aus dem Mißverstehen kirchenväterlicher Texte unmöglich gemacht zu haben. Savonarola gehörte zu den Dominikanern, die sich in besonderer Weise zum Hüten

Dominanzgeste eines Dominikanermönchs

der christlichen Schäfchen berufen fühlten. Gefährdet waren die Schäfchen durch die Verführungen zu weltlichem Lebensgenuß, der sich in der Hingabe an betörende Musik, schöne Frauen, Völlerei und prächtige Palastausstattungen im Florenz der Medici manifestiert. Solche Degeneration konnte nicht lange gut gehen, weshalb Savonarola versuchte, noch rechtzeitig die Florentiner und die Menschheit vor dem Untergang zu bewahren, den nicht nur er mit der Herrschaft von Alexander Borgia und dessen Sohn als Papst und erstem Kardinal vorprogrammiert sah. Seine öffentlichen Strafpredigten und die Einschüchterungen der Bürger durch seine Geheimpolizei aus jungen Leuten überhöhte er durch ein öffentliches Spektakel auf der Piazza della Signoria.[4] Am letzten Karnevalstage des Jahres 1497 inszenierte er die erste unserer historischen Bücherverbrennungen als Auftakt zu einem gewaltigen Autodafé, dem er selbst am Ende zum Opfer gereichte. Auf Geheiß des gotteskämpferischen Asketen wurde der von führergläubigen Pimpfen aus Bürgerhäusern zusammengetragene eitle Plunder zu einer Stufenpyramide aufgeschichtet, die in zeitgenössischen Quellen so beschrieben wird:

„Unten zunächst waren Larven, falsche Bärte, Maskenkleider u. dergl. gruppiert; drüber folgten die Bücher der lateinischen und italienischen Dichter, unter andern der Morgante des Pulci, der Boccaccio, der Petrarca, zum Teil kostbare Pergamentdrucke und Manuskripte mit Miniaturen; dann Zierden und Toilettengeräte der Frauen, Parfüms, Spiegel, Schleier, Haartouren; weiter oben Lauten, Harfen, Schachbretter, Triktraks, Spielkarten; endlich erhielten die beiden obersten Absätze lauter Gemälde, besonders von weiblichen Schönheiten, teils unter den klassische Namen der Lucretia, Cleopatra, Faustina, teils unmittelbare Porträts wie die der schönen Bencina, Lena Morella, Bina und Maria de'Lenzi."[5]

Die Pyramide der Eitelkeiten ging in Flammen auf und prägte sich als Typologie des Scheiterhaufens ins kollektive Gewissen ein. Uns interessiert an diesem Vorgang der theokratisch inspirierten Zerstörung von Literatur, Kunstwerken und Damenunterwäsche die Tatsache, daß immer wieder in der Geschichte eben jenes Flitterwerk den Anlaß zu ernsthaften und gewaltsam ausgetragenen Kulturkonflikten bietet. Wie zu Zeiten Savonarolas kann auch heute ein mehrdeutiges Bild oder ein ketzerisches Buch als fatales Distinktionsmerkmal für kulturelle Zugehörigkeiten und damit als Begründung für repressives und gewaltsames Vorgehen dienen. Ein Beispiel aus dem Lustmarsch-Jahr sei deshalb erwähnt: Im März 2006 kam die Meldung aus Indonesien, daß dort fürderhin das Aufführen oder Abspielen von Beethoven strengstens untersagt sei und sogar mit Gefängnishaft bestraft werde.

Ein Beispiel für heutige kleinbürgerliche Savonarolas in ihrer rigid fundamentalistischen Ausprägung bietet vorzüglichen Anlaß, das Risiko der Orientierung auf die Echtheit des Falschen, also die Fake-Strategie im Alltag zu bedenken. Ein gar nicht mehr so junger Bursche wurde angeklagt, auf der Straße eine Frau belästigt zu haben, die nach seiner Meinung allen öffentlich verbreiteten Bildern von Huren entsprach, nämlich Minirock bis zum Schritt, gepushte, halb entblößte Brüste, Stöckelschuhe, Netzstrümpfe, blondierte Haare, Lippen knallrot, die Augen tiefschwarz umrandet. Es war ihm bis dato nie der Gedanke gekommen, daß eine Frau, die sich wie eine Hure gibt, sich nicht auch als eine solche versteht und präsentiert. Und zwar nicht nur dann, wenn sie, wie in diesem Falle, zu einer Laientheateraufführung bereits kostümiert, die Straße querte. Theaterkostüme gehören ja zu den klassischen Fakes und immer schon hat man diejenigen Schauspieler bewundert – und mit Brecht sogar als die größten gepriesen –, die ihrem Publikum ganz offen signalisieren, daß sie ganz berufsmäßig, persönlich unbeteiligt, bloß eine Rolle spielen, zum Beispiel einen König Lear. Offensichtlich aber erzielen sie gerade dadurch eine Wirkung, wie sie nur durch die reale Anwesenheit der dargestellten Figur eigentlich vorstellbar ist.

Die Fake-Philosophie in nuce

Der Kern der Fake-Philosophie ist in folgendem Witz über das Konzentrationslager, den eigentlich nur Juden würdigen können, enthalten:
     Zwei deutsche Akademiker kämpften als Offiziere im Ersten Weltkrieg Seite an Seite. Der eine war Jude, der andere nicht, oder, nach Wagners Typologie, der eine war „undeutsch". Der Undeutsche zog den Deutschen bei einem Granatenangriff aus der Gefahrenzone, schleppte ihn zum Verbandsplatz und rettete ihm damit das Leben, ohne daß er erfahren hätte, wie und mit welchen Folgen der Kamerad verwundet worden war. Nach 1939 begegnen sich die beiden wieder, der deutsche Offizier als Lagerleiter eines KZs und der undeutsche Offizier als KZ-Insasse. Die Situation ist für beide hochnotpeinlich. Der Lagerleiter bietet an: „Wenn du mir sagen kannst, welches meiner Augen falsch ist, lasse ich dich laufen. Denn ich habe damals in der Schlacht ein Auge verloren. Die besten jüdischen Augenärzte Berlins habe ich aufgesucht. Sie haben tadellose Arbeit geleistet. Bisher hat kein Mensch feststellen können, daß ich überhaupt ein Glasauge trage. Nun frage ich dich: Welches ist das falsche – und wenn du das richtige Auge errätst, lasse ich dich laufen!" Der Angesprochene reagiert nach einem langen Blick in die Augen des Gegenübers: „Das linke Auge, Herr Kommandant." Der ist perplex: „Es ist tatsächlich das linke, – aber wie bist du darauf gekommen?" Der Jude antwortet bescheiden: „Es war ganz einfach, Herr Kommandant, das linke Auge blickt so gütig."
     Diese Pointe ist Aufklärung vom besten, da sie erweist, was mit dem Kriterium der Echtheit eigentlich gemeint ist: Die Fälschung ist das eigentlich Wahre! Nur das gefälschte Auge wirkt menschlich und daher echt.

ANMERKUNGEN

1   Die „Frankfurter Allgemeine Zeitung" vom 14. Dezember 2007 berichtet über die Festnahme des 47 Jahre alten Kunstfälschers Shaun Greenhaulgh und seiner über 80-jährigen Eltern. Sie hatten Experten des Art Institute of Chicago von der Echtheit einer Gauguin-Skulptur überzeugt und das British Museum zum Ankauf ihrer Fälschung bewegt: „Der Betrug flog auf durch einen Rechtschreibfehler in der Keilschrift auf einem assyrischen Relief (...) die Polizei fand bei der Durchsuchung der Sozialwohnung der Familie eine veritable Höhle Aladins, voll gestopft mit Materialien, Werkzeugen und gefälschten Kunstwerken (...) während Fälscher sich gewöhnlich auf ein Fach spezialisieren, schien Shaun Greenhaulgh alles zu beherrschen, von altägyptischer Skulptur über römisches Silber und keltischen Schmuck bis hin zu Landschaftsgemälden der verschiedensten Epochen und einer Barbara-Hepworth-Plastik. Der Gesamtwert des Greenhaulgh-Schatzes wird von der Polizei auf 10 Millionen Pfund geschätzt. Womöglich gibt es Objekte aus dieser Herstellung, deren tatsächliche Provenienz niemals aufgedeckt werden wird."
2   siehe Kapitel „Kontrafakte – Karfreitagphilosophie – Die Gottsucherbanden – Der Faschist als Demokrat"
3   Brock, Bazon: Fake – Fälschung – Täuschung. In: ders., 2002, S. 577 ff.
4   Fra Girolamo Savonarola in der Darstellung Luca Landuccis. Bd. I. Ein florentinisches Tagebuch. 1450-1516. Nebst einer anonymen Fortsetzung. 1516-1542. Köln, Düsseldorf 1978.
5   Burckhardt, Jacob: Die Kultur der Renaissance in Italien. Ein Versuch. Hg. v. Walther Rehm. Hamburg 2004, S. 517.

Neue Kathedralen

Fininvest
Gott
Müll

Modelle für Kathedralen des Mülls vor Kunst von Büttner; in der Mitte Kunst als Kakophonie nach A.H.

Fininvest – Gott und Müll

Der „Atompilz, das Gehirn am Stengel", verehrter Peter Rühmkorff, garantiert Ewigkeit: Gott ist nicht mehr eine Frage des Glaubens, sondern Synonym für den Begriff der Endlagerungssicherheit. 15.000 Jahre Kulturdauer (kleinste Halbwertszeit) hat bisher keine Macht garantiert, aber wir. Wir bauen Kathedralen für den strahlenden Müll mitten in unsere Städte. Das Containment erproben die Museen, die Rituale entwickeln Performance-Künstler, die Liturgien entnehmen wir der Beteiligung an der universitären Selbstverwaltung. Winfried Baumann fertigt neue Modelle für die Kathedralen am Breitscheider Autobahnkreuz, Weinbrennerplatz in Karlsruhe und Düsseldorfer Kö-Teich. Wir bieten Tempelverkleidung für Müllwagen und Ritualgewandung für Müllmänner. Berlusconi macht klar: Kapitalismus ist Fininvest – so nannte er die Dachfirma seiner Unternehmungen. Die Auferstehung durch Untergang war und ist die probate Ideologie der Apokalyptiker; gnostisches Denken beherrscht die moderne Kunst. Also: Investieren wir freudig in unseren Untergang!

Im Theoriegelände präsentieren wir ein Gemälde des Künstlers Werner Büttner, das den Titel „Kottafel mit Spiegel und Spiegelung" (1985) trägt. Die Kottafeln sind als unterscheidbare Farbfelder mit gewissem Anschein von Plastizität zu identifizieren. Zwischen ihnen ist ein ausgefranstes schwarzes Quadrat innerhalb des Rokoko-Rahmens eines Spiegels zu erkennen, das eine Vielzahl von Interpretationen erlaubt. Eine mögliche Auslegung hebt ab auf drei prominente Bärtchen-Pantomimen mit jeweils unterschiedlich geartetem Führungsanspruch, die allesamt Sprößlinge des Jahrgangs 1889 sind – Charlie Chaplin, Martin Heidegger und Adolf Hitler. Letzterer, der „GRÖVAZ", der „größte Vermüller aller Zeiten", dekretierte im Anschluß an Kaiser Wilhelm II.:

„Was Kunst ist, bestimme ich!"[1]

Hitler verlangte die Entscheidung für eine der vielfältigen Stilrichtungen der Moderne („heute Expressionismus, morgen Fauvismus, dann wieder Dadaismus oder Kubismus ...") als verbindlicher Kunstbewegung. Auf die von Hitler gegeißelte *Kakotheoria* diverser Kunstrichtungen spielt der Künstler Büttner mit seinen malerischen Kottafeln an. Bei seiner persönlichen Bewertung von Kunst konnte sich Hitler auf die allgemein akzeptierten Auffassungen unter der deutschen Professorenschaft stützen, die schon Jahrzehnte vor dem Dritten Reich zu bestimmen suchte, welche Werke als „heil'ge deutsche Kunst" zu gelten hätten (siehe Richard Wagners feierliches Finale von „Die Meistersänger von Nürnberg").

Was man uns heutzutage permanent als „typisch nationalsozialistische" Denkerei, Schreiberei und Bildnerei vorhält, zuführt und als Nazi-Unsinn stigmatisiert und damit zu bannen hofft, verdankt sich in so gut wie allen Fällen entweder exquisit gebildeten Gelehrten oder höchst kultivierten Großkünstlern des 19. Jahrhunderts, die mit den „Waffen der Begriffe" in die mit der Nationalstaatbildung anhebenden Kulturkämpfe gezogen waren. Die seit 1872 vorherrschenden Ideologien in Wissenschaft und Kunst garantierten dem Führer des Nationalsozialismus und seinen Parteibonzen schlichtweg ihren Erfolg. Hitler nutzte nicht nur geschickt den seit Anfang des 19. Jahrhunderts ausgerufenen Primat deutscher Nationalkultur, sondern verwendete für seine politischen Propagandafeldzüge auch die wissenschaftlichen Belege zur Evolution der Rassen, die er zu einer Weltanschauung überhöhte. Zur Abgrenzung der sogenannten „Nazikunst" von anderen Kunstrichtungen setzte er ab 1937 den Begriff der „Entarteten Kunst" durch. „Entartung" ist, wie nahezu alle anderen kulturpolitischen Kampfbegriffe der nationalsozialistischen Bewegung auch, keine genuine Erfindung von Theoretikern der faschistischen Weltanschauung, sondern so alt wie die Moderne selbst und wurde keineswegs nur zur Verfemung der Werke jüdischer Künstler angewandt.

Die Genese dieses Begriffs läßt sich bis ins 19. Jahrhundert zurückverfolgen. Er bezieht sich auf die evolutionsbiologische Bestimmung von Degeneration als Anhäufung unvorteilhafter Erbmerkmale. Es war jedoch nicht ein Nazi-Chefideologe, sondern ein deutscher Jude, ein Arzt und Schriftsteller namens Simon Südfeld, der unter dem „aufgenordeten" Namen Max Nordau den aus der Biologie und der Medizin stammenden Entartungsbegriff für die Künste aktivierte und 1892 den späteren Kampagnebegriff der „Entarteten Kunst" in seinem Werk „Entartung" in die Öffentlichkeit trug.[2]

Während man zu Zeiten des Kaiserreichs noch im Furor hochfliegender Spekulationen über den Fortschritt der Menschheit schwelgte, setzten im Dritten Reich euphorische Nazis Ideen und Utopien der optimalen Artung durch. Bezeichnend für Faschismus und Nazismus ist die rücksichtslose Erzwingung einer Realität aus Vorstellungen und Begriffen. Diese Regimes entfesselten die Potentiale geistiger Arbeit des 19. Jahrhunderts, die als Anweisungen für das konkrete Handeln, vor allem aber als kulturalistische Letztbegründungen für Welterlösungsentwürfe ausgelegt wurden – Entwürfe mit den Programmnamen „Der Neue Mensch", „Die Klassenlose Gesellschaft", „Das Parteienlose Parlament". Aber die großen Konstrukteure von Ideenwelten wie auch die Destrukteure, das heißt die durch Zerstörung Schöpferischen, haben mit ihrem aggressiven Programm „Erlösung durch Untergang" immerhin die Erfahrung belegt, daß selbst radikalste Vernichtungsversuche die Gegebenheiten der Welt zwar fundamental verwandeln, jedoch nicht in Nichts aufzulösen, also zu annihilieren vermögen. So ergab sich für die Zerstörer ein doppelter Triumph: Sie konnten ihren Vernichtungswillen ausleben und auch noch damit rechtfertigen, daß die Welt nicht zu vernichten sei. Heute steht zur Debatte, ob die Glorie der Annihilierung immer noch strahle! Ulrich Horstmann hofft auf die Wirkkraft der nicht mehr menschlichen Vernunft, die „anthropofugale Vernunft", die auf die Selbstabschaffung des Menschen und seiner Welt durch den Menschen abzielt. Will man den großen Zerstörern und Vermüllern der Welt über den Befund hinaus, sie seien Psychopathen, zu entsprechen versuchen, dann damit, daß sie die Fraktion jener anführen, die die Größe des Menschen in seiner Widerspruchskraft gegen die

Natur, also in seinem Auslöschungspotential sehen. Die andere Hälfte der Menschheit rekurriert in Gestalt ihrer schöpferischen Genien auf die menschliche Kraft des schaffenden Hervorbringens. Die Funktion der Vermüller in der kulturgeschichtlichen Positionsbestimmung liegt also darin, der Allmacht der Schöpfungsphantasten die Allmacht der teuflischen Vernichtungsphantasien entgegenzusetzen. Für Weltfromme bestünde die Synthese beider Positionen in der Entfaltung einer realistischen Erfahrung von All-Ohnmacht.

Wissenschaftler und Künstler als Müllwerker

Unser theoretisches Anschauungsobjekt der Müllpresse präsentiert auf der einen Seite der Wand Sedimente in einer Vielzahl von Schichtungen, zwischen denen bei näherem Hinsehen auch Scherbenreste und kleinste Keramiken zu erkennen sind. Die Ansicht dieser erdgeschichtlichen Ablagerungen soll Heinrich Schliemanns Ausgangsmaterial, genauer gesagt, die Schichtung „Troja 14" simulieren. Der große Archäologe und Mitbegründer der „deutschen Ideologie" versuchte, sich in einem Gelände zu orientieren, dessen Koordinaten einzig einer rein gedanklichen Konstruktion entsprungen waren, nämlich der Lektüre der „Ilias" von Homer. Das Bedeutsame an der Entdeckung Trojas durch Schliemann war die Bestätigung, daß man nur einen fiktiven Text auf die

Erdbewertung als Archäologie

Wirklichkeit zu projizieren brauche, um nach Hegel'schem Muster zu einem großartigen Resultat zu gelangen. Auf eine knappe Sentenz heruntergebrochen, lautet das betreffende Motto frei nach Hegel: „Umso schlimmer für die Wirklichkeit, wenn sie nicht mit den Ideen übereinstimmt." Indem Schliemann sich auf die mythische Fiktion von Homers Dichtungen wie auf eine Anleitung zur buchstabengetreuen Erschließung der Geschichte einzulassen wagte, gelang es ihm nicht nur, die Wortwörtlichkeitsmethode weltwirksam werden zu lassen und die Trümmer Trojas auszugraben, sondern zugleich die Macht der Mythologien in der Gegenwart unter Beweis zu stellen.[3]

Die grundlegende Vermüllungswissenschaft, nämlich die Archäologie, stellt eine Entfaltung unseres wissenschaftlichen Denkens dar, mit deren extrem anspruchsvollem methodischen Rüstzeug es möglich ist, aus der neutralisierten Gestalt, dem chaotisch Gewordenen – und das heißt ja Müll – auf das Leben der Menschen, die diese Art von schöpferischer Vermüllung hervorgebracht haben, zurückzuschließen. Schöpferisch ist die Vermüllung deswegen, weil die prähistorischen Vorformen unserer Gemeinschaften nur noch in Gestalt des Mülls auf uns gekommen sind und aus dem Müll wiedergeboren werden. Kulturen haben allein durch die Tatsache überlebt, daß von ihnen Spurenelemente übrig blieben. Barbaren zerschlugen antike Skulpturen, sodaß sie nichts mehr wert waren und als Baumaterial verschont blieben vor weiterer mißbräuchlicher Bekämpfung. Die Zerstörung erwies sich somit als Chance des Überlebens. Jede historische Übermittlung ist Fragment eines ehemals gegebenen Ganzen als Artefakt einer geschaffenen Lebenswelt von Menschen, die ihr Fortleben durch diese Art einer Zerstörungs- und Vermüllungssystematik tatsächlich zu sichern vermochten.

Auf der Rückseite unserer Müllpresse sind Ablagerungen einer Großstadt der letzten sechzig Jahre zu sehen: Vom Trümmerbruch der unmittelbaren Nachkriegszeit auf der untersten Ebene bis empor zum höherwertigen Zivilisationsschrott sind die fragmentierten Rückstände unseres konsumeristischen Systems in Schichtungen des Mülls – einer Müllhalde, eines Müllberges –

abgelagert. Gerade das Kaputte beansprucht Interesse für sich, da es uns nicht nur das ziellos-zerstörerische Walten von Naturgesetzen und Schicksalsmächten vor Augen führt, sondern uns zur virtuellen Rekonstruktion eines nicht mehr real gegebenen Ganzen animiert. So verstanden ist unsere heutige Verpflichtung zur Mülltrennung eine Form der antizipierten Geschichtsschreibung, aus der sich die Suggestion einer geschlossenen Lebenswelt ergeben soll. Nur in den Fragmenten lebt der Impuls zur Rekonstruktion der einen, ganzen, heilen Welt, die als solche niemals und nirgends als im Müll sichtbar werden kann. Dieser Zusammenhang von Fragmentierung und suggestivem Zwang oder Illusion des Ganzen nannte der Kulturphilosoph Theodor Lessing (1872–1933) „Sinngebung im Sinnlosen". Geschichtsschreibung als Versuch der Menschen, Kontinuität in ihre Welterfahrung zu bringen, charakterisiert er deswegen als „Sinngebung des Sinnlosen".

Erdverwertung schreibt Geschichte.

Mit den ausgefeilten Methoden und Mitteln eines Müllwerkers sollte jedermann dazu befähigt werden, eine Kultur- oder Evolutionsgeschichte, also eine Sinnstiftung im Sinnlosen nach Kriterien des Unterscheidens im Ununterscheidbaren, also im Müll, zu begründen. Orientierung hierfür bieten unter den Müllwerkern von heute insbesondere Archäologen, Physiker und Museologen als Vertreter der zur Bedeutungsstiftung berufenen Wissenschaften, welche uns zeigen, wie die Dinge durch Unterscheidung nach Kriterien so voneinander zu trennen sind, daß sie durch das Unterscheiden wieder vergleichbar werden und damit Bedeutung erhalten.[4]

Die moderne Kunst hat an die Müllwerkerbewegung der Wissenschaften bei Zeiten Anschluß gefunden. Doch bis heute ist vielen Künstlern und Kunstbetrachtern der tiefere Sinn dieses Vorgangs verborgen geblieben, daß nämlich die Kunst des 20. Jahrhunderts vornehmlich als eine grandiose Verkörperung des Müllwerkgedankens aufzufassen sei.

Ein Künstler wie Dieter Roth hat sein Schaffen darauf ausgerichtet, uns auf Aporien zu verweisen, die sich aus dem Arbeiten mit Vermüllungsstrategien ableiten: Wenn ein Werk darauf abzielt, den Verwandlungsprozeß – etwa als Verdauung oder als Verwesung – zum Anschauungsthema zu erheben, hätte das die Konsequenz, daß das Werk sich im Maße seiner erfolgreichen Verwirklichung selbst aufhebt. Damit wäre die Wirksamkeit eines Werkes in seinem Verschwinden behauptet. Das Verschwinden des Werkes widerspricht aber den Gepflogenheiten des Kunstmarkts, der darauf bestehen muß, ein materiales Äquivalent für den Kaufpreis zu bieten. Also werden Besitzer von entsprechenden Roth'schen Werken Restauratoren beauftragen, die Aporie des Werkschaffens zu realisieren, nämlich zu sichern, daß der werkthematische Verfallsprozeß nicht an ein Ende kommen darf, sondern konserviert wird.[5]

Die gesamte Geschichte der Kunst nach Duchamp besteht auf der Möglichkeit, in ein Geschaffenes den Selbstwiderruf und die Selbstaufhebung unmittelbar einzubauen.

Weshalb haben Dieter Roth, Joseph Beuys, Kurt Schwitters, Jean Tinguely, Pablo Picasso oder Arman *e tutti eletti* als Künstler große Anerkennung erfahren, obwohl sie wiederholt mit der demonstrativen Geste „das ist alles bloß Müll" die Betrachter ihrer Werke provozierten? Die Künstler stellten nämlich mit ihren Werken selbst die Frage, was denn daran Kunst sein solle, mit Vermüllungen, Sprengungen, Zerstörungen, Müllagglomerationen, Zerfließen, Zerlaufen und Zerfallen von Materialien zu arbeiten. Die Antwort lautet: Man evoziere gerade dadurch die Stiftung von Sinnhaftigkeit – vorausgesetzt, man biete entsprechende Unterscheidungskriterien dem Publikum an, um so die Bewertung der Sinnstiftungsversuche zu ermöglichen.

Die Wertschätzung von künstlerischen Arbeiten als Vermüllung stößt jedoch schon deshalb an natürliche Grenzen, weil Kunstbetrachter oft nicht anerkennen wollen, sich selbst auf die gleiche Weise zu begegnen wie den Vermüllungswerken. Auch Luther, höchste Autorität des reinen Herzens, fand wenig Anerkennung für seine wahrheitsgemäße Feststellung, daß unser Leib nichts anderes sei als ein stinkender Madensack, will sagen, daß auch die Krone der Schöpfung nur Bestandteil des großen Metabolismus ist: die Welt ein einziger Verdauungsapparat.

Wer sich aber auf die Anleitung der Künstler einläßt, gewinnt die unbezahlbare Einsicht, daß der Wert der Werke – Kunst oder Körper – sich nicht aus ihrer objektiven materialen Substanz ergibt, sondern aus dem Umgang mit den Werken und Körpern[6]; letzteres fällt schwer, wenn man weiß, daß die Substanzen des menschlichen Leibes in jeder Drogerie für 18,90 Euro eingekauft werden können. Ein Grund mehr, bereits zu Lebzeiten den Müll wertzuschätzen; damit könnte man sich selbst auch als zukünftig ruinierter Person Bedeutsamkeit zugestehen – nicht nur mit Blick auf die postmortale Ausschlachtung kostbarer Rohstoffe, wie sie in Herzschrittmachern, Edelgebissen, Platinschienen enthalten sind. Vielmehr läßt sich Würde gewinnen durch den Beweis, daß ein so labiles Körperchen Träger geistiger Kräfte zu sein vermag, die das Aktionspotential des Leibes in schier unvorstellbarem Maße überbieten.

Vielleicht ist jedoch eine weitere, von Malern der Monochromie gebotene Herausforderung noch raffinierter als die der Anleitung zur Müllverehrung am eigenen Leibe. In der monochromen Malerei, etwa eines Robert Ryman, wird die allerhöchste Form der Unterscheidung im Ununterscheidbaren entwickelt. Vor Rymans Werken ist der Betrachter veranlaßt, die Unterschiede zwischen einem monochrom-weißen Bild in einem weißen Passepartout wahrzunehmen, das wiederum in einem weißen Rahmen auf weißer Museumswand installiert ist. Ein solches Kunstwerk mutet uns aufs Delikateste die Aufgabe des Unterscheidens im Ununterscheidbaren zu. Im Vergleich dazu ist unsere gesetzlich begründete Bürger- und Konsumentenpflicht, Papier, Plastik, Nahrung und Sondermüll zu trennen, weiß Gott recht plump und geistlos.

Fininvest –
Logik des apokalyptischen Denkens

In besonderer Weise konzentrieren wir uns in der Konstellation unseres Theoriegeländes auf den Synkretismus von Mülltheorien und Appellen zum Fininvest. Diese synkretistische Vereinheitlichung sehen wir in der Logik des apokalyptischen Denkens gegeben, die gerade nicht auf das definitive Ende ausgerichtet ist, sondern auf die Begründung der Möglichkeit, daß jederzeit ein erneuter Anfang gemacht werden kann.[7]

Die heute bestvertraute Verschmelzung von Endzeitdenken in der Zerstörung und in der Vermüllung mit dem Appell „Weiter so bis in alle Ewigkeit" trägt den Alltagsnamen „Kapitalismus" und den Sonntagsnamen „schöpferische Zerstörung", wie ihn 1942 der Nationalökonom Joseph Schumpeter in seinem Buch „Kapitalismus, Sozialismus und Demokratie" herausstellte. Uns scheint es völlig selbstverständlich, etwas abzuräumen, zu vermüllen, zu entsorgen, um etwas Neues an seine Stelle zu setzen, von dem versichert wird, daß es seinerseits über kurz oder lang abgeräumt, vermüllt und endgelagert wird. Die Zyklen der schöpferischen Zerstörung werden immer kürzer, sodaß heute einem Menschen im Laufe seines Lebens zugemutet wird, mehrmals den kompletten Umbau einer Stadt samt ihrer Restaurants, Theater oder Wohnungsinterieurs mitzuerleben.

Diese Beobachtung führte Hannah Arendt zum Erstaunen vor der Tatsache, daß die einstmals von den Griechen „Sterblinge" genannten Menschen zu den einzigen Trägern des Gedankens der Dauer wurden, weil die von den Alten im Vergleich zu den Menschen als ewig und dauerhaft angesehenen Häuser, Städte, Lebensumgebungen wie Tal und Berg, in kürzester Zeit mehrfach umgestaltet werden konnten. Hannah Arendt sah die Umkehr von Sterblichkeit und Unsterblichkeit auf hervorragende Weise durch Rilkes Gedicht „Wunderliches Wort: die Zeit vertreiben! / Sie zu halten, wäre das Problem." ausgedrückt. In der dritten Strophe heißt es dort:

*„Berge ruhn, von Sternen überprächtigt;
– aber auch in ihnen flimmert Zeit.
Ach, in meinem wilden Herzen nächtigt
obdachlos die Unvergänglichkeit."*

Die kapitalistische Rechtfertigungs-
strategie schöpferischer Zerstörung
hat uns, worauf Arendt und Rilke
verweisen, somit zu den ältesten menschlichen Vermutungen über das Verhältnis von Zeit und Ewigkeit zurück-
geführt. Zeitenthoben sind demnach nur
die begrifflich gefaßten Gedanken und
bildlich ausgedrückten Ideen, die beide
die Orientierung der Menschen auf den
Geist ihres Weltverständnisses verbürgen.

„WeltAnschauung" und „WeltErFahrung"

Die Kapitalistenparole „Fininvest", scheinbar gerechtfertigt durch ihre Übereinstimmung mit der Logik der christlichen
Orientierung auf die Apokalypse, führt jedoch in dem Maße, wie
sie erfolgreich zu sein scheint, zum Widerstand gegen ihren Geltungsanspruch. Wie hemmungsloser Konsumerismus am Ende
doch nur noch Widerwillen und Ekel erzeugt, so bewirkt der ebenso hemmungslose Hinweis darauf, daß man alles nur schaffe, um es
zu zerstören, zur Flucht in die Überlegenheit gegenläufiger Ideale.
Sie sind bereits überraschend erfolgreich, sogar unter dem herkömmlich altbackenen Namen „die Linke".

Jede Hanswurst kann mit Kapital und sozialer Intelligenz die Welt mit Produkten vollstellen.[8] Obzwar hier und da Einwände gegenüber den Herren moderner Produktion laut werden,
werden weiterhin die großen Schöpfergenien als Kulturheroen
glorifiziert, die ohne Kontrolle ihres Tuns als Kreatoren des In-
die-Welt-Bringens triumphieren. Bereits zu Zeiten, als man das
Schöpferpathos noch hymnisch-naiv feiern konnte, war im Grunde
klar, daß alles in die Welt Gesetzte auf irgendeine Weise neutrali-
siert werden müsse. Die große soziale Strategie des Kriegführens

diente zur Tarnung einer allgemein akzeptierten Form des Vernichtungswillens als psychologischer Motivation, die Freud mit dem Begriff „Todestrieb" umschrieb. Doch man ahnte bereits, daß immer dem In-die-Welt-Bringen von Artefakten ein Aus-der-Welt-Bringen entsprechen müsse. Sonst wäre die Balance zwischen Schöpfung und Erschöpfung nicht mehr gegeben und die Welt würde hoffnungslos verstopft, wie wir es unter den Zeichen allgegenwärtiger Vermüllung erleben. Die Auffassung, Kriege seien natürliche Formen des Widerrufs von Resultaten allgemeinen Schöpferwahnsinns, hat dazu geführt, daß wir den Triumphalismus aufzugeben haben, mit dem wir Mutwillen als Macht des Stärkeren auskosten. Manifestationen dieses Siegesgenußes als Triumphalismus sind aber immer noch allgegenwärtig: bei Motorradrowdies, die es genießen, brave Lärmschutzsensible mit dem infernalischen Getöse aus aufgebohrten Auspufftöpfen zu ohnmächtiger Wut zu reizen, bei Bikern in Großstädten, die es darauf absehen, die Macht des Ohnmächtigen zu demonstrieren, da bei jedem Unfall mit einem Fahrradfahrer davon ausgegangen wird, die Motorisierten seien per se schuld, oder bei Bürohengsten der Verwaltung, denen es einen Hochgenuß bereitet, jeden Antragsteller ihrer Herrschaftslogik unterwerfen zu können. Triumphalismus: Insbesondere festlich ist technische Intelligenz als Hinterlist.

Zerstörungspflicht des Konsumenten: Big dasher gegen big spender

Bei der Müllentsorgung und den zerstörerischen Konsequenzen weiterer Vermüllung für die verschiedenen Lebenssysteme enden alle großen politischen und gesellschaftlichen Verfügungs- und Machtphantasien – außer man hieße Berlusconi, der in Neapel den Unrat zum Gold der Mafia verwandelte. Sein Firmenimperium Fininvest bezeichnet also die generelle Absicht, aus Zerstörung Geld zu machen.[9] Nicht das In-die-Welt-Bringen, sondern das Aus-der-Welt-Bringen entpuppt sich als grundsätzliches Problem des Wohlstands der Massen. Wie wird man das Zeug wieder los, das für uns geschaffen wurde? Antwort: Durch Verbrauchen, was nichts anderes heißt als durch Zerstören und Vermüllen. Der Name für diese Berufung zum großen Zerstörer heißt „Konsument" („*big dasher*"). Konsumenten sind diejenigen, die durch ihre Verschlingungs-, Vermüllungs- und Zerstörungsaktivität die Übermacht des in die Welt Gestellten weitestgehend zu neutralisieren haben. Wir erinnern uns an die triumphale Auffassung des Schöpferischen in der alten Dichotomie des Kreatorgotts/Demiurgen und seines Pendants, nämlich des teuflischen Zerstörers, der in allen Mythologien für das Gleichgewicht von In-die-Welt-Bringen und Aus-der-Welt-Bringen zu sorgen hat. Bei diesem Teufel als dem nützlichen, dem guten Bösen handelt es sich offensichtlich um eine allen Menschen sinnvoll erscheinende Vermittlung von zwei Prinzipien, die im Deutschen mit Jöten und Hejeln lauten: Jeder sei sowohl ein Teil von jener Kraft, die stets das Gute will und doch das Böse schafft, wie ein Teil von jener Kraft, die unbedingt das Böse will und doch das Gute schafft. Auf dem gegenwärtigen Stand des industriellen Fertigungsprozeßes ist dieser Zusammenhang als kreatives Recycling etabliert. Die Industrie berücksichtigt bei dem Entwurf der neuen Produkte bereits deren Bestimmung zum Recycling. Damit diese Bestimmung erreicht werden kann und zugleich profitabel ist, muß den neuen Produkten bereits mit Sollbruchstellen und Verfallsdaten der Übergang in den Status als kostbarer Müll verpasst werden. Unterentwicklung manifestiert sich heute vor allem in der Unfähigkeit, die Bedeutung des Abfalls zu erkennen und ökonomisch wie sozial produktiv werden zu lassen.

„Konsument sein" sollte als Ausbildungsberuf auf gleiche Weise anerkannt werden wie der des Produzenten. Die professionellen Konsumenten hätten die Rolle des Auflösers, Zermalmers, Zerstörers oder eben Vermüllers zu übernehmen, um das Kernproblem aller konsumeristischen Aktivitäten problemadäquat behandeln zu können – die Neutralisierung des Geschaffenen qua Vermüllung. Daher lautet die Aufgabe an uns Zeitgenossen: Wir müssen zu professionellen Müllmännern werden, um auf sinnvolle Weise Vermüllung zu betreiben.

Aus dieser Einsicht entwickelten wir bereist Mitte der 60er Jahre das Konzept zur Professionalisierung von Konsumenten, die zu lernen hätten, wie man Testzeitschriften, Wirtschaftsnachrichten, Strategien kommunaler Abfallwirtschaft sinnvoll für die eigenen Kaufentscheidungen und für die Formen des Umgangs mit den Produkten nutzt. Um den Gedanken der Professionalisierung der Konsumenten mit Blick auf die Einheit von In-die-Welt-Bringen und Aus-der-Welt-Bringen zu stärken, ihm also Bedeutung zu verleihen, haben wir während unserer Lustmarsch-Prozessionen vorgeschlagen, allen Müllmännern ein Ehrendoktorat zu verleihen und sie zu Mitgliedern der Akademien archäologischer Wissenschaften zu ernennen.[10] Während wir im Karlsruher ZKM und später in Leipzig den Lustmarsch präsentierten, streikte zeitgleich die örtliche Müllabfuhr, was wir durch unsere kleinen Prozessionen unterstützten. Wir haben jedoch für die Müllabfahrer statt vierprozentiger Lohnerhöhung eben jene Statuserhöhung gefordert, die sie tatsächlich verdient hätten. Denn als Müllwerker sind sie Archäologen und Theologen, die auf der Grundlage des Mülls Unterscheidungen gleichsam aus dem Nichts hervorbringen.

Parallel zur Professionalisierung der Konsumenten hätte die universitäre Ausbildung der Patienten, der Wähler und Rezipienten der Künste stattzufinden. Sie alle müssen zu wahren Partnern der produzierenden Unternehmer, schöpferischen Künstler, weltbildenden Politiker und der Ärzte als Propagandisten von Lebenskraft werden. Damit die Einheit von In und Out, von Angebot und Nachfrage, von Werk und Wahrnehmung, von Potentialität und Aktualität wie von Konstruieren und Dekonstruieren überhaupt denkbar wird. Das Ziel unserer Beschäftigung mit den herrschenden Logiken der Vermüllung besteht darin, das Gleichgewicht zwischen der Produktsphäre und der Rezeptionssphäre, zwischen den Produzenten und den Konsumenten herzustellen, indem man die Konsumenten, die Patienten, die Rezipienten und die Wähler professionalisiert.[11]

Anfang der 70er Jahre entwickelte Michael Thompson seine wunderbare Mülltheorie.[12] Darin skizziert er das merkwürdige Phänomen, daß etwa Jugendstil-Artefakte, die zwischen 1900 und 1914 einen hohen Stellenwert besaßen, in den 50er Jahren auf dem Müll landeten. So konnten findige Leute damals hochrangige Jugendstil-Gestaltungen am Straßenrand als Sperrmüll aufsammeln. Heute werden die gleichen Objekte zu Höchstpreisen gehandelt. Thompson zeigt, auf welche Weise höchstgeschätzte Artefakte nach einer bestimmten Geltungsdauer ihrer Wertschätzung einen Prozeß des Entwertens und der Neutralisierung durchlaufen, um dann später aus diesem Status des wertlosen Flohmarktplunders zu kostbaren Antiquitäten zu werden.

Bekannt ist das Problem, daß wir uns kaum von Dingen zu trennen vermögen, die unsere Wohnungen besetzt halten, aber längst nicht mehr zur Bewältigung des Alltagslebens herangezogen werden. Offensichtlich bedarf es psychologischer Schulung, um sich selbst vom Plunder zu trennen. Deswegen bot Bazon Brock in Berlin 1965 ff. Kurse zur „Gymnastik gegen das Habenwollen", um gemeinsam mit den Wohnungsinhabern Die „Wegwerf-Bewegung" zu üben.[13]

Kathedralen für den strahlenden Müll – so ist Zukunft wahrscheinlich

Die folgenden Überlegungen gelten der Tatsache, daß wir Lagerstätten für die Resultate der schöpferischen Zerstörung, also Müllhalden, auf die gleiche Weise mitten in unseren Lebensräumen schaffen müssen, wie wir dort den Kräften der schöpferischen Hervorbringung Kultbauten widmen: Moscheen, Synagogen, Kathedralen. Es gilt also, Kathedralen für den Müll, für die Kultur begründende Kraft der Entsorgung zu schaffen – zumal dann, wenn der Müll aus seiner Eigenschaft heraus eine Beachtung erzwingt, die wir bisher nur den Göttern entgegengebracht haben. Gemeint ist der atomar strahlende Müll.

Die kultische Hingabe an die Kraft des Hervorbringens, an die Kraft des Schöpfergottes steht im Zentrum jeder Kultur. Die Formen der Hingabe sind durch die Erfahrung geprägt, daß

Menschen nur durch Verehrung bannen können, was sich durch keine andere Weise der Einflußnahme beherrschen läßt. Der göttliche Wille ist eben ein solcher, weil er nicht zum Willen der Menschen gemacht werden kann. Alles, was unsere Kraft zur willentlichen Einflußnahme oder gar zur Beherrschung überschreitet, nennen wir Wirklichkeit. Wer nicht in der Lage ist, die Wirklichkeit anzuerkennen, wird in Allmachtsphantasien schwelgen, die selbst bei fürchterlichsten Folgen für unzählige Menschen, wie zum Beispiel durch Mord und Terror in KZs und GULAGs, vor allem Dummheit demonstrieren. Für die heutige Menschheit ist die mächtigste, weil gefährlichste Herausforderung durch die Wirklichkeit im Umgang mit dem atomar strahlenden Müll gegeben, weswegen es notwendig wird, diese Macht der Wirklichkeit durch kultische Verehrung zu bannen. Leider werden die Versuche dazu immer noch in möglichst unzugänglichen Weltengegenden versteckt, obwohl längst alle wissen, daß sich das Problem nicht verstecken läßt. Deshalb wird die einzig vernünftige Reaktion auf die Zumutungen der atomar strahlenden Wirklichkeit darin bestehen, daß man in die Zentren des menschlichen Zusammenlebens auch Kultstätten für die Verehrung der destruktiven Kraft als Wirklichkeit baut. Mitten in die Gemeinden hinein sind die Kathedralen für den strahlenden Müll zu errichten und die Bevölkerung zu entsprechendem Dienst an der Bannung dieser Wirklichkeit zu erziehen. Müllkult hat gegenüber den bisherigen Gotteskulten einen unübersehbaren Vorteil. Kulturelle Gotteskulte haben es in Israel, desgleichen in China oder in Altägypten auf höchstens 3.000 Jahre Verehrungsdauer gebracht. Im Vergleich dazu stiften die Kathedralen für den atomar strahlenden Müll kultische Fürsorgepflicht für den Zeitraum von mindestens 15.000 Jahren Halbwertzeit. Müllverehrung ist also von unserer Gegenwart aus gesehen von größerer Wirkmächtigkeit als Gottesverehrung – zumindest wird im allergünstigsten Falle Gottesverehrung nur solange gelingen, wie die Müllverehrung. Denn wenn die kultische Bannung des atomar strahlenden Mülls nicht gelingt, wird es keine Menschen mehr geben, die ihren Göttern dienen könnten.

  Im Unterschied zur permanenten Aufforderung der verschiedensten Kulturen, sich im Namen des Geltungsanspruchs ihrer Götter Religionskriege und Kulturkämpfe bis zum bittern Ende zu liefern, hat die kultische Müllverehrung den Vorteil, die Mitglieder aller Kulturen gleichermaßen zum Dienst an der Abtragung von Ewigkeitskosten menschlicher Schöpferkraft zu beteiligen, da vor der Gefahr der atomaren Strahlung alle Menschen gleich sind und ihre kulturell-religiösen Bekenntnisse unerheblich werden. Müllverehrung hat also den stärksten uns bisher bekannten Zwang zur Entwicklung einer einheitlichen Weltzivilisation jenseits aller Kulturen zur Folge. Welcher Zweck stünde höher als die Bannung der Gefahr eines Untergangs der Menschheit? Also würden die Kathedralen für die Verehrung des atomar strahlenden Mülls als Kultstätten die höchste Auszeichnung unter allen konkurrierenden Kultstätten zugesprochen erhalten müssen.

Vor diesem Ereignishorizont begreifen wir erst die Dimensionen des Konsumerismus: Wirklichkeitsangemessenes Konsumieren hieße, sein gesamtes Handeln als Befreiung der Welt von dem Allmachtswahnsinn der Produzenten zu verstehen, indem man sich den Konsequenzen des Geschaffenen, also der Vermüllung der Welt als schlussendlich unlösbarem Problem stellt. Neuartig in der Kulturgeschichte der Menschheit ist die Dimension der zerstörerischen Kräfte des menschlichen Schöpfergenius. Diese Dimension läßt sich als bisher beste Entsprechung zu den Begriffen „Ewigkeit" oder „Uchronie" werten. Also stiftete die kultische Bannung der strahlenden Zerstörungskraft zum ersten Mal in der Menschheitsgeschichte eine von niemandem zu verleugnende Orientierung all unseres Handeln und unserer Verhaltensweisen auf Ewigkeit. Die nannte man bisher das Reich Gottes.

Unsere Verpflichtung auf Bewahrung des Mülls für Minimum 15.000 Jahre Halbwertzeit macht jetzt bereits alles zeitliche Handeln zu einer Verwirklichung von Ewigkeit. Wir stiften Ewigkeit. Die feuilletonistischen Gepflogenheiten, unsere Zeit als kurzatmig, neuigkeitssüchtig, ereignisflüchtig, oberflächlich, relativistisch und als haltlos darzustellen, erweisen sich vor der Anforderungen an unsere Wirklichkeitstauglichkeit, also der Akzeptanz einer realistischen Zeitperspektive von 15.000 Jahren, ihrerseits als Ausdruck von Haltlosigkeit und weltflüchtigem Kulturrelativismus.

Vorbildlich agieren bereits Atomphysiker als zeitgemäße Tempeldiener in strikter Erfüllung der Vorschriften für den rituellen Umgang mit der tödlichen Kraft.[14] Um unversehrt in die Nähe der strahlenden Kraft zu gelangen, beachten diese Priester höchst artifizielle und exakt abgestimmte Annäherungsmodulationen, die im Umgang mit dem Tod verheißenden Material notwendig sind. Damit Zukunft wahrscheinlich wird und die potentielle Zerstörung des genetisch verankerten Reproduktionsprogramms des Lebens verhindert werden kann, sind also bestimmte Formen der fürsorglichen Verehrung des endzeitgelagerten radioaktiv strahlenden Mülls zu entwickeln. Wenn es uns nicht gelingt, die tödliche Wirklichkeit einzuhegen, also die Natur, vor allem auch die Natur des Menschen zu besänftigen, haben wir keine Chance, ein bereits drohendes Schicksal abzuwenden.

Dazu wollen wir mit der Entwicklung von Modellen für Kathedralen des

ganz links: Reformatoren sola fide – Künstler ohne Werk und Gnadensucher
links: Monstranz monströs   *rechts:* „Kathedrale für den Müll" (*Entwurf:* Winfried Baumann)

strahlenden Mülls beitragen.¹⁵ Seit 1986 begleite ich Winfried Baumann bei seinen Bauprogrammen für die Müllkathedralen. Nach den Proportionsschemata des Kölner Doms oder der Aachener Pfalzkapelle oder der Hagia Sophia oder der großen Al-Aksa-Moschee beziehungsweise entsprechender Synagogenbauten, das heißt in Übernahme von architektonischen Würde- und Pathosformen, entwarf Baumann Kathedralen für den Müll. Sie erfüllen alle Anforderungen der Sicherheitstechnik, übertreffen sie aber gerade durch das Sichtbarmachen des Atomkults, dessen entscheidendes Problem ohne jeden Zweifel die Endlagerung des atomaren Mülls darstellt.

Baumanns Containments sind so ausgelegt, wie das zehn Jahre nach unseren Initiativen auch amerikanische Künstler und Wissenschaftler forderten, etwa Don DeLillo, der in seinem Roman „Unterwelt" Müllhalden als Zentren, als *Sacrum*, als Allerheiligstes jeder zukünftigen Zivilisation einforderte.¹⁶

Aber unsere Konzepte entwickeln nicht nur Bezüge zu zukünftigen Zivilisationen. In der Kulturgeschichte wird auf vielfältige Weise von Versuchen berichtet, durch Bauten die menschliche Verpflichtung auf Ewigkeit zum Lebenszentrum zu erheben. Ein anschauliches Beispiel hierfür bietet der Entschluß zum ersten Bau eines Tempels in Jerusalem durch König David und seinen Sohn Salomon. Bis zur Zeit Davids transportierte das jüdische Volk das Heiligtum stets in einem tragbaren Reise-Schrein. Das Heiligtum bewahrte vor jedem äußeren zerstörerischen Einfluß die Zeichen des Bundes, den Gott mit dem Volk Israel schloß. Die Schrein-Mobilie mußte zur Immobilie als

König Davids Memorialmiliz in der Marktkirche zu Hannover

Tempel werden, weil dadurch ein besseres Containment für das Bündniszeugnis geboten werden konnte, auch als Containment gegen die zerstörerische Kraft des intellektuellen Zweifels und der ungewollten Häresie.

Es leuchtet ein, daß der Tempel Salomons einen besseren Schutz gegen die Kraft der Zerstörung zu bieten vermochte als ein fragiler Tragealtar in offener Landschaft.

Wir bieten mit den Kathedralen für den Müll die zeitgemäße Definition des ausgegrenzten Bezirks, also eines *Templum*-Bereichs, zu dem Zutritt nur durch einen portalartigen Einlaß mit besonderer Lizenz gewährt wird. Beim Übertreten der Schwelle des Tempels hochgefährlicher Kulturaktivitäten müssen die *rites de passage*, eine Verwandlung der Eintretenden vollzogen werden, die dann bekennen, jeden Mutwillen, alle Eigenmächtigkeiten zu unterlassen. – Dante spricht im „Inferno" seiner „Göttlichen Komödie" in dem Geiste christlicher Demutsdeklarationen beim Eintritt in die Vorhölle: „Laßt fahren alle Hoffnung, die ihr hier eintretet". Wählten wir das entsprechende Motto für den Eingang in die

Mitglieder der Sterbekasse „Gute Nachrede": Stephan M. Seydel (rebell.tv), Thomas Zacharias (cabaret voltaire, Zürich) und Christian Bauer

Kathedrale des strahlenden Mülls, so lautete die Übersetzung des Dante-Mottos: „Jeder, der hier eintritt, hat alle noch so geringen Zeichen von Eigenmächtigkeit oder Willkür zu unterlassen. Hier gilt's den Tod!" Unter dem Motto „Hier gilt's der Kunst", der heiligen Schöpferkraft, der alle Naturwirklichkeit übergipfelnden *techné* wurde die Welt zur Müllhalde, die sich stündlich vergrößert, denn in immer kürzeren Takten werden schöpferische Leistungen des Menschen auf den Müll geworfen.

An dieser Stelle bringe ich noch einmal meinen Vorschlag in Erinnerung, der bereits 2006 bei unseren „Lustmarsch"-Aufenthalten in Karlsruhe (ZKM), in Frankfurt am Main (Schirn Kunsthalle), in Hannover (kestnergesellschaft) und schließlich in Leipzig (Museum der bildenden Künste) lautete, eine Art von „Schweizergarde der Kathedralen für den strahlenden Müll" zu bilden. Die Teilnehmer an den „Gott & Müll"-Prozessionen folgten im rituellen Wechselgesang unserem mit Tempelverkleidung versehenen Müllwagen durch die Zentren der Städte. Die sogenannte „Memorialmiliz", die *„militia coelestis"* der antizipationskräftigen Müllverehrer in gelbem Ritualkostüm, knüpfte an Sängerscharen der alttestamentarischen Tradition des König Davids an (siehe 1 Chronik 25 und 2 Chronik 2–3) und wurde somit zum lebendigen Ausdruck der Gott-und-Müll-Hoffnung. Als Bestandteil der „Gott-und-Müll"-Aktionen huldigten wir der antik-römischen Göttin der Zivilisation begründenden Kanalisation, der *Cloaca Maxima*.[17]

In summa, wir Müllmänner der Geschichte demonstrierten die Fähigkeit, im Anderen uns selbst zu sehen, nämlich das Häufchen Elend, das bißchen Müll, den Rest mit oder ohne Spur. Wer von Beuys und Roth noch nicht zur Verehrung des Drecks und Bruchs überredet wurde, erhielt auf dem Lustmarsch die Initiation in den Müllkult. Der hat bereits für unseren Alltag Folgen, wie die Häufung von Spurenarchäologie in den Krimis der

ganz links: Manfred Stumpf erfüllt von der Endlagerungshoffnung   *links:* Tempel des göttlichen Mülls, Lustmarschexpeditionen   *rechts:* Monstranz und Demonstranz: Gott und Müll

TV-Programme beweist: Jeder Vogelschiss kann H5N1 enthalten, jedes Staubkörnchen radioaktiv strahlen und jede Zigarettenkippe die DNA des Täters enthalten. Begegnet mit Respekt den Hohepriestern des Müllkults, in Quarantänestationen, in kriminologischen Instituten, in den Endzeitlagerungsstätten! Übt den Gesang der Memorialmilizen, wie wir ihn immer wieder intonierten: „Bei Don DeLillo, Winckelmann, Unterwelt, Überwelt, Diesseits, Jenseits, Abseits! Eintreten!"

ANMERKUNGEN

1   Brock, Bazon: Kunst auf Befehl. Eine kontrafaktische Behauptung: War Hitler ein Gott? In: Brock, Bazon; Preiß, Achim (Hg.): Kunst auf Befehl? Dreiunddreißig bis Fünfundvierzig. München 1990.
2   Zur Entwicklung des Entartungsbegriffs, siehe Clair, Jean: Die Verantwortung des Künstlers. Avantgarde zwischen Terror und Vernunft. Aus dem Französischen von Ronald Voullié. Köln 1998, S. 66, Anm. 2.
3   Siehe Metzger, Rainer: Buchstäblichkeit. Bild und Kunst in der Moderne. Köln 2003. siehe Brock, Bazon 1986, S. 83 und S. 167–173. Das Thema „Exploitation", das Ausgraben, das Ausnutzen und das Ausbeuten: Aus der Tiefe des Vergessens Nachlässe zu heben, ist der Traum eines jeden Wissenschaftlers, der in alten Kisten auf dem Dachboden Schätze zu entdecken wünscht, um zum ersten einen Mythos zu entdecken und zum anderen das Kollektive-Unbewußte nutzbar zu machen: „Sowohl Mythos als auch Monotheismus waren für Mann säkularisierungsfähige Konzepte, die sich leicht in moderne, nachchristliche Verhältnisse übersetzen ließen. Die moderne Form eines Lebens im Mythos ist für Thomas Mann das Leben des Künstlers, der in Spuren uralter Traditionen geht und die Quellen seiner Kreativität aus dem Unbewußten bezieht. Seine Beziehung zum Unbewußten ist nicht kolonisatorisch wie bei Freud, (...) sondern eher exploitatorisch: das Unbewußte ist für ihn eine Ressource künstlerischen Schaffens." In: Assmann, Jan: Thomas Mann und Ägypten. Mythos und Monotheismus in den Josephsromanen. München 2006, S. 207.
4   Siehe zu Fragen des Vergleichens nach Kriterien der Unterscheidung, Bazon Brock 1986, S. 15 ff.
5   Der Artikel „Schön ist der Untergang einer Salamischeibe" von Thomas Wagner in der „Frankfurter Allgemeinen Zeitung"

1. Mai 2006-Zeremonie am Dionysos-Brunnen in Köln, Orakel in Residence – Aufruf zur Stiftung des Kölner Quellorakels

vom 3. Januar 2004 stellt den Künstler Dieter Roth als Zauberer der Verwandlungen dar, der mit seiner „Literaturwurst radikal Textverarbeitung" betreibt, indem er Hegels „Gesammelte Werke" klein kriegt, würzt und in einen Darm verschwinden läßt. Zur Lebenskunst gehörte bei ihm „jene Fallhöhe, deren es bedarf, will man sich nicht zum Komplizen eines Gelingens machen, das alles in ihm tobende Mißlingen unterdrückt, überspielt, ignoriert (...). Gleichzeitig hatte er das Gefühl, das ‚Kaputte', das ‚Zerbrechen' entspreche eher seinen Fähigkeiten, wobei Gelingen und Mißlingen für ihn immer mit Scham und mit Moral verbunden waren. ‚Die ersten Abfallbilder waren Bilder, in denen ich anderes – Zeichnungen oder kleine Gemälde, die mir mißlungen schienen, über die ich mich geschämt habe – zugeschüttet habe mit Speiseresten. Und dieses Fließen und das Schimmeln, das ist natürlich schön, sowieso, da kann niemand meckern. So

daß ich die, mit einer Art automatischer Schönheit, einfach übergossen habe.'"
6   Bazon Brock entwickelte 1967 in der Stadthalle Hannover das Experimentierfeld des Metabolismus unter dem Titel „Du sollst nicht stinken!"; dort lernte man Verantwortung für die Produktionen des eigenen Körpers auf die gleiche Weise zu übernehmen wie für die Produktionen des eigenen Geistes. Später bot Warhol diese Einheit von körperlicher und geistiger Produktion in den „piss paintings. „Wer nicht wahrhaben will, daß er ein Abfallprodukt ist und daß er keine Wahl hat, anders zu sein, der riskiert, eines Tages an der eigenen Scheiße zu ersticken." In: Sloterdijk, Peter: Kritik der zynischen Vernunft. Kap 10. Scheiße, Abfall. Frankfurt am Main 1983, S. 289. In anderer, vielleicht noch zynischerer Hinsicht, ist der Mensch dazu verurteilt, sich selbst und das, was er unternimmt, als Müll zu begreifen: „Heute werden Abfälle übrigens bereits als solche produziert. Man baut riesige Bürogebäude, die für alle Zeiten leer stehen werden (Räume sind wie Menschen arbeitslos). Man baut totgeborene Bauwerke, Trümmer, die immer nur Trümmer sein werden und nicht einmal archäologische Fundstücke (in unserer Epoche werden keine Ruinen oder Überreste mehr produziert, sondern nur noch Abfälle und Rückstände)." Baudrillard, Jean: Eine bösartige Ökologie. In: ders.: Die Illusion des Endes. Berlin 1995, S. 124.
7   Siehe Kapitel „Das Leben als Baustelle – Scheitern als Vollendung".
8   Siehe den Eintrag „Abfall" von Bazon Brock, in: Fliedl, Gottfried et. al (Hg.): Wa(h)re Kunst. Der Museumsshop als Wunderkammer. Theoretische Objekte, Fakes und Souvenirs. Frankfurt am Main 1997, S. 129.
9   Wie dringlich der Anspruch auf eine Ausbildung der Bürger zu Müllexperten ist,

zeigen eine Vielzahl von Nachrichten aus den Gefilden des schönsten Scheins: „Eine Schande für ganz Italien" titelte die „Süddeutsche Zeitung" vom 14.01.08.: Angesichts der Müllunruhen in Neapel wurde ein Müllnotstand ausgerufen. Die Müllkrise werde von der Camorra genutzt, um schnell an Aufträge zu kommen. Am 3. Juli 2008 heißt es in der „SZ" in einem Artikel über „Die Seele des Mülls", das Müllproblem habe sich mittlerweile dermaßen verschärft, daß die Neapolitaner des Großeinsatz von Psychologen bedurften, um den Bewohner zu souveräner Behauptung gegen die Müllmächte zu verhelfen. Hinzugezogen würden die Zivilisationshelden von der freiwilligen Feuerwehr, des Roten Kreuzes und anderer Hilfsorganisationen, die in Zusammenarbeit mit den Neapolitanern den Müllnotstand zu bewältigen versuchten, indem sie seine Beseitigung als Geschäft der Mafia anerkannten.
10 Siehe DVD „Lustmarsch durchs Theoriegelände", die „Gott & Müll"-Märsche.
11 Brock Bazon 2002, S. 181 u. 721.
12 Thompson, Michael: Mülltheorie. Über die Schaffung und Vernichtung von Werten (Rubbish Theory, 1979). Neu herausgegeben von Michael Fehr. Essen, 2003.
13 „Tägliche Übung bringt weit. Man fängt bei sich selber an, seinen Schuhen, Möbeln, Kleidungsstücken, Utensilien, öffnet das Fenster zum Hof und auf geht's. Es liegt nahe, Gegenstände dafür zu benutzen, die schon ihrem Charakter nach zum Wegwerfen bestimmt sind wie Papierkleider, Papiermöbel usw. Die Brocksche Wegwerfbewegung zielt nach vorne, denn wir wollen nicht an die Dinge unsere Erinnerungen binden, sondern an uns selber: an unsere Gesten, unseren sprachlichen Ausdruck, an Mimik und Verhalten. Wer nur sein Leben auf seine jeweilige Umgebung projiziert, der wird bald nichts mehr in den Händen haben. Die meisten Leute machen deshalb nur etwas aus ihrer Wohnung, nichts aber aus sich selbst." In: Brock, Bazon 1977, S. 997.
14 Gott- und Müll-Mitteilung: An der TU Clausthal wurde ein neuer Studiengang eingerichtet – Management radioaktiver und umweltgefährdender Abfälle.
15 Brock, Bazon: Gott und Müll. In: Kunstforum International, Theorien des Abfalls, Bd. 167, Nov.-Dez. 2003, S. 42 f.; siehe Brock, Bazon: Gott und Müll. In: ders., 1990, S. 281 ff.
16 „[...] den giftigsten Müll isolieren, das ja. Dadurch wird er großartiger, bedeutungsvoller, magischer. Aber gewöhnlicher Hausmüll sollte in den Städten, wo er entsteht, gelagert werden. Bringt den Müll an die Öffentlichkeit. Die Leute sollen ihn sehen und respektieren. Versteckt eure Müllanlagen nicht. Baut eine Architektur des Mülls. Entwerft traumhafte Gebäude, um Müll zu recyceln, ladet die Leute ein, ihre eigenen Abfälle zu sammeln und an die Pressrampen und Förderbänder zu bringen. Lerne deinen Müll kennen. Und das heiße Zeug, die chemischen, die atomaren Abfälle werden zu einer fernen Landschaft der Nostalgie. Bustouren und Postkarten, jede Wette." DeLillo, Don: Unterwelt. Köln 1998, S. 336; siehe: „Wir entwarfen und betreuten Landaufschüttungen. Wir waren Müllmakler. Wir organisierten Giftmülltransporte über die Weltmeere. Wir waren die Kirchenväter des Mülls in all seinen Wandlungen." In: Ebenda, S. 122.
17 Brock, Bazon 2002, S. 195; siehe die Veröffentlichung: Dionysos Hof 1:1. Hrsg. v. Paola Malavassi und Kasper König, Köln 2006. Dazu die Aktion vom 1. Mai 2006 am Dionysos-Brunnen, die der Huldigung des Müllkults, des *Dionysos Zagreus* als des zerrissenen und wiederauflebenden Gottes, aber vor allem der Etablierung des Kölner Orakels in residence und des Delphi-Clubs diente.

die Wirklich
keit des
Möglichen

di

viertens

Zukunft ist wahr-scheinlich

Rettungskomplett –
Gorgonisiert Euch !
Ewigkeitskosten   +

Die Richtung weist der Sturm aus der Zukunft, den wir Alter nennen. Unsere Optionen: eingraben, panzern, rückwärts gehen mit verstärkter Körpermasse (Fettleibigkeit weist auf Lebensängste, man expandiert zum Hindernis). *Das sind schöne Bilder von Rettungskompletts wie Notquartieren, technischen Hilfswerken, Suchhundetrupps und blütenweißen Rot-Kreuz-Schwestern. Aber die stärkste Kraft des Widerstands ist das Ja-Sagen – gerade zu den schwersten Herausforderungen Ja sagen (meinte Nietzsche). Den offensichtlichen Widerstand vereinnahmt das Regime mit Toleranzpathetik – aber totale Zustimmung überwältigt. „Dienst nach Vorschrift" ist der erfolgreichste Widerstand. Die grauenerregende Gorgo wird nur durch ihre eigene Zerstörungskraft bezwungen.*
Das nennt man negative Affirmation oder die Revolution des Ja. In historischer Sprache: Der Charme der Österreicher ist purer Widerstand.

Die Opportunisten der politischen Korrektheit gehen gegenwärtig so weit, das Rote Kreuz als Logo verabscheuenswürdiger Tarnung westlicher Imperialisten mit Hilfsbereitschaft in zerstörerischer Absicht zu schmähen. Umso aktueller wird das Konzept des Rettungskompletts, in erster Linie als Rettung vor fundamentalistischer Verbohrtheit, die zum Beispiel das Logo „Rotes Kreuz" als christliches Kampfsymbol gegen den Islam auffaßt. Eine derartige politisch korrekte Erfüllung der Forderung nach dem *sacrificium intellectus* war in Europa zuletzt in Hochblüte, als man ein Gebäckstück namens

Rettungskompletts: Vom Floß der Medusa bis zu Patschen und Pickel zum häuslichen Einsatz

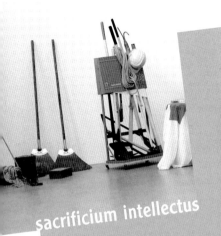

sacrificium intellectus

Rettungs‑komplett

gonisiert Euch!

Ewigkeits‑kosten

„Amerikaner" verbieten zu müssen glaubte, nicht zu denken an „Negerküsse" und „Mohrenköpfe" oder an das Halbmond-Kipferl. Man kann sich den Kulturkampf um das Croissant nach dem Muster des Kulturkampfs um das Rote Kreuz lebhaft vorstellen: Das Croissant wird zum Quadrat werden müssen, wie das Rote Kreuz am 21. Juni 2006 in Genf als Roter Kristall zum Rhomboid gewandelt wurde, eine Form, wie wir sie als Raute aus der bayrischen Fahne und aus der Wybert-Pastillen-Reklame kennen. Das rote Kreuz auf weißem Grund soll in ein weißes Quadrat in rotem Feld überführt und als ein auf der Spitze stehender Kristall identifiziert werden. *In hoc signo* Vorfahrt!

Das Rote Kreuz, das die Bewegung der Zivilisierung während der Kriege symbolisiert, finden die Besucher unserer Ausstellung auf einem Rettungskasten für Erste-Hilfe-Maßnahmen, der neben anderen Rettungswerkzeugen wie Gasmasken, Feuerpatschen, Strickleiter und Rettungsbombe zu erkennen ist.[1] Diese Abteilung des Ausstellungsgeländes versammelt Rettungskompletts, die die Frage aufwerfen:

Was würde wohl jemand machen, dem in seiner brennenden Wohnung im 6. Stock eines Hauses die harte Entscheidung abverlangt wird, er könne zwar in der kurzen verbleibenden Zeit seine Lebensdokumente, Memorabilien, Kunstwerke und die Bibliothek retten lassen, aber um den Preis, ihn selbst nicht aus dem Inferno herausholen zu können. Umgekehrt gefragt: Was sind wir den Leuten schuldig, die den Normalfall garantieren, daß morgens die Milch im Kaufladen steht und das Brot beim Bäcker zu holen ist, daß man gefahrlos über die Straße gehen und ankommen kann, wo man will, ohne daß sich jemand im Auftrag großer theologischer oder sonstiger Rechtfertigungssysteme berechtigt fühlte, eine andere Person umzubringen oder zumindest zu beschädigen?

Wir haben bei unserem „Festival der Zivilisationsheroen" auf dem Radlpaß an der Grenzstation zwischen Österreich und Slowenien auf eine grundlegende Umorientierung in der Bewertung von Handelnden und Aktivisten im Bereich des gesellschaftlichen Lebens hingewiesen. Wir wollten wissen, wie weit wir von dieser Umorientierung, von der Feier der Glorie des Außeror-

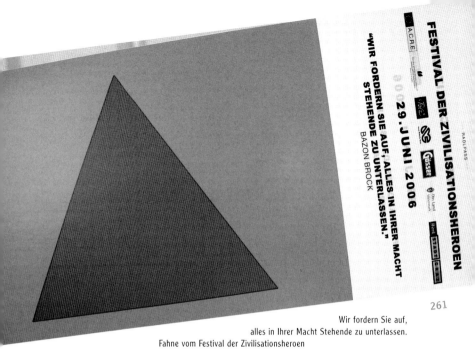

Wir fordern Sie auf,
alles in Ihrer Macht Stehende zu unterlassen.
Fahne vom Festival der Zivilisationsheroen

dentlichen hin zur Würdigung der Sensation des Normalen, noch entfernt sind. Auf dem Radlpaß versuchten wir, eine Würdigung derjenigen zu entwickeln, die nach allgemeinem Verständnis mit der Bewahrung der zivilisatorischen Grundsicherung von Alltagsleben beauftragt sind, also der Feuerwehrleute, der Notfalldienste, der Polizei, des Technisches Hilfswerks und des Roten Kreuzes, derjenigen also, denen die Pflicht zur Rettung in ihren Tätigkeitsfeldern vertraut ist.

Grenzübergang am Radlpass
zwischen Österreich und Slowenien

Nach Meinung der höchsten wissenschaftlichen Autoritäten rangieren immer noch Personen und Personengruppen als Souveräne an erster Stelle, denen es gelingt, wie der Staatsrechtler Carl Schmitt es formulierte, über den Ausnahmefall, über die Außerordentlichkeit, über das große Ereignis zu bestimmen. Wir wissen aber, daß inzwischen jeder mit ein bißchen Dynamit sofort in jeder Großstadt, in jedem U-Bahnschacht etwas Außerordentliches inszenieren kann. Es gilt also längst, daß nicht mehr derjenige souverän ist, der den Ausnahmezustand erzwingt. Souverän ist nur noch, wer den Normalzustand garantiert. Die Zivilisationsagenten, Feuerwehrmänner, Rettungseinsatzkräfte, Ärzte im fliegenden und rollenden Verkehr sind für eine Gesellschaft die Garanten, daß überhaupt das Normal-Null der Ereignislosigkeit gewährleistet werden kann.

Wir als Künstler und Wissenschaftler werden normalerweise danach eingeschätzt, inwiefern es uns gelingt, etwas Außerordentliches als Ereignishaftigkeit zustande zu bringen. Heroen der Zivilisation gelingt es, dafür zu sorgen, daß nichts Entscheidendes geschieht. Was wir retten sollten, ist die Rettung der Ereignislosigkeit in einer Zeit, wo jeden Tag rund um die Uhr jeder Fernsehsender, jede Hochschule, jedes Theater das gesamte lebendige Dasein der Menschen als ereignishaft vermarktet. Allmählich wird es unlogisch, sich auf diese Ereignisse überhaupt noch einzulassen, da sich ihnen gegenüber ohnehin nichts mehr absetzen läßt. Handelt es sich um ein Großereignis, daß ein Flugzeug abstürzt oder ein Brand ausbricht? Ist es nur deswegen eine Einmaligkeit, weil es sehr selten auftritt? Es tritt nur deswegen als Ereignis mit Seltenheitswert auf, weil es Menschen gibt, die das normale Auftreten dieser Außerordentlichkeit von Abstürzen, Bränden und Unfällen verhindern. Unter den Entwicklungen der modernen Zivilisation gilt nicht mehr als die Aufmerksamkeit fesselnd, was spektakulär, großartig, noch nie dagewesen ist, weil derartiges täglich berichtet wird. Eine Einmaligkeit jagt die andere, die Überbietungskonkurrenz hat sich schon so weit erschöpft, daß man es nur noch als sensationell empfindet, wenn es nichts Außerordentliches zu behaupten gibt. Zur Größe eines zivilisatorischen Ausdrucks gehört die Fähigkeit, das Nicht-Ereignis zu schätzen.

Wir möchten zum Bewußtsein bringen, inwieweit und auf welche Weise uns diese Umkehr in der Wertigkeit bereits beeinflußt. Als wir im Frühjahr 2006 im Karlsruher ZKM mit unserem Theoriemarsch anfingen, streikte dort die Müllabfuhr. Obwohl deren Tätigkeit in der Hierarchie der Kulturschöpfer so niedrig rangiert, daß sich für eine derartige Arbeit niemand mit ausgewiesener Berufsqualifikation zur Verfügung stellt, macht sich der Ausfall der Müllabfuhr sofort lähmend auf das gesamtgesellschaftliche Geschehen bemerkbar: ein krasses Mißverhältnis von Bedeutung der Arbeit zu ihrer öffentlichen Anerkennung. Würde der Regierungspräsident, der Oberbürgermeister oder ähnlich hochrangiges Personal streiken, berührte diese Tatsache das Leben einer Großstadt in keiner Weise. Wenn aber die Müllabfuhr oder die Feuerwehr streiken, dann zerfällt das Zusammenleben der Menschen unter halbwegs antizipierbaren Bedingungen.[2] Es ist offensichtlich, daß die faktische Bedeutung den hierarchischen Klassifikationen nicht entspricht. Die Bedeutung dieses Verständnisses von Zivilisierung wird dadurch verstärkt, daß auch die christliche Ethik mit dieser Handlungsform übereinstimmt. Es ist klar, daß die Zehn Gebote im Grunde Gebote des Unterlassens sind. Die Aufforderungen zum Unterlassen lauten: Du sollst nicht ehebrechen, du sollst nicht stehlen, du sollst nicht töten usw. Wenn uns allen gleichermaßen bewußt wäre, daß die Ethiken aller Zivilisationen auf Unterlassungsgeboten beruhen, dann sollte das in der Wertschätzung historischen Geschehens dazu führen, statt Religionsstifter und Kriegsherren diejenigen zu ehren, die nicht Schlachten schlagen.

In der Diskussion über die Durchsetzung eines generellen Rauchverbots spielte die Überlegung eine Rolle, daß es, wie jeder Raucher weiß, sehr viel mehr Anstrengung, mehr Aktivität, mehr Selbstbeherrschung, also generell mehr erfolgreichen Verzichts bedarf, nicht zu rauchen, als zu rauchen. Zu rauchen ist eine nachgerade lachhafte Selbstverständlichkeit geworden, der wir keine Beachtung mehr schenken. Aber nicht zu rauchen, verdient unsere Aufmerksamkeit. Durch die Mithilfe der Krankenkassen, die mit einer Erhöhung der Beiträge für Raucher wegen Selbstschädigung drohten, ist das Rauchverbot ja mittlerweile durchgesetzt. Zusätzlich zu dem bereits eingeführten Rauchverbot müßte jedoch noch ein Kult der Verehrung von ehemaligen Rauchern etabliert werden.[3]

In der modernen Kunst begegnen wir in Marcel Duchamp demjenigen Künstler, der durch den Übergang von der Bewertung großartiger einmaliger Leistungen auf Leinwand oder Bühne hin zur Würdigung des Unterlassens herausragende Einsichten gewährte. Duchamp ermöglichte die Anerkennung des Verzichts auf künstlerische Werktätigkeit. Dennoch will heute jedermann seine künstlerische Selbstentäußerung als Maler oder Bildhauer einer Öffentlichkeit präsentieren. Allein in der BRD gibt es zehntausende eingetragene, nämlich bei Finanzämtern registrierte Künstler. Was soll es da noch bedeuten, auch zu pinseln, auch zu bildhauern und auch zu schauspielern? Wir rühmen daher all diejenigen, die soweit zivilisiert sind, daß sie den Wert des Unterlassens im Bereich der Wissenschaft und der Künste zugunsten einer neuen Orientierung auf die Bedeutung des menschlichen Handelns als Unterlassen darstellen. Niemand weiß, was im absoluten Sinne gut, wahr oder schön ist. Wir wissen aber alle genau, was es zu unterlassen gilt an unguten, unwahren und unschönen Handlungen.

Inzwischen haben wir angesichts weltweiter permanenter Kulturkämpfe allen Anlaß, uns daran zu gewöhnen, daß die höchstrangigen Leistungen einer Zivilisation in der Sicherung des Friedens bestehen. Frieden heißt die Feier des Nicht-Ereignisses. Frieden existiert nur, wo es niemand nötig hat, sich in irgendeiner Weise hervorzutun, etwas

Fast am Ziel:
Das Festival der Ereignislosigkeit erfüllt sein Programm.

Beliebiges in auffälliger Weise so zu behaupten, daß aus der Entgegnung ein Konflikt entsteht. Frieden ist die Souveränität der Möglichkeit, still in einem Zimmer zu sitzen, wie es bei Pascal heißt.[4] Nur derjenige ist souverän und normal ethisch funktionstüchtig, der es versteht, ohne den ständigen Drang zum Außerordentlichen zu leben, weil er Phantasie genug besitzt, die aufgeilenden Attraktionen gedanklich zu produzieren, für seinen Gefühlshaushalt zu nutzen und sie dann auf sich beruhen zu lassen.

Die Stille der Ereignislosigkeit

Unter den Zivilisationsagenten der westlichen Welt sind in besonderer Weise, nicht zuletzt durch die großartige Schilderung Klaus Theweleits in „Männerphantasien", gerade die Krankenschwestern hervorzuheben, die nach der Schlacht von Solferino 1859 zum ersten Mal geschichtlich werden. Wie seit tausenden von Jahren akzeptiert, weil unvermeidbar, lagen tagelang Verwundete beider Seiten hilflos auf dem Schlachtfelde. Florence Nightingale kam wie Henri Dunant auf den Schlachtfeldern zum Schluß, man müsse die Menschen allesamt als gleich betrachten. Sie beschlossen, sie alle gleich zu behandeln – *„tutti fratelli"* – jenseits ihrer Uniform, Nationalität oder kulturellen Zugehörigkeit. Da die von Henri Dunant bei Solferino herbeigerufenen Frauen alle auf dem

Alle Schwestern werden Schwestern. Florence Nightingale und Henri Dunant auf dem Schlachtfeld

Schlachtfeld Liegenden als „Brüder" ansprachen, sahen die Verwundeten in all den Frauen „Schwestern". Bis zum heutigen Tag werden helfende Frauen als Schwestern angesprochen. Dieser Begriffsgebrauch wurde umso schneller populär, als es eine mönchische und eine politische Tradition der Entwicklung von „Brüderlichkeit" gab, in die selbstverständlich die „Schwesterlichkeit" einbezogen war, zumal die Gründung des ersten Ordens der in Gemeinschaft lebenden Mönche von einem Geschwisterpaar um 520 in Süditalien auf dem Monte Cassino ins Leben gerufen wurde: von Benedikt von Nursia und seiner Schwester Scholastika. Die Geschichte der Schwesterlichkeit mit dem Höhepunkt der ersten Organisation von Hilfskräften durch Florence Nightingale sollte als Datum in der Geschichte des Feminismus besonders gewürdigt werden. Aus dem Beispiel der Schwestern von Solferino entwickelte Henri Dunant den Gedanken an eine internationale Organisation der Hilfe und des Beistands für Kriegsopfer wie generell für Menschen in Notfallsituationen – das Rote Kreuz.

Nach den Krankenschwestern sollten in der Reihe herausragender Agenten der Zivilisierung die Hoteliers herausgehoben werden. Sie traten höflich den wilden Rabauken und herumrotzenden Lümmeln entgegen und baten, im Hotel nicht auf den Boden zu spucken, nicht die Finger in die Soße zu stecken und nicht in die Ecke zu urinieren. Die Hoteliers waren Zivilisationsheroen, die den Naturburschen in ihren wilden Antrieben der Entäußerungskraft beizubringen hatten, daß ein zivilisierter Mensch nur derjenige sei, der derartige Machtgesten unterläßt.[5] Was besagt schon eine Machtdemonstration, bei der jemand mit einer Kalaschnikow Dutzende von Menschen in ein paar Sekunden niedermäht, gegenüber dem Bemühen, deren Lebensführung zu erleichtern?

Feuerwehr und medizinische Helfer nehmen zwar bei uns an nahezu jeder Kulturveranstaltung teil, werden aber nicht in ihrer objektiven Bedeutung gewürdigt, weil man die für völlig selbstverständlich erachtet. Seit sich Terroristen weltweit zu Herren der Lage aufgeschwungen haben, ist das aber leider nicht gewährleistet. Es bleibt zu hoffen, daß die Stille der Ereignislosigkeit, die Souveränität des Unterlassens, des Nichttuns doch noch als höchste

Erfüllung eines ethischen Anspruchs geschätzt und belohnt wird. Immer noch empfindet es die Mehrheit nicht nur als tolerierbar, sondern als wünschenswert, mit allem Nachdruck Dauerspektakeln ausgesetzt zu werden. Bei Protest gegen derart grundgesetzwidrige Verletzung der Integrität und damit der Würde des Menschen wird man vom Personal der Restaurants, Boutiquen, Arztpraxen mit schöner Regelmäßigkeit beschieden, man nehme den Musikterror nicht mehr wahr; auf den Hinweis, wenn das Personal den Terror gar nicht wahrnehme, könne man ihn unterlassen, heißt es ausnahmslos, der Lärm sei im Interesse der Kunden von der Direktion angeordnet. Auf den weiteren Hinweis, man sei selber Kunde und wünsche, verschont zu werden, lautet die Antwort: Sie können ja woanders hingehen – was aber unmöglich ist, da man inzwischen überall gezwungen wird, bei rabiatester Beatmusik zu essen, ohne Rücksicht auf die Physiologie. Beschwerden sind sinnlos, weil der Terror systemimmanent ist, was man spätestens feststellt, wenn man den angeblichen Kundenservice als Dauerverweis von einer Warteschleife des Call Centers auf die nächste erfährt.

Intervento minimo

Die historisch hoch stehenden Gegenbewegungen gegen den Aktionismus bildeten die Zen- und die Hindu-Religionen sowie bei uns die Mystiker. Sie legten es stets darauf an, im Bewußtsein der Zeitgenossen die Würde der Stille, die Großartigkeit des Nichteingreifens oder wenigstens des *intervento minimo,* des kleinstmöglichen Eingriffs zu würdigen, anstatt dem *intervento massimo,* dem pompösen Eingreifen, mit allen Mitteln zu huldigen. *Intervento minimo* bedeutet, mit einer Minimalbewegung etwas zu wenden. Einen tausend Jahre unbewegt ruhenden Stein umzudrehen, ist eine Sensation für jemanden, der noch weiß, was Ereignishaftigkeit bedeutet. Der Flügelschlag eines Schmetterlings oder das Umblättern einer Seite sind Formen des *intervento minimo;* obwohl es natürlich Gewürm geben mag, das sich selbst durch einen sanften Spaziergänger gestört fühlt, aber bei dem entschuldigt man sich als spirituell sensibler Buddhist oder Hinduist durch Glöckchen am Armgelenk oder an den Schuhen, damit es rechtzeitig Reißaus nehmen kann.[6]

Wenn wir uns hier erstmalig offiziell als Anwärter auf die Ehrenmitgliedschaft als Dichter und Künstler bei der Feuerwehr und bei der Polizei bemühen, dann in dem hoffenden Bewußtsein, daß sich auch Polizei, Feuerwehr und Ärzteschaft bei ihren Interventionen zu Wasser, zu Lande und in der Luft langsam ihrer eigenen Würde bewußt werden und sich deswegen nicht mehr so rigide zeigen müssen, wie das häufig der Fall ist. Ein Polizist in der Würde desjenigen, der den Normal-Null-Fall des Nicht-Ereignisses garantiert, ist eigentlich in keiner Hinsicht mehr, selbst für empfindlichste Künstler, der Ausdruck einer zwingenden Macht oder Autorität.

Wir feiern die Hausmeister in den Museen, das Reinigungspersonal, die Polizisten, die Straßenbahnschaffner, die Müllabfuhr als Souveräne der Normalität. Im Zuge der Entwicklung einer neuen Kulturhierarchie der Bedeutungen sollten sie auf den Schild der öffentlichen Wahrnehmung gehoben werden. Als Einübung in ein derartiges Würdigen lobe ich bei Preisvergaben stets

Junge Zivilisationsheroen und alte Meister

Rezension des
Wolkentheaters über dem Radlpass

diejenigen, die ihn nicht bekommen, aber die Bedingung der Möglichkeit einer Auszeichnung darstellen. In Ausstellungen oder Theatern sollte man diejenigen beglückwünschen, die nicht mehr schreiben, malen oder spielen müssen. Leider gibt es noch keinen Kult für die Würdigung des Unterlassens, aber genau auf diesen Weg haben wir uns mit unseren Veranstaltungen auf dem Radlpaß und im Theoriegelände begeben.

Festival des Nicht-Ereignisses am Radlpaß

Der Vorschlag, den Radlpaß als Ereignisort der Zivilisationsbewegung auszurufen, knüpft an eine alte hellenistische Tradition an. Wir befinden uns gleichsam auf dem Berg Haimon. Wir tun, was einst die Verpflichtung eines intelligenten Vorgesetzten war, nämlich eine Übersicht zu gewinnen. Übersicht heißt auf Lateinisch *supervisio*, was bedeutet, sich einmal um die eigene Achse zu drehen und die Einheit der Welt im Zusammenschluß von Anfang und Ende der Besichtigungsdrehung wieder herzustellen. Eine solche Verpflichtung erfüllten die hellenistischen Nachfolger Alexanders, wenn sie in alljährlichen Ritualen den Berg Haimon bestiegen.

Diese Einheit der Wahrheitsorientierung wurde seit langem als gestört wahrgenommen. Wir glaubten, es komme nur auf Präsidenten, Staatssekretäre, auf große Individuen an, die ihre Außerordentlichkeit darin betonten, daß ihnen ohnehin niemand folgen könne; eine logische Idiotie für jeden Künstler und Wissenschaftler. Es geht längst um die entgegengesetzte Annahme: Überlegenheit in der Souveränität des Menschseins zeigen wir dann, wenn wir uns selbst als Supervisionäre betätigen und damit für die Allgemeinheit verantwortlich fühlen, deren Bestandteil wir sind.[7] Das ist das, was wir auf Bergeskuppen oder in Furten als Stätten des Übergangs zu leisten hätten. Seien wir also Alexander-Nachfolger und übernehmen die Aufgabe der hellenistischen Fürsten, die Einheit der Welt zu stiften, indem wir dem Außerordentlichen in der Seltenheit seines Vorkommens eine Chance bieten. Denn solange es keine Normalität gibt, ist es unsinnig, etwas als außerordentlich zu behaupten. Wenn der Normalfall inzwischen das Außerordentliche geworden ist, dann ist die Souveränität in der Herstellung des Nicht-Ereignisses zu sehen.

Rettung aus höchster Not: Das Floß der Medusa und die Odyssee

Das merkwürdig disproportionale Segel am Mast verweist auf das Floß der Medusa, das wir in Gestalt eines theoretischen Objekts im Theoriegelände unseren Besuchern präsentieren. Dieser Mast rekurriert auf die Homer'sche „Odyssee" und die Bedeutung des Epos für die Entwicklung europäischen Selbstverständnisses und den Heroismus von Tatmenschen, wie sie Max Horkheimer und Theodor W. Adorno im berühmten Odysseus-Kapitel ihrer „Dialektik der Aufklärung" um-

Der Mast des Odysseus

schreiben.⁸ In der „Odyssee" wird geschildert, wie eines Tages der unter größten Anstrengungen heimwärts navigierende Odysseus die Reize des Wohllebens vernimmt. Er wird bedrängt von Verlockungen durch Frauen und Waren. Aber er ahnt, daß es für ihn und seine Mannschaft das Ende bedeuten würde, wenn sie dieser Verlockung nachgäben. Er verteilt Ohropax, um diese schwachen Menschen vor der Verführung, also dem Propaganda-Gesang der Reklame und des Konsums, zu schützen.⁹ Er selbst läßt sich an den Mast des Schiffes binden und lauscht den betörenden Gesängen der Sirenen. Odysseus ist damit der erste Selbstfesselungskünstler, also der erste Mann des Abendlandes, der die Beherrschung der Natur an sich selbst demonstriert. Er hindert sich durch Selbstfesselung daran, den Impulsen des Triebes und des Verlangens nachzugeben. Der Gewinn dieses Umgangs mit sich selbst ist ein zivilisatorisches Modell: Nicht direkte Reaktion auf Reize, sondern Sublimation, Aufschub und Ersatz durch kulturell bedeutsame Taten bilden die Orientierungsziele eines zivilisierten Menschen.

Odysseus erfindet Ohropax, noch heute Schutz gegen den Sirenen-gesang der Werbung.

Mehrere Episoden der „Odyssee" sind dieser Verpflichtung zur Zivilisierung der Menschen gewidmet. Eine der berühmtesten ist die Kirke-Episode. Als der Besatzung des Schiffes das Trinkwasser ausgeht, begeben sie sich aus schlichter Not an Land und treffen auf die Landesherrin Kirke. Diese fühlt sich gerade einsam und versucht, den Helden in ihren Bann zu ziehen. Odysseus will unbedingt weiter nach Ithaka, doch Kirke verhindert das, indem sie seine Männer in Schweine verwandelt. Seiner Seeleute beraubt, kann er als Kapitän allein nicht fliehen. Er muß viele Jahre lang Liebesdienste verrichten, bis Kirke ein Einsehen hat. Er ruft seine in Schweine verwandelte Mannschaft auf, sich in Menschen zurückzuverwandeln. Doch sie weisen ihn zurück mit dem Hinweis darauf, daß ein Schweinedasein viel lustvoller sei als das mühevolle Menschendasein.¹⁰ Diese Urerfahrung der Euro-

Göttlicher Strizz

päer ist heute erneut von großem Interesse: Die Deutschen weigern sich, aus ihren Sesseln herauszukommen und sich den Anforderungen des Lebens zu stellen. Stattdessen sagen sie sich: Wir leben in einem überaus angenehmen Zustand. Keine Ideologie, keine Religion, kein Gedicht stellt mehr eine Zumutung dar, da sie schlicht nicht mehr wahrgenommen werden. So leben auch wir in Saus und Braus, anstatt uns in Menschen zurückzuverwandeln. Das konsumeristische Leben mit Sozialversicherungsgarantie ist einfach viel schöner als jede Anstrengung im Kulturkampf. Es ist viel angenehmer, sich als Konsumschwein zu suhlen und das „säuische Behagen an der Kultur" zu genießen, als Unbehagen an der Kultur zu entwickeln, also kritikfähig zu werden, vor allem aber kritikfähig gegen sich selbst.

Betrachtet man das Floß mit dem auffälligen Segel, so verweist es uns auf eine weitere europäische Urerfahrung: das Erleiden des Schiffbruchs.[11] Théodore Géricault malte 1818 in Paris das berühmte Gemälde „Floß der Medusa". Dabei bezog er sich auf eine konkrete historische Erfahrung seiner Zeit. Die Fregatte „Medusa" war ein Festungsschiff, das gebaut wurde, als sich die Franzosen nach der Schlacht von Waterloo (1815) der neu eröffneten Konkurrenz durch die Engländer stellen mußten, um eine zweite Seeblockade zu verhindern. Die „Medusa" galt als uneinnehmbares und unsinkbares Schiff. Der Inbegriff der damals erreichbaren Leistungsfähigkeit im Schiffsbau lief jedoch unerwartet auf Grund. Auf einem Floß aber, das aus wenigen zusammengeflickten Brettern mit einem aus Hemden gefügten Segel bestand, erreichte schließlich immerhin noch ein Dutzend Männer rettendes Land. Die Seeleute retteten sich also vom vermeintlich unsinkbaren Schiff auf ein vermeintlich höchst zerbrechliches Provisorium, dem sie schließlich ihr Leben verdankten.

Die Erfahrung, daß locker gefügte Flöße länger halten als unsinkbare Schiffe, provozierte mit dem Beginn der industriellen Revolution eine Umstellung auf allen Ebenen – vom Schlachtfeld bis zum Haushalt. Es galt, das Prinzip loser Kopplungen und gelenkiger Verknüpfungen zu finden, anstatt sich der Starrheit panzerfester Fügungen sorglos anzuvertrauen. Sich zu ducken und dem Gelände anzupassen, entwickelte sich zu dem intelligenteren soldatischen Verhalten, als in massierter Großartigkeit und mit Imponiergehabe den Feind beeindrucken zu wollen.

Man lernte durch Faszination an der Archäologie, das Fragment zu schätzen, welches die Zerstörungsmacht der Zeit überlebte, und beobachtete, daß angeschlagene Sammeltassen allein schon wegen sorgsamer Behandlung robuste Massenware überdauern. Die Antike ist nur als Ruine übermittelt. Als die Barbaren kamen und alles zertrümmerten, haben sie das Ruinierte einfach liegen gelassen. Der Bruch und das Zerschlagene waren nicht weiter von Interesse. Als in Ruinen gelegt, hatte die Antike die Chance zu überleben.

Für uns Europäer bedeutet das, Vorbereitungen zu treffen für das Anrollen der zerstörerischen Zeitkräfte. Am besten verkrümeln wir uns schon selber in archäologische Museen der Zukunft, wie sie auch von den nächsten Siegern der Geschichte geschätzt werden. Die Künstler meinen, man ruiniere sich am besten gleich selber und behandle das Resultat wie Kunst. Kunst zu machen, ist immer noch die trefflichste Voraussetzung, um als Ruine zu überleben.

Théodore Géricault hat mit seinem ganz Europa ergreifenden Gemälde die Erfahrung der Europäer versinnbildlicht, daß Festigkeit nicht eine Frage der Dicke der Mauern und Stabilität nicht eine Frage der Zahl der Nieten ist, die in Metall gerammt werden. Er hat uns auf die Vorgaben des Rettungskompletts hingewiesen, also uns mit dem Gedanken vertraut gemacht, daß unser gesamtes Handeln ausschließlich als vorläufig und provisorisch zu betrachten ist.

Da alles schief gehen kann, gehört zum Schiffsbau das Einrichten der Rettungsboote hinzu. Das Rettungskomplett ist in diesem Fall der Gedanke an die Sinkbarkeit eines neuen Schiffs, aus dem folgt, daß die Rettbarkeit von Passagieren zu einer Bedingung des Schiffbaus werden muß. Rettungskompletts sind somit Momente der Vorsorge für den Fall, daß etwas den ganz logisch zur Existenz gehörenden Punkt seines Versagens, seiner Destabilisierung, seines Zusammenbruchs und seiner Zerstörung erreicht.

Kometenschweif und Fluchtgepäck

Wir präsentieren in der Ausstellung ein ganzes Sortiment von Stahlkapseln, Behältnisse, die ihren Inhalt bis auf weiteres den Bedingungen des Zerstörtwerdens entziehen können. Die Kapseldeckel tragen die Gravur: „Kometenschweif und Fluchtgepäck".[12] Was für wertvoll genug erachtet wird, um es vor den Furien des Verschwindens zu bewahren, wird am besten nicht digital, sondern in dem Verfahren namens „Stein von Rosette" analog gespeichert. Benannt ist dieses Verfahren nach dem „Stein von Rosette", der maßgeblich dazu beitragen konnte, die ägyptischen Hieroglyphen zu entziffern, da auf ihm auch eine griechische Version desselben Textes eingraviert war. Entdeckt wurde dieser Stein 1799 von einem französischen Offizier Napoleons namens Pierre François Xavier Bouchard. Das Verfahren nach Rosette ermöglicht die Speicherung einer Unmenge von Daten auf kleinstem Raum.

An jedem Ausstellungsort habe ich den Museumsdirektoren angeboten, diese Endlagerungsgefäße sinnvoll zu bestücken. Adalbert Hoesle garantiert dafür, daß die Zeitkapseln anschließend bei anderem Ewigkeitsgepäck der BRD in einem Salzstock bei Freiburg i.B. bunkersicher lagern. Dankenswerterweise akzeptiert die deutsche Bevölkerung, vertreten

„Kometenschweif und Fluchtgepäck"

durch den Bundestag, die Verpflichtung, die bis in alle Zeit entstehenden Kosten tragen zu wollen, wie etwa auch im Fall der Folgekosten für die Auswirkungen aufgelassener Bergwerke. Aus dieser Verpflichtung entwickelte sich der einzige Begriff universellen Zuschnitts, den die kleine Bundesrepublik nach der Aufgabe der Begriffe „Reich", „Vaterland", „Nation" hervorgebracht hat, nämlich den Begriff „Ewigkeitskosten".

Unser Fluchtgepäck nimmt durch die Leistung des Antizipierens tatsächlich den Eventualfall als Normalität in sich selbst auf, ist also ein echtes Rettungskomplett.

Wird ein neu gebauter Saal mit Fluchtzeichen ausgestattet, so sieht jemand voraus, daß es vor Ort zu einer Panik kommen und also Bedarf nach Anleitung für den Fluchtweg ins Freie herrschen könnte. Diese mittlerweile global durchgesetzten Fluchtzeichen bilden keinen Widerspruch zur verläßlichen Architektur des Raumes oder zur Brauchbarkeit der Konstruktion. Es liegt im Prinzip des Entstehens und Herstellens, daß „alles, was entsteht, wert ist, daß es zugrunde geht". In jedes richtig durchdachte Objekt wird deshalb sein eigenes Ende eingefügt. Alle modernen Objekte weisen Sollbruchstellen auf. Nahrungsmittel haben Verfallsdaten, wobei das Anschreiben eines Verfallsdatums keine Kritik an der Ware ist, sondern ganz im Gegenteil, die Sicherheit im Umgang mit ihr garantiert. Jede vermeintliche Sicherheit erweist sich als eine Steigerungsform von trügerisch, nämlich als tückisch.

Ewigkeitskosten

Der Eigensinn der Dinge

Was wir mit dem Ausdruck „Eigensinn der Dinge" besprechen, ist unter dem Namen „Tücke des Objekts" bekannt und systematisch von dem Hegel-Schüler Theodor Vischer in seinem Roman „Auch einer" von 1864 beschrieben worden. Der Begriff Tücke bezeichnet nicht den Angriff der Artefakte auf ihren Schöpfer, wie das seit Stanley Kubricks Film „2001: Odyssee im Weltraum" durch den Ungehorsam des Computers HAL 9000 gegenüber seinem Kommandanten Gemeinplatz geworden ist. Er bezeichnet auch nicht die Rache der Geschöpfe gegenüber ihrem Schöpfer oder die Konsequenzen einer partiell aufgekündigten Meister-Lehrling-Hierarchie wie in Goethes Ballade „Der Zauberlehrling". Die Filmkomiker der Stummfilmzeit demonstrieren dieses merkwürdige Versagen des Objekte gebrauchenden Menschen angesichts der komplizierten Regeln, die den Umgang mit den Objekten erst sinnvoll machen. Heute repräsentieren die Gebrauchsanweisungen für Hochleistungsmobiltelefone, Unterhaltungselektronik und Automobile diese Slapstick-Qualitäten, zumal, wenn sie, wie üblich, als Übersetzung aus der Sprache des asiatischen Herstellerlandes den Objekten beigegeben werden. Man amüsiert sich zwar einerseits über den Gestalt gewordenen Unsinn, der sich aber zur Verzweiflung steigern kann, weil man ohne die Gebrauchsanleitung die Gerätschaften nicht zu nutzen weiß. Der Versuch, ohne Anleitung Ikea-Möbel zusammenzubauen oder einen neuen Computer zum Laufen zu bringen, entfaltet dann die Tücke des Objektes als permanenten Widerspruch zwischen dem Willen des Nutzers, Herr der Lage zu sein, und der sich steigernden Verwirrung angesichts der Erfahrung, dümmer und ungeschickter zu sein als andere, die den Umgang mit den besagten Objekten anscheinend problemlos meistern.

Offenbar hat man erst im Zeitalter des Maschinenbaus die Erfahrung ernst nehmen müssen, daß Genesis und Geltung auseinanderfallen und die Anleitungen zum Bau einer Maschine nicht mit den Anleitungen zu ihrer Inbetriebnahme übereinstimmen. Wir glauben, mit dem Kauf der Objekte die beliebige Verfügung über sie erworben zu haben, machen dann jedoch die gegenteilige Erfahrung. Vor Theodor Vischer stellte bereits Heinrich von Kleist in „Der zerbrochne Krug" an der Figur des Dorfrichters Adam das Scheitern des Souveränitätsanspruchs von Herren des Verfahrens dar und in „Michael Kohlhaas" einen weiteren Prototypen des verfehlten Souveränitätsanspruchs aus der Buchstäblichkeit der Gesetzesauslegung beziehungsweise der Umsetzung einer juristischen Gebrauchsanleitung.

Nach Vischer waren es vor allen Dingen Laurel & Hardy, die Zirkusclowns, die Slapstick-Komödianten, Paul Schreber (Sexualpathologie), Fritz Teufel (Kommune 1), Bernhard Johannes und Anna Blume (Wahnzimmer) oder Peter Fischli und David Weiss (Logik der Dysfunktion), die für uns alle Freuds hypothetische Psychologie mit Beweiskraft erfüllten. Dabei scheinen wir nicht nur beweisen zu wollen, daß wir die Demütigung lustvoll ertragen, nicht Herr im eigenen Hause sein zu können – im Freud'schen Bürgerhaus regierten ohnehin die Gattinnen. Wir scheinen gleichzeitig stolz darauf zu sein, Freuds strengem Urteil entgangen zu sein, indem wir nachweisen, daß das Haus nicht uns, sondern den Kreditgebern gehört. Als Vischer seine ästhetischen Studien betrieb, hat Grandville die Tücke des Objektes in sein Schema des Karikierens einbezogen. Sein Schema wurde als Kritik an Hegels absolutem Geist

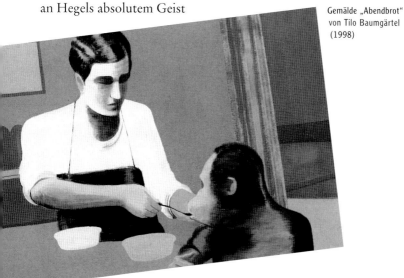

Gemälde „Abendbrot" von Tilo Baumgärtel (1998)

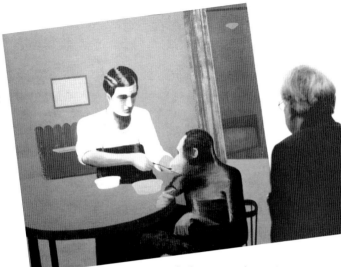

Anthropologin Ingrid Bloemertz mit Bazon Brock im Selbstexperiment

entwickelt. Es ist den Dingen anzusehen, daß ihr Gebrauch zur Zerstörung führen wird; alles ist gemacht, damit es verbraucht werde, denn erst im Vergehen zeigt das Ding seinen Wert an. Dieses Prinzip der konsumeristischen Funktionslogik kehrt wieder in Karikaturen als Markierungen des Entstehens aus dem Verenden der Dinge im Müll.

Heute bringt das den Dingen aufgepreßte Verfallsdatum diese Karikaturhaftigkeit unmißverständlich zum Ausdruck. In diesem Verständnis ist Friedrich Nietzsche der größte Karikaturist als Philosoph der Neuzeit. Er erkannte die Tücke der Gedanken wie Vischer die Tücke der Objekte, zum Beispiel die Tücken der Ontologie, die Ewigkeit des Seins aus dem Leben zum Tode abzuleiten. Heute sollte man statt vom Leben zum Tode besser vom Leben als Stoffwechsel oder Leben zum großen Metabolismus sprechen. Karl Valentin hat Nietzsches Karikatur der Ontologie bestens bühnenreif werden lassen, indem er etwa alles kurz und klein schlug unter dem Ausruf „Euch werde ich die ewige Wiederkehr schon noch einbläuen!", um dann die Feinmüllreste in einen Gral (als Einheit von Siegespokal und Urne) einzufüllen und unter den Geschäftsauslagen abzustellen, wo man die von ihm auf der Bühne genutzten Dinge zum sinnvollen Gebrauch, also zum Zerstören, üblicherweise zum Kauf anbietet.[13]

Pragmatologie als Schöpfung des Mülls

Unter dem Stichwort „Recht der Dinge" schlagen wir eine Pragmatologie vor, die sich der Ontologie der Natur wie dem Kult der *Opera* (Werke) entgegensetzt. Diese Pragmatologie hebt auf den Gebrauch der Produkte und der Werke im Sinne ihres Verbrauchs ab, darf also mit deren Aufhebung in der Werklosigkeit rechnen. Das Pragmaton als Gebrauchs- und Funktionsereignis kennzeichnet, anders als das *Ergon* (Werk), nicht das singulär für die Ewigkeit hervorgebrachte Werk, sondern eine Paßform des Hervorbringens und Verwandelns. *Objets trouvés, objets fixés,* theoretische Objekte oder Werkzeuge im allgemeinen heben auf dieses Einpassen des Gewordenen in das Gewesene, des Hervorgebrachten in das aus der Welt Gebrachte, des Amorphen ins Fixierte ab. Pragmatologie ist die Schöpfungslogik der Vermüllung. Sie ist die Werklogik des Metabolismus respektive des Kapitalismus. Vor beiden *Pragmata* vergeht das menschliche Schaffen wie der Schneemann in der Sonne. Doch dieses Wissen hielt uns niemals davon ab, mit kindlicher Freude und in der Lust des Gelingens die Schneemänner und die Sandburgen am Strand zu bauen. Das Bewußtsein von ihrer Vergänglichkeit und Kurzlebigkeit steigert die Gestaltungsdynamik und die Epiphanie des Lebens, vergleichbar einer Gestalt in den Wolken oder einem Gesicht in der von Schimmel befallenen Wand. Dieses gezielte Sehen von Gestalten im amorphen Wahrnehmungsfeld nennt Leonardo da Vinci „*lingua mentalis*". Indem Sie sich, verehrter Leser, bemühen, in der Ansammlung von Objekten im Theoriegelände sinnvolle Einheiten zu bilden – wozu wir Sie ja anleiten möchten –, schulen Sie Ihre *lingua mentalis,* also die Gestaltungskraft durch Einsicht. Das nennt man Evidenz-Erleben.[14]

    Weitere Gestaltmuster und Prêt-à-pensers, bewährte Gedanken von der Lehrmittelstange der Schule des Lebens, sind der sichere Zweifel des Descartes („Wenn auch alles bezweifelbar ist, muß das Zweifeln selber zweifellos gegeben sein.") oder der sinnvolle Umgang mit dem Unsinn (wie bei Lewis Caroll in „Alice im Wunderland" oder bei Hugo Balls Dada-Land).[15] Die Vorwegnahme des Verbrauchszwecks in der Herstellung der Objekte entfaltet Gesichtspunkte apokalyptischen Denkens.[16] Zu einer weitergehenden Analyse sind wir verwiesen auf die Einheit von Glauben und Vernunft als Bestimmtes *(objet pensé),* von Methode und Zufall oder von Suchen und Finden dessen, was man überhaupt nicht als Gewußtes suchen kann, solange es nicht gefunden wurde.[17] Die Behauptung einer solchen Einheit des Zusammenhanglosen nennen wir Synkretismus. Seine Gründerväter sind die Sophisten, die Alexandriner, die Renegaten und Häretiker, die Apostaten und modernen Bastler einer Theorie für Alles. Sie bieten Kirchen für Atheisten, Gemeinschaft für Einzelgänger und Museen der Vergänglichkeit. Ihr Verfahren der Sinnstiftung ist die Erzeugung von Beziehungsgefügen, Konstellationen zwischen Dingen, die bisher kaum zusammen gesehen wurden, beispielsweise eine Nähmaschine und eine Mona-Lisa-Abbildung auf einem Bügelbrett. Durch die Evolution unseres Weltbildapparates werden wir genötigt, Zusammenhänge zu sehen, wo wir Gegebenheiten zusammen wahrnehmen. Dieses Zusammensehen als In-einem-Zusammenhang-Sehen kennzeichnet Synkretismus als Bewährung der Intelligenz, nämlich im Bewußtsein der Falschheit auf die Denknotwendigkeit des Richtigen, Schönen oder Wahren schließen zu müssen.

An den schönen Wandlungsformen der Produkte aus dem Weinberg des Herrn können wir unterschiedliche Haltungen als Pragmatologie studieren: Rosinenpicker gleich Eklektizisten, Rosinenbäcker gleich Synkretisten, Rosinenzähler gleich Positivisten – und schließlich: Abfüllen der Rosinen in die Meta-Keramik, also in das Gefäß des Körpers *(corpus quasi vas).*[18] Die Gefäße können Sprünge aufweisen, Fehlformen, Asymmetrien und diverse Fehlbrände. Der Synkretist sieht in dieser *Panourgia* („Gerissenheit") oder Kakophonie der Übel keine mißtönende Entwertung des Einzelstückes, also ein minderwertiges *Ergon,* sondern glückliche, unerwartbare, nicht planbare Singularität, die zwar auf die ideale Form verweist, aber ihr noch die Attraktion der Abweichung hinzufügt. Synkretismus ist ein Verfahren der Selbstoptimierung durch seine stets erneute Anwendung. Ein Trainingseffekt ist die Erkenntnis und der intellektuelle Gebrauch des *verum falsum*. Eine Möglichkeit wäre die Aufgabe der Werkvollendung, dem *sacrificium operis*, zugunsten der prinzipiell ziellosen Werktätigkeit – oder der weitgehenden Aufgabe der *Poeisis*, dem Werkschaffen zu Gunsten der Praxis. In den Konstellationen des Synkretismus, wie sie Museumspräsentationen bieten, läßt sich so etwas wie die *Poeisis* der Praxis als Pragmatologie auf relative Fortdauer stellen.[19]

ANMERKUNGEN

1 „Thomas Mann sah in Gott, der schließlich auch nicht immer gewesen, der er war, einen Gott des Verschonens und des Vorübergehens, der nicht einmal im Falle der Flut bis zum Letzten und an die Wurzel der Menschheit gegangen war, sondern in einem Gescheiten den Gedanken des Rettungskastens erweckt hatte." In: Assmann, Januar 2006, S. 200.

2 Siehe Kapitel „Fininvest – Gott und Müll".

3 Für derartige Kulte gilt das Grundmuster einer Würdigung des Verlorenen Sohnes. Aber die Bereitschaft, den reuigen Sünder höher zu schätzen als den braven Haus- und Feldbesorger, verführt nicht wenige dazu, nach Rückkehr in die Gloriole der Normalität sich ihrer einstmaligen Vergehen zu rühmen. Solchen Sündenstolz zu vermeiden, ist der tiefere Sinn des Gebots, den Verurteilten nach Verbüßung der Strafe jemals ihre Straftaten wieder vorzuhalten oder ihnen andererseits zu erlauben, ihre Verbrechen auch noch zu vermarkten. Gegen dieses Verbot wird von den Medien systematisch verstoßen: je größer und blutrünstiger ein Verbrechen, desto höher die Honorare für die rückhaltlose Präsentation der Kraft zum Frevel.

4 „Wenn ich mir mitunter vornahm, die vielfältigen Aufregungen der Menschen zu betrachten [...] so fand ich, daß alles Unglück der Menschen einem entstammt, nämlich daß sie unfähig sind, in Ruhe allein in ihrem Zimmer zu bleiben [...] Die Unterhaltung und die Zerstreuung des Spiels sucht man nur, weil man nicht fähig ist, [...] zu Hause zu sein." (Blaise Pascal) Siehe Kapitel „Musealisiert euch! Eröffnungsspiel: Preußische Partie".

5 Gerade Appelle an humanitäre Tugenden pflegen von der dringlichen Bitte begleitet zu werden, man möge alles in seiner Macht Stehende unternehmen, um...; an den Appell „Wir bitten Sie, alles in Ihrer Macht Stehende zu unterlassen" konnte man sich noch nicht gewöhnen, denn er wurde selten gehört.

6 „Himmler war von jeher empfänglich für unorthodoxes Denken jeder Art, angefangen von Naturheilverfahren und Kräuterkunde (jedes KZ mußte einen Kräutergarten unterhalten) über die Entschlüsselung geheimnisvoller Runenschriften bis hin zur Suche nach dem reinen arischen Typus durch Vermessung menschlicher Schädel. Eine seiner zahlreichen, ihn begeisternden Ideen war der Kampf gegen die Jagd, die er geächtet sehen wollte, weil jedes Tier ein Recht auf Leben habe." Bullock, Alan 1996, S. 859. Die Ideologen des Ariertums nahmen sogar in Kauf, daß für die Legitimation ihres eigenen Überlegenheitsanspruchs auf bisher völlig fremde Kulturen zurückgegriffen werden mußte, etwa den Hinduismus. Himmler empfahl den SS-Männern, wie die heiligen weisen Männern bei den Hindus, Glöckchen an die Stiefel zu montieren, um so den Respekt vor der Beseeltheit des Lebens auszudrükken. Die Beseeltheit war gedacht als Wiedergeburt von Menschen, also auch von eigenen Vorfahren in jedweder Gestalt anderen Lebens. Die Glöckchen an den Stiefeln der SS-Männer waren also Ausdruck der Begründung von Ahnenkult in der angenommenen Tradition der aus Indien stammenden Arier. Wagners Träume von Juden, die zu Würmern und Trichinen wurden, um seinen Leib zu zerfressen (siehe entsprechende Studien von Hartmut Zelinsky), entsprechen folglich den Beseeltheitsvorstellungen allen Lebens. Die Auflösung des Widerspruchs von beseelten Schädlingen und Nützlingen ergibt sich aus der Unterscheidung von Freund und Feind einerseits und dem Triumphalismus des natürlichen Lebens andererseits, das heißt der demonstrierten Macht des Stärkeren.

7   Brock, Bazon: Das Plateau der Freundschaft – Probleme verbinden stärker als Bekenntnisse. In: ders., 2002, S. 390 ff.

8   Siehe Kapitel Odysseus oder Mythos und Aufklärung. In: Horkheimer, Max; Adorno, Theodor W.: Dialektik der Aufklärung. Philosophische Fragmente. Frankfurt am Main 2002, S. 50 ff.

9   „Aber ich schnitt mit dem Schwert aus der großen Scheibe des Wachses / Kleine Kugeln, knetete sie mit nervichten Händen, / Und bald weichte das Wachs, vom starken Drucke bezwungen / Und dem Strahle des hochhinwandelnden Sonnenbeherrschers." In: Homer, Ilias, Odyssee. In der Übertragung von Johann Heinrich Voß, Hamburg 1781, München 1979, S. 605 (XII. Gesang, V 173–176).

10 Während unserer Lustmarsch-Präsentation im Haus der Kunst in München wurde dort eine Paul-McCarthy-Ausstellung gezeigt. Unter den Exponaten fiel im Zusammenhang mit der Odysseus-Kirke-Episode die Skulptur eines offensichtlich träumenden, im Schlafe lachenden Schweins auf. Für die schöpferische Kraft des Künstlers gilt seit antiken Zeiten die Kraft zur Verlebendigung einer Darstellung. Sprichwörtlich ist der Bildhauer Pygmalion, der die von ihm geschaffene

Marmorstatue eines jungen Mädchens zu seiner Liebhaberin erwecken will und darin scheitert. Durch McCartheys Skulptur des im Schlafe lachenden Schweins wurde aus Pygmalion Pig-Malion und damit das Problem des Odysseus sichtbar, seine schweinischen Gefährten zu überreden, sich in Menschen zurückverwandeln zu lassen.

11 Schon in der griechischen Kultur geht, über Hesiod vermittelt („Erga kai hemerai / Werke und Tage"), der Gedanke von der „Widernatürlichkeit der Seefahrt" in das europäische Geistesleben ein, siehe Blumenberg, Hans: Schiffbruch mit Zuschauer, Paradigma einer Daseinsmetapher. Frankfurt am Main 1979, S. 30.

12 Siehe Veröffentlichung zu retrograden Strategien, In: Culture insurance no title no reception. Hg. v. Adalbert Hoesle. Köln 2006. Darin: Brock, Bazon: Neuerungssucht und Ewigkeitsanspruch. Zur Endlagerung kultureller Gewissheiten. S. 295 ff. Siehe dazu Bazon Brocks diverse Darstellungen des Verhältnisses von vergangener Zukunft zu zukünftiger Vergangenheit und zu den Gedanken des Fininvestments.

13 „Sie meinen, dergleichen habe Valentin tatsächlich vorgeführt?" – „Umso besser!" – „Und Alfred Jarry auch?" – „Na großartig." – „Und die Dadaisten erst recht? Zum Beispiel Kurt Schwitters?" – „Ja doch, in solchen Werken ist etwas zu erfahren, über die Katastrophe der Schöpfung oder vom Eingeständnis, wie viel besser es wäre, daß es nichts gäbe." – „Diesen Geist der Weltlosigkeit kann man im Innern der Werke als Sog der Entleerung verspüren, als mitreißende Auflösung in die ‚Werklosigkeit.'" In: Sloterdijk, Peter; Macho, Thomas: Die Weltrevolution der Seele. Ein Lese- und Arbeitsbuch der Gnosis von der Spätantike bis zur Gegenwart. Zürich, München 1993, Band 1, S. 54.

14 Siehe Kapitel „Faken – Erkenntnisstiftung durch wahre Falschheit"

15 Siehe Kapitel „Der verbotene Ernstfall".

16 Siehe Kapitel „Das Leben als Baustelle – Scheitern als Vollendung".

17 Siehe eine pensée trouvée, die an die Aufforderung „Gorgonisiert Euch!" gemahnt, in: Brock, Bazon 1977, S. 776.

18 Bazon erzählt die Anekdote, wie in vorkantischen Zeiten der Dichter Klopstock dem Spekulationsbegriff Metaphysik zur Würde eines Erkenntnisinstruments verhalf: Klopstock heiratete ein Mädchen namens Meta, das durch einen stattlichen Körper attraktiv war. Klopstock, der wie seine zeitgenössischen Kollegen Griechisch wie einen Dialekt der Kindheit sprach, wußte also, daß besagter Körper griechisch als Physis angesprochen wird. Indem er sich durch Metas höchst attraktive Physis zu deren handfester Wahrnehmung stimulieren ließ, bewies er seinen Kollegen nicht nur die realistische Bedeutung, sondern auch den freudvollen Umgang mit Metas Physik. Der Hagestolz Kant fühlte sich durch den griechischen Oberphilosophen Aristoteles legitimiert, Metas Physik für einen Abschreibfehler von Metaphysik zu halten, und verpaßte so den Fortschritt der Erkenntnistheorie durch die Lyrik. Den Höhepunkt dieser Förderung von Philosophie durch Lyrik stellt ganz sicher das Werk von Heidegger dar. Durch die Rachsucht seiner kuhäugigen Gattin Elfriede wurde er daran gehindert, seinen großartigsten Beitrag zur Geschichte des Denkens als Form der Liebeskunst zu veröffentlichen: die Hannahphysik. Deswegen ist man auf die indirekten Belege im Briefwechsel Heideggers mit Hannah Arendt angewiesen und auf den Gebrauch eines guten Griechischlexikons.

19 Siehe Kapitel „Musealisierung als Zivilisationsstrategie – Avantgarde – Arrièregarde – Retrograde".

Kulturpflicht

Das Leben als Baustelle – Scheitern als Vollendung

Das Leben als Baustelle – Scheitern als Vollendung

Was unser fabelhaftes Gehirn kann, spiegelt die Probleme, mit deren Bearbeitung es im Laufe der Evolution beschäftigt war. Bevor wir neue Konzepte der Humanisierung entwerfen, sollten wir besser kennenlernen, wie wir von der Evolution ausgestattet wurden. Von Natur aus sind wir kulturpflichtig. Erst wer die Natur der Kulturen kennt, hat Chancen, ohne brutale Erzwingungsstrategie wünschenswerten Zielen der Menschheit mit Vernunft entsprechen zu können; also Hominisierung vor Humanisierung. Für diese unumgängliche Selbstaufklärung steht die Metapher „Leben als Baustelle"; gefordert werden experimentelle Selbsterfindung, Erprobung von Biographieentwürfen und schließlich Verpflichtung auf einen zukünftigen Lebenslauf. Da dergleichen, wie die meisten Experimente, erst durch Scheitern aussageträchtig wird, sollte man nach dem Beispiel der Künstler trainieren, immer besser und gewinnbringender zu scheitern.

Für den modernen Zeitgenossen besteht seit Anfang des 20. Jahrhunderts die Verpflichtung, sich jederzeit im Hinblick auf die eigene Biographie auszuweisen. Die Vergegenwärtigung der Vergangenheit ist längst zur sozialen Pflicht geworden. Nicht nur Feldherren, Staatsgründer oder große Unternehmer, sondern jedermann ist biographiepflichtig.[1] Auch wer Hausmeister in einer Fabrik werden will, muß, wenn er sich um eine Anstellung bewirbt, einen Entwurf seines Lebens in Form eines handgeschriebenen Lebenslaufs einreichen. Dieser enthält gezwungenermaßen eine Festlegung auf Aspekte des eigenen Lebens, auf bestimmte Fähigkeiten, Fertigkeiten, ethische Einstellungen und Erwartungen gegenüber der Zukunft. Jeder Arbeitgeber will wissen, was aus dem bisherigen Leben für vermittelnde Vorstellungen, Pläne, Aktionspotentiale hervorgingen, um erahnen zu können, was der Arbeitnehmer in Zukunft zu leisten bereit ist. Er hofft, dadurch den Anwärter zu veranlassen, die berufliche Tätigkeit nicht nur als einen kurzzeitig zu absolvierenden Job zu betrachten, den dieser drei Tage später schon durch einen anderen Job ersetzen könnte.[2] Er zwingt den Bewerber ganz bewußt dazu, die Berufsausübung als Berufung anzusehen.

Mit der Durchsetzung des Anspruchs auf Globalisierung verschwinden Berufe als Berufung zu Gunsten temporärer Anpassung an Aufgabenstellungen, genannt „Job". In einer Gesellschaft von Jobsuchern wird Biographie zum geradezu utopischen Projekt. Wer ausschließlich Jobs ausübt, für den bleiben Biographie, Leben und Zukunft eine Fata Morgana. Nur dann gewinnt der arbeitende Mensch eine Perspektive auf seine Zukunft, wenn er einen Beruf ausübt, mit dem er sich als Person zur Deckung bringen kann. Erst ein Beruf, in dem er sein Potential entwickeln und entfalten kann, legt ihn auf bestimmte Vorgehensweisen fest. In der globalisierten Welt werden Persönlichkeiten nicht gebraucht. Bestenfalls verfügt man über den Mitarbeiter mehr oder minder willkürlich, wie über ein etwas beweglicheres Stück Material oder Maschinen. Bei bestimmten Arbeiten ist es zum Ausführen einer mechanischen Handlung einfach billiger, einen Jobber zu finanzieren als einen anschaffungsaufwendigen Automaten. Den Menschen, die froh sind, daß sie bloß jobben und keinen Beruf mehr ausüben müssen, entgeht, daß sie damit ihre Identität verlieren. Zukunft hat ihre Gültigkeit im Jetzt, wo sie als solche bezeichnet wird, nur als prospektive Entwicklung einer Biographie: Wie sehen wir uns in fünf oder zehn Jahren? Welche Zukunft geben wir der Entfaltung von Familie, Kindern, Freunden und welche den politischen Gemeinschaften, zu denen wir gehören? Ein Jobber hat überhaupt keine Chance, aus seiner Tätigkeit heraus auf solche Fragen zu antworten.

Einer gegen alle
Keine voreilige Versöhnung

Beispielgeber im Beispiellosen

Aus einer allgemeinen sozialen Verpflichtung heraus, die eigentlich jeder zu erfüllen hat, habe ich mich bemüht, die eigene Biographiepflicht nicht nur öffentlich auszuweisen, sondern ihr offensiv in Form von einigen Mediatisierungsangeboten nachzukommen. Insbesondere dann, wenn man rückblickend auf die eigenen Bemühungen als „Beispielgeber im Beispiellosen" ins Rentenalter eintritt, gibt man eine Übersicht über die persönlichen Erfahrungen oder über die möglicherweise brauchbaren Themenvorschläge.[3] Auf dem „Lustmarsch durchs Theoriegelände" präsentierte ich die für mich entscheidenden und im Laufe von fünfzig Jahren Arbeit in der Öffentlichkeit entwickelten Themen, die Niederschlag und Echo gefunden haben. Es geht um die Frage: Wie vermittelt man seine Vergangenheit an den eigenen Biographieentwurf, an die Zukunftsannahmen?

Die Themen verbinden mich mit einer Reihe von Wissenschaftlern aus dem Bereich der Kulturgeschichtsschreibung, aber auch mit Menschen an den merkwürdigsten Schnittstellen zwischen den verschiedenen Disziplinen, oft genug Künstlern, die in der Bundesrepublik in den letzten fünfzig Jahren ganz bestimmte inhaltliche Positionen ausprägten. Die in den elf Installationen der

Ausstellung präsentierten Werke stammen von Künstlern, wie Tilo Baumgärtel, Thomas Bayerle, Joseph Beuys, Bernhard Johannes Blume, Werner Büttner, James Lee Byars, Braco Dimitrijević, Ulrich Erben, Dieter Hacker, Thomas Huber, Jörg Immendorff, Gerhard Merz, A. R. Penck, Neo Rauch und Thomas Wachweger, die mein Interesse an ihren Arbeiten durch ihr Interesse an meinen bestätigten.

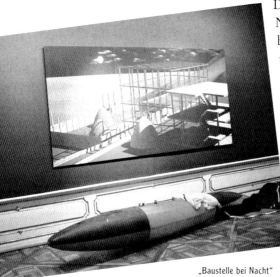

„Baustelle bei Nacht" von Thomas Huber (1997)

Das Gemälde „Baustelle bei Nacht" von Thomas Huber bietet uns eine Aussicht auf unser zukünftiges Leben auf Erden. Bereits in wenigen Jahren könnten unsere Großstädte zu einer großen Baustelle in einer vermondeten Welt (Ulrich Horstmann) werden, auf der die Arbeit eingestellt wurde. Die vormaligen Intentionen baulicher Gestaltung sind zwar noch zu erkennen, aber der Tendenz nach ist jede Bewegung und Veränderung hier an ein Ende gekommen. Zwar wurde ein Anfang gemacht, statt einer Vollendung erscheint jedoch der vorläufige Zustand der Baustelle selbst als Endstand. Wahrscheinlich bewohnt die Mehrheit der Weltbevölkerung in wenigen Jahrzehnten solche Szenarien: Die Verfügung über Wasser und Atemluft ist stark eingeschränkt, der frostige Mond scheint auf eine Welt ereignisloser Orte, die noch Ruinen als rettende Behausung erscheinen lassen.

Die von dem Künstler Winfried Baumann entwickelten *„Instant Housings"* sind ein intelligenter Rettungsvorschlag im Zukunftsszenario einer vermondeten Welt. Schon seit einigen Jahren wird in New York als Höhepunkt der menschlichen Fürsorge

Auch die Armut wird fortschrittlich

Statt im Pappkarton auf der 5th Avenue im Alukoffer

Unter Überdach

Winfried Baumann, Architekt für die universelle Diaspora

jedem Obdachlosen ein Pappkarton zur Verfügung gestellt. Wenn es regnet oder kalt wird, soll er seinen Karton auffalten und hineinkriechen – eine New Yorker Avenue kann unvermittelt wie eine einzige Postlagerstation aussehen. Baumanns „*Instant Housings*" sind wiederverwendbar und haben optional sogar Internetanschluß. Der komfortable Container kann mitgeführt werden und im Notfall dafür sorgen, daß man nicht erfriert.

Wundergreise

Der Untertitel des „Lustmarschs" lautet „Vom Sorgenkind zum Wundergreis". Die Generation, zu der ich gehöre, wurde durch den Krieg daran gehindert, ihre Wunderkindambitionen durchzusetzen. Wir waren höchstens Wunderkinder als Panzerfaust- oder Granatenschlepper. Ich selbst habe an der Panzerabwehrkanone PAK 8,8 Dienst getan, über die Neo Rauch als Militärhistoriker bei der Nationalen Volksarmee gearbeitet hat. Sein Gemälde „Korinthische Ordnung" veranschaulicht kriegerische Wirkungsmuster der

Neo Rauch: „Korinthische Ordnung" (2001)

Mediatisierung. Man sieht, wie sich die Vermittlung von Horizontalität und Vertikalität in Form von Hochtechnologie gestaltet.[4] Die PAK 8,8 konnte sowohl in der Horizontalen zur Panzerabwehr als auch in der Vertikalen zum Abschießen von Flugzeugen eingesetzt werden. Artilleristen schilderten nach Betätigung dieser Waffe wirklich rauschhafte Erlebnisse. Manche fühlten sich wie Priester, die segnend das Kreuz über die Welt schlagen, das Prinzip der Horizontalität dem der Vertikalität vermitteln und die Welt mit der Erfahrung des Sublimen beglücken. Es ranken sich dramatische Schilderungen und Legenden um diese Waffe, sichere Zeugnisse für die Tatsache, daß sich die Menschen dieser Vermittlungsleistung des transzendentalen Brückenbaus, des Übergangs von hier nach da, von horizontal zu vertikal, bewußt waren.

Die Kriegsgeneration holt jetzt vieles im Alter nach. Das betreffende Phänomen nennt sich „Wundergreis", eine Erscheinung, die es nie zuvor in der Gesellschaft gegeben hat.[5] Der neue Sozialtypus des Wundergreises wird sich noch als eine echte Hoffnung für die nächste Generation entpuppen, auch im Sinne eines Profipublikums. Wundergreise sind die einzigen Menschen, die jenseits von Geldgier und Karrierevorstellungen wirklich etwas wollen können. Wenn man über 65 ist, kann man nicht mehr ernstlich Frauen imponieren, keine Karriere mehr machen, Vermögen auch nicht. Ohne Interesse am Eigennutz der Projekte, ohne Karriere-, Frauen- und Profitgedanken, beginnt erst die nachhaltige

Neo Rauch hört, wie einer sein Gemälde sieht

Radikalität durch Zukunftseingriffe, die als Einwirkungen auf die Gegebenheiten einer Zeit zu verstehen sind, an der die Wundergreise selbst nicht mehr teilnehmen werden.

Wir Biographiepflichtigen sehen unser Leben unter dem Gesichtspunkt des Zukünftigen. Allen ergeht es in ähnlicher Weise. Je nach dem Maß, in dem man seiner Berufung folgt oder sich eher identitätslos als Jobber versteht, lebt man dabei mehr oder weniger in Projektionen. 13 Jahre alt, fragt man sich, wie lange es noch dauert, bis man volljährig und endlich sein eigener Herr sei. Ist man 21, so denkt man daran, wann das Studium ein Ende habe. Wenn das Studium beendet ist, arbeitet man solange, bis endlich die Chefposition erreicht ist. Dann fragt man sich, wann endlich die Kinder aus dem Hause sind, um das sauer verdiente Geld zum Leben verwenden zu können. Denn bis zum Eintritt ins Rentenalter wirtschaften wir, um uns endlich ein Leben ohne Geldverdienen zu leisten. All dies steht unter der Perspektive der Zukunft. Was aber ist die Zukunftsperspektive der „neuen Alten"?

Entscheidend ist der Nachdruck, mit dem sie auf die Zukunft Einfluß zu nehmen gedenken und die Welt auf ihre Abwesenheit vorbereiten. Manch einer gründet eine Stiftung oder sorgt für das Fortbestehen der Firma über den eigenen Tod hinaus. Zuvor hat man möglicherweise dem Fortbestehen der Menschheit nachgeholfen und Kinder gezeugt, womit sich zumindest die Chance erhöhte, das eigene Erbgut in hundert Jahren noch eine Rolle spielen zu lassen. Das Risiko dabei ist groß und nur bedingt steuerbar. Goethe hat beispielsweise mit seinem genetischen Nachlaß keine Lorbeeren geerntet. Auf dieser Ebene war sein Leben ein Mißerfolg, da sein einziger Sohn August und dessen Nachkommen nicht sehr wirkmächtig waren. Als Verfasser von Literatur und wissenschaftlichen Abhandlungen hingegen hat er über die eigene Lebenszeit hinaus seine extragenetische Generativität in denkbar kraftvoller Form erwiesen. Daneben hinterließ er als Minister und höchst erfolgreicher politischer Impulsgeber ein reiches Erbe. Goethe war von dem Bewußtsein getragen, daß alles Lebendige auf Wandlung und Verwandlung zielen müsse, um effektiv zu bleiben. Sein Wirken hat für schier unglaubliche Generativität gesorgt.

Kulturen zielen in erster Linie auf das Erzeugen eines in die Zukunft gerichteten und nachhaltigen Echos, das eine Generation auf die nächste überträgt, um ihre Anwesenheit auch für die Zeit der Abwesenheit zu sichern.[6] Das Wissen, über das eigene Leben hinaus nicht anwesend zu sein, macht Menschen in unterschiedlichem Grade empfänglich für religiöse Konzepte. Die wirkmächtigsten Menschen sind daher die Religionsstifter. Sie bilden ihre Jünger dazu aus, für die posthume Präsenz des Meisters Sorge zu tragen, den Gründungsmythos der ererbten Idee wachzuhalten und seinem Gründer zu ewiger Anwesenheit zu verhelfen. *Religio* bedeutet Determinierung durch Letztbegründung; eine Religion ohne Gründer- oder Gründungsmythos existiert nicht.

Im Gefolge der Stiftung von Religionen gelingen häufig Gründungen von Reichen, deren Bestand aber nicht mit den gleichen Mitteln erzwungen oder garantiert werden kann, wie das bei Religionen oder Ideologien üblich ist. Häufig scheinen die untergehenden Reiche ihre Stiftungslegenden, Mythen oder Religionen gerade durch ihr Ende bestätigen zu wollen. Wie unsere Darstellung zum Problem der Kontrafakte zeigt, sind gerade gescheiterte Unternehmungen größter Ambition so interessant, weil sie als Mythen eine stärkere Macht entfalten können als in den Zeiten ihrer realen Existenz. Siebzig Jahre Sowjetunion und was ist davon übrig geblieben – eine „Nation der Toten", die in alle Ewigkeit davon kündet, daß das Konzept des universalen Sozialismus gegen jeden Versuch seiner Realisierung gefeit ist.[7]

Leben auf Kredit

Dennoch, es gibt Möglichkeiten, probeweise Einfluß auf die Zeit der eigenen Abwesenheit zu nehmen. Wenn man verreist, kann man indirekte Beobachtungen darüber anbringen, was geschieht, während man unterwegs ist; bekanntlich tanzen dann die Mäuse auf dem Tisch, die Kinder machen, was sie wollen oder die Wohnung wird ausgeraubt.

Wir müssen lernen, daß die Zukunft überhaupt nicht vor uns liegt, daß wir sie vielmehr als eine in der Gegenwart sich realisierende und bewährende Annahme begreifen. Es gilt also, das jetzige Leben vollständig unter der Annahme möglicher Alternativen zu verstehen. Man denke nur an die Entwicklungen an der Börse. Die Börsianer reagieren heute auf die Annahme über Entwicklungen, die morgen oder übermorgen stattfinden sollen; für sie sind Zukunftsannahmen real wirksam. Auch der Unternehmer will in fünf Jahren etwas erreichen und nimmt einen Kredit auf, der ihm hilft, die Zukunft in der Gegenwart zu verwirklichen.[8] Das Kreditwesen ist eine der genialsten Erfindungen der Menschheitsgeschichte. Seit dem 14. Jahrhundert unterstützen Kredite einen Handel, der seine Resultate antizipiert. Hat man die Verkaufsergebnisse richtig vorhergesagt und binnen fünf Jahren einen bestimmten Gewinn erzielt, so hat sich die Zukunft mit Hilfe dieses Kredits realisiert. Dieses Verständnis ist grundlegend für die westliche Moderne: Vergangenheiten und Zukünfte haben nur dann Realität, wenn sie sich innerhalb der Dimension der Gegenwart als aktueller Wirkfaktor ins Spiel bringen lassen.

Für den Zukunftsüberschuß der Kulturen werden großartige Institutionen geschaffen, wie Museen und Archive. Solche Containments vergegenwärtigen die Vergangenheiten aller möglichen Kulturen. Die alten Griechen, Römer oder Ägypter, die Mykener oder die Bewohner des Zweistromlandes können in Museen jederzeit aufgesucht werden. Wir brauchen nur ins entsprechende Museum zu gehen und schon wird die Gegenwart des Vergangenen sichtbar. Möchte man etwas über die Zukunft erfahren, so sieht man sich die vergegenwärtigte Vergangenheit an. Denn alle Gegenwart ist vormalige Zukunft, auf die die Gesellschaften vor uns zugesteuert sind. Für die Menschen um 1500 war 1600 die Zukunft. Und für die Menschen von 1648/49 ist 1600 Vergangenheit, allerdings mit ungeheuer gegenwärtigen Wirkungen als Resultaten des Dreißigjährigen Kriegs.

Geschichtsbewußtsein und biographische Evidenz folgen den gleichen Regeln. Ausschlaggebend dafür, wie man gegenwärtig lebt, ist die Frage, auf welche Weise man seine eigene Vergangenheit, seine Biographie, präsent hält. Das Gegenwärtig-Halten ist wiederum an bestimmte Zukunftsannahmen gebunden.

Je nach Selbstverständnis erwartet man etwa den Triumph des Humanismus, den Untergang des Abendlandes oder die Seligkeit des ewigen Lebens.

Apokalyptische Voraussicht

Viele Zeitgenossen fragen, wie sich ihr gegenwärtiges Dasein mit den absehbaren Entwicklungen der Weltgesellschaft in den kommenden Jahrzehnten vermitteln läßt. Lehrreich sind die Vorgaben von Seiten der Künstler. Sie wissen aus eigener Erfahrung, daß Biographien aller Art vor allem an Strategien des Scheiterns gebunden sind. Künstlern wie Samuel Beckett gelang es, aus dem Scheitern als Grundlage der Existenzerfahrung Formen der Vollendung hervorgehen zu lassen. Beckett formulierte die Aufforderung: *Ever tried. Ever failed. No matter. Try again. Fail again. Fail better.*[9] Wenn Wirklichkeit nur das ist, was wir auf keine Weise dem eigenen Willen unterwerfen können, dann ist Scheitern der psychologisch wichtige Beweis, daß man sich in seiner Arbeit mit der Wirklichkeit konfrontiert hat. Demzufolge ist das psychoanalytische Konzept der Reifung einer Person an die Befähigung geknüpft, mit Enttäuschungen, Kränkungen und Versagensängsten, kurz, dem Scheitern, fertig zu werden – ohne Verdrehung ins Gegenteil, ohne Verdrängung aus dem Bewußtsein oder Schuldzuweisung an Dritte. An das Konzept der Reife durch Einüben des Scheiterns schließt der Status des Schicksalspatienten an.[10] Wer die Erfüllung seiner Wünsche nicht erzwingen kann, sei dankbar für die Erfahrung des Wirklichen. Schicksalspatienten können Geduld entwickeln, deren Logik darin liegt, den eigenen Wunschvorstellungen zu widerstehen. Zur Berufung des Menschen gehört es, sich zur Geduld gegenüber dem Verlangen nach Dauer, Unverletzlichkeit und dem großen Gegenüber auszubilden. Deswegen reicht es nicht, nur fromm zu glauben. Das Glauben-Können will erlernt sein, um dem Glauben-Müssen zu entgehen. Neben den Strategien des Scheiterns und der Geduld existiert eine Fülle weiterer Entwicklungsmöglichkeiten:

1. Fundamentalistische Variante: Learning by Dying

Der evolutionär bewährte Fitnessvorteil durch Todesbereitschaft gibt jenen Gemeinschaften größere Chancen zu überleben und zu wachsen, deren Mitglieder bereit sind, für ihren Clan das Leben zu riskieren. In solchem Opferwillen gibt man bisweilen seinen Verstand zugunsten seiner genetischen Bindung auf.[11] Die Glaubensgewißheit des sich Opfernden, vom Clan zukünftig und nach dem eigenen Abtreten als Kulturheros verehrt zu werden, stellt einen egoistischen Altruismus dar. In der Passauer Schicksalspeitschung „Götter, Spötter und Gelehrte" (2007) führte „learning by doing" in diese scheinbare Aporie; „learning by dying" ist tatsächlich als kulturelle Todesbereitschaft zur Erzielung eines Fitnessvorteils der eigenen Überlebenskampfgemeinschaft sinnvoll.[12]

Learning by Dying: Michel Friedman bei Götter (Werner Beulke), Spötter (Brock) und Gelehrte

2. Anthropologische Variante: Learning by Crying

Das Kleinkind lernt, die gewünschten Reaktionen der Bezugspersonen durch gezielt eingesetztes Schreien in allen Modulationen, Lautstärken und Ausdrucksanmutungen wie Hunger, Verlassenheitsgefühl oder Unwohlsein herauszufordern. Die generationenübergreifende verallgemeinerte Variante dieser erlernbaren Technik ist der Hilferuf in Not Geratener. Der Glaube an die mögliche Hilfeleistung befähigt zu solchen Lautäußerungen, der feste Glaube ruft entsprechend die geglaubte Leistung herbei.

Learning by Crying: Manfred Schlapp – Klage über das Elend der Hermeneutiker

3. Christlich-jüdische Variante: Learning by Trying

Der jüdisch-christlichen Vorstellung vom Schöpfergott entsprach das Modell des schöpferischen Menschen, der als Mitarbeiter Gottes die primäre Schöpfung weitertreibt, zum Beispiel als Evolution der technischen Systeme. Bereits die Humanisten entdeckten, daß jeder Möglichkeit, schöpferisch zu sein, die Erkenntnis von Gesetzmäßigkeiten, zum Beispiel von Naturgesetzen, vorausgehen müsse. Sie etablierten die Tätigkeit des Entdeckens *(inventio)* des Gegebenen vor jeder Schöpfung des Neuen. Jüdisch-christliche Tradition in Wissenschaften und Künsten vereinheitlichte schließlich *inventio* und *creatio* zum Prinzip „trial and error"; das heißt, kreativ in Spekulation und Hypothesenbildung zu sein, um dann die Vermutungen und Behauptungen, Projektionen und Visionen ausschließlich an den Resultaten der Experimente zu messen.

Learning by Trying: „Faust" (BB) und „Mephistopheles" (Udo Lindenberg)

Die kindliche Welterkundung mit Hilfe der Experimentalmethode *„trial and error"* oder „Versuch und Irrtum" gründet in der anthropologisch vermittelten Neophilie, die das Kind veranlaßt, die ihm bisher noch unbekannten Bestandteile seiner Lebensumgebung von Neugier getrieben zu erkunden. Gegenkräfte sind zum einen die ikonoklastische Zerstörungswut gegenüber dem Unbekannten wie zum anderen die Psychomechanik seiner Leugnung.

Jahrelang ließ sich solch notorisches Leugnen des bisher Fremden in den wöchentlichen „Spiegel"-Editionen nachverfolgen. Es war ein Vergnügen, derartige Feststellungen der Redakteure zu markieren, die schrieben, X sei ein längst bekanntes Phänomen, über das sich nun auch die dumme Konkurrenz geäußert habe. Regelmäßig stellte sich heraus, daß der „Spiegel" seine Leser zuvor niemals über besagtes Phänomen informiert hatte, dieses Versäumnis mit dem Herabspielen der Neuigkeit und Relevanz des genannten Themas zu kaschieren hoffte.

4. Kapitalistische Variante: Learning by Buying

Wer kennt sie nicht, die Qual der Wahl eines bestimmten Produkts unter dreißig konkurrierenden?[13] Auf Grund der Erfahrung dieser permanenten Display-Bedrängnisse und entsprechender Panikkäufe existiert das Rückgaberecht nach Besinnungspause außerhalb der Kaufhäuser. Nicht nur ist man durch die schiere Fülle der Angebote überfordert, sondern es wird auch durch Werbung und geschickte Präsentation eine Qualität vorgetäuscht, der die Produkte nicht entsprechen. Täuschbar ist, wer nicht ausreichend ästhetische Kompetenz besitzt, um zwischen Wesen und Erscheinung differenzieren zu können.

Learning by Buying:
Sammler Harald Falckenberg

Seit Calvin ist die Anhäufung von Gütern die Bestätigung eines gottgefälligen Lebenswandels. Der so gepredigte Aneignungs- und Kaufzwang, oder – in der Steigerungsform – die Kleptomanie erweist sich in diesem Sinne als gerechtfertigter Versuch, seinen Gnadenstatus im Erreichen von Karrierezielen auszuweisen. Die dafür signifikante Kaufkraft macht uns zu Vertrauensgaranten der kreditgewährenden Bank. In den USA ist das Ansehen der Person, mehr als an allen anderen die Person ausweisenden Dokumenten, an der Kreditkartenstaffelung von „ordinär" mit Beschränkung der Verfügungssumme bis hin zu „Platin" mit unbeschränkter Verfügungssumme ablesbar. *„Vivus sermo dei"* (Hebräer 4, 12) läßt sich im oben genannten Sinne weiterdenken: Das Leben ist eine einzige Krediteröffnung. In der Gegenwart seines Wortes gewährt der göttliche Schöpfer seiner Christenheit das Leben als einen Kredit zur Gewinnung des Heils (so auch Sloterdijk in „Zorn und Zeit").

Johannes von Patmos schildert apokalyptische Verfahren als Methode der Zeitverkürzung.[14] Führte man den Gedanken zu Ende, so müßte von einem apokalyptischen Denken ausgegangen werden, das Anfang und Ende in Eins setzt, indem es jegliches Enden antizipiert und es als Zielpunkt des Beginnens bereits in das *initium* aufnimmt. Wenn Augustin sagt „*initium ut esset, creatus est homo*", dann formuliert er die menschheitsgeschichtlich so bedeutsame Leistungsfähigkeit des Gehirns unserer Gattung, in einer für sie extrem gefährlichen Welt zu überleben. Die Kraft zum Anfangen hat nur, wer alles antizipiert, was tödlich schief gehen kann. Durch das Training der Kraft der Antizipation, des Vorwegnehmens und des Vorausleidens in Form der Empathie, wachsen die Chancen, die realen Gefahren aus dem Selbstlauf der Natur zu bestehen. Nur radikalster Pessimismus vermag den Optimismus zu begründen; alle anderen Argumente wären nur Umkleidungen phantasiearmer Naivität oder von Vogel-Strauß-Politik. Apokalyptisches Denken vermittelt die rücksichtslose Kritik aus der Gewißheit des Endens mit dem begründeten Optimismus, gerade durch die Antizipation von tödlicher Gefahr dem Unheil doch noch entgehen zu können. Nur wer radikal kritikfähig ist, vermag die vernünftige Begründung seines Lebensoptimismus zu entwickeln. So gilt die Dialektik des apokalyptischen Denkens: Wer anfangen will, muß das Ende schon hinter sich haben.

Folgenreichste Anleitung dazu bietet mit höchster theologischer Raffinesse der Kreuzestod des Gottessohnes, der mit der Ostersonntagsauferstehung ein für allemal bewies, daß wir nicht dem Gedanken eines definitiven Endes ausgeliefert bleiben, sondern uns auf die Möglichkeit des immerwährenden Beginnens verlassen dürfen.

ANMERKUNGEN

1 Brock, Bazon: Wie man wird, der man nicht ist. Mihilismus für Ich-Schwache. In: ders., 2002, S. 4 ff.

2 Hier deutet sich bereits ein apokalyptisches Verhältnis zum eigenen Dasein an. Statt lebenslanger Entwicklung scheint die Naherwartung der Entlassung aus dem Job das Zeitgefühl zu prägen. Dem Apokalyptiker entspricht heutzutage eine Art des Zuschauers, der am liebsten dem Weltuntergang am Fernseher beiwohnen möchte. Den Besucher im Theater der letzten Tage der Menschheit gibt es in Andeutungen, seitdem „die jüdische Apokalyptik zu ihrem Abschluß gekommen ist: Wenn auch die Griechen das Theater und das Stadion geschaffen haben, denen die Römer das blutige Kampfspiel in der Arena hinzufügten, hat sich doch erst dank der apokalyptischen Reserve gegenüber dem Endspiel der wüsten Welt eine Art des Zuschauers entfaltet, die weit über das Dabeisein bei künstlerisch-kultischen oder sportlich grausamen Schauspielen hinausweist." In: Sloterdijk, Peter 2006, S. 147. Zum Zusammenhang von Initiative des Handelns und der Stiftung der Bedeutung im Beginn siehe Brock, Bazon: Apokalypse und Glück: Folge mir nach, Iso Maeder. In: Iso Maeder. Zum Glück auf Erden About Happiness on Earth 1999–2007. Hg. in Zusammenarbeit mit Hans-Peter Wipplinger und Peter Zimmermann. Mit einem Nachwort von Hans-Peter Wipplinger. Köln 2007, S. 267 ff.

3 Brock, Bazon: Beispielgeber im Beispiellosen. Ein Gespräch mit Künstler-Kritiker-Kurator Paolo Bianchi. In: Kunstforum International, Bd. 181, Juli–September 2006, S. 262 ff.

4 Das Thema Vermittlung von Horizontalität und Vertikalität kennt man aus der Kölner Stadtgeschichte. Köln, Stadt am Rhein mit Akropolis der Moderne, erlebte nach dem Wiener Kongress 1815 die Besetzung durch die Preußen. Die Besatzer wollten die Zuneigung der Zwangsuntertanen erwerben. Der Kölner dachte nicht daran, sich den neuen weltlichen Herren zu unterwerfen, wie des Kölners Geschichte ja zeigt, daß man niemals weltliche Herrschaft akzeptieren wollte. Er war stets mit Bischöfen und anderen direkten Abgesandten von Oben im Bunde. Die Preußen wollten ihn jedoch in das weltliche Schema zwingen. Nicht nur, daß die preußische Besatzungsmacht den Dom als Zeichen der deutschen Einheit fertig bauen ließ. Die irdischen Verhältnisse waren durch die mächtigste Art der Landnahme in horizontaler Ebene, den Eisenbahnbau, gekennzeichnet. Preußen baute den neuen Bahnhof fast in die Kathedrale hinein. Damit sollte zum Ausdruck kommen, daß das weltlich-moderne Prinzip der horizontalen Welterschließung das christlich-mittelalterliche Vertikaldenken in die Schranken zu weisen hatte. Gut königsbergerisch bedeutete das, Transzendenz von Transzendentalität abzugrenzen. Horizontalität und Vertikalität, Himmelskraft und Weltenmacht, Aufwärts und Vorwärts wurden parallel gesetzt wie Dom und Hauptbahnhof, den die Zeitgenossen denn auch als Kathedrale des irdischen Verkehrs bezeichneten. Zugleich war die Konstellation Dom – Hauptbahnhof ein unmißverständliches statement im Kulturkampf Preußens mit Rom.

5 In Thomas Manns Ansprache zum 70. Geburtstag des Bruders Heinrich verweist er auf das Theorem einer Greisenavantgarde, die sich von der Avantgarde der Jünglinge unterscheide. Heinrich Mann biete mit seinen Arbeiten im Exil das Beispiel eines Greisenavantgardisten. Einzigartige Hellsicht habe Heinrich schon vor dem Ersten Weltkrieg exemplarisch geboten, als er voll analytischer Schärfe und historischer Richtigkeit die intentionelle Barbarisierung vorhersah. Dies sei ihm, Thomas, erst nach 1923 aufgegangen. Geschickt umging Thomas die Kennzeichnung seiner „Betrachtungen eines Unpolitischen" als Beispiel für intentionelle Barbarei, die er erst im „Doktor Faustus" den Teilnehmern der diskursiven Herrenabende bei Sixtus Kridwiß zuschreiben konnte.

6 Echogeberinnen im biographischen Entwurf Bazon Brocks: Be my rockface! *Monika Hoffmann* und *Gertrud Nolte* bezeugen, daß es nicht so aus dem Wald zurückschallt, wie man hineinruft – Anruf „aus tiefer Not ..." – Widerhall: „Gerettet, nicht gerichtet."

7 Die Nation der Toten: In den achtziger Jahren schüttelten vornehmlich Vergreiste niedrigerer Altersstufen ihre mikrozephalen Behälter, wenn ich ihnen jenen Zeitpunkt als kulturgeschichtlich bedeutendsten zu würdigen empfahl, zu welchem gleichzeitig auf Erden mehr Menschen leben würden als je zuvor seit 30.000 Jahren zusammengerechnet lebten. 1987 war es soweit: Wir feierten in meinem Seminar an der Uni Wuppertal die Veröffentlichung einer UNESCO-Zählung, die meine Vorhersage bestätigte. Seither sind die Toten eine Minderheit des Menschengeschlechts, die gegenüber dem brutalen Egoismus schierer Lebenskraft nur durch entsprechende Lobbybildung geschützt werden. Also deklarierte ich Historiker als Lobby der Toten und Ästhetiker als Spezialisten der Kontaktaufnahme mit den Abwesenden, weil sie gelernt hatten, aus dem bloßen Hantieren mit Zeichen auf Bedeutungen zurückzuschließen. Ich rief damals in Berlin zur Gründung der Nation der Toten auf. Zugehörigkeitsdokumente hatte jeder Lebende als mit hundertprozentiger Sicherheit zukünftiger Toter ohnehin schon in der Tasche; denn wer ein Geburtsdatum in seinem Paß dokumentiert, muß zwangsläufig die Eintragung eines Todestages erwarten. In den 90er Jahren, nach Verbreitung des Internet, sollen die Mormonen die Größe ihrer religiösen Bewegung dadurch gewaltig gesteigert haben, daß sie alle irgendwo dokumentierten Toten in ihre Bruderschaftslisten aufnahmen als diejenigen, die bekehrt worden wären, wenn dafür nur hinreichend Zeit und Gelegenheit geblieben wäre. Das ist ein fabelhaftes Beispiel für negotiorum gestio – also erweiterte ich mein Repertoire als Gestor der Toten. Der Totenstaat ist allerdings als eine ganz eigentümliche Neuordnung gedacht: ohne Territorium und ohne Grenzen historischer Existenz. Tote zu vergegenwärtigen, gelingt vornehmlich durch imaginäre Füllung der Zwischenräume. Paul Klee hat sie als Zwischenraumgespenster markiert. Von Ajax dem Lokrer, der die Macht der Toten in der Phalanx, der Schlachtordnung repräsentierte, bis zu den Totenkulten bei den Novemberparaden der Nazis in München zeigt sich das immergleiche, also wohl einzige leistungsfähige Verfahren der Vergegenwärtigung von Toten. Daraus

ergibt sich eine beachtliche Umkehr: Beklagt man üblicherweise die Lücke, die ein Tod riß, so soll man in Wahrheit die Schließung einer Lücke durch die Toten freudig feiern. Galt für die Alten, daß die Welt voller Götter ist, so wissen wir, wer diese Götter sind. Die bemerkenswerte Konsequenz ist, daß neben die Theologie und ihre Anwendungen als Weltbautechnik die Thanatologie als Macht der Vergangenheit tritt, die aber nur so lange wirksam ist, wie sie gerade nicht vergeht. Epische und wissenschaftliche Geschichtsschreibung sind Kräfte der Realitätsbemächtigung, weil sie Vergangenheit und Zukunft nur in Hinblick auf ihre ewige Gegenwart unterscheiden können.

8 Angebote des Kapitalismus, die der kleine Mann nicht ablehnen kann: Die Ethik des Kapitalismus ist evident als überproportionale Förderung der Vielen mit dem wenigen Geld. Denn wer bei Ikea einen echten Teppich aus Ostasien für 148 Euro erwirbt, erhält einen erheblich höheren Warenwert für sein Geld, als etwa die auf Luxus, nämlich Verschwendung, angewiesene Oberschicht, die für das reine Prestige das Mehrfache des eigentlichen Warenwertes zu zahlen hat. In der Mittelschicht ist das Preis-Leistungs-Verhältnis bestenfalls ausgeglichen. Besser ist es, in der Unterschicht zu verbleiben, wo man mehr erhält, als man bezahlt. Besonders bedauernswert erscheinen den Mitgliedern der Hartz IV-Gesellschaft die Leiden der Reichen, über die sie von entsprechenden Magazinen wöchentlich aufgeklärt werden. Wie furchtbar muß es sein, ständig bei guter Laune trotz des Bewußtseins zu bleiben, daß man um zwei Drittel des Warenwertes betrogen werde, gleichsam als Sondersteuer für Reiche, von denen man erwartet, daß sie ihr Vermögen zum größten Teil ostentativ verschwenden, wo alle anderen sehr genau darauf sehen, daß sie erhalten, was sie bezahlen, oder besser noch mehr erhalten, was als Stillhaltebonus der armen Massen gegenüber der Macht mehr als gerechtfertigt ist.

9 Siehe Bazon Brocks Beitrag „Zwei Wege zum Erfolg: Das heitere und das heroische Scheitern." Vortrag im Busch-Reisinger-Museum, Harvard University, 17. September 1996. Englische Kurzfassung in: Celant, Germano (Hg.): Katalog Biennale, Venedig 1997.

10 Zum Aspekt des Patientendaseins, siehe das Kapitel „Uchronie – Ewigkeitsmanagment".

11 Brock, Bazon: Mihilismus. Von der lustvoll-egoistischen Selbstverwirklichungsbohème zum Terror der Individualisierung als Zuschreibung der Folgen dessen, was man nie getan hat. In: ders., 2002, S. 79 ff., insbesondere mit Bezug auf Max Stirners „Der Einzige und sein Eigentum", S. 81; vgl. Bauer, Christian: Sacrificium intellectus: Das Opfer des Verstandes in der Kunst von Karlheinz Stockhausen, Botho Strauß und Anselm Kiefer. Paderborn, München 2008.

12 Udo Lindenberg entwarf den anthropologischen Grundtypus des „Homo Panicus", heute bestens repräsentiert durch die Weltpanikmusiker. Siehe Vortrag „Der Homo Panicus. Zur Apokalypse des Johannes als einzig unüberhörbarem Appell zum Anfangen in jedem Augenblick."

13 Falckenberg, Harald: Selbstjustiz durch Fehleinkäufe. Überlegungen zur Bewertung von Kunstwerken. In: ders., Ziviler Ungehorsam. Kunst im Klartext. Regensburg 2002, S. 31 ff.

14 Koselleck, Reinhart: Zeitschichten. Studien zur Historik. Mit einem Beitrag von Hans-Georg Gadamer. Frankfurt am Main 2003, S. 184 f.

Uchronie – Ewigkeits-management

Zeitschöpfungen

Uchronie – Ewigkeitsmanagement

Das menschliche Leben unterliegt zwei Regimes: dem Regime der Zeitlichkeit und dem Regime der Ewigkeit. Im ersten Regime regiert die Zeit nach Stunden und anderen kalendarischen Strukturen. Das zweite Regime versucht, die Spuren des menschlichen Lebens der Zeitfurie des Verschwindens zu entziehen und dauerhaft in Tempeln, Archiven und Museen zu bewahren. Dabei wird das Walten der Zeit an dem gemessen, was in den uchronischen, den zeitfreien Zonen unverändert bleibt. Die Ewigkeitsstandards werden am Wandel der Zeiten geeicht. Vom Ankh-Zeichen der Pharaonen bis zum Handtäschchen der Lady Thatcher verfolgen wir die irdischen Zeichen für alle Versuche, Dauer zu erzwingen.

An utopischen Orten uchronischer Präsenz untersuchen wir auf dem „Lustmarsch" die Zeitschöpfungsformen der Ewigkeit und der Dauer. Die Europäer entwickelten bestimmte übergeordnete Einrichtungen, um Artefakte als Speicher von Erinnerungen und Informationen auf Dauer zu stellen. Solche Orte der Vergegenwärtigung sind Museen und Archive, Bibliotheken und Memoriale, innerhalb derer etwas uchronisch werden kann.

Der Begriff Uchronie bedeutet im Zeitlichen das, was Utopie im Räumlichen heißt. *U-topos* verweist auf ein „nirgendwo, an keinem Ort". Utopie ist seit der europäischen Aufklärung des 18. Jahrhunderts nicht mehr eine auf die Macht der Phantasie beschränkte, sondern eine jederzeit und überall gegebene Realität. Die Utopie als Nirgendort oder Ortlosigkeit liegt nicht im Jenseits, sondern ist auf der Weltkarte lokalisierbar.[1] Ein Beispiel für einen utopischen Ort gibt die Hotelarchitektur des Hilton-Konzerns. In der ganzen Welt betritt man als Kunde die immer gleich

Macht am Henkel – Lady Thatchers
Handtäschchen Ankh-Ewigkeitszeichen

gestalteten Zimmer der Hotelkette, öffnet die stets nach links schwingende Tür, betätigt den Lichtschalter rechterhand und geht ins Bad, wird links den Haken zum Aufhängen des Mantels vorfinden. Die je spiegelbildliche Verkehrung erzwingt keine grundsätzliche Umorientierung. Überall auf der Welt begibt sich der Gast in die immer gleiche anonyme Gewohnheit, wird dadurch sogar psychologisch stabilisiert und verspürt nicht mehr die Anstrengung, sich ständig erneut in einer fremden Umgebung orientieren zu müssen. Er wird durch das stets gleiche Mobiliar und die wiederkehrenden Zeremonien im Frühstücksraum auf Reisen nervlich geschont und vermeidet so gleichermaßen, in den Hotels der Welt wirklich heimisch zu werden. Ob in Hamburg, in Chicago oder in Zürich – immer wird man im Hilton auf das gleiche Programm stoßen, nämlich die Erfüllung des Nirgendwo.

Wenn die Utopie das Nirgendwo im Überall verwirklicht, so realisiert die Uchronie die Nirgendzeit in jedem Augenblick: *U-chronos* ist (synonym zum Begriff der Ewigkeit) die aus der Zeit herausgenommene Gestalt, Form, Idee, die nicht durch den rasenden Wandel der Zeit berührbar sind.[2] Das mögen anthropologische Konstanten sein oder schlechthin Sachverhalte, die seit unvordenklichen Zeiten als gleichbleibend behauptet werden.

Die Faust'sche Formel für Uchronie lautet: „... Werd' ich zum Augenblicke sagen: Verweile doch! Du bist so schön!" Die Ewigkeit stellt sich als Erfahrung der Unzeitlichkeit des Momentes heraus, worin sich die Lehren aller Weisheitsschulen der westlichen Welt, aber auch des Zen-Buddhismus, des Taoismus und des Konfuzianismus bestätigen und einander sogar ergänzen im Hinblick auf die Fähigkeit, Zeitenthobenheit im Augenblick zu empfinden. Meditierende finden in diese Fähigkeit zurück, die Kindern spielerisch und von Natur aus gegeben ist. Die Selbstvergessenheit

Ewig währt am längsten. – immerhin schon seit 5000 Jahren

im Spielen oder Meditieren ist eine eigentümliche Leistung des Gehirns. Während der völligen Konzentration auf einen Gegenstand oder eine Vorstellung werden andere Einflüsse abgeschattet und für die Dauer von Momenten wird der Zustand innerer Abgeschiedenheit erreicht. Zeitlos gibt man sich einem Gegenstand ungeteilter Aufmerksamkeit hin. Dieser Philosophie der uchronischen Erfassung des Augenblicks entspricht unsere heutige Ewigkeitsvorstellung. So wie die Utopie im Überall, so wird die Uchronie in jedem Augenblick realisiert.

Recording-Systeme als Auferstehungsmaschinerie

Im „Theoriegelände" präsentieren wir das Thema „Uchronie" in Gestalt einer aus einem Sarkophag und mehreren Sarkophagdeckeln bestehenden Ausstellungseinheit, deren Inschriften als Handlungsanweisungen zum ewigen Leben oder zu einer uchronischen Existenzweise dienen.

Die lateinischen Inschriften erinnern an in den Boden von Kathedralen eingelassene Grabplatten. Im Theoriegelände repräsentieren sie ebenfalls die normalerweise unter ihnen gelegenen Grabstätten, die im religiösen Kontext das Warten auf die Auferstehung zur Schau stellen. Die dauerhafte Anwesenheit der Toten unter uns garantieren die Friedhöfe (oder einst Nekropolen, ganze Totenstädte) als Orte des auf lange Zeit angelegten Wartens. In der Hoffnung auf das Jenseits werden Leichname in Ewigkeitsgefäßen aufbewahrt. Erst in Konstruktionen wie dem Sarkophag, in den der Körper wie in ein Gehäuse des Zwischendaseins eingegeben wird, soll die Auferstehung möglich werden. Gemäß dem

Geräusch der Auferstehung

christlichen Glauben wird sie nach der Apokalypse, der Wiederkehr Christi und dem darauf folgenden Weltengericht im Reiche Gottes eintreten. Innerhalb dieses für alle Gläubigen verbindlichen Zeithorizonts gilt es Vorkehrungen zu treffen, wie etwa in Erwartung des Zeitpunkts des Übertritts in das Jenseits ganz weltliche Übergangsgefäße zu schaffen.

In der Tradition der Hochreligionen ist die Auferstehung der Toten an die Unversehrtheit des Leibes geknüpft. Man darf nicht einfach die Toten verbrennen und ihre Asche in den Wind streuen, sondern nach dem Ableben sollen alle Glieder des Körpers an einem Ort versammelt bleiben. Wenn Körperteile bei einem Unfall oder einer Explosion zerschmettert oder abgetrennt werden, trägt man sie zusammen, um damit die Durchsetzung des Auferstehungskonzepts zu sichern.

Damit aber Totes wieder lebendig werden und Vergangenes wieder vor Augen treten kann, muß Uchronie in Zeitlichkeit zurückübersetzt werden. Dafür gibt es Spezialisten. Heutzutage sind das nicht mehr nur Archäologen, Historiker,

Philologen oder Theologen, sondern Animationsfilmkünstler, Photographen und Digitaldesigner. Sie kommunizieren nicht nur mit den Toten, sondern vergegenwärtigen sie. Dabei bedienen sie sich, um zeitliche oder räumliche Abstände zu überbrücken, der Hilfsmittel wie Photoapparat, Filmkamera, Videorecorder, computergestützte Simulation und anderer Verfahren der Animation. *Recording*-Systeme ermöglichen ein Festhalten der flüchtigen Lebensspuren, die damit „aus dem Dunkel des gelebten Augenblicks" (Ernst Bloch) jederzeit hervorgeholt werden können.

Mit der Anwendung von *recording*-Systemen kann Vergangenes und Abwesendes beliebig oft aktualisiert werden.[4] Die religiöse Wiederauferstehungshoffnung erfüllt sich in der realen Erfahrung der jederzeit möglichen Rückkehr durch Verwandlung von Irreversibilität = Vergänglichkeit in Reversibilität = Ewigkeit. Die Technik des *recording* realisiert Ewigkeit schon innerweltlich als prinzipiell mögliche ewige Wiederholung. Das ist die zeitgemäße Version der von Nietzsche tröstlich versicherten „ewigen Wiederkehr des Gleichen".

Die Betätigung von *record-*, *rewind-* und *repeat-*Tasten verschränkt Technik und Theologie miteinander. In der Maschinenfunktion erfüllt sich das Ritual, in der Wiederholung der gespeicherten Daten der Kult. Auferstehung als Wiedererweckung ist das Resultat der Vereinigung von Ritual und Kult. Jeden Tag können uns die tote Marlene Dietrich oder der tote Adolf Hitler als aktueller Wahrnehmungsanlaß vor Augen treten. Inzwischen ist so gut wie jedermann ökonomisch wie intellektuell in der Lage, durch Nutzung der entsprechenden Technologie zur immer umfassenderen Wiederholbarkeit von Lebensäußerungen beizutragen. Ziel bleibt es, alle simultan in bestimmten Lebensgemeinschaften zu bestimmten Zeiten geäußerten Formen des Lebendigseins komplett reproduktionsfähig zu speichern. Das wäre die Erfüllung eines Anspruchs auf Demokratisierung von Auferstehungshoffnung (theologisch gefaßt), Ewigkeitsgarantie (wer sich niederschreibt, bleibt) von Archiven, Bibliotheken und Museen und Wiederkehrversprechen (nietzscheanische Verabschiedung von Fernreisenden).

Mentes magnitudine instinctuque divinitatis
– durch Gespür für das Göttliche und tatkräftige Vernunft

In unserer ZKM-Präsentation von Uchronie formulierenden Theorieobjekten haben wir die Arbeit „Passage" des Künstlers Nam June Paik einbezogen. Mit ihrer Gestaltanalogie zu den Triumphbögen, die man vornehmlich Feldherren von römischen antiken Zeiten bis zu Napoleon und darüber hinaus – Gottseidank häufig nur als ephemere Festdekoration – erbaute, drückt Paik ganz unmittelbar die Feststellung aus, daß Ereignisreportagen im Fernsehen vorrangig im Sinne des Triumphs derer genutzt werden, deren politisch/unternehmerische Handlungen Gewicht durch ihre TV-Verbreitung erhalten. Welches Gewicht? Die bis heute unübertroffene Inschrift eines Triumphbogens zielt auf Konstantin den Großen und verkündet: „*instinctu divinitatis, mentis magnitudine*" habe der große Kaiser, der erste Förderer des Christentums als einer Religion im Römischen Imperium, seine historischen Taten vollbracht, also durch sein Gespür für das Göttliche und die Kraft seines Geistes. Heute wird der Instinkt für das Göttliche platterdings als Wille zur Herrschaft über Suchmaschinen und Reproduktionsrechte manifest, und die Kraft des Geistes sorgt für entsprechende *software* und *contents*. Wem das gelingt, der feiert einen ewigen Ostersonntag. Ihn kann die Drohung mit dem Tode nicht mehr schrecken, denn der Tod ist überwunden. Eine kleine Ungewißheit, ob man dieser Versicherung tatsächlich bedenkenlos glauben kann, gilt für Christen wie für die Auferstehungsmaschinisten. Für letztere besteht sie darin, schon einmal die Erfahrung gemacht zu haben, daß neu entwickelte Soft- und Hardware nicht mit ihren Vorgängern kompatibel waren, weshalb heute unvorstellbare Datenmengen der frühen Mondfahrten seit Armstrongs märchenhaftem Fazit „Ein kleiner Schritt für den Menschen, ein Riesensprung für die Menschheit" nicht mehr lesbar sind. Es ist deshalb alles daranzusetzen, die Kompatibilität von Systemen und deren nachhaltige Verfügbarkeit nicht nur der Menschheit, sondern den einzelnen Menschen zu garantieren. Eine lohnende Aufgabe für eine Ewigkeitskommission bei den Vereinten Nationen.

Mediatisierung

Man kann den Appell, die Spuren seiner Tage und Werke zu speichern, um Ewigkeit als deren ewige Wiederholbarkeit zu garantieren, auch als Aufforderung verstehen, sich zu mediatisieren, das heißt sein Leben in mediale Existenz zu überführen durch entsprechende Nutzung von Medien der Reproduktion.

Einen historischen Vorgang der Mediatisierung repräsentiert Neo Rauchs Gemälde „Funk", das auf eine Situation von 1921 rekurriert, in der der Dichter Wladimir Majakowski und seine

Mediatisiert Euch! Neo Rauch: „Funk" (1996)

Begleiter die bolschewistische Nachrichtenagentur ROSTRA samt Propagandazügen in die russische Taiga verlegten. Die ROSTRA-Kampagnen verstanden sich als mobile Einheit, die in einer Mischung von Theater, Lyrik, Plakatkunst, Agitationsmalerei (wie Agitprop) zu einer Gesamtmediatisierung fand, die im damals modernsten Medium kulminierte – dem Funk. Funk impliziert als technische Form der Übertragung unsichtbare Medialität. Nicht nur mit sichtbaren Evidenzbeweisen, sondern per Funk, dem Medium des Gehörs und des Gehorsams, ließen Majakowski & Co missionarische Wirkungen entstehen. Lenins Aufruf, die Stadt zu elektrisieren, wird im Gemälde Rauchs auf verschiedenen Ebenen dargestellt. Zwei Schilder verweisen mit einem gezackten Pfeil auf den Zustand der Hochspannung als Elektrisierung. Vier Propagandisten verlesen, offensichtlich im Gestus der Verkündigung und des gleichzeitigen Lernens durch Nachsprechen des Gelesenen, die Botschaften, die selbst die Natur mitschwingen lassen. Energiewirbel umkreisen hohe Antennen und erheben sich über die dachlosen, ihrerseits mit Antennen auf Empfang geschalteten Bretterbuden. Die Wirkung der Lyrik Majakowskis und der Funk als Medium ihrer Verbreitung verbinden sich zu dem Bedeutungscluster „Missionierung durch Mediatisierung".

Mediatisierung ist gleichbedeutend mit dem Eröffnen neuer Optionen. Die Qualität eines Lebens ist nach Maßgabe offenstehender Möglichkeiten bestimmbar: Ein Leben ist als arm zu bezeichnen, wenn der Betreffende nicht über Alternativen verfügt, wohingegen ein Leben als reich erscheint, das zahlreiche Optionen bereithält. Das bestimmt den Entfaltungsgrad einer Persönlichkeit. Auch die Auferstehungstheologie verweist auf den Möglichkeitshorizont erwartbarer Zukunft als Ausdruck offengehaltener Optionen. In dieser Hinsicht kann man leicht nachvollziehen, daß der Maler sich selbst und seine Freunde in dieses Bild der Verkündigung eingearbeitet hat. Humanisten predigen nicht nur, wie Franz von Assisi, den Tieren, damit sie ihnen als Haustiere Seele und Leib erfreuten; hier gilt's der gesamten Natur, die dem menschlichen Geiste Echo gibt, will heißen, die sich als Ressource für den Menschen erschließen läßt.

Trinity

Die ideologisch-theologischen Fundamente und Regeln einer Mediatisierung der Welt wurden von Carl Schmitt untersucht. Seine Überlegungen lassen den Schluß zu, daß alle Modernität nichts anderes als säkularisierte Theologie sei. Eine Folgerung könnte beispielsweise so aussehen, daß Technologie nur dann als zivilisatorisch modern gelten kann, wenn sie mindestens eine, besser noch sehr viele, kulturell-theologische Grundlagen menschlichen Überlebens vergegenwärtigt.

Warum ist die von Carl Schmitt gebotene Option so interessant, technisch genau das zu realisieren, was theologisch vorgedacht worden ist? Mit einigen Einschränkungen und Ausnahmen kann man doch zur Diskussion stellen, daß die Moderne dort *expressis verbis* mit dem Anspruch auf Zivilisierung, nicht Barbarisierung der Kulturen auftritt, wo sie sich als innerweltliche Anverwandlung von Religion versteht. Ein Weg zu solcher Anverwandlung wurde durch die wissenschaftliche Beschäftigung mit den Religionen und den sie tragenden Kulturen beschritten. Mit der Herausbildung von Theologien hat die Säkularisierung dazu geführt, daß Menschen sich die Wirkungspotentiale der Naturgesetzmäßigkeiten und der Götter angeeignet und profanisiert in den Kontext des Alltags übersetzt haben.

Die Technologie des Atombombenbaus kann in dieser Hinsicht als Höhepunkt der Arbeit mit den Carl Schmitt'schen Theorien angesehen werden. Anfänglich mochte es merkwürdig erscheinen, daß der Erbauer der ersten Atombombe, Robert Oppenheimer, sein Projekt „Trinity" nannte. Vorschnelle Europäer vermuteten, es sei die christliche Trinität gemeint. Oppenheimer hat sein Trinitätskonzept der Weltöffentlichkeit 1945 buchstäblich, nämlich als Programmtext zugänglich gemacht. Daraus ging hervor, daß er mit der Namensgebung auf die hinduistische Trinität von Brahma (Schöpfung), Vishnu (Bewahrung) und Shiva (Zerstörung) Bezug nehmen wollte.[5] So fern ist das der christlichen Trinität jedoch wieder nicht, da ja auch der Gottessohn das Gesetz des Todes aller Individualität repräsentiert. Wie man aber am Schicksal großer Spezies und Gattungen, wie etwa den Dinosauriern, erkennt, sind nicht nur Individuen dem Tode verfallen. Man könnte glauben, daß in den Zeiten des Kalten Krieges des öfteren daran gedacht wurde, durch Einsatz aller verfügbaren ABC-Waffen herauszufinden, ob schließlich gut hinduistisch tatsächlich das Nirwana als Ende allen Lebens in unserem Kosmos anzunehmen sei oder die christliche Hoffnung bestätigt wird, daß das Prinzip Leben selbst nicht verloren gehen werde.

Anfang der 80er Jahre sah es zum Beispiel so aus, als ob es unter der Regierung des US-Präsidenten Reagan als ausgemacht gelte, daß Atomwaffen zu Werkzeugen der Heilsgeschichte auserwählt seien, mit deren Hilfe es gelingen dürfte, die Apokalypse als Voraussetzung der Wiederkehr Christi und des Himmlischen Reiches zu erzwingen. Die aktiven Herren Generäle und Minister wetteiferten miteinander um die Beantwortung der Frage Christus oder Shiva. Die Militärs rechneten aus, daß trotz overkill-Kapazität im Ernstfall nicht die völlige Auslöschung allen Lebens garantiert werden kann. Damit unterblieb die Auslösung des Ernstfalls und Reagans Innenminister James Gaius Watt, der die Apokalypse herbeiführen wollte, wurde entlassen. Beide Parteien haben damit ihre Rolle als Protagonisten der Moderne erwiesen, indem sie sowohl für technologische als auch für heilsgeschichtliche Entwicklungen in säkularisierter Form eingetreten sind.

Et in Arcadia ego

Es gibt Erfahrungswerte für die Orientierung auf die Uchronie, die wir als Inschriften von Sarkophagplatten wiedergeben. Sarkophage wurden zum Beispiel in den Giebelfeldern über den seitlichen Westportalen mittelalterlicher Kathedralen dargestellt. Den Betrachtern wird zumeist der Moment geboten, in dem die mit der Auferstehung beginnenden Toten ihre Hände und Arme in *slow motion* aus den Sarkophagkoffern strecken, um die Deckel beiseitezuschieben. Für die Lustmarsch-Demonstrationen haben wir das Geschiebe der Platten als „Geräusch der Auferstehung" hörbar gemacht.

Leichtfertiger Versuch der Wiederauferstehung

Die weitverbreiteten Inschriften der Sarkophagplatten wirken wie Übersetzungen aus dem Unendlichen ins Endliche, aus dem Religiösen ins Zivile, aus dem Himmlischen ins Irdische, aus dem Sakralen in die Profanität. Sie sind Anleitungen zum Zeitmanagement in der Absicht, Nachhaltigkeit, also wenigstens eine kleine Ewigkeit, ins menschliche Leben zu bringen. Die Inschriften als Anweisungen lauten: *„et ego", „meno impera", „ars gratia artis", „arte et amore vincono il tempo"* oder ähnlich.

Die berühmte Ansage *„et ego"* leitet den Betrachter gewissermaßen zum Ausgangspunkt von Visionen der Uchronie. Das dem Tod in den Mund gelegte *„et ego"* gilt nicht nur auf dem Friedhof, sondern

Et in Arcadia nobis

prinzipiell überall. Sogar im Elysium, in den weltlichen Paradiesen der ewigen Feriensehnsucht, der Strandspaziergänge und Bergwanderungen meldet der Tod sich zur Stelle. Die Formulierung *et ego* scheint jedenfalls Arkadien zu gelten, wie es die Gemälde des Malers Nicolas Poussin darstellen – eine Landschaft nördlich von Sparta, in der alles in friedliches Licht getaucht ist, wo man nur Honig aus den Waben zu saugen braucht und keine Konflikte herrschen. Selbst dort steht man unter den Verdikten der Zeitlichkeit und des Todes. So lautet die Kernanweisung für die Bedeutung der Dinge im Weltlichen und Faktischen: Alle Technologie und alle Verständigungsversuche erhalten ihre diesseitige Bedeutung ausschließlich aus der Drohung des Todes. Die uchronischen Techniken sind als Verfahren vor dem Hintergrund der Endlichkeit unserer irdischen Verhältnisse zu bewerten.

Die weise Vorwegnahme der Erfahrung des Todes ist das Gegenteil von fundamentalistischer Auferstehungshoffnung, für die der Tod gerade nicht zählt, nicht erlitten wird, sondern im Gegenteil süß und ehrenvoll sein soll. Immerhin ist die kulturelle Todesbereitschaft seit unvordenklichen Zeiten die entscheidende Grundlage des Überlebens aller Kulturen – *dulce et decorum est pro patria mori:* Für das Vaterland, für die Kultur, für den Gott, die sich allesamt durch die Behauptung von uchronischer Dauer legitimieren, zu sterben, soll zu wahrer Erfüllung verhelfen. Dem entspricht eine ins Extreme getriebene Erwartung an die uchronische Dimension, die Mediatisierung total werden zu lassen in der vollständigen Verwandlung der menschlichen Körper in Energien, wie es die Märtyrer zu erreichen wünschen, das heißt, sich besonders schnell, umstandslos und ohne Einspruch in die Ewigkeit zu katapultieren. Daß Islamisten ausgerechnet mit dem „Teufelszeug" der westlichen, imperialistischen Technik dem Heil zu dienen glauben, ist weit mehr als eine Karikatur, sondern die Wahrheit der Moderne. Denn generell ist ja Technik nur angewandte Theologie und damit Re-Formulierung und Reaktivierung der Gewißheit, daß mitten wir im Leben dem Tode verfallen sind.

Arte et amore

Die Impresa einer weiteren Grabplatte lautet „*arte et amore vincono il tempo*", wie auf dem Grab des Schweizer Malers Giovanni Segantini auf dem Friedhof in Maloja. Mit diesem Motto klingt die Gewißheit des Überdauerns an, die sich ganz bewußt frei macht von der Absolutheitserzwingung der Kulturen und Religionen.6 In der wörtlichen Übersetzung bedeutet die Inschrift zum einen: durch „*arte*", Kunst, und „*amore*", Liebe, besiegen wir die Zeit. Etwas angemessener übersetzt, lautet sie: Durch Werkschaffen und leidenschaftliche Bindung an andere Menschen können wir das Vergehen in der Zeit, die Todesdrohung bewältigen. Im weiteren würde man herauslesen dürfen, daß wir durch die Erfahrung der Vollendung im Werkschaffen und durch die hingebende Fürsorge für andere Menschen der Furie des Verschwindens zu trotzen vermögen. „*Il tempo*" heißt ja nicht nur „Zeit", sondern bezeichnet natürlich im Italienischen auch „*tempestà*", das dräuende Unwetter, das zerstörerische Moment göttlichen Zorns in Gestalt von Donner und Blitz. Das Walten der Zeit wird seit vierhundert Jahren in der allegorischen Gestalt des „Father Time" vorgestellt und dargestellt, ein geflügelter Alter mit Sense, Stundenglas und kleinen Instrumenten, mit denen er Blitze schlagen kann und Feuer macht, also Schrecken verbreitet und Zerstörung bewirkt. Dem zerstörerischen Wüten der Zeit entgehen wir durch die Befolgung einer klaren Anweisung, die man am besten mit dem auf Willy Brandt zurückgehenden politisch wirksam gewordenen Begriff als „compassion" (lateinische Version der Einheit von griech. Sympathie und Empathie) übersetzt, was ebenfalls *amore* bedeutet. Was wir sind, sind wir nur durch andere. Die Beziehung zu ihnen ist die Grundlage unseres Selbstverständnisses. Wer ein stabiles soziales Beziehungsgefüge entwickelt, wird niemals unter der Furie der Sinnentleerung und der psychischen Deformation leiden. Das Leben wird durch die Aufgabe sinnvoll, bestimmte Ziele oder Interventionen zu erreichen. Deshalb sind wir gezwungen, den Zumutungen des übermächtigen Waltens der Zeit, des Schicksals, der Natur Stabilität und Ordnung gewährende Kräfte entgegenzusetzen. Dazu gehört die Entwicklung von Anschauungsformen des Erhabenen, die es möglich erscheinen lassen, in der Konfrontation mit dem Schrecklichsten, der Auslöschung menschlichen Lebens, zu bestehen.

Das ist umso gewichtiger, als man mit aller Ordnungsmacht niemals in der Lage sein wird, die großen Weltprobleme zu lösen, beispielsweise das Problem der individuellen Sterblichkeit zu beheben. Man wird bestenfalls durch *amore,* durch das leidenschaftliche Zueinanderhinwenden, in der wechselseitigen Anerkennung der Beschränktheit, des Nichtwissens, des Nichtkönnens die Chance wahrnehmen, aus dem Regime der Zeitlichkeit in das Regime der Ewigkeit überzutreten. Nur durch die kompassionierte Anbindung an andere Menschen kommen wir der Unsterblichkeit näher.

Ars gratia artis

Auf einer weiteren unserer Memorialtafeln steht „*ars gratia artis*" geschrieben. „Kunst ist der Dank der Kunst" wäre eine Trivialübersetzung. Im präziseren Sinne lautet der Gedanke: „Das Gelingen ist der Lohn der Anstrengung". Dieses Motto repräsentiert die Fähigkeit, einem Projekt, einer Vorstellung, einem Plan zu folgen, beispielsweise aus Holzblöcken mit *arte,* mit Kunstfertigkeit, einen Stuhl werden zu lassen.

Daß es kein vollendetes Werk gibt, hat Pablo Picasso gezeigt. Er konnte als der größte Gestalter des 20. Jahrhunderts so viele einzelne Organisationsmuster für Bild- und Raumverhältnisse auf der Leinwand (im Falle des Films „Le Mystère Picasso" von Henri-Georges Clouzot auf einer Glaswand) produzieren, wie er wollte; er demonstrierte nur, daß mit dem Aufhören der Arbeit an einem Werk sofort der Wunsch nach dem Beginn eines neuen geweckt wird. Jeder Künstler hat zu wissen, wann sein Werk einen Zustand erreicht hat, von dem an keine der vielfältigen Optionen des Weiterarbeitens und des Optimierens mehr verfolgt werden sollte. Der Profi hat schon längst aufgehört, wo Dilettanten im unablässigen Hinzufügen die Vollendung erzwingen wollen, während ihnen in Wahrheit nur die Kraft zum Aufhören fehlt. (In der Beschränkung zeigt sich erst der Meister …)

Wird einer Vorstellung in der Produktion oder in der Rezeption Gestalt verliehen, so ist die Voraussetzung für dieses Geschehen grundsätzlich ein dialogisches Verhältnis. Der appellative Charakter einer jeden Gestaltfindung sollte sich nicht gegen Andere richten. Schmiedet jemand todbringende Waffen, schließt er die erhellende Erfahrung des dialogischen Verhältnisses aus. Im Gegenteil, er überläßt sich allmählich der Wahnidee seiner Bestimmungskraft, wie im „Macbeth" und in der „Orestie" demonstriert. In der Tragödie zieht die rücksichtslose und monomane Durchsetzung eigener Positionen Gatten-, Vater- und Kindsmord nach sich. Wenn man sein dialogisches Potential hingegen in Leidenschaft für andere Menschen transformiert, vermag das Werkschaffen die Sinnhaftigkeit in der Vollendung als Beschränkung zu garantieren. Denn das Gelingen selbst ist der Lohn für die Mühe, – das ist der Sinn des *ars gratia artis*.

Meno impera

Zur Bewahrung der Lebens- und der Schaffenskraft gehört ein gewisser Machtverzicht. „*Meno impera*" mahnt daher die nächstgelegene Grabplatte. Im wortwörtlichen Sinne heißt dies soviel wie

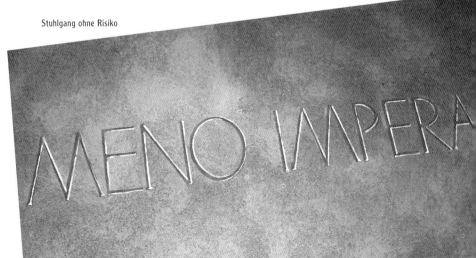

Stuhlgang ohne Risiko

„weniger herrschen". Damit ist gemeint: Versuch es nicht mit Gewalt! So fand Brock die impresa sogar auf Klosettbrillen, wo die Übersetzung „Nicht pressen" Vorsorge gegen Schlaganfälle anmahnt. Als wesentlich besser und in vielen Fällen geeigneter erweist es sich, bei der Umsetzung eigener Impulse Geduld aufzubringen. Geduld heißt auf Lateinisch *patientia*. Auf Erden sind wir alle ein Leben lang dazu verurteilt, Patienten zu sein. Man lernt das in Notarztwagen und in Klinikbetten, aber noch viel nachhaltiger in Wartezimmern, Schulräumen, bei Geschäftsordnungsdebatten, Jubiläumsfeiern. Das Patient-Sein, sprich, das Geduldig-Sein, stößt an seine Grenzen beim Kontakt mit der angeblichen Rationalität der Technik.

Auf deutschen Flughäfen werden die Passagiere über Verspätungen mit dem Satz aufgeklärt, der Grund der Abflugverspätung sei das verspätete Eintreffen der Maschine. Selbst Flugkapitäne, die ich auf allen deutschen Flughäfen bei jeder sich bietenden Gelegenheit befragte, hielten diese Mitteilung für eine hinreichende Information, um die Verspätung zu begründen. Das technische Elitepersonal ist offenbar nicht in der Lage, die Aussage, der Grund für die Verspätung sei die Verspätung, als haltlose Tautologie zu erkennen. Dafür ist ihnen anscheinend in Schnellkursen von ihren Gesellschaften Psychologie für die Behandlung des dummen Touristenpacks beigebracht worden. Erste Regel: Probleme gar nicht erst zur Sprache bringen. Zweitens: Im eintrainierten Sprachgestus äußerster Freundlichkeit die Kunden wie Kleinkinder ansprechen. Drittens: Bei Reklamationen den sich Beschwerenden lächerlich machen mit der immer wiederholten Behauptung, darüber habe sich noch nie jemand beschwert.

Die Überlegungen zum Erlernen des Patientenstatus lassen sich um den Zusatz erweitern, daß im besten Falle ein Weg vom eingebildeten Kranken zum ausgebildeten Kranken verläuft, eine wahrhafte Karriere vom Opfer der Krankheit zum Tode hin zu einem Kenner der Krankheit des Lebens, von der Hypochondrie als Leidensform zur Hypochondrie als Vorsorgestrategie. Wer empathisch vorausleidet, wird aktuell nicht an Selbstmitleid vergehen. Wie selbst das Patient-Sein erlernt werden will, ist wunderbar in der Figur des Hans Castorp in „Der Zauberberg" ausgearbeitet. In Thomas Manns Roman erlebt man die Entwicklung eines jungen Mannes, der eine Karriere als Patient macht. Der Klinikchef auf dem „Magic Mountain" erkennt Hans Castorps spezifische Begabung und Anlage zum Patient-Sein, die wesentlich ausgeprägter ist als die seines ebenfalls im Sanatorium weilenden Vetters. Denn dieser drängt darauf, wieder ins tätige Leben als Ingenieur beim Militär zurückzukehren. *Meno impera* bedeutet also die Unmöglichkeit, die eigene Vollendung mit Gewalt zu erreichen. Das gilt neben dem Leben auch für die Kunst. Wenn man ein Werkstück mit Gewalt in die exakte Entsprechung zu dem vorgängigen Plan zwingen möchte, entsteht Kitsch.

Trikolore

Zu Kasper Königs Programmschau „Westkunst" 1981 trug Gerhard Merz ein Triptychon bei, dessen drei Einheiten wieder aus je zwei Tafeln bestanden, einem Siebdruck und einem monochromen Pigmentfeld. Besondere Aufmerksamkeit scheint Merz den Rahmungen der Tafeln gewidmet zu haben, von denen je zwei sich auf die Re-Interpretation der Staatsikonographie des Deutschen, des zaristischen und des Habsburger-Reiches beziehen. Das im Lehrpfad präsentierte Diptychon zeigt einerseits eine monochrome ochsenblutfarbige Pigmentbahn. Das Rot als *pars pro toto* verweist auf die Abwesenheit der beiden anderen Farben und steht für Blut, Parsifalgesetze, Reinheit und Rasse, und auch für heroisches Wissen, also das Wissen, „warum Blut fließen muß".[7]

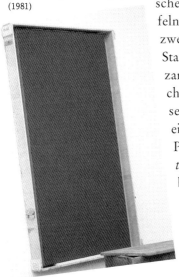

Gerhard Merz: „Deutsches Dipthychon" (1981)

(1981)
Gerhard Merz: „Deutsches Dipthychon"

Das mitgedachte Schwarz der deutschen Flagge referiert die Anarchie beispielsweise der Bauernaufstände, Tod und Teufel als schwarzen Mann sowie den lichtlosen Abgrund. In der Alltagserfahrung ist das die Dunkelheit des Erdinneren, der Schwarzerde, der Kohle, der Unterwelt des Bergwerks. Der Deutschen Gold hingegen ist Sonnenbad und Lichttherapie der KdFler, Blondheit, Weizenfelder, Goldglanz des Besitzes. Die Farben der Kokarden und Bänder der Studenten auf dem Hambacher Fest von 1832, aus denen die Nationalfarben abgeleitet wurden, erhalten erst in dieser Ikonographie ihre Bedeutung. Die genannten Konnotationen sind es, aus denen sich 1848/1871 die tiefsten Antriebe für die Nationenbildung entfalteten. Es ist relativ leicht, der ikonographischen Trikolore des Schwarz-Rot-Gold-Spektrums die gesamte deutsche Ideologie zuzuordnen.[8]

Die andere Tafel des deutschen Diptychons zeigt einen Siebdruck in einem sehr auffällig gelochten und gezackten Messingrahmen. Sie setzt eine sogenannte Kunstphotographie der späten 1930er Jahre um, wie sie vor allem für die Veröffentlichung von Aktaufnahmen verlangt wurde, um den Eindruck von Pornographie mit der Demonstration der künstlerischen Überhöhung zu neutralisieren. Ziel solcher „Kunst" war die Darstellung sogenannter heroisch männlicher beziehungsweise fraulich göttlicher Nacktheit. Durch die Wahl des Motivs verschränkt Merz die heroische und die göttliche Nacktheit mit dem Blick auf eine historische Konstellation. Jüdinnen wurden von SS- oder Polizeikommandos genötigt, sich auf freiem Feld in Sichtweite der vorbereiteten Massengräber auszuziehen. Die Frauen reagierten vor den Männern, die ihre entblößten Opfer im Triumphalismus der nackten Gewalt betrachteten, mit denselben Schamreaktionen – Niederschlagen des Blicks, Verdecken der Geschlechtsmerkmale mit Armen und Händen –, die man als anthropologisch konstant und damit für die Frauen aller Kulturen aller Zeiten grundlegend behauptet.[9] Das Aufbrechen der Scham- und Schutzgesten ging in die „Männerphantasien" nicht nur der zeitgemäßen Tätertypen ein; das Ausgangsphoto für Merzens Siebdruck manifestiert geradezu das damalige Ideal einer jungen Frau, die ihren Körper der Betrachtung preisgegeben weiß, aber dabei ihre „göttliche Nacktheit" mit Selbstbewußtsein demonstriert und zugleich ihre individuell gefährdete Würde durch die Anrufung eines kollektiv verbindlichen Schamschemas zu wahren versucht.

Über die zeitgeschichtlichen Bezüge hinaus entwickelt sich vor dem Motiv im Betrachter die Frage, wie weitgehend Schönheitsideal und Opferpräsentation angenähert werden, so daß das Opfern als Kultvollzug erscheint. Merz macht mit dem auffällig unhandlichen Rahmen des Siebdrucks – messerscharfe Kanten der Stanzformen – in Einheit mit der rot-monochromen Bildfläche überdeutlich, daß man solche Fragestellungen nicht einfach durch Hantieren mit den Bildern – etwa Ab- und Umhängen – zu bewältigen versuchen sollte.

Meisterschaft der Reduktion oder: Unsterblichkeit durch Unterlassung

Gibt man sich künstlerischen Allmachtsphantasien über einem Stück Leinwand hin, ist am Ende eine grauschmierige homogene Fläche das widersinnige Resultat. *Ars gratia artis* bedeutet deshalb: Lernt das Unterlassen, um euch zu vollenden und nicht das Bild; trainiert Selbstbeherrschung, um euch und nicht eure Werke zu optimieren. Vollendungsfähigkeit ist die Belohnung für alle Anstrengungen. Das Werk ist also auch Mittel, seinen Schöpfer selbst zu vollenden. Das Werk gelingt weit vor jedem Versuch, Vollendung zu erzwingen.

Die chinesische Legende vom großen Meister Hu demonstriert diesen Zusammenhang sehr anschaulich. Der chinesische Kaiser wollte vom weithin gerühmten Hu ein Werk erwerben. Der Meister sagte großzügig zu, aber, so seine eigene Bedingung, erst, wenn es gelungen sei. Es verging ein Jahr. Der Kaiser fragte: „Hat übrigens der Meister Hu schon seine Arbeit abgeliefert? Denn wir haben ihn schon reichlich mit Hühnern und Ochsen belohnt für seine einjährige Arbeit." Man zog aus, um Nachricht einzuholen. Dem Künstler Hu war sein Werk noch nicht gelungen, wie er sagte, er müsse weiter trainieren, sich als Künstler zu vollenden. So gehen das erste und das zweite Jahr ins Land, zehn Jahre, zwanzig Jahre. Als der Meister nach dreißig Jahren immer noch nichts zu zeigen hatte, beschloß der Kaiser, persönlich seine Aufwartung zu machen, nachdem alle seine Gesandten stets unverrichteter Dinge zurückgekommen waren. Weil er annehmen mußte, daß er wohl bald sterben werde, wollte er noch erfahren, worin denn die Vollendungsanstrengung des größten Bildschreibers (Kalligraphen) bestand und wie ein gelungenes Werk aussehe; es sei erwähnt, daß die Chinesen durch den Gebrauch des Requisits Pinsel das Schreiben als einen bildnerischen Vorgang betrachten. Das Herstellen eines Bildes vollzieht sich in Analogie zur Textverfertigung, wodurch sich also die Lesbarkeit der Zeichen nicht nur, wie bei uns, an einen Text, sondern eben auch an das Herstellungsverfahren des Schriftmalens knüpft. Der Gedanke des Schreibens als eines bildnerischen Vorgangs jenseits der illustrierenden Buchmalerei ist bei uns erst seit der Barockzeit entwickelt worden und hat maßgeblich die Vorstellungen von Typographie und Layout beeinflußt.

Der Kaiser ging also ins Studio des Meisters und sagte: „Mein lieber Meister Hu, wir sind beide schon sehr alt und müssen noch unser Geschäft abschließen. Zeigen Sie mir jetzt das Werk, für das ich Sie all die Jahrzehnte bezahlt habe." Da antwortete der Meister Hu: „Da Sie nicht mit mir zusammen darauf warten wollen, bis ich meinem Anspruch auf Meisterschaft genüge, muß ich mich eben Ihrem Diktat beugen." Er holte ein großes Blatt hervor, befestigte es an der Wand, nahm Pinsel und Tusche und vollführte eine einzige elegante Bewegung. Der Kaiser rief erstaunt: „Was ist denn das? Das hätten Sie doch jederzeit machen können! Warum haben Sie mir nicht schon vor dreißig Jahren so ein Blatt gegeben? Ich hätte es ohne weiteres anerkannt und sogar bezahlt."[10] Da antwortete Hu: „Ich habe dreißig Jahre lang geübt, damit mir diese einfache Geste tatsächlich gelinge. In jüngeren Jahren wollte ich immer noch etwas hinzusetzen, ein wenig gekräuseltes Wasser oder eine Formation Wolken andeuten. Ich brauchte diese Zeit, um die Vollendung mit dieser einen Geste zu erreichen. Die Handgriffe des Schreibens sind leicht zu erlernen und jeder Schüler beherrscht sie sehr schnell. Um aber keinen Gebrauch von ihnen zu machen, damit ein einmaliges Werk gelinge, benötigt man eine lange Zeit." Hu sprach es, ging auf die Wand zu und verschwand in seinem eigenen Bild. Der Pinselstrich erschien jetzt als Kontur des zarten Körpers eines Weisen. Der chinesische Kalligraph ist im Zeitrahmen des eigenen Lebens verschwunden. Er selbst, seine persönliche Vollendung, ist sichtbar in sein Bild eingegangen.

Wir können uns auf diese Legende beziehen, um zu begreifen, daß Vollendung nur in der asketischen Tugend des Unterlassens erfahrbar ist. Damit wird prinzipiell allen Ethiken widersprochen, die uns nahelegen wollen, was wir zu tun hätten. Diese Ethiken sind als rein axiomatische Setzungen, also als bloße Vereinbarungen und Willkürakte leicht in Frage zu stellen. Wenn man dagegen Ethiken als Anleitung zum Unterlassen formuliert, dann widersprechen sie sich nicht mehr selbst. Die christlichen Ethiken sind überhaupt nicht durch Verbote begründet, sondern laufen auf Gebote der Verzichtleistung hinaus. Neun unserer Zehn Gebote sind Aufforderungen zum Unterlassen: „Du sollst nicht ...". Alle Ethik ist eine Ethik des Unterlassens. Man denke an Wilhelm Busch: „Das Gute – dieser Satz steht fest – ist stets das Böse, was man läßt." Eine Ethik der Erfüllung von Vorschriften führte zu nichts anderem als zu fundamentalistischem Tugendterror.

Der alte, bereits an den Rollstuhl gefesselte Matisse war ein ebenso vollendeter, großer Unterlasser wie Meister Hu. Mit Rücksicht auf seine physische Verfassung bewies er höchstes Können durch Reduktion von Gestaltung auf das äußerste Minimum. Er entwickelte das Malgerät zu einem Distanzierungsmittel weiter. Ein Stück Kreide wurde an einem Stock befestigt, den er über seinen geschienten Arm in langsamen Bewegungen zu führen wußte. So zeichnete er Linien, die im Nachvollzug eine unvermutete Vitalität erkennen lassen. Ein Assistent legte dann entlang der vorgezeichneten Linien Schnitte durchs Papier. Als Schnittbilder stiften sie noch heute das größte Erstaunen der Betrachter, wie es Matisse gelingen konnte, den intensivsten Eindruck von Lebendigkeit, gar Eleganz, Harmonie und Leichtigkeit zu wecken. Das ist demonstrierter Reduktionismus als programmatisches Gestaltungs- und Reinheitsgebot: Gestaltung in dieser Moderne wird bestimmt durch die Kraft zur Reduktion als Unterlassung: *less is more!* Hu und Matisse, auch so läßt sich die hohe Affinität, ja Übereinstimmung von Gestaltungsprinzipien etwa zwischen dem alten Japan und dem *Arts and Crafts Movement* und zwischen den Shakern und Sullivans *form follows function* erklären. Das sind bemerkenswerte Konstellationen, die als erster Frank Lloyd Wright für die Entwicklung seines Werkes als Architekt zielstrebig zu nutzen wußte. Fast gleichzeitig wurde in Deutschland mit der Gründung des Deutschen Werkbundes 1907 das Konzept der Materialgerechtigkeit, der Formreinheit und der Ausprägung von Funktionslogiken entfaltet, aus dem sich dann das Bauhaus-Pathos herausbildete.

Parallelaktionen

Wer die Beziehung zwischen Realität und Potentialität kennt, weiß, daß es ohne Unterlassen kein zielgerechtes Realisieren gibt. Die Vielzahl der Möglichkeiten bleibt immer abstrakt, ist aber gerade in der Potentialität konstitutiv für jede einzelne Anwendung. Literarischen Niederschlag hat dieses Prinzip, aus der *potentia,* der bloßen Möglichkeit heraus zu operieren, in Robert Musils Roman „Der Mann ohne Eigenschaften" gefunden. Für die moderne Kunst- und Wissenschaftsauffassung gibt es keine exzellentere systematische Darstellung des Verhältnisses von Realität und Potentialität. Auf das bildnerische Gestalten übertragen, ist die „Parallelaktion" des „M.o.E." Ausdruck der Notwendigkeit, zwei Impulsen durch

Tun und Unterlassen, durch Sichtbarmachen und Verhüllen, durch Fülle und Leere zugleich zu entsprechen. Malerei, als bildsprachliches Organisieren mit den Mitteln der Farbe und Form, hat gerade in jüngster Zeit Kriterien für das Unterlassen als aktiver Form des Gestaltens hervorgebracht, zu denen die Monochromie und die Achromie in erster Linie gehören. Mit Achromie ist nicht nur auf die Grisaille der Renaissance-Maler verwiesen, sondern darüber hinaus auf eine Entkopplung von Farbe und Form, also des Abschieds vom Prinzip der Lokalfarben. Farben sind nicht länger bloße Eigenschaften von formgeprägten Wahrnehmungsgegenständen. Wie weitreichend sich dieses Konzept der Malerei durchgesetzt hat, kann man daran ablesen, daß wir alle gegen die historische Wahrheit etwa die griechischen antiken Skulpturen und Bauten ohne ihre topographische Farbgebung sehen wollen und damit die Arbeit von Wissenschaftlern wie Vinzenz Brinkmann als Verkitschung unserer ästhetischen Urteile empfinden; dies ist ein markantes Beispiel einer weiteren großen Problemstellung in der Moderne nach der Bewältigung des Bilderverbots durch Bildererzeugung.[11] Entsprechend gilt für die zeitgenössische Bildrezeption grundsätzlich, daß nur jenes Objekt das Gebot reduktionistischer Reinheit und Gestaltoptimierung erfüllt, das sich evidentermaßen Unterlassungen verdankt. Dasselbe Reduktionsprinzip gilt für den Kontext, in dem Kunst auszustellen ist, aus dem sich im übrigen die White-Cube-Vorgabe für die Präsentation ableiten läßt: Unterlasse es, die Wände mit märchenhaften Vorstellungen von der letzten Geliebten oder der alpinen Wiese in Arkadien, im Paradies oder im Lieblingsferienort zu tapezieren. Da diese Wiese nur real im Bezug auf die Vorstellung ist, darf nicht einmal der Versuch unternommen werden, sie als Bild zu fixieren; denn dies stellte den Tod jedweder Imagination dar.

    Mit der Entkoppelung von Form und Farbe, von Gestalt und Grund oder von Zeichen und Bezeichnetem gilt aber grundsätzlich, daß Unterscheidungen nur mit Blick auf die Einheit des Unterschiedenen möglich sind. Erst im Zeichen läßt sich das Bezeichnende des gestalteten Materials und das Bezeichnete, also das Gemeinte, unterscheiden. Erst ein Bild bietet die Möglichkeit, zwischen der Abbildung und dem Abgebildeten zu differenzieren. Seit de Saussures sprachphilosophischer Grundlegung wird nicht mehr zwischen Bild und Nichtbild als Bild und Welt unterschieden, da wir uns auf die Welt außerhalb des Bildes immer nur dadurch beziehen können, daß wir die Welt zumindestens als Vorstellung in uns tragen. Die Einheit des Zeichens sollte man in Übereinstimmung mit den verschiedenen Denkansätzen Repräsentationen nennen, innerhalb derer zwischen den inneren Bildern, den Imaginationen unserer Einbildungskraft, und den Kognitionen, unserer gedanklichen Fähigkeit zur Namensgebung und Begriffsbildung, zu unterscheiden bleibt.

ANMERKUNGEN

1   Brock, Bazon: Von der Notwendigkeit, ein historisches Bewußtsein auszubilden. In: ders., 2002, S. 142 f.
2   Siehe das Konzept der Uchronie bei Louis-Sébastian Mercier in der zweiten Hälfte des 18. Jahrhunderts und hundert Jahre später bei Charles Renouvrier als „Topos der Geschichtschreibung". In: Brock, Bazon: Uchronische Moderne – Zeitform der Dauer. In: ders., 2002, S. 165 f.
3   Siehe *Bazon Brocks* Aktionen in München, Juli 2006, im Büro von *Michael Krüger* (Hanser Verlag), anschließend in Berlin, September 2006, am Bauhausarchiv

und in der Volksbühne Ost: Verleihung der Marmortafeln mit der Inschrift „Extemporale Zone – Repräsentation der Ewigkeit in jedem Augenblick – Uchronie vor Utopie". Zum Konzept extemporaler Zonen siehe Brock, Bazon: Deklaration zum 12.9.: Der Malkasten wird extemporale Zone. In: ders., 2002, S. 189 ff.

4 Ebenda, S. 168; Benjamin, Walter: Das Kunstwerk im Zeitalter seiner technischen Reproduzierbarkeit. Frankfurt am Main 1963, S. 16.

5 Brock, Bazon: Heilsversprechen starker Männer der Wissenschaft und Künste im Narrenspiegel. In: ders., 2002, S. 300 f.

6 Das religiöse Jenseitige und kulturell Einmalige gilt in seiner ganzen Exklusivität naturgemäß immer nur für diejenigen, die der betreffenden Kultur angehören. Nur die Gläubigen zählen zur jeweiligen Kultur, die Ungläubigen dagegen nicht: nur die zu unserem Stamm Gehörenden, nicht die anderen. In fast allen Kulturen heißt es: Wer zu unserer Kultur gehört, wird Mensch genannt, wer zu anderen Kulturen gehört, ist nicht Mensch, sondern Untermensch, Ratte, Laus, Parasit.

7 Zu Blutspuren, Blutopfern und Blutbädern in der deutschen Geschichte des 19. und 20. Jahrhunderts siehe das gleichnamige Kapitel in: Sombart, Nicolaus, 1991, S. 78 f.

8 Zur symbolischen Ordnung der Nationalfarben siehe Raoul Girardet: Les Trois Couleurs. Ni blanc, ni rouge. In: Les Lieux de Mémoire, Bd. I, La République. Hrsg. v. Pierre Nora. Paris 1984, S. 6–35. Wie überaus wichtig die Ikonographie der Nationalfarben für Patrioten ist, geht aus dem Artikel „Bis aufs Blut gereizt" in der „Süddeutschen Zeitung" (15. Januar 2008, S. 11) hervor, wenn dort auf die Parole türkischer Nationalisten eingegangen wird: „Was die Fahnen zu Fahnen macht / ist das Blut auf ihnen."

9 Siehe Hans Peter Duerrs Auseinandersetzung mit Norbert Elias in „Der Mythos vom Zivilisationsprozeß", Band 1–5, Frankfurt am Main 2002.

10 Denn Hu hatte eine wahrhaft meisterliche line of beauty and grace gepinselt. So lautete im 18. Jahrhundert die prominente Demonstration des Engländers William Hogarth, der dieses Motiv der line of beauty and grace zu einer sinnfälligen Weltformel machte, die auch auf den Verlauf des Canale Grande in Venedig anspielt, da sich an dessen Linienführung tatsächlich die Einheit von Begnadetheit und Schönheit erfüllt.

11 Siehe Kapitel „Faken – Erkenntnisstiftung durch wahre Falschheit".

Pathosinstitut AZ – Opferolympiaden

Gegenwärtig scheint sich individuelles wie soziales Pathos aus dem Wettbewerb um die tragischsten Opferrollen zu ergeben. Der gewünschten Viktimisierung entspricht eine gleichzeitig beobachtbare durchgehende Infantilisierung der Gesellschaft durch lustvolle Identifikation mit schuldunfähigen Kindern in Konsumparadiesen. Der Weigerung, erwachsen zu werden, also Verantwortung zu übernehmen, ließe sich entgegentreten, indem man übt, sich mit den Tätern zu identifizieren. „Niemals wieder Opfer sein", das ist tatsächlich AZ, der Andere Zustand der Autonomie.

Die letzte Station unseres Lustmarsches zeigt die Installation eines überdimensionierten Kinderlaufstalles. Hier könnte auch ein Erwachsener geräumig gefangen oder ein Kind zum Spielen abgesetzt werden. In diesem gemütsfarbig ausgelegten Container der Kindlichkeit befinden sich liegengelassenes Spielzeug und andere, zunächst belanglos erscheinende Gegenstände. Schlümpfe aus Plüsch, eine Krawattensammlung, Namensschilder als Identitätsnachweise für Kongressteilnehmer und etwas veraltet wirkendes Kriegsspielzeug stecken den Parcours der Assoziations- und Erinnerungswege ab, deren Pfade weit verschlungener sind, als das zunächst den Anschein erweckt. Über dem Laufstall fängt sich, wie in einer surrealistischen Traumsequenz, ein Kinderwagen in einem Fischernetz. Der Inszenierung ist nicht abzulesen, ob sie einen Akt der Rettung oder den eines Verlustes markiert.

Gitter und Maschen, die an Tierhaltung und Fischfang erinnern, setzen Bilder der Kindheit frei. Die Gitterstab-Metapher spielt auf die Verbindlichkeit sozialer Regeln an, die in der Kindererziehung eingeübt werden. Wer gegen sie verstößt,

tertidentifikation

Pathos AZ –
Opfer
olympia
den

kommt ins Gefängnis. Die Gitterstäbe unseres Kinderlaufstalles verweisen auf das Urerlebnis mancher Gesellschaftsgruppen: Kaum den hölzernen Gitterstäben des Laufstalls entwachsen, verbringen sie ihr weiteres Leben hinter den metallenen Stäben der Gefängnisse. Die Gitterstäbe stehen darüber hinaus für die Gepflogenheit in gewissen Ländern, Angeklagte vor den Gerichtsschranken in den Käfig zu sperren.[1]

Das durch unsere religiös-kulturelle Prägung einstudierte Opfer- und Pathosverhalten wird anhand der kognitiven Objekte im Laufstall thematisiert.[2] Die bei den Vätern und Patriarchen anhebende Pathosgeschichte wird hier *en miniature* nachgestellt beziehungsweise säkular umgesetzt.

Die gesamte europäische Fixierung auf die Möglichkeit des Menschenopfers ist auf die Urgeschichte von Abraham und Isaak in Genesis 22 zurückzuführen.[3] Ganz gleich, wer sich wettbewerbsspekulativ als das jeweils größere Opfer darstellt, er bezieht sich stets mittelbar oder unmittelbar auf diese Geschichte. Die Institutionalisierung des menschlichen Opferstatus beginnt mit Isaaks Kindheitstrauma, sich plötzlich und unvorbereitet unter dem Messer des Vaters wiederzufinden. Wie alle wissen, hat ihn der Engel Gottes in letzter Sekunde noch gerettet. Vor dem Schock konnte er ihn jedoch nicht bewahren. Das Bild ist geblieben. Abraham, der Gründervater der drei monotheistischen Weltreligionen (und wegen seines totalen

Genesis 22: Abrahams Opfer

Die Opferung Isaaks in der Darstellung des Schnorr von Carolsfeld

Befehlsgehorsams zugleich Ahnherr aller Faschisten), hat seine Kinder und Kindeskinder mit diesem Absolutheitsgehorsam gegenüber dem unsichtbaren Gott von vornherein ans Messer geliefert. Wir alle sind Isaak. Die Menschheit hat den Opferstatus für sich entdeckt. Vorgefertigte Bilder und Argumente liefern wir anhand unserer Prêt-à-penser-Ständer, auf denen Gedanken von der Stange gebrauchsfertig präsentiert werden.
Auf einer Darstellung des Schnorr von Carolsfeld wird beispielsweise die Geschichte der Opferung Isaaks durch seinen Vater dargeboten.

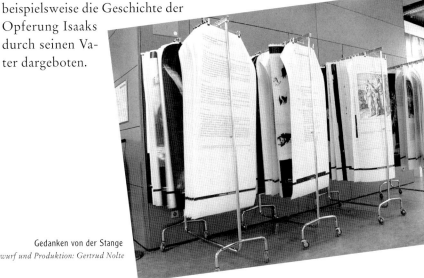

Gedanken von der Stange
Entwurf und Produktion: Gertrud Nolte

Der Engel fordert im Namen Gottes Abraham auf, an Stelle des Sohnes einen Bock zu opfern, womit der kulturgeschichtliche Übergang vom Menschenopfer zum Tieropfer markiert wird. Das christliche Konzept des Lammes Gottes als zur bloßen symbolhaften Hostie verwandelten Opfertieres *hostia* beendet die Notwendigkeit des realen Abschlachtens. Die Oblate, also eine rein symbolisch wirksame Repräsentation, zu zeigen, genügt, um zu veranschaulichen, daß absoluter Gehorsam nicht er-zwungen werden darf: „Mit unserer Macht ist nichts getan", heißt es bei Luther.[4] Wer das einsieht, ahnt, welche besondere Rolle die Christenheit bei der Entwicklung der Demokratie, des Freiheits- und des Individualitätsbegriffs gespielt hat; Demokratie als politische Ordnung gegründet in der Ohnmachtserfahrung der Menschen.

In den siebziger Jahren schuf ein holländischer Liedermacher, der sich programmatisch Vader Abraham nannte, eine Miniaturgesellschaft der Schlümpfe, die, durch seinen Gesang vermittelt, in nahezu jedes europäische Kinderzimmer gelangten. Dabei bediente sich Vader Abraham der Vorlagen des Zeichners „Peyo" (deutsche Version von Peter Wiechmann, der das belgische „les Schtroumpfs" in „die Schlümpfe" verwandelte).[5] Nach der Verbreitung der durch die Gebrüder Grimm volkstümlich gewordenen Charaktere und Figuren sind die Schlümpfe die jüngste erzieherische Anstrengung, um kleinen und großen Kindern eine Anleitung zur Veränderung, ja zur Überwindung des kulturellen Täter-Opfer-Schemas mitzugeben. Die Schlümpfe sitzen als Spielzeug, also als theoretische Objekte, im Laufstall, hinter den Gitterstäben der Kindheit und erinnern an die Pathosformel „Opfer des Isaak" zur Modellierung eines Gegenbildes der friedfertigen postpathetischen Miniaturgesellschaften. Die Schlümpfe als Kinderspielzeug repräsentieren in ihrem Doppelcharakter von Zweibeinern und dem Fell von Vierbeinern die Einheit von menschlicher wie tierischer Opfergestalt: die *unio mystica* des Leidens. Schlümpfe als animierte Tier-Mensch-Wesen verweisen zum einen auf das menschliche Opfer in der Rolle des Isaak und in zweiter Hinsicht auf die von Gott selbst gebotene Ersetzung des menschlichen Opfers durch ein Tieropfer.[6]

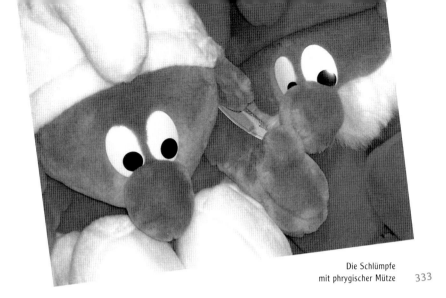

Die Schlümpfe mit phrygischer Mütze

Besonders auffällig ist die Kopfbedeckung der Schlümpfe, eine Anspielung auf die rote phrygische Mütze der französischen Revolutionäre, wodurch die Erscheinung der Schlümpfe auf den Dreiklang der Nationalfarben Frankreichs blau – weiß – rot fixiert wird.

Einerseits könnte die phrygische Mütze auf eine fundamentalistisch-revolutionäre und kindliche Naivität abzielen, nämlich Gottvatergehorsam als Programmgehorsam auszulegen. Die Revolutionäre von 1789 sprengten viele Gewißheiten des Glaubens und überwanden damit das überkommene Opfer-Täter-Schema. Die Abtrennung von Gottvatergehorsam und Parteiengefolgschaft wurde zum Muster der erzieherischen Beherrschung gesellschaftlicher Lebensbedingungen. Die Revolutionäre trugen die phrygische Mütze, um anzuzeigen, daß sie im Namen von Freiheit, Gleichheit und Brüderlichkeit aus der Gefangenschaft der kulturell-religiösen und rassisch-ethnischen Systeme herausfinden wollten. Doch die ab 1792 bis 1794 von Saint-Just und Robespierre entwickelte gewaltsame Ersetzung der Glaubensdogmen durch die Revolutionsdogmen endete im radikalen Tugendterror: Wer nicht freiwillig diesem Verständnis von Säkularisierung folgte, wurde eben mit allen zur Verfügung stehenden Machtmitteln dazu gezwungen, sein kulturalistisch-religiöses Verständnis am eigenen Leibe zu verspüren.

Die Geschichte der phrygischen Mütze der französischen Revolutionäre wie der Schlümpfe geht auf eine Erzählung über den König Midas zurück, der mit dieser Kopfbedeckung seine Eselsohren zu kaschieren versuchte. Dieser König aus Phrygien (heute Türkei) litt unter einer typisch kulturalistischen Zwangsneurose oder Wahnidee, allen seinen Wünschen durch die strikteste Erfüllung entsprechen zu müssen. Das äußerte er in der bekannten Formulierung, es möge alles, was er berührt, zu Gold werden. Der ebenfalls aus Phrygien stammende Gott Dionysos verlieh Midas die gewünschte Begabung eines Goldmachers als Dank für die Rettung eines Dionysosgefährten durch den König.

Naturgemäß bekam Midas die Erfüllung seines Verlangens schmerzlich zu spüren. Er konnte nämlich nichts mehr zum Mund führen, ohne daß daraus Gold entstanden wäre. Unfähig, Nahrung zu sich zu nehmen, erkannte Midas seine Verfehlung und bat daraufhin den Gott, die eben noch so begehrenswerte Kraft zur Erfüllung aller Wünsche zurückzunehmen. Dionysos willigte ein, jedoch nicht ohne ein bleibendes Andenken an die Eselei zu hinterlassen. Er verhängte einen „Anderen Zustand" über den König, indem er ihm buchstäblich die Ohren lang zog. Der Gott Dionysos ließ Midas Eselsohren wachsen, damit er stets in Erinnerung behalte, wie unendlich beschränkt man als Kulturmensch sein kann. Joseph Beuys hat mit seinem Sohn Wenzel eine wunderbare pädagogische Aktion zu diesem Komplex veranstaltet: „Langziehung anstatt Erziehung" (Wuppertal 1965); nur wer am eigenen Kopfe Eselsohren spürt, wird davor bewahrt, dieselben Eseleien immer erneut zu begehen.

König Midas ahnte, welche Schwierigkeiten der offensichtliche „Andere Zustand" der Einsicht in die eigene Dummheit ihm bereiten würde. Um seine Schandohren zu bedecken und bei seinem Volk weiterhin Vertrauen zu genießen, erfand er ein seiner Stellung gemäßes hoheitsvolles Zeichen der Beschämung und der Reue, eben die phrygische Mütze, die entfernt an die Pharaonenkrone beiderlei Ägyptens erinnert. Als er mit ihr auf die Straße ging, scholl ihm der Spottgesang der Kinder entgegen. Vor dem Hohngelächter entwich der König ins Schilffeld am Rande der

Siedlung, wo ihm beim Durchstreifen der eng stehenden Schilfrohre lautmalerisch Wisperstimmen „ein Esel, ein Esel" zuraunten.[7]

Um Einsicht in die eigene gewißheitsfanatische, fundamentalistisch geprägte Natur zu gewinnen, sollte jedermann eine phrygische Mütze aufziehen und sich damit als einen geheilten Midas ausweisen. Er würde damit dauerhaft anzeigen können, daß die fundamentalistische Durchsetzung, d.h. die wortwörtliche Umsetzung von Programmen und Wünschen in die Realität, wie bei Midas in eine Katastrophe führt. Die phrygische Mütze kann Kennzeichnung derer sein, die aus Schaden klug geworden sind, und deren Ziel es daher nicht mehr sein kann, was sie anfassen, zu Gold oder Geld werden zu lassen. Die Erzählung über das Scheitern jeden Verlangens nach der Kunst des Gold-Machens erhält in diesem Kontext eine tiefere Bedeutung, weil gleichzeitig erkennbar wird, daß der Sinn des goldenen Geldes ausschließlich in dessen medialer Vermittlung besteht, das heißt, Geld gibt dem Austausch zwischen Menschen einen Maßstab für die Kosten ihres Bemühens um Anerkennung.

In unserer Zeit versucht der Chef der Deutschen Bank, Josef Ackermann, seine einstmals siegesgewiß in V-Formation hochgereckten Finger als die ihm inzwischen gewachsenen Eselsohren mühsam zu verstecken. Seine Midaseseleien bestanden darin, seine Tätigkeit als Bankchef ausschließlich darauf auszurichten, eine 25%-Eigenkapitalrendite zu erwirtschaften, ohne jedes Bewußtsein für seine Verantwortung in der Gesellschaft, in der er wirkt, das heißt, ohne Respekt vor den Bedingungen seines Handelns.[8] Unser Midas war an die Spitze der Deutschen Bank deshalb aufgestiegen, weil er seine fundamentalistische Orientierung aufs Goldmachergeschäft vor den noch unbelehrten Midassen seiner *compadres* glaubwürdig versicherte. Wir sind gespannt, welche Scham- und Schandverhüllung er zum Symbol der besseren Einsicht erfinden wird. Möglicherweise hat er die Kunstsammlung der Deutschen Bank als Galerie unter den Hut gesteckt, so daß sie beim Lüpfen sichtbar wird. So jedenfalls lautete ein Vorschlag von Robert Filliou, der 1961/62 in Paris eine Galerie „sur la tête", also unter dem Hut betrieb.

Netzwerke

„Bin soeben durchs soziale Netz gepurzelt. Endlich wieder unter Menschen." Wolfgang Neuss

Das über dem Laufstall in demonstrativer Deutlichkeit angebrachte Fischernetz mit dem gekippten Kinderwagen und der herausfallenden Babydecke spielt darauf an, daß heutzutage zwischenmenschliche Beziehungen bald als Vernetzungen, bald als Netzwerke dargestellt werden. Gerade durch seine Enge garantiert das Netz Funktionsstabilität. Keineswegs unüblich ist es, Menschen in Netzen zu fangen. So haben sich in Roms Circus Maximus die bewaffneten Gladiatoren mit Fangnetzen zum Kampf auf Leben und Tod gegenübergestanden. Der Fischer Petrus sollte seine Netze auswerfen, damit sich potentielle Christen darin verfangen möchten, wie er das zuvor von Berufs wegen getan hatte, um die Tiere des Sees Genezareth zu fangen. Wegen dieser Parallelisierung vom Fischen der Menschen und Tiere wurde die Zweilinienkontur des Fisches zum Symbol der Christen. Darüber hinaus läßt sich das griechische Wort für Fisch „*Ichthys*" als Kryptogramm lesen, nämlich

I für *Iesos*
ch für *christos*
th für *theou*
y für *yios*
s für *soter*, das heißt
Jesus Christus, Gottes Sohn und Heiland.

Im Überlebenskampf, in den meine Generation in der Kindheit zu Zeiten des Zweiten Weltkrieges geriet, kam das Netz in einer anderen Weise zur Geltung: Auf Flüchtlinge wie uns, die mit kleinen Schnellbooten auf hohe See entkommen mußten, warteten draußen Evakuierungsdampfer, die, während sie sich durch die von russischen U-Booten und Kampfflugzeugen bedrohte See bewegten, bei hoher Fahrgeschwindigkeit große Ladenetze zu den kleinen Kähnen hinunterließen, damit die Flüchtlinge hineinspringen und an Bord gezogen würden. Die Kinder wurden von ihren Angehörigen oder Soldaten hineingesetzt, bzw. in der Eile mehr oder weniger hineingeworfen. Wer nicht groß genug war, um die Maschen des Netzes auszufüllen, fiel aus tödlicher Höhe in die Ostsee und ertrank. Diese Bilder sind traumatische Erlebnisse, als deren Träger man geneigt ist, sich fortan überall nur noch in ein Netz geworfen zu sehen und folglich zu versuchen, nicht „durch die Maschen zu fallen". Trotz der peinigenden Nachbilder jener Erlebnisse haben weder ich noch meine Generationsgenossen uns zu Opfern stilisiert. Im Gegenteil kultivierten wir all unsere Widerstandskraft oder Kämpfermoral gegen die Versuche, uns zu armen, bedauerlichen Objekten fremder Fürsorge machen zu lassen.

Inzwischen hat sich die Metapher „durch die Maschen fallen", wenn von der Abfischung der Weltmeere durch Schleppnetze die Rede ist, wieder umgekehrt und indiziert in ihrem ursprünglichen Zusammenhang die zur Fortführung der massenkonsumeristischen Praktiken notwendige vorläufige Rettung. Durch überstaatliche Vereinbarungen wird eine gewisse Netzmaschenweite garantiert, damit die für den Fortgang des Ganzen wichtigen Kleinfische durchkommen. Wissend, daß kleine Fische groß werden, könnte das entsprechende neue Motto lauten: „Die Großen fangen und die Kleinen schwimmen lassen."[9]

Opferkonkurrenz

Die Angehörigen meiner Generation sind zu keinem Zeitpunkt in die Versuchung geraten, durch die erlittene Traumatisierung einen Opferstatus für sich zu beanspruchen. Die meisten haben sich von verführerischen Angeboten distanziert, die manche Funktionäre der

Kriegsopfer- und Heimatvertriebenenverbände schamlos unterbreiteten; wir haben es weitestgehend unterlassen, als Kriegswaisen, Flüchtlinge oder Vertriebene unser Opferdasein anzupreisen oder auszubeuten. Der andernorts begangene Fehler, die Flüchtlinge auf Dauer in Lagern einzupferchen, wo sie dann Opferpotentiale entwickeln können, wurde vermieden. Das gelang durch die Integration der Flüchtlinge ins gesellschaftliche Leben, die wiederum darin bestand, sie sich zu tatkräftigen Konkurrenten der Aufnahmegesellschaft entwickeln zu lassen. Die Integration von zwölf Millionen Flüchtlingen aus Ost- und Westpreußen, Hinterpommern und Schlesien ins politisch und ökonomisch zerstörte „Rest"-Deutschland hat verhindert, daß die Flüchtlinge zur politischen Verfügungsmasse werden konnten. Im Gazastreifen beispielsweise hat man solche Überlegungen nicht berücksichtigt. Vielmehr war man daran interessiert, aus den Hunderttausenden seit 1948 in Lagern gehaltenen Palästinensern politisches Kapital zu schlagen. Zwar wird öffentlich immer wieder bekundet, was man Menschen antut, wenn man sie zu Opfern macht; aber die Überwindung dieser Erniedrigung wurde in auffälliger Weise für die Lager-Palästinenser nicht erreicht, obwohl weitere Hunderttausende der 1948 Vertriebenen zeigten, daß sie sich erfolgreich in die umliegenden arabischen Gesellschaften integrieren konnten.

Für sich selbst haben die Israelis in den Gründungsbekundungen des Staates Israel hervorgehoben, daß es den Staat geben müsse, damit Juden nie wieder den Status von Opfern akzeptieren müßten. Israel entwickelte eine Strategie der Stärke, die von dem unbedingten Anspruch beseelt war, sich in Zukunft niemals mehr fremdem Willen zu unterwerfen. In dieser Hinsicht erhalten die Verpflichtungen, sich auf ewig an die Schoah und die Nakba, an die Katastrophen der Juden wie der Palästinenser im Opferstatus zu erinnern, eine für die Zukunft bestimmende Kraft.

Unseren Landsleuten scheint diese Kraft abhanden gekommen zu sein. Ihren kruden Wettbewerb um die beste Opferrolle nennen wir „Opferolympiade".[10] Der viktimistische Wetteifer funktioniert zwischen den Opfern der sozialen Verhältnisse, denen des Arbeitsmarkts oder der Verwahrlosung in der Kindheit.

Fast ein jeder wird gezwungen, Opfer zu sein, um sich in der Gesellschaft Gehör zu verschaffen. Versucht jemand, Aufmerksamkeit auf sich zu ziehen, so muß er sich den von der so genannten „vierten Gewalt" diktierten Bedingungen entsprechend als Opfer stilisieren. Nur die Anteilnahme auslösende Figur des Opfers scheint die erwünschte Medienausbeute zu garantieren. Dieser Logik der Medien folgend, werden Menschen geradezu genötigt, sich als Opfer darzustellen: mal als Opfer der Konjunktur, der Börse, der Wirbelstürme, mal als Angehörige von Minoritäten, genetisch Benachteiligten oder von Verlierern im Generationen-, Geschlechter- oder Klassenkampf.

Dabei scheint es doch ziemlich unsinnig zu sein, noch von Opfern zu sprechen, wenn niemand mehr Täter sein will. Derartige Unsinnigkeit zu akzeptieren wird zur allgemeinen Regel, wo der Vorwurf fehlender Zukunftsphantasie, Initiativkraft oder Verantwortungsbereitschaft abgewehrt werden soll.

Vor Gericht wurde es zum probaten Mittel der Entlastung selbst für rabiateste Täter, wenn sie sich als Opfer von Familienverhältnissen in ihrer Kindheit oder Benachteiligung in der Schule und im Arbeitsleben und dergleichen darstellten. Selbst ein Hermann Göring wollte sich so als ein Opfer Hitlers gerieren. Heute führen diese Göring'sche Groteske jene Chefbanker weiter auf, die sich durch die Bank als Opfer der von ihnen selbst herbeigeführten Bankenkrise präsentieren. Rücksichtsloseste Mörder, die es als ihre Ehre ausgaben, jedem erteilten Befehl treu zu folgen, reklamierten nach dem Ende ihrer Willkürherrschaft, nur Opfer der Gehorsamspflicht zu sein.[11]

Selbst die oberste Finanzaufsicht (BaFin) sieht sich als Opfer der Rating-Agenturen, was nichts anderes heißt als, die Aufsichtsbehörde ist das arme Opfer der Vernachlässigung ihrer Pflichten. Und wer hätte schon damit rechnen können, so sagen sie, daß man von den Aufsichtsorganen in Unternehmen oder sonstwo erwarten würde, ihre Pflicht zu erfüllen; daß sie dafür bezahlt würden, gelte nicht der Kontrollverpflichtung, sondern ihrer Fähigkeit, der Öffentlichkeit die Sicherheit zu vermitteln, daß es keiner Kontrolle bedürfe, wenn alle Beteiligten alle Entscheidungen markt- und fortschrittskonform vollzögen.

Es ist üblich, die eigene Schuld oder den eigenen Schuldanteil an einer Tat zu mindern, indem man für sich reklamiert, keine Handlungsalternativen besessen zu haben. Ganz zu schweigen von dem Veitstanz der Entlastung vor dem Vorwurf des Versagens, den die für ihre Untaten Schweigegelder in Höhe vieler Millionen beziehenden Ex-Bosse aufführen, wird bereits im Kleinen erfolgreich die Strategie – was kann der Sigismund dafür, daß er so blöd ist – eingeübt.

Wo der gesellschaftliche und erzieherische Einfluß heutzutage als bestimmend für die Entwicklung der Kinder angesehen wird, muß man sich nicht wundern, wenn sich als erfolglos erlebende Kinder ihre eigenen Eltern anklagen, sie hätten durch falsche oder nicht angemessene Erziehung keine Chance zu einer erfolgreichen Schul-, Studien- oder Berufskarriere gehabt. Werden dann von Fall zu Fall aus Versagern tatsächlich Kriminelle, so steht die Rechtsprechung vor einem echten Problem: Da die Gesetze einerseits allgemeine Gültigkeit beanspruchen, andererseits aber ein außerordentlicher Fall, also ein Einzelfall zur Vorlage gebracht werden kann und als solcher geprüft werden muß, entsteht ein Dilemma: Zwar gelten Gesetze für alle, soweit sie auf gleiche Weise betroffen sind. „Gleiches gleich, ungleiches ungleich" zu behandeln, war seit römischen Zeiten den Richtern geboten. Die Einzelfallprüfung wird jeweils eine Abweichung von der Anwendbarkeit der allgemeinen Regel ergeben, denn dadurch wird ja gerade der Einzelfall gekennzeichnet und bestätigt. In bestimmten Problemfeldern ist jeder Fall ein Einzelfall, der als Ausnahme von der Regel gewertet werden muß, so zum Beispiel, wenn es heißt, „politisch Verfolgte genießen Asylrecht" (GG, Art 16a (1)). Doch mit jedem weiteren Einzelfall, der eine Ausnahme verlangt, verliert das Gesetz an Trennschärfe zwischen politisch Verfolgten und eben nicht politisch Verfolgten. Schließlich können alle Sachverhalte der Lebensumstände als politisch motiviert gelten. Die Anerkennung, daß alles, die Wirtschaft, das Familienleben, die Geschlechterrollen, die Gerichtsbarkeit, politisch begründet sei, hebelt das Gesetz aus, d.h. es wurde ausgehebelt, indem die klar markierte Unterscheidung von politischer und nicht politischer Verfolgung aufgehoben wurde. Damit wurde, getragen von humanitärer Gesinnung, der Sinn des Gesetzes preisgegeben, auf den sich gerade die tatsächlich politisch Verfolgten verlassen möchten. Sie sehen sich lächerlich gemacht, weil ihr politischer Widerstand gegen Gesetzlosigkeit und Willkür gleichgesetzt wird mit opportunistischer Ausnutzung der Rechtsstaatlichkeit.

Für mich selbst war es stets ein Affront, akzeptieren zu sollen, daß Kinder eines allein erziehenden Elternteils aus dieser Tatsache von vornherein schlechtere Entwicklungschancen hätten als ihre Altergenossen aus intakten Familien, denn zu meiner Schulzeit waren wir Kriegswaisen und Halbwaisen häufig die Mehrheit unter den Klassenkameraden. Nie hörte man von einer Statistik, daß diese Kriegskinder durch ihren Status z.B. als Halbwaisen prädestiniert dafür gewesen seien, in ihrem weiteren Leben zu Verlierern, Asozialen oder Kriminellen zu werden. Ganz im Gegenteil waren diese vermeintlich ihrer Entwicklungschancen Beraubten besonders motiviert und widerstandsfähig gegen die Herabwürdigung zu Opfern, und sei es zu Opfern der sozialfürsorglichen Bevormundung.

Pathos der Täterschaft

In der Installation des Kinderlaufstalls sieht der Zeitgenosse einige Quellen der Selbstpathetisierung als Angebot zur Identifikation mit den Tätern ausgebreitet. Wirkliche Opfer fühlen sich stets dazu gezwungen, sich mit den Tätern zu identifizieren. Eine Anpassung an die Ziele der Täter ist von Nöten, um als tatsächliches Opfer, beispielsweise einer Entführung, psychisch einigermaßen stabil durchzukommen. Es besteht nur dann eine reelle Überlebenschance, wenn es dem Opfer gelingt, dem Täter

Identifikation mit den Tätern

Verständnis entgegenzubringen, seine Motivation zu akzeptieren, also seine Position und Absicht nachvollziehen zu können. Allein auf diese Weise wird es möglich, nicht von den ungeheuren Zumutungen der Willkür gelähmt zu werden, sondern Kraft für das sinnvoll steuernde Reagieren zu bewahren. Es ist vorgekommen, daß man derartigen Opfern im Nachhinein den Vorwurf machte, den Tätern sogar geholfen zu haben – eine groteske Fehleinschätzung von Psychodynamiken, ähnlich grotesk verfehlt wie die peinigende Diskussion über den Zweck der Bestrafung von Tätern. Es ist immer erhebend mitzuerleben, wie z.B. selbstgefällige Pathetiker der Strafe als Resozialisierungsangebot umschwenken, sobald sie selbst von Straftaten betroffen sind. Dabei steht unzweifelhaft fest, daß es nur einen einzigen Sinn von Bestrafung geben kann, nämlich die Solidarität mit den Geschädigten, um sie nicht im Opferstatus auf Dauer untergehen zu lassen. In jüngster Zeit hat der Fall Reemtsma in besonderem Maße den Wechsel von liberaler Leichtfertigkeit zu leidgeprüfter Solidarisierungsbereitschaft erwiesen.

In unserem Laufstall als Simulationsanlage gesellschaftlichen Lebens gibt es neben den Schlümpfen vier weitere markante Objektensembles: Badelatschen aus namhaften Hotels der Welt sowie Namensschilder und ID-Karten von Kongressteilnahmen, ein Set von Krawatten und Kriegsspielzeug. Das sind offensichtlich Hinweise auf Alternativen zur Pathosgesellschaft der Opfer. Die Pantoffeln mit Aufdrucken der Namen und Logos führender Zivilisationsagenturen, wie dem Hotel Imperial, dem Steigenberger Hotel oder dem Hotel Kempinski, bieten gewitzte kleine Anleitungen zur Identifikation mit den Tätern. Indem man

Das politische Primat der Pantoffel

etwa das Gebaren großer Herren in diesen Machtsphären nachahmt, gewinnt jeder, der den Versuch unternimmt, die Einsicht, daß Machtrollen sich nicht in der Kostümparade mit Hotelpantoffeln fixieren lassen. An dieser Einsicht fehlte es offenbar Kaiser Wilhelm II., einem berüchtigten Kunden Wagnerischer Kostümverleihe. Wer sich dennoch auf die Nachahmung der Tötungs- und Allmachtsphantastik einläßt, wie zuletzt der Schriftsteller Jonathan Littell in seinem Roman „Die Wohlgesinnten", läuft Gefahr, zum Produzenten von Kitsch oder Politpornographie zu werden. Versuchte man ernsthaft, die Killer als erwartungsgemäß agierende Vertreter von phantastischen Programmen der Welterlösung ohne angemessene Distanz zu schildern, wird man zum Kitschier, der die Relation von Differenz zwischen Mitteln und Zwecken in absurder Weise verkennt. Wer glaubt, daß die Zwecke die Mittel heiligen, ist wahnsinnig, also verliebt in seine Allmachtsvorstellungen ohne alle Kontrolle an der Realität. Umgekehrt wird das Verhalten eines aufgeklärten Humanisten sichtbar, wenn man weiß, daß nur die gewählten Mittel Zwecke zu rechtfertigen vermögen. Die Beförderung von Personen wie dem Akteur Brock in die höchsten Ränge des Hoteldaseins, repräsentiert durch goldene Badepantoffeln oder entsprechende Spesenrechnungen, kann nicht als Existenznachweis in der Rolle des aktiven, gestaltenden, eingreifenden Künstlers oder auch Wissenschaftlers mißverstanden werden. Man erfährt sie vielmehr als Distanzmarkierungen, ähnlich wie bei den

Markierungen eines vazierenden Intellektuellen

Missionar der Unbelehrbaren

Neureichen der Gründerzeiten, die aber immerhin die Genugtuung gewannen, den tatsächlichen Heroen der politischen und ökonomischen Machtentscheidungen auf der Ebene der gewählten Mittel, nämlich denen des Geldes, Paroli bieten zu können. Unsereinem, der sich durch Identifikation mit den Tätern auf Selbstdistanz zu bringen versucht, bleibt nur die Genugtuung, an Zivilisiertheit und universalpoetischer Kraft die in der Wirklichkeit tätigen Herren zu übertreffen, denn sie müssen sich, um sich zu verewigen, auf die Hilfe von Geschichtsschreibern, Malern, Dramatikern, Musikern stützen, die dem Ruhm erst Flügel geben.

Was das bedeutet, kann ich an mir selbst erproben, wenn ich mit der Anhäufung von Namensschildern als Zugangsberechtigungen zu Exklusivveranstaltungen des Marketingtrainings, der Auratisierung von Aussagenautoritäten wie Professoren und Künstlern oder der Selbstüberhöhungsveranstaltungen von Werkmeistern und Gotteskonkurrenten meiner eigenen Ruhmeswürde ansichtig werde, also meiner Tätertauglichkeit. Sehr sprechend etwa sind die Kennzeichnungen „Bazon Brock: Missionar der Unbelehrbaren", „Denker im Dienst: Tapfer und Theoretisch", „Künstler ohne Werk: Mann mit Mission" oder „Trainer für Vorausleiden: Antizipation und Empathie" beziehungsweise „Lehrer des Volkes" und „Theoriebaumeister". Sie unterlaufen meine Autorität durch Autorschaft in dem Maße, wie sie sie in unangemessener Weise übertreibend zu bestätigen behaupten. Nur wenige sind bereit, in diesem Sinne ein derartiges Sortiment ihrer Schandmale zusammenzutragen und damit zu bekunden, daß man gar keine Chance hat, in die von starken Männern dominierten Tätergemeinschaften aufgenommen zu werden. Ich kann mich noch gut erinnern, wie Joseph Beuys schon auf der untersten Ebene des Versuchs, Aktivist der Grünen-Partei zu werden, scheiterte, obwohl er deren vermeintliche Ziele wie kaum ein zweiter in den 60er Jahren repräsentierte. Auch Beuys wollte sich gerne einbilden, daß er es bei Frauen leichter gehabt haben würde, in ihre Aktionsgemeinschaft aufgenommen zu werden, weil Frauen die Erfahrung gemacht hätten, wie schwer es für sie sei, überhaupt als potentielle Täter ernst genommen zu werden (trotz der Karriere von Ulrike Meinhof und Gudrun Ensslin u. a.).

Deswegen darf ein effektvoller und wohl verstandener Feminismus nicht darauf aus sein, die Frauen als Unschuldslämmer aus dem geschichtlichen Schuldigwerden herauszuhalten, sondern ihnen Selbstbewußtsein zu ermöglichen durch die Kraft zur radikalen Tat. Den Beleg für die Tatsache, daß Frauen die Identifikation mit den Tätern erschwert erscheint, entnimmt man den täglichen Nachrichtenmeldungen. Wann war in der Unzahl von Verbrechensreporten das letzte Mal von einer Verbrecherin die Rede? Von dem alten Motiv der Kindsmörderin abgesehen, ist die Gleichberechtigung der Geschlechter an diesem Punkt noch nicht soweit gediehen, daß man von einer „Kriminellin" gehört hätte. Von einer entsprechenden Gleichbenennung von verbrecherischen Frauen, z. B. in KZ-Bewachungsmannschaften, ist trotz Emanzipationsforderung kein Wort zu hören. Ebenso wenig von Frauen, die, stolz und ungerührt, etwa Hitler ihre Söhne als Schlachtopfer anboten. Stattdessen gibt es in so gut wie jeder Meldung zu schlimmen Ereignissen den Hinweis, daß auch unschuldige Opfer wie Alte, Frauen und Kinder zu beklagen seien. Eine groteske Entlastungsinitiative von Leuten, denen daran gelegen ist, sich ihrer Opfer, soweit sie für schuldig gehalten werden können, umstandslos zu

Spiel oder Ernstfall?

entledigen. Das Angebot an Frauen, sich mit Großtäterinnen zu identifizieren, ist einigermaßen beschränkt: Penthesilea, Klytämnestra, Kriemhild, Katharina die Große, Winifred Wagner, vielleicht noch die Nitribitt oder ein paar Beischlafdiebinnen, Zauberweiblein oder Hohe Frauen wie Emmy Göring und Magda Goebbels. Das ist alles weit unter dem Anspruchsniveau von Alexander, Nero, Tamerlan, Dschingis Khan, Richard II., Papst Alexander VI. oder gar Napoleon, Stalin oder Hitler. Simone de Beauvoir hat sich mit „Die Mandarins von Paris" freiwillig als Täterinnengestalt angeboten, wurde aber nicht von den Frauen angenommen. Wer mir schlüssig begründet, warum Frauen grundsätzlich die Identifikation mit Täterinnen ablehnen, gewinnt zwei Nächte in Hitlers Wiener Lieblingshotel „Imperial".

Weitere Objekte, die sich auf das Tätertraining von Größe und Geltung beziehen, manifestieren das erweiterte Umfeld des Kinderzimmers. Beispielsweise eignen sich die ausgelegten Kriegsgeräte im Miniaturformat – Maschinengewehre, Säbel, Militärflugzeuge – als Ausdrucksmittel der kulturellen Tötungsbereitschaft. Die Frage stellt sich seit eh und je, ob solches Spielzeug dazu dient, spielerisch eine Realität einzuüben, die dem Ernstfall gleichkommt; oder ob im Spiele nicht vielmehr ein Gegenmodell sichtbar werden soll. Im Unterschied zum Ernstfall des Nichtspiels wird im Kinderzimmer erfahrbar, wie wünschbar es wäre, Handlungsfolgen beliebig widerrufen zu können oder auch den Spielverlauf für ungültig zu erklären und Wiederholungen vom Start weg zu ermöglichen. Auch versteht jedes Kind, daß man Regelverstöße vermeiden,

Zierde des Adamsapfels oder
Halsschmuck für Theologen

also Regeln anerkennen sollte, da sonst das Spiel nicht zustande kommt. Widerrufbarkeit, Wiederholbarkeit und Modifizierbarkeit sind entscheidende Kardinalpunkte für jedes Zivilisierungsprogramm. Kriterium des zivilisierten Handelns ist das Erreichen größtmöglicher Reversibilität, also Widerrufbarkeit von Handlungskonsequenzen. Daraus ergibt sich die einzig nicht bezweifelbare Begründung für das Verbot der Todesstrafe, denn *death is so permanent;* er ist in keiner Hinsicht auch nur ansatzweise rückgängig zu machen.

Eine andere Objektgruppe im Laufstall besteht aus einer Edition von Künstlerkrawatten der „Lord Jim Loge". Die 1991 gestifteten Insignien Sonne – Busen – Hammer wurden zum Dekor für sogenannte Künstlerkrawatten in der Edition des Züricher Seidenmanufakteurs Andy Stutz. Die hier ausgelegte Sammlerkollektion befördert theologischen Tiefsinn mit dem nietzscheanischen Motto „Keiner hilft keinem", das die Künstler Wolfgang Bauer, Walter Grond, Martin Kippenberger, Albert Oehlen und Jörg Schlick wählten, als sie die Loge gründeten: Ganz in der Tradition des protestantischen Ethos der Rodin'schen „Bürger von Calais", denn die Krawatte ist ja eine gefällige Umkleidung des Stricks um den Hals, mit dem Gefangene, Verurteilte und Selbstmörder gekennzeichnet werden. Weit davon entfernt, männliche Schöpfereitelkeit zu signalisieren, vergegenwärtigt die Krawatte, zumindest für den christlichen Mann, das allgegenwärtige Bewußtsein eines Lebens zum Tode. Darin tapfer zu bleiben, mag Heldentum kennzeichnen, auf jeden Fall aber nicht das Potenzgebaren solcher Helden. Denn wie schon der Brock-Student Otto Waalkes schlagend demonstrierte, verweist die Krawatte nicht auf den Hoden, das Zentrum fordernder Virilität, sondern auf den Boden, in den Staub, in den alles Lebende zurückverwandelt wird.

Der Andere Zustand

Der im Titel genannte „Andere Zustand" führt eine Gesellschaft aus der Einübung ihrer Opferrollen schrittweise in die säkulare Freiheit. Der Begriff „Pathosinstitut AZ" bezieht sich auf Robert Musils Erfindung des so genannten AZ-Motivs. Musils Rede vom „Anderen Zustand" ließe sich auf berühmte Vorgänger wie Abraham, Jesus Christus, den Sonnenkönig Ludwig oder den NKWD-Chef Jagoda zurückführen, die uns ein für allemal gezeigt haben, daß sich Zustandsveränderungen an seelische Leidenszustände, das *pathein,* binden.[12]

Mit der alternativen, modernen Ausformulierung des Pathos beschäftigte sich Musil in jeder erdenklichen Hinsicht im „Mann ohne Eigenschaften".[13] Allein schon das pathetische Sprechen verwandelt das Dasein von einem Zustand in einen anderen.[14] Musils Überlegungen münden in eine berühmte Episode mit dem Titel „Atemzüge eines Sommertages", an der er bis in seine letzten Lebensstunden hinein gearbeitet hat. In diesem Nachlaß-Fragment liegen die Geschwister Ulrich und Agathe im Garten auf Liegestühlen aus Segeltuch, die sie parallel zueinander ausgerichtet haben, und schauen nach oben. Plötzlich sehen sie – obwohl es ein Sommernachmittag ist, dessen Ereignislosigkeit man genießt –, wie gegen den Hintergrund des ungetrübten Himmels, in dessen Leere hinein, weiße Blütenblätter von den nebenan stehenden Kirsch- und Apfelbäumen ganz langsam von einem Windhauch mitgenommen werden. Der Garten wird zum Tempel innerweltlicher Transzendenz, darin ein Zustand der Ewigkeit im Augenblick faßlich wird. Der wunderlich eintretende Andere Zustand ist vertraut aus der Erinnerung an die kindliche Selbstvergessenheit im Spiel, in der die Ebene der Zeitlichkeit zu Gunsten eines Standpunkts der Ewigkeit gewechselt wird.

Die radikalsten Herausforderungen durch den AZ markieren, neben dem Übergang von der Depression zur Freude, das Patient-Sein und das Glücklich-Sein.[15] Die drei Aggregatformen des Anderen Zustandes, ihn zu erreichen, zu entfalten und zu erfahren, sind beim Patienten der Liebe die gleichen wie beim Patienten des Todes, wie bereits die alte Formulierung von der Liebeskrankheit andeutet. Nach dem Erreichen des Höhepunkts folgt der Abfall in die Ausgangslage, *post climax animal semper triste* oder: *post coitum animal semper solum ipsum*, womit sich die Unlösbarkeit des metaphysischen Fragens in der Unstillbarkeit der Triebbefriedigung nachbilden läßt.

Die Methoden, in den AZ zu gelangen, sind an die Erfahrung der Zyklizität, des Jahreszeitenkreislaufes, des Spannung-Entspannung-Schemas, der Dramaturgie des Erreichens von Jugend, Männlichkeit und Alter oder von Beginn, Handlung und Happy End gebunden. Alles Glück will Ewigkeit. Ein Kompromiß zwischen dem flüchtigen Moment und der ersehnten ewigen Dauer ist in der Immanenz der Ritus zyklischer Wiederholung.[16] Gelegenheit zum Wiederholen, also zur Glückserfahrung, bieten die Feiern der geschlossenen Zyklen wie Geburtstage oder öffentliche Feste. Für Kinder sind langweilige Sonntagnachmittage im Sommer der Inbegriff von Ewigkeit. Für adulte Westeuropäer bietet ein Museumsbesuch eine ähnliche Erfahrung.

Mit dem Vorraum, dem Vorzimmer oder der Vorhölle institutionalisierten sich die Orte der Erwartung des AZ. Papst Benedikt XVI. will der katholischen Christenheit die Unmittelbarkeit der Erfahrung gönnen, seit er im April 2007 die Vorhölle abschaffte. Er vollzieht damit offensichtlich, was in der Realität bereits erreicht wurde, nämlich die Abschaffung der Dimension des „*Prä-*". Eine erste Ebene bildet die Abschaffung des Vorzimmers, das seine Aura verloren hat, seitdem es keine entsprechenden Frauencharaktere mehr gibt, wie sie beispielsweise Herrn Kohl noch mit Frau Juliane Weber beschieden waren. Solche Frauen sind längst selbst Chefs, die sich eher eigener Rechtsanwälte und Delegierten bedienen als einem auslaufenden Modell der Mindermenschen. Die Vorzimmer bleiben leer.

Nach der Persiflierung der tausendjährigen Vorsehung durch Adolf Hitler ist sie endgültig zum faulen Zauber von Wirtschaftsweisen und Zukunftsforschern, von Sozial- und Politikwissenschaftlern degradiert worden. Man denke an den weltgeschichtlichen Umbruch von 1989, den kein Prognostiker in seinem statistischen Kaffeesatz erahnte. Wir müssen also ohne Vorsehung die Zukunft als Dimension der Gegenwart ins Spiel bringen, ohne

Vorzimmer regieren und können ohne die Einrichtung der Vorhölle selbst diejenigen nicht vor teuflischer Qual und Pein bewahren, die schuldlos sind. Dabei bleibt offen, unter welchen Kriterien man schuldige und unschuldige Opfer unterscheiden kann. Der Papst hielt offenbar nicht viel von den notorischen Bekundungen nach Terroristenanschlägen, es seien leider auch unschuldige Opfer zu beklagen. Also alle gleich in die Hölle, forderte Benedikt konsequenterweise. Wie human wirkt da eine Theologie, die den Limbus erfand, um die vor dem Erscheinen Christi lebenden Menschen, die also gar nicht bewußt gegen das Heilsgeschehen verstoßen haben konnten, nicht mit den nachchristlichen Kriminellen im gleichen Kochtopf des Teufels schmoren zu lassen.

Wir dagegen sind für den Erhalt des Erwartungskonzeptes. Uns sind der Vorhof, die Vorfreude, die Vorlust und das Vorspiel wichtiger als das Endergebnis.

ANMERKUNGEN

1   Saddam Hussein hat man im Bagdader Gerichtssaal hinter Gitterstäben präsentiert. Prominent ist auch die Inhaftierung des Dichters Ezra Pound, den im Zweiten Weltkrieg die US-amerikanischen Alliierten in einen Käfig sperrten. Dort verfasste er seinen berühmt gewordenen „Pisaner Cantos".

2   „Pathos" ist seiner Herkunft nach der Rhetorik, dem Drama und der Tragödientheorie verpflichtet und rekrutiert Darstellungs-, Artikulations- und Deutungsmuster für massive Effekte, die entweder simuliert oder stimuliert werden sollen. Siehe Aristoteles: Rhetorik 1377b; Poetik 1455a; Cicero: Orat. 131f.; Quintilian führt mittels der Begriffe *enargeia, illustratio* und *evidentia* eine Technik der Affektinszenierung ein, die in der antiken Tragödie zu jenem Funktionskonzept von theatralem Pathos geführt hatte, das man *katharsis* nennt, die Reinigung der Zuschauerseelen durch Mitleiden.

3 Zum Abraham-Isaak-Motiv in der Kunstgeschichte der Renaissance siehe *Heinen, Ulrich: Der Schrei Isaaks im „Land des Sehens".* Perspektive als Predigt – Exegese als Medienimpuls. Abrahams Opfer bei Brunelleschi und Ghiberti (1401/02). In: Isaaks Opferung (Gen 22) in den Konfessionen und Medien der Frühen Neuzeit. Hg. v. Johann Anselm Steiger und Ulrich Heinen (= Arbeiten zur Kirchengeschichte Bd. 101). Berlin, New York 2006, S. 23–152.

4   Siehe die „Marseillaise der Reformation", das Lied „Ein' feste Burg ist unser Gott" in: Heine, Heinrich 1968, S. 80 f. und Kapitel „Kontrafakte – Karfreitags-

philosophie – Die Gottsucherbanden – Der Faschist als Demokrat".

5 Siehe 1976 produzierter Zeichentrickfilm „Die Schlümpfe und die Zauberflöte".

6 Beim Opfervollzug ist man auf das christliche Altargeschehen verwiesen, das sich stets rein symbolisch vollziehen soll. Bei der symbolischen Handlung kommt es nur noch auf den „Kunstgriff der Vergegenwärtigung" an: „Sie lässt etwas, was nicht mehr ist, was kein Hier und Jetzt mehr hat, dennoch wiederkehren – abgelöst von seiner singulären physischen Präsenz: als deren Echo, Zitat, Abzug, Vervielfältigung, Extrakt. Was wiederkehrt, ist nicht die Sache selbst, sondern ihr ‚Geist', nur daß dieser Geist noch weit davon entfernt ist, verselbständigt als Dämon, Gespenst oder Gott vorgestellt zu werden. Seine Vorstellung ist vielmehr seine Darstellung, seine performance. ‚Geist' wird im Opfervollzug, im ritualisierten kollektiven Herfallen über bestimmte Menschen und Tiere, ausgeführt. Er ist zunächst nichts von der Aufführung Abgelöstes, aber die Aufführung selbst ist der Beginn jenes Sich-Ablösens vom Hier und Jetzt, […]." in: Türcke, Christoph: Gott – inexistent, aber unbeweisbar. In: Blume, Anna (Hg.): Beiträge zur Phänomenologie des Heiligen und der Religion. (=Neue Phänomenologie Band 9) Freiburg, München 2007, S. 115.

7 So kam übrigens auch das Schilfrohr zu seiner Funktion als Erziehungs- und Weisungsstock. Anhand der Edition „Rohr und Rebe" zeigt Bazon Brock, wie die kulturalistische Tätigkeit der Weinbergerziehung und die zivilisatorische Erziehung durch Unterricht mit Rohrstock als Parallelaktion betrachtet werden können. Überhaupt werden wir anerkennen müssen, daß „die wichtigsten Dinge durch Röhren getan werden. Beweise erstlich die Zeugungsglieder, die Schreibfeder und unser Schießgewehr, ja was ist der Mensch anderes als ein verworrenes Bündel Röhren" in: Lichtenberg, Georg Christoph: Schriften und Briefe. Erster Band. Sudelbücher. Hg. v. Wolfgang Promies. München 1968, S. 349 f.

8 Erstaunliche Erklärungen werden für die Folgen der sogenannten Hypothekenkrise in den USA des Sommers 2007 in allen Medien verbreitet: Die Banken zögerten, sich untereinander Gelder anzuvertrauen. Sie mißtrauten einander, da sie ihre eigenen Geschäftspraktiken nur allzu gut kennen. Geldgeschäfte sind nun mal reine Vertrauenssache (siehe „Süddeutsche Zeitung", 24. Januar 2008, S. 11: „Alles heiße Luft. Was Fiesco die Banken lehrt: Je mehr man vom Vertrauen redet, desto weniger Grund gibt es dafür"). Erstaunlicherweise machen sich die Banken keine Gedanken darüber, daß sie auch vom Vertrauen ihrer Kunden abhängig sind. Offensichtlich halten sie die Privatkunden für ohnehin vertrauensselige, kenntnislose und unmündige Subjekte – und das mit Recht, denn sonst würden die Kunden den Banken nach deren eigener Auffassung ebenso wenig Geld anzuvertrauen bereit sein, wie die Banken es untereinander sind. Auch aus dieser Konfrontation der Banken mit der ökonomischen Wirklichkeit, als der Sphäre, die ihrem Belieben entzogen ist, werden die Herren des Zahlungsverkehrs nichts lernen müssen. Die vereinigten Nationalbanken erklärten sich zum wiederholten Mal binnen kurzer Zeit bereit, der legalisierten Kriminalität beliebige Mengen Geld zur Verfügung zu stellen. Bemäntelt mit dem angeblichen Interesse der Allgemeinheit, garantiert man den Geldgangstern die Fortsetzung ihrer Geschäfte, statt sie für die Konsequenzen ihrer eigenen Machenschaften zur Verantwortung zu ziehen.

9 In Platons Spätdialog „Der Sophist" handeln „Seelengroßhändler" anstatt mit Fischen mit „Wissensstoff" [224 a ff].

10 Im Artikel „Stunde der Wahrheit" in der „Neuen Züricher Zeitung", 7./8. Juli 2007, Nr. 155, S. 47, fällt in einem Gespräch mit Imre Kertész der in diesem Kontext treffende Ausdruck „Opferkonkurrenz".
11 Siehe unser theoretisches Objekt Koppelschloß: Modifikation von „Unsere Ehre heißt Treue" zu „Unsere Ehre heißt Reue".
12 Brock, Bazon 2002, S. 705; siehe Kapitel „Kontrafakte – Karfreitagsphilosophie – Die Gottsucherbanden – Der Faschist als Demokrat".
13 Agathos, Katharina; Kapfer, Herbert (Hg.): Robert Musil. Der Mann ohne Eigenschaften. Remix. München 2004.
14 Blanchot, Maurice: Das Erlebnis des „anderen Zustands". In: ders., Der Gesang der Sirenen. Essays zur modernen Literatur. Frankfurt am Main, Berlin, Wien 1982, S. 193 ff. Ein ausgefallenes historisches Beispiel für den AZ bietet Friedrich Engels: „Als im Jahre 1874 die Internationale zerfiel, ließ sie die Arbeiter schon in einem ganz anderen Zustand [!] zurück, als sie sie bei ihrer Gründung im Jahre 1864 vorgefunden hatte." In: Vorrede zur englischen Ausgabe des Kommunistischen Manifests von Friedrich Engels (1988). In: Marx, Karl; Engels, Friedrich: Manifest der Kommunistischen Partei, Berlin 1989, S. 20.
15 Zum Thema Patient-Sein siehe Kapitel „Uchronie – Ewigkeitsmanagment".
16 Zur Frage der Ewigkeit und der Unsterblichkeit, siehe die von Platon im „Symposion" entwickelte Konzeption des Eros, in: Platon: Das Trinkgelage oder Über den Eros. Frankfurt am Main 1985, [208 c – 209 c], S. 77 f.

Diskurs als parcours de la méthode mit Peter Weibel

Lustmarschgespräch

Parcours de la méthode als Diskurs:

Gespräch mit Peter Weibel auf dem Lustmarsch am 1. Juli 2006 in der Neuen Galerie, Graz.[1]

Bazon Brock
Mit der Unterstützung von Peter Weibel gehe ich der Frage nach, wie man Ausstellungen entwickeln kann, daß sie die seit der Antike vermutete Parallelität zwischen körperlicher und geistiger Aktivität befördern. Aristoteles unterrichtete in seiner Schule der Peripatetiker im Gehen. Die mittelalterlichen Mönche absolvierten ihre intellektuelle Arbeit im wesentlichen in einer Art von Parallellauf

Bazon Brock, slowenischer Zivilschutzleiter und Peter Weibel, Leiter des ZKM, Karlsruhe, als vereinigte Spazierensitzer

zwischen verschiedenen Gruppen. Ein Großmeister dieser Parallelisierung zwischen intellektueller und physischer Stimulierung ist Goethe. Er verfolgte den Gedanken des Spazierengehens als eines Inkorporierens von Gedankenfiguren. Deswegen betonte er stets, beim Spazierengehen dürfe man nicht eine Strecke hin- und zurücklaufen, sondern müsse den Weg so wählen, daß die Gedankenfigur komplett abgeschritten werde. Wenn man am Ausgangspunkt ankomme, dürfe man keinen vorherigen Punkt berührt haben. Friedrich Nietzsche behauptete, man solle keinem Gedanken große Kraft zugestehen, der nicht im Gehen entwickelt worden sei.

Diese Anstöße wollen wir in unserer Theorielandschaft umsetzen. Der Begriff „Landschaft" legt bereits das Moment des Durchschreitens nahe. Die ganze Welt stellt eine Art von Landschaft für die Menschen dar auf dem Wege an ein ihnen unbekanntes, aber benennbares Ziel: das Heil. Ehemals bestand das menschliche Leben in einer ewigen Wanderschaft zum Heil. Die Pilgrimagen waren Märsche auf festgelegte Stationen, währenddessen man das Gefühl entwickelte, das Leben sei eine Bewegung, die sich mit dem Gedanken der Entwicklung verbinde. Um Bewegungsmöglichkeiten zu genießen, mußte man gesund sein. Daraus ergab sich schon zu römischen Zeiten die Parallelität von *mens sana in corpore sano,* ein gesunder leistungsfähiger Geist in einem leistungsfähigen Trägermedium namens Körper.

Konfrontiert mit dieser Vorstellung von Parallelität, wollen wir untersuchen, ob es sinnvoll ist, Ausstellungsdesign, also die Anlage von Wahrnehmungsangeboten, nach Mustern zu organisieren, wie sie zum Beispiel die Tradition des englischen Landschaftsgartens bereithält.[2] Die Entwicklung der ersten großen Weltausstellungen ist ebenfalls von großem Interesse, da diese Art der Ausstellung heute noch unsere gesamte Ereignisvorstellung prägt. Die Gußeisen-Glas-Architekturen von damals waren gigantische zu durchschreitende Areale. Obschon wir nicht mit Paxton-Hallen aufwarten können, sind wir trotzdem in der Lage, eine modellhafte Spiegelung beider Bewegungen ineinander, der körperlichen Bewegung im Raum und der gedanklichen Bewegung in Bildern und Modellen, anzubieten.

Im Abschreiten von Konstellationen wird ein Lustmarsch der Ideen, der Affektionen oder der Selbsterfahrung vollzogen.[3] Für diese Art von Parallelisierung hat sich der Begriff Parcours eingebürgert. Der Parcours entsteht bekanntermaßen durch das Aufbereiten eines Geländes, das Pferd und Reiter möglichst gut absolvieren müssen. Die Kunst des Parcours-Baus besteht in der Wahl der Bestückung. Damit die Wahrnehmung der Bewegung für den Betrachter attraktiv bleibt, muß sie durch Zeitmessung strukturiert werden. Die Dynamik der Bewegung spielt in diesen Abläufen eine entscheidende Rolle.

Dem Aufeinanderfolgen der Gegenstände entspricht im Bereich der Gedankenbewegung in der neueren Zeit der Diskurs. Die Moderne beginnt mit dem „Discours de la méthode" des Philosophen René Descartes. Wir versuchen dementsprechend, mit einem kleinen „Parcours de la méthode" aufzuwarten. Der Diskurs setzt voraus, daß die Bewegung nur intellektuell vorgenommen wird. Bei uns gibt es eine Art Spiegelung zwischen Parcours und Diskurs. Diese Besonderheit wollte ich mit Peter Weibel besprechen.

Peter Weibel

Was Bazon Brock auf seinem Lustmarsch zeigt, ist eine Gedankenausstellung als Experiment. Der Teilnehmer an seinen Führungen wird zu einem Bestandteil dieses Experiments auch in dem Sinne, daß er selbst überprüfen kann, ob die zur Sprache gebrachten Thesen stichhaltig sind. Die von Bazon Brock aufgestellten theoretischen Behauptungen kann jeder Einzelne im Experiment überprüfen. Dazu dienen zum einen die präsentierten Objekte, deren besonderer Status als Vorgabe Teil des Experiments ist. Die *hic et nunc* gezeigten Exponate benötigt man als theoretische Objekte, um hier und jetzt die Thesen überprüfen zu können. Dieses Verfahren dient dazu, einen Geltungsanspruch der Kunst, der seit hundert Jahren wackelt, wieder zu begründen.

Ich möchte erklären, wieso Bazon Brock seit ungefähr vierzig Jahren nicht nur ein öffentlicher Redner ist, in meinen Augen der größte Redner in Deutschland. Er ist auch immer *praeceptor Germaniae,* Lehrer der Deutschen. Politiker reden zehn Jahre, selten im Parlament und das schlecht genug, dann sind sie weg von der Bildfläche. Bazon Brock ist eine einmalige Figur, die seit fünfzig Jahren auf höchster Ebene Wirkung entfaltet. Er ist ein zu rühmender Schriftsteller, Dichter und Denker. Ich möchte Ihnen heute zeigen, wieso er auch ein ganz bedeutender Künstler ist. Er wird „Künstler ohne Werk" genannt, da er nicht im klassischen Sinne Werke herstellt. Er bringt Werke hervor, die anders sind als die, die wir für gewöhnlich kennen. Das möchte ich am Begriff des Parcours und des Diskurses erläutern.

Der Parcours, abgeleitet von *per cursus,* heißt im Lateinischen „Durchlauf". Man durchläuft auf einem Gelände bestimmte Hindernisse. Damit Reiter und Pferd eine Chance haben, über die Hürden zu kommen, können sie im Training das Terrain abschätzen. *Discursus* heißt Hin- und Herlaufen oder Auseinanderlaufen. Es besteht tatsächlich etymologisch ein Zusammenhang. Diskurs ist das Intelligible, das nur im Kopf stattfindet, die reine Vernunft oder der Sinn, wohingegen Parcours das Sinnliche meint, aber auch das Memorabile und Wieder-Erkennbare in der Koppelung von immaterieller Vernunft und materieller Handlung. Von der Schnittstelle dieser beiden Ebenen aus spricht Bazon Brock. Er äußert sich als Dichter und Denker durch Sprache. Bazon Brocks historisches Umfeld Ende der 50er Jahre, also der Zeit des Beginns seines Wirkens, war dominiert von Künstlern, die sich „konkrete Poeten" nannten. Aus den konkreten Poeten sind Sprachkünstler geworden, Aktionskünstler, Musikaktionskünstler, Happeningkünstler, Konzeptkünstler. Wieso hat damals die Sprache solch eine Rolle gespielt? 1962 ist ein Buch von John Langshaw Austin mit dem Titel „How to Do Things with Words" (auf Deutsch: „Zur Theorie der Sprechakte") erschienen. Wie macht man Dinge mit Worten? Die Sprache bewirkt eine Handlung. Das ist genau die Brücke zwischen dem Ideellen, dem Gedanken, und dem, was in Wirklichkeit, materiell passiert. Brock zeigt, wie das Sprechen zur Aktion wird. Weil Hegel postulierte, man müsse die Welt vom Kopf auf die Füße stellen, hat Brock sich auf den Kopf gestellt. Durch die Aktion des Sprechens hat er faktisch eine Theorie exemplifiziert. Das Prinzip der Verkörperung als Beispielgeber hat er auf viele Vorgänge übertragen.[4]

Die Bewegung, der er von Anfang an angehört hat, war von der Frage getragen: Wie hat Sprache mit Wirklichkeit zu tun? Die Sprache ist nicht nur ein Abbild der Wirklichkeit, sondern Sprache erzeugt Wirklichkeit. Die Wirklichkeit kann durch Reden und Denken verändert werden. Wieso muß man als Künstler anfangen, nicht zu bilden, sondern zu reden? Ausschlaggebend war das Beispiel, das Duchamp mit seinem Flaschentrockner bot. In dem Augenblick, als sich das Modell durchsetzte, daß ein Künstler Kunst machen kann, indem er ein Objekt präsentiert, das er gar nicht fabriziert hat, geriet der Begründungszusammenhang und Geltungsanspruch der Kunst ins Wanken. Immer dann, wenn ein Geltungsanspruch gefährdet wird, versucht man, ihn neu zu begründen. Diese Tätigkeit nennt man den Diskurs. Diskurs heißt nichts anderes, als Argumente vorzubringen in einer Kommunikation, um einen Geltungsanspruch oder auch einen Machtanspruch zu begründen.

In dem Augenblick, als die Kunst ihren Begründungszusammenhang als Ideologie des Schöpferischen verloren hatte, mußte sie Argumente finden. In diesem Sinne ist Bazon Brock ein Diskurskünstler. Happening, Fluxus, Konzeptkunst sind im Grunde frühe Formen der Diskurskunst gewesen. Diese durch ihn begründete Diskurskunst führte dazu, daß Künstler wie Beuys, Kiefer, Immendorff damals oder heute Schlingensief, Meese, Wurm oder Hirschhorn diese Konzepte verfolgen: Wie können mit Worten, mit Diskursen, durch das Herstellen von Begründungszusammenhängen Gegenstände hergestellt werden? Ohne daß es die Kunstkritik bemerkt hätte, sind sie alle seine Schüler.

Descartes schreibt vom *„discours de la méthode de bien conduire sa raison"*, also dem rechten Gebrauch der Vernunft, und von *„chercher la verité dans les sciences"*, also von der Suche der Wahrheit in der Wissenschaft durch methodisches Vorgehen. Zu den diskursiven Praktiken zählt das Prinzip von Rede und Gegenrede. Foucault spricht von verbindlichen Sprachregeln, die jeder sprachlichen Äußerung zugrunde liegen. Daraus resultiert der Diskurs, der die Gesamtheit aller Regeln, die jeder Äußerung zugrunde liegen, sucht. Das macht Bazon Brock. Er stellt uns die Gesamtheit der Regeln vor, und stellt sie in Frage. Er geht Begründungszusammenhängen nach: Wieso ist dies Kultur – wieso ist das Kunst? Als Diskurskünstler verfügt er über die gedankliche Kraft, diese immer schon impliziten Fragestellungen explizit zu machen. Was die Besucher des Theoriegeländes erleben, ist keine simple Veranschaulichung von Theorien, sondern die Erfahrung diskursiver Praktiken. Bazon Brock ist ein Künstler ohne Kunstwerke im alten Sinn. Aber im neuen Sinn macht er die entscheidende Kunst für das 21. Jahrhundert. Er hat viele Schüler, die diese Diskurskunst in einer Weise aufgreifen, wie sie der Kunstbetrieb (die Galerien, die Kritik, die Sammler und der Markt) gerade noch verwenden kann. Dieser Diskurskunst begegnet man, wenn man Bazon Brocks Schilderungen auf seinem Themen-Parcours folgt.

Bazon Brock
Wenn wir überlegen, was für einen Status die Dinge haben, die wir zeigen, werden wir von abgelegtem Werkzeug sprechen. Besucht man heute ein naturwissenschaftliches Museum, das zufällig einen kleinen Experimentiertisch von Lise Meitner und Otto Hahn besitzt, auf dem sie 1939 ihre Theorie der Kernspaltung experimentell unterfüttert haben, so sieht man Werkzeug, nicht aber das Werk der beiden Wissenschaftler. Das Werk von Hahn und Meitner besteht aus einer Theorie des subatomaren Geschehens. Ebenso verhält es sich inzwischen bei den Künstlern, aber auch in anderen Bereichen des Artefaktschaffens. Das Werkzeug verweist stets auf das, was damit gemacht worden ist. Bei einigen Künstlern scheint die noch sehr auf den herkömmlichen Werkbegriff hin orientierte Interpretation des Werkschaffens wenig Sinn zu ergeben. Was man 1976 im Deutschen Pavillon in Venedig als die „Straßenbahnhaltestelle" von Joseph Beuys betrachtete, liegt heute, in seine Bestandteile zerlegt, im Hamburger Bahnhof in Berlin: Es ist nichts aufgebaut, Schienen sind parallel abgelegt, ein Denkmalkopf liegt einfach auf dem Boden. Nichts ist mehr vom Werk zu sehen, außer eben abgelegtes Werkzeug.[5]

Peter Weibel
Das ist das Problem, das ich als Kritiker mit dem Werk von Beuys habe. Er ist der naheliegenden Versuchung erlegen, je nachdem, wie der Markt ausschlägt, das Werkzeug wieder in ein Werk zurückverwandeln. Er versuchte, verschiedene Reste von Werkzeugen zusammenzustellen, sie in eine Vitrine zu geben, und dann als Beuys zu verfälschen. Er kam auf diese Idee, weil er der Versuchung erlegen ist, aus theoretischen Objekten wieder Objekte zu machen und das Werk erzeugende Werkzeug selbst zum Werk zu erklären.

Bazon Brock
Aber das wollen wir ihm nicht subjektiv vorhalten. Das Beispiel veranschaulicht Marktbedingungen des Systems Kunst, verbunden mit der Notwendigkeit, in Museen zu präsentieren. Die Beuys'sche Präsentation erinnert an den Tisch von Otto Hahn und Lise Meit-

ner. Auch wenn jemand auf die Idee käme, um den Tisch von Meitner und Hahn herumzugehen und die kleinen, noch aufgebauten Relais zu betrachten, würde er niemals dem wissenschaftlichen Werk in seiner Bedeutung nahekommen. Man könnte ewig darauf starren, ohne von dem Sinn der naturwissenschaftlichen Veranstaltung etwas zu begreifen.

Ähnlich verhält es sich mit der afrikanischen Kultmaske aus unserer Museumsvitrine.[6] Auch noch so langes Anstarren der Maske führt nicht zu der Erkenntnis ihres Gebrauchssinns. Den Gebrauch nennt man in diesem Falle Kult. Kann man den Kult nicht erschließen, ist man unfähig, den Bildwert abzulesen. Wird eine Kultmaske in westlichen Museen als Kunstwerk ausgestellt, zeigt das vor allem den Hochmut gegenüber den Bedingungen, unter denen das Kultobjekt zustande gekommen ist. Betrachtet man solche Artefakte, wird die Kenntnis der Qualität des abgelegten Kultwerkzeugs vonnöten sein. Das einzige Objekt, das für sich allein stehen kann, ist ein Kunstwerk, sofern es auf den Kunstdiskurs ausgerichtet ist. Der Kunstdiskurs muß immer schon mitlaufen und beherrscht werden.

Peter Weibel
In der Tat. Betrachtet man in einem Museum die Maske eines Krokodils, fragt man sich vielleicht, ob sie gut oder schlecht geschnitzt ist. Was wohl nicht alle wissen, ist, daß die Eingeborenen eine andere Leib-Seele-Vorstellung vertreten als wir. Wir gehen davon aus, daß alle Lebewesen die gleiche Seele haben, nur unterschiedliche Körper. Der Europäer übersieht in diesem Kontext den Gedanken des Kults, daß nämlich der Träger der Krokodilmaske mit dem Krokodilkörper eine Krokodilseele gewinnt. Auch in diesem Fall ist es gar nicht anders denkbar, als Diskurs und Parcours zusammenzubringen.

Bazon Brock
Der Begriff des Kultischen ergibt sich tatsächlich aus diesem Zusammenfallen. Ausschließlich die inneren theologisch-religiösen Argumente zu beherrschen, ist nicht hinreichend. Als Teilnehmer

am Kult muß man sich auch bewegen, den Parcours des Schlangentanzes absolvieren. Die veraltete Ansicht, Kunstwerke seien Objekte, die aus sich heraus sprächen, wird durch den stets mitgeführten Diskurs überwunden. Kleine Anleitungsheftchen und museumspädagogische Vorturner bringen uns typische Formen der Bewegung im Museum bei, also bestimmte Rituale.

Vornehmlich die Künstler entwickeln inzwischen die Rituale als Kernstück ihrer Arbeit, ob als Happening, *action teaching, action painting oder action music.* Die das Ritual bestimmenden Objekte sind wiederum nur Instrumente oder Werkzeuge. Künstler wie Betrachter von Kunst üben sich in der Ritualisierung des Verhaltens vor den Objekten, die als Attraktoren unsere Wahrnehmung fesseln. Oder uns zu dem Bekenntnis herausfordern: Ich kann damit nichts anfangen. Im Grunde genommen ist das die einzige vernünftige Aussage, die man machen kann, wenn man nicht den Diskurs verfolgt. So jemand wird niemals die Einheit von Diskurs und Parcours in der Ritualisierung herstellen können.

Peter Weibel
In dem erwähnten Buch von J. L. Austin, übrigens einem Wittgenstein-Schüler, war die Rede von der performativen Wende. Bazon Brock hat schon vor Beuys diese performative Wende vollzogen. Er hat mit Joseph Beuys sehr oft zusammengearbeitet, bis hin zur gemeinsamen Gründung einer Studentenpartei.[7] Beuys war gewissermaßen auch ein Gedanken- und Diskurskünstler. Der Unterschied: Beuys war mehr romantisch, weniger philosophisch veranlagt.

Bazon Brock
Beuys war ein wirklicher Schamane. Er führte ein außereuropäisches Legitimationsverfahren wieder in die Kunst ein.

Peter Weibel
Er hat das immer mit der Rede verbunden. Die Analogie zu Bazon Brock ist offenkundig: Während der Hundert-Tage-documenta zelebrierte Beuys seine Installation, seinen Parcours, und redete jeden Tag. Das ist in meinen Augen eine gelungene Imitation der

Verfahrensweise der Brock'schen *action teachings*. Die Performances waren immer begleitet von Reden. Als Beuys 1976 die Möglichkeit hatte, eine Aktion für eine Satellitenübertragung zu veranstalten, machte er nichts anderes als zu reden. Das diskursive Element ist bei Beuys vorhanden, nur vernachlässigte er es zugunsten der schamanenhaften Aktivität.

Bazon Brock
Das Entscheidende für die Wechselposition des Wissenschaftlers, des Technikers, des Künstlers und des Essayisten ist das schamanistische Verfahren der Legitimation, auf dem Beuys bestand. Wenn in einer sibirischen Gesellschaft jemand den Anspruch erhob, als Arzt tätig zu sein, mußte er sich selbst mit Giften durch Pilzessen in den Zustand extremer Erkrankung bringen. Er hatte eine Prüfung zu bestehen, nämlich die durch ihn selbst verursachte radikale Erkrankung heilen zu können. Die Heilung der selbst induzierten Krankheit legitimierte ihn als schamanistischen Arzt. Erst wenn er alles durchlitten hat, worum es ihm in der Behandlung der Leiden anderer geht, ist er ein Schamane. Merkwürdigerweise fällt dieser Gedanke exakt mit dem Prinzip zusammen, das Europa vor sechshundert Jahren groß gemacht hat, als nämlich das Prinzip „Autorität durch Autorschaft" entdeckt wurde. Wenn ein Schamane sich als Arzt legitimiert, ist das auch nichts anderes als ein Autoritätsgewinn. In Europa besitzt Autorität, wer Autor ist. Autor ist ein Individuum, das sich selbst durch seine Produktion von Aussagen legitimiert. Es vermag etwas zu behaupten, ohne Verweis auf den *state of the art,* auf die ständische Organisation, die Kontrolle durch die geistlichen Autoritäten oder weltlichen Herrscher. Ein Künstlerindividuum ist, wer eine Aussage ausschließlich durch sich selbst begründet.[8] Das ist das Kunstprinzip. Und Beuys entdeckte, daß das uralte, vornehmlich sibirische, schamanistische Prinzip mit dem westlichen Individuationsprinzip „Autorität durch Autorschaft" parallel läuft. Wir sind an allen Legitimationsformen interessiert, bei denen ein Individuum selbst Attraktivität besitzt und Interesse für sich beansprucht, ohne jedoch dem Publikum mit Belohnung zu winken oder mit Bestrafung zu drohen.

Denn in Kunst und Wissenschaft gilt nur, was jemand als einzelner Autor demonstriert.

Der Konflikt ergibt sich nun für das Individuum aus der Tatsache, daß heute alle Menschen, auch die Künstler und Wissenschaftler, in verschiedensten Legitimationszwängen leben. Sie müssen sich als Familienväter anders legitimieren denn als Angehörige eines öffentlichen Instituts, als Professoren oder Lehrer. Wie sind diese verschiedenen Begründungen von Geltungsansprüchen miteinander in Ausgleich zu bringen? Man stellt allenthalben fest, daß wir innerhalb dieses Systems sozusagen zu einer Schizophrenie verurteilt werden. Angesichts des ungeheuren Legitimationsdrucks sind die meisten Bürger froh, wenn sie zu keiner Äußerung gezwungen werden. Aber selbst in der Kunst muß man mit einer ganzen Reihe von Rechtfertigungsverfahren rechnen.

Peter Weibel
Gerade konservative Kritiker gehen so weit, dies der Kunst vorzuwerfen. Der berühmte amerikanische Journalist Tom Wolfe schrieb ein Pamphlet (auf Deutsch: „Mit dem Bauhaus leben"), mit dem er forderte, man solle in New York nicht die Kunstwerke ausstellen, sondern die Texte der Kunstkritiker, die diese schlechte Malerei zu Kunstwerken gemacht hätten. Die Kunstwerke seien eigentlich nicht gut. Aber wenn durch die Texte der Kunstkritiker dieser Dreck legitimiert werde, gehörten folglich die Texte ebenfalls in den Museumskontext. Zumindest solle man im Inneren des Museums die Kunstwerke aufhängen und vor dem Gebäude auf Fahnen diese wichtigen Begründungstexte von Theoretikern der Moderne präsentieren. Er argumentiert, wenn es sich bei den Werken schon nicht um Kunstwerke handele, dann solle man wenigstens diejenigen ehren, die in der Lage seien, das angewendete Verfahren zur Kunstproduktion zu legitimieren.

Diese Angriffe von der konservativen Seite auf die Legitimität der modernen Kunst betreffen auch die Legitimität der Wissenschaft. Letztere ist nicht nur ebenso kommentarbedürftig, sondern muß sich ebenfalls ununterbrochen legitimieren und neue Standards setzen.

Bazon Brock hat auf die Experimente von Meitner und Hahn verwiesen: Hahn führte die Experimente zwar durch, verstand aber selbst nicht, was da eigentlich vor sich ging. Er mußte erst einen Brief an die damals schon ins schwedische Exil gezwungene Österreicherin Lise Meitner schreiben. Sie war es dann, die, mit ihrem Neffen Otto Fritsch, plötzlich die Untersuchungsergebnisse zu interpretieren verstand und Hahn erklärte, wie eigentlich die Kernfusion möglich sei. Aus diesem historischen Beispiel geht einmal mehr die Dominanz der Theorie, des Kommentars und des Diskursiven hervor. Diese Koppelung von Experiment und Theorie ergibt erst das Werk. Der Parcours ist nicht mehr vom Diskurs zu separieren. Nur schlechte Wissenschaft und schlechte Kunst können das. Wenn Kunst verlangt wird, die nicht kommentar- und theoriebedürftig sein soll, dann will man im Grunde die Kunst zurückbomben vor die Neuzeit. Deshalb beharre ich darauf, in Bazon Brock einen der größten neuzeitlichen Künstler zu sehen, weil er einer der wenigen ist, die für die Legitimationskrise der Kunst Modelle anbieten, mit denen aus dieser Krise herauszukommen möglich wird. Das ist eine große, nicht nur denkerische, sondern auch künstlerische Leistung.

Bazon Brock

Was bedeutet es nun für die Praxis des Ausstellungsmachens, wenn man die diskursive Begründung mit den performativen Akten zusammenbringen muß? Die Dinge werden in einem Raum so präsentiert, daß sie erstens selbst den Diskurs unter sich nachzeichnen oder wenigstens eröffnen und daß man zweitens natürlich das Ganze dann wieder als einen Parcours, nämlich als ein nacheinander Abzuschreitendes aufbaut, so daß die Elemente miteinander durch dieses Nacheinander in eine neue Art der Beziehung geraten. Die Beziehung stellt sich im Museum als eine Art von Dialog dar, den zwei Bilder an einer Wand führen. Auf diese Logik der konstellativen Verhältnisse waren die Hängelehren immer

schon ausgerichtet. Auf einem Parcours wird der Besucher durch die Art der Inszenierung oder die Art der Präsentation veranlaßt, einerseits sich im Diskurs zu bewegen und andererseits dabei eine Entwicklungsgeschichte oder eine Themenentfaltung abzuschreiten.

Peter Weibel

Was Bazon Brock mit seinem Theoriegelände unternimmt, geht über die gängigen Techniken des Zusammenfügens von Dingen im Raum hinaus. Denn er schreibt quasi einen Essay im Raum. Und er schreibt mit Text, Bild, Objekt, Photographie, mit allem Erdenklichen, was das Museum bietet. Er untersucht die Bedingungen, die sich bei musealen Äußerungen stellen. Er verwendet nur Dinge, die der Legitimationszusammenhang des Museums kennt: Rauminszenierungen, Sockel, Vitrinen, Schautafeln, Demonstrationsobjekte und natürlich die Kult- und Kunstwerke. Er stellt sie zusammen, um zu fragen: Wieso ist nicht auch eine Bäckerei ein Museum? Wieso benutzt man nicht andere Ausstellungsorte, etwa ein Kaufhaus? Dada hat Aktionen gemacht, die sich mit dem Kaufhaus als Museum, dem Museum als Kaufhaus beschäftigten. Nur der Filmdenker Jean-Luc Godard hat bisher eine vergleichbare Ausstellung im Centre Pompidou gemacht. Sie artikuliert insofern eine ähnliche Erfahrung, da sie zeigt, wie ein Künstler die Ausstellung selbst zum Kunstwerk werden läßt.

Theoriegelände im Aufbau ZKM, Karlsruhe

Bazon Brock
Die westlichen Kunstmuseen sind so wahnsinnig steril geworden, da überall nur ein einziger ontologischer Objekt-Status, nämlich das Kunstwerk vorkommt. Das führt zur tautologischen Abnickbewegung: Kunst ist, was im Museum gezeigt wird und im Museum wird gezeigt, was Kunst ist. In anderen Museumstypen gibt es dagegen sehr unterschiedliche Objekte. Das alte völkerkundliche Museum ist deshalb interessant, weil die Welt hier in einem viel reicheren Maße tatsächlich die Vielfalt der Dinge bietet, die wir auch außerhalb des Museums auffinden. Etwas wird als Lehrmittel, als Devotionalie, als Souvenir eingesetzt. Langweilig dagegen ist die Bildergalerie als Museum: Ist es Kunst? Ja, es ist Kunst, weil es ins Museum kam. Wir wollen den Dingen die Möglichkeit zurückgeben, mit in den Diskurs einbezogen zu werden. Wir reichern unsere Diskurse um die Partnerschaft der Dinge an. Am besten wäre es, man würde immer die diskursive Bewegung gleich in die Parcoursbewegung einbeziehen.

Peter Weibel
Die ersten Collagen von Picasso & Co sind eigentlich Parcours mit willkürlich eingebauten Hindernissen auf einer Fläche: hier ein Holzsplitter, dort ein Fahrschein, dazwischen ein Zeitungsblatt. Daraufhin hat sich das Denken der Collage auf den dreidimensionalen Raum zu einer Assemblage ausgedehnt. Dann haben sie sich dem ethnologischen Museum zugewandt, weil dort eine Vielfalt an Objekten anzutreffen war. Das von Claude Lévi-Strauss eingebrachte Wort *bricoleur* war, so gesehen, eine Antwort auf die Verarmung der Objektauswahl in der historischen Kunst und war zu einem Modell des Künstlers geworden. Bazon Brock betreibt sozusagen die extreme Weiterentwicklung der Assemblage, also die Einführung einer gleichwertigen Vielfalt von Objekten, Texten und Bildern, die mit diskursiven Mitteln in Konstellationen überführt werden.

Bazon Brock
Was ich hier zusammenstelle, ist eine Art beispielhafte Darstellung. Ich nenne das Exemplifizieren. Ich gebe ein Beispiel, wie man seine Rolle innerhalb dieses Regimes der institutionalisierten Re-Kultivierung übernehmen kann. Täglich sind wir zu Anstrengungen verpflichtet: Wollen wir als Konsumenten wirklich Gegengewichte der Produzenten sein, müssen wir etwas von den Waren verstehen, müssen Testzeitungen lesen, Vergleiche anstellen und uns zu warenkundlichen Kennern professionalisieren. Indem wir die Kriterien der Unterscheidung beherrschen, können wir auf das System einwirken. Selbst in der Wissenschaft ist die Entwicklung noch nicht so weit gediehen, daß die aktive Rolle des Verbrauchers von Wissenschaft allgemein akzeptiert würde. Bestenfalls im Bereich der Medizin und der Ärzteschaft beginnt das Publikum, eine aktive Rolle als Patient zu übernehmen. Die Patienten sind neben den Ärzten, Wissenschaftlern und Institutionsleitern ganz wesentliche Träger des gesamten Diskurses. Diese Verhältnisse gilt es nun endlich auch im Kunstbereich durchzusetzen. Stattdessen werden Kunsthallen zu Tresoren, in denen die Bilder als Werte wie in Goldkammern lagern. Aber niemand fühlt sich verpflichtet, eine aktive Rolle zu übernehmen, beispielsweise vor den Bildern den Diskurs zu repräsentieren.

Peter Weibel
Bazon Brocks Erfindung ist von Anfang an das *action teaching* gewesen. *Teaching* ist die Lehre mit dem Wort. Aus der Verknüpfung zwischen Parcours als *action* und Diskurs als *teaching* besteht Brocks Wirken: *How to do things with words.* Ich weise auf eine Analogie zwischen der Bibel und den *action teachings* von Bazon Brock hin: Das Wort ist Fleisch geworden. An diesem Punkt kommen das Performative und das Diskursive zusammen. Wie der Parcours funktionieren kann, sieht man im Rahmen der Liturgie. Bei der heiligen Kommunion stellen sich die Menschen in einer Reihe an, knien nieder, erhalten eine Oblate, die man in jedem Geschäft kaufen kann, und dann heißt es: Iß den Leib Gottes. Und mit dem ebenso käuflich zu erwerbenden Wein trinkt man das Blut Christi.

Bazon Brock

Die Menschen erbringen jeden Tag den Beweis, indem sie täglich Fleisch und Gemüse essen, also das Inkarnationsgeschehen aufrechterhalten. So gesehen, ist verständlich, was mit dem Ausspruch „Das ist mein Leib" gemeint ist. Sie müssen es aber auch verkörpern, indem sie in der Kirche dem Leidensweg Christi folgen. Sie absolvieren als Gläubige in der Kirche den Parcours. Mit den Monstranzen, den Fahnen, den rituellen Gewändern und den Lichtinszenierungen wurden symbolische Repräsentationen des Geschehens entwickelt.

Wie kann nun ein Publikum die Bereitschaft entwickeln, tragender Pfeiler des gesamten Kults Kunst zu sein? Zwar sind Kultur und Kunst prinzipiell geschieden voneinander, weil Kunst ja nicht kulturpflichtig ist. Aber dann kommt in der kultischen Organisation doch wieder beides in seinem eigentlichen Wert zusammen. Kultur, also Religion, Sprache, Kochrezepte, und Kunst, die individuelle Behauptung von etwas, was nur durch den gilt, der es behauptet, berühren sich tatsächlich wieder in der Form des Kults. Nun gab es zu Anfang des 20. Jahrhunderts eine radikal auftretende und deswegen attraktiv erscheinende Form des Kults. Ihr Name war „Re-Barbarisierung".[9] Dieses Zaubermittel, dem Thomas Mann in den Herrensalons Schwabings begegnete, war der Diskurs, der zu einer performativen Ausarbeitung kommen sollte, nämlich als Nazipartei oder als kommunistische Partei. Beide Seiten entfalteten ein eigenes Angebot, sich selbst in einen Parcours der Re-Kultivierung als Barbar mit einzubringen. Mit dem Titel des Werks „Ornament der Masse" beschrieb Siegfried Kracauer die Art, wie der Parcours angelegt war.

Wir sind gegenwärtig dazu aufgefordert, entweder die Museen als Schatzkästlein voll toten Zeugs zu würdigen oder aber die Lebendigkeit des Weltbezuges ebenfalls im System Wissenschaft und Kunst zu sehen. Wissenschaft und Kunst haben aufzuholen gegenüber der Attraktion der außerwissenschaftlichen und außerkünstlerischen Welt. Dazu müßten wir uns selbst alle als Träger des performativen Teils des Kultes einbringen. Eine Re-Kultivierung wäre dann wirklich im Sinne einer Rückziehung zu verstehen. Re-Kultivieren hieße, sich selbst wieder in einen kultischen Zusammenhang zu stellen. Dieser Kult wäre aber nicht mehr nur die laufende kultische Selbstbetätigungsform der kulturellen Gewißheiten, sondern der Kult der kulturellen Relativierung. Durch den bestehenden Zwang des Zusammenlebens vieler Kulturen auf engem Raum kommen eigentlich nur zwei Möglichkeiten in Betracht: Sie führen gegeneinander Krieg, bis durch Ausscheiden der Einen sich die Anderen homogen ausbreiten können. Oder aber sie wissen um die Notwendigkeit, etwas als kultisch empfinden zu müssen, was wir als transkulturelles Changieren zwischen verschiedenen Strategien bezeichnen. Die Bewegung zwischen diesen Gewißheiten der Kulturen gilt es, als eine Art von kultischer Form auszubauen. Eine Vielzahl von Künstlern bezieht bereits ihre Aussagenansprüche aus dem wechselseitigen Ineinanderblenden verschiedenster Ursprünge als Crossover-Kunst.

Eine andere Möglichkeit ist, die Bewegungen innerhalb der zivilisatorischen Formen, also der nicht mehr kulturell legitimierten Wissenschaften und Künste, ihrerseits mit der Dynamik auszustatten, die die Kulturen so attraktiv macht. Das bedeutete für Wissenschaftler, wieder den Begriff der *community,* den Familien- und auch den Schulbegriff einzuführen. All dies wollte man eigentlich hinter sich lassen. Man wollte ja gerade aus dem Terror der Schule, der Familie, der Kirchen und Glaubensgemeinschaften aussteigen. Nun aber muß man die Sphäre des wissenschaftlich-künstlerischen Arbeitens doch wieder mit solchen Formen der ritualisierten Einbeziehung der Diskurse anreichern. Die Fähigkeit und Kraft, eine scharfe Formalisierung zu entwickeln, heißt vor allem, die Formalisierung durch Verfahren stark zu machen. Heute muß jeder Künstler einer bestimmten Begründungspflichtigkeit Folge leisten und Verfahrensregeln durchziehen, um Echo zu finden.

Peter Weibel
Die besten zeitgenössischen Wissenschaftssoziologen machen genau das, was Bazon Brock für die Kunst fordert: Sie beschreiben das Entstehen von Wissenschaft als das, was Descartes *discours* genannt hat. Sie sagen, daß wir das Feld der Akteure erweitern

müßten. Der Besucher oder Betrachter ist selbst aufgefordert, Teil der sogenannten Kunstgemeinschaft zu werden. Der Patient ist genau so wichtig wie der behandelnde Mediziner. Die Wissenschaftshistoriker gehen noch einen Schritt weiter. Sie beschreiben auch immer die Werkzeuge. Sie zeigen beispielsweise, mit welchen Werkzeugen die Juristen arbeiten, welche Rolle diese im Begründungszusammenhang spielen. Der Verweis auf die Wichtigkeit des Werkzeuges wird zum Standard juristischer Wissenschaftssoziologie und Wissenschaftsgeschichte. Umso notwendiger ist es, diese Standards auch auf die Kunst zu übertragen.

Bazon Brock
Was sind aber die Regeln, nach denen man sich in einem solchen Parcours bewegt? Wir kennen das Beispiel der Geschichte der Demokratie. Zu antiken Zeiten hieß es noch, jeder einzelne Bürger habe seine Würde aus dem Glauben abzuleiten, daß das gesamte Leben in der Demokratie nur mit seiner aktiven Teilnahme möglich sei. Durch die Formalisierung der alle vier Jahre stattfindenden Wahlen nach den immer gleichen Regeln ist das Ganze stumpf geworden; die Leute belächeln den Urnengang bereits. Man muß aber in der Lage sein, bestimmte Verfahrensvorgänge und Regeln einhalten zu können.

Das Schwierige im Umgang mit unseren Besuchern ist die Tatsache, daß sie ja die Eintrittserlaubnis gegen Geld kaufen. Wir dürften eigentlich keinen Beleg der Begründung für den Zugang dazwischenschalten. Der Beweis hieße: Zeig dein Interesse! Aber geht man heute durch Ausstellungen in Galerien und Museen, so sieht man zwei oder drei Leute müde durch die Räume schleichen. Das ist eine Bankrotterklärung für die Institution. Gibt es kein Publikum, so ist auch der Diskurs hinfällig. Das Werk wird gleichsam vernichtet. Es lebt ausschließlich im Diskurs, dessen einer Bestandteil eben die Betrachter, der andere die Künstler sind. Die Vermittlung dazwischen ist das Werk als materiell-physisches Werkzeug des Aufbaus dieser Verbindung. Ohne Vermittlung zwischen den Produzenten und den Lesern gibt es die künstlerischen Sachverhalte auch nicht. Im Feuilleton gelingt dies schon lange nicht mehr. Die Kunst ist abhängig vom Diskurs. Jeder darf sich klar machen, daß seine Würde als potentielles Mitglied des Diskurses nicht darin besteht, als Richter aufzutreten. Denn verkennt man sein Interesse am Austausch mit anderen, ist die Sache erledigt. Die Verweigerung ist der gefährliche Punkt, an dem das diskursive Angebot der Behauptung schon nicht mehr aufgenommen wird. Abhilfe versucht man gegenwärtig zu schaffen, indem man den Diskurs zu einem Ereignis oder einem Event macht. Die zeitgenössische Vereinigung des Diskurses mit einer Kleinstform des Parcours ist der Eröffnungsempfang mit Minimalbewegung bei *small talk*.

Einen ganz anderen Anreiz für die Teilnahme am Diskurs bot für uns Anfang der 60er Jahre die Möglichkeit, nicht beim Eintritt Geld an der Kasse zu hinterlegen, sondern die Taschen zu entleeren. Alles, was in den Taschen enthalten war, wurde auf einem großen Tisch ausgebreitet und anschließend getauscht, nach Kriterien der Argumentationsgeschicklichkeit im Diskurs. Man könnte das für eine intelligentere Art des Reliquienkults halten. Wer den Erwerb und Gebrauch von Souvenirs, Amuletten, Totems oder Schutzengeln für verachtenswert kleinbürgerlich hielt, konnte sich durch intelligenzbewehrte Memorabilien als Aura-Ausweis schadlos halten. Noch im 19. Jahrhundert haben die Bürger das sehr populäre Pfänderspiel gespielt. Ich betrieb eine moderne Version des Pfänderspiels, bei der jeder, der gestehen mußte, den Diskurs nicht zu kennen, etwas abgeben oder bezahlen mußte. Aber im gewissen Sinne ist das bereits Realität. Weiß man nicht weiter, kauft man sich frei. Jeder, der in eine Galerie kommt und

Aufbau des Widerstands gegen das „Reden Sie nicht solange, ich kauf' das Bild".

sich düpiert findet, weil er nicht in den Diskurs eintreten kann, überspringt sein Unvermögen durch die großartige Erfindung des Kaufs. Wie viele Sammler kaufen Bilder ausschließlich, um der Diskurspflicht zu entgehen!

Mit dem Kauf entwickelt der Käufer einen Zugang zum entscheidenden Parcours – der Sammlung. Das ganze System des Sammlerwesens ist ja die entschiedene Ausprägung eines neuen Kultes, also einer Re-Kultivierung des Verhältnisses von Haben und Wissen. Resultat: Haben als Wissen, Besitz als Weltbild. Der Sammler ist fein raus. Keiner fragt ihn danach, ob er auch dem Diskurs gewachsen ist. Denn er hat sich bereits gerechtfertigt, indem er das Gegengewicht in Geld hinterlegt hat.

Peter Weibel
Der Sammler macht sich seinen eigenen Parcours. Duchamp hat gesagt, der Sammler sei der Künstler zum Quadrat. Den Parcours gibt es auch ein zweites Mal. Der Privatsammler muß kaufen, der Staat kann rauben. Der Raub ist die zweite Technik. Der Raub ist, genau so wie der Kauf, die Technik schlechthin, sich dem Diskurs zu entziehen.

Bazon Brock
Eine dritte Strategie nach Kaufen und Rauben besteht darin, auf elegante, nämlich erkenntnistheoretische Weise das Museum mit Fälschungen zu durchsetzen.[10] Mir bereitet die Vorstellung das höchste Vergnügen, die Bilder in den Museen seien alle gefälscht, und dann die Frage zu beantworten: Worin bestünde der Unterschied zwischen dem Original und dem Fake?

Peter Weibel
Fakes sind Thema von Friedrich Nietzsche bis zu Orson Welles. Sie sind insofern so wahnsinnig interessant, weil sie die ästhetischen Defizite der Kunst extrem deutlich machen. Bewußte Fälschungen zeigen, wie wacklig der Begriff Original oder Autor ist. Das berühmte Beispiel de Chiricos hat gezeigt, daß die Künstler selbst oft genug nicht mehr wissen, was sie gemacht haben. Es wurden ihm

Werke vorgelegt, die nachweislich seine Werke waren. De Chirico hat gesagt, es handele sich um Fälschungen – und vernichtete die Arbeiten. Wenn der Maler selbst nicht mehr feststellen kann, welche seiner Werke Fälschungen sind und welche nicht, dann merkt man, wie tief der Sumpf der Theorie ist. Eine weitere berühmte Fälschungstechnik heißt im übrigen Restaurieren.

Bazon Brock
Es steht fest, daß wir nicht mehr ins Museum gehen können, um die Bestätigung zu erhalten, was an der Wand hänge, sei Kunst. Wir gehen ins Museum, um in die Erörterung von Problemen einbezogen zu werden. Das Museum verwandelt sich aus einer Beglaubigungsinstitution für Kunst zu einem Ort, an dem der Diskurs, die Erörterung von grundlegenden Problemen möglich wird. Es kann nach Kenntnis der Fake-Problematik nicht mehr darum gehen, dort einer Gewißheit teilhaftig zu werden. Das Museum ist dazu da, das Interesse eines Publikums zu dokumentieren, sofern nicht der Kauf dazwischen kommt und man sich damit aller Probleme entledigt. Selbst zum Träger eines Problems und der Erörterung dieses Problems zu werden, das Problem sozial zu übersetzen, gemeinsam eine kleine Parcours-Wanderschaft in Gang zu setzen, heißt in letzter Konsequenz, psychisch stabiler und generell lebensfähiger zu sein. Im souveränen Umgang mit der Erfahrung von Relativität, von Vieldeutigkeit, von Faken als einer bewußten Demonstration der Falschheit, schwenkt man unweigerlich auf die Spur des Richtigen ein. Beim Verlassen des Museums mag uns dann die hinzugewonnene Souveränität helfen, uns intellektuell und emotional auf gravierende Probleme vorzubereiten. Schließlich wird es unnötig, bei jedem Konflikt gleich nach der Polizei zu rufen oder eine Kampfgemeinschaft namens Kultur zusammenzutrommeln. Wenn man das zuläßt, wird man sich selbst gleich viel interessanter. Sigmund Freud hat diesen Mechanismus bestätigt, indem er das Wesen der Psychotherapie als Zugewinn an Zutrauen zu sich selbst umschrieb. Die Psychotherapie als eine Art von sozialer Adelung eines Menschen aufzufassen, hat den Vorteil, daß der eigene Fall als eine interessante Sache erscheint. Das Aushalten

von Problemen kann sogar positiv aufgegriffen werden. Mit dieser Art von Interesse erhöht man spekulativ die eigene Wertigkeit.

Ich kann an den Appell anknüpfen, den ich schon 1959 auf meine Visitenkarten druckte: *always fishing for complications*. Normalerweise wird nach Komplimenten gefischt. Ich dagegen empfehle eine intelligente Art von Komplikationen.

Macht keine Kunst, macht Probleme! Entwickelt einen Diskurs, also ernsthafte und unumgängliche Einlassungen, die in einen interessanten Parcours münden!

1 Die Dokumentation der Lustmarsch-Diskurse mit den Partnern Renate und Wolfgang Liebenwein sowie Fabian Steinhauer in der Schirn Frankfurt, mit Hartmut Zelinsky im Haus der Kunst München, mit Hans Ulrich Reck im Museum Ludwig in Köln, mit Christoph Schlingensief in der Volksbühne Berlin, mit Martin Warnke in der Sammlung Falckenberg, Hamburg, mit Wolfgang Ullrich im Museum der bildenden Künste in Leipzig, mit Manfred Schlapp im Perforum Kulturzentrum Pfäffikon und im Cabaret Voltaire Zürich, mit Ulrich Heinen im Von der Heydt-Museum in Wuppertal, mit Stephan Lohr in der kestnergesellschaft, Hannover, wird separat veröffentlicht, sobald die Gelegenheit dazu geboten wird.
2 Siehe Kapitel „Musealisierung als Zivilisationsstrategie – Avantgarde – Arrièregarde – Retrograde".
3 Zum Gedanken der Konstellation siehe Englischer Garten Wörlitz, in: Brock, Bazon 2002, S. 794 ff.
4 Bazon Brock als „Beispielgeber im Beispiellosen" siehe Kapitel „Das Leben als Baustelle – Scheitern als Vollendung".
5 Zum Thema „Kunst ist abgelegtes Werkzeug" siehe Kapitel „Musealisiert Euch! Europas Zukunft als Museum der Welt".
6 Siehe Kapitel „Musealisierung als Zivilisationsstrategie – Avantgarde – Arrièregarde – Retrograde".
7 Siehe Abbildung in: Brock, Bazon 2002, S. 291.
8 Siehe Kapitel „Eine schwere Entdeutschung – Widerruf des 20. Jahrhunderts".
9 Dieser Ausdruck stammt aus dem 34. Kapitel des „Doktor Faustus" von Thomas Mann. Siehe Kapitel „Selbstfesselungskünstler gegen Selbstverwirklichungsbohème".
10 Siehe Kapitel „Faken – Erkenntnisstiftung durch wahre Falschheit".

WOLLT IHR DAS TOTALE LEBEN
TOTALES LEBEN IST KÜRZESTES LEBEN

Die Lustmarsch-Corona

sei bedankt!

Die Lustmarsch-Corona sei bedankt

Alter Gähnius und junger Genius.
Youngster becomes comrade, carries commemoration
and thus hopefully will be led to command

Mit obigem lichtschriftlichen Dokument (lighterature) demonstrieren wir die *consecutio temporum*, vulgo Generationsdynamik oder Dämmerprinz vor Dänenprinz. Generationenfolge *Bazon Brock – Christian Bauer:* vom *Vorauswisser zum Nachbrenner.* Christian Bauer wurde während der Lustmarsch-Aktivitäten mit Dissertationsthema beschwert, bestand das Rigorosum vor den Professoren Ulrich Heinen, Wolfgang Ullrich, Hans Ulrich Reck und Bazon Brock summa cum und veröffentlichte seine Arbeit „Sacrificium intellectus" im Fink-Verlag. Er soll die Position eines psycho-pompen Grenzführers bei Bazon Brock ausfüllen, damit der nicht der Adorno'schen Altersparadoxie verfallen möge:

Adorno verpflichtete seine Mitarbeiter, ihn rücksichtslos aus Amt und Arbeit zu entfernen, sobald sie glaubten, er sei seiner geistigen Kräfte nicht mehr mächtig. Das nutzte Alfred-ohne-Hinterkopf und Rolf-dem-Schmalen wenig, denn solange Adorno noch in der Lage wäre, den Argumenten der Herren Assistenten zu folgen, könnte man ihn kaum für gemindert zurechnungsfähig halten. Das Schicksal ließ sich durch diese Paradoxie beeindrucken und veranlaßte die vorzeitige Aufgabe des Geistverkörperungsschemas Teddy.

Wir danken den gastgebenden Museen, Kunsthallen, Galerien, Theatern, Stiftungen, insbesondere deren Leitungen, Kuratoren, Haustechnikern und Presseabteilungen:
 ZKM – Zentrum für Kunst und Medientechnologie (Karlsruhe), Schirn Kunsthalle (Frankfurt a. M.), Museum Ludwig (Köln), kestnergesellschaft (Hannover), Von der Heydt-Museum (Wuppertal), Neue Galerie (Graz), Haus der Kunst (München), Volksbühne Ost / Galerie Contemporary Fine Arts (Berlin), Museum der bildenden Künste (Leipzig), Perforum – Seedamm Kulturzentrum (Pfäffikon – CH), Phoenix Art / Sammlung Falckenberg (Hamburg)

 Das Cabaret Voltaire Zürich, Geburtsort der DADA-Bewegung, erlaubte uns, die historische Stätte zum „Vatikan des Synkretismus" zu erheben mit dem Versprechen auf Fortsetzung, das mit dem Projekt „Fuga saeculi" bereits eingelöst wurde. Das Bauhaus-Archiv (Berlin) und der Hanser-Verlag (München) würdigten unser Bemühen zur Stiftung „Extemporaler Zonen". Der Kunstverein Wuppertal lud aus Anlaß der Eröffnung des Theoriegeländes im Von der Heydt-Museum zur Feier des 70. Brock-Geburtstages.

 Jürg Steiner, unser Kollege für Messe- und Ausstellungsbau an der Bergischen Universität Wuppertal, seit Jahrzehnten vielgerühmter Weltbildbühnenbildner, adaptierte und gestaltete mit offensichtlicher Zuneigung die Objektensembles und entwickelte lustvolle Photopanoramen des Theoriegeländes.

Winfried Baumann, dem Bazon Brock 1986 das Konzept „Gott und Müll" widmete, stellte großzügig die Modelle seiner Kathedralen für den Müll und seine „Instant housings" zur Verfügung. *Adi Hoesle* missionierte im Rahmen der Ausstellungen für seine retrograden Strategien der Zeitverkapselung. *Joachim Baur* und *Barbara Edlinger* aus der Werkstadt Graz veranstalteten das Sattelzeitereignis „Festival der Zivilisationsheroen" auf dem Radlpaß: also Gruß und Dank an *Feuerwehren, Sanitäter, Rettungsdienste* und *Zivilschützer*.

Andrea Kühbacher erarbeitete für die einzelnen Stationen einen entsprechenden gastrosphischen Menüvorschlag (Typ: „last supper for Woyzeck" in Leipzig oder die „Rumford'sche Suppe" in Karlsruhe). Leider konnte das Programm nicht in vollem Umfang realisiert werden, da der Großteil des teilnehmenden Publikums den Zumutungen derartiger Inkarnationspflichten nicht gewachsen sein wollte (600 Euro Defizit bei jedem Ausstellungsmenu stehen in keinem Verhältnis zum angestrebten Erinnerungsgewinn). Hingegen würdigten alle das Vergnügen, das Andrea durch einen nicht abreißenden Strom gold-mürber Glückskekse erzeugte.

Die „Lustmarsch-Fan(ethics)" *Robert Bernhart, Annette Brodda, Patrick Hahn, Stefanie Hierholzer, Ulrich Klaus, Stephanie Prill, Stephanie Senge, Stephan M. Seydel* (tv-rebell) unter der Reiseleitung von *Thomas Zacharias* boten Bazon Brock in allfälligen Krisen Krücken der Kraft (Zuspruch, Begeisterung, Hilfswilligkeit und Gewißheit des endlichen Gelingens).

Stephan M. Seydel und *Tina Piazzi* stellten eine Vielzahl von „Mitschnippseln" auf ihre Website www.rebell.tv.

Die *Sammlungen Falckenberg* (Hamburg), *Rosenkranz* (Berlin) und *ZKM* (Karlsruhe) erwarben zahlreiche theoretische Objekte von Bazon Brock und würdigten das Brock'sche Konzept „Werk als abgelegtes Werkzeug".

*Thomas Flierl, Gabriele Gysi, Ulrich Heinen,
Pastorin Kreisel-Liebermann, Wolfgang* und *Renate Liebenwein,
Hans Ulrich Reck, Manfred Schlapp, Christoph Schlingensief,
Fabian Steinhauer, Wolfgang Ullrich, Martin Warnke* und *Hartmut
Zelinsky* boten einmalig oder mehrmalig den Teilnehmern unseres
Lustmarsches Gelegenheit, unsere Theoriekonstellation aus der
Sicht ihrer Arbeitsschwerpunkte wahrzunehmen. *Peter Sloterdijk*
und *Peter Weibel* weiteten diese Erörterungen zu umfassenden
Kennzeichnungen der Brock'schen Arbeiten aus.

Martin Horn organisierte dankenswerterweise die
Demonstrationen „Gott und Müll". *Anne Zentgraf* und *Doreen
Borsuzki* (Hochschule Coburg) realisierten auf großartige Weise
unseren archäomobilen Mülltempel; *Werner Pieper* sorgte für
allfällige Transporte.

Lauritz Lipp verantwortete die Internet-Repräsentation des Lustmarschs.

Gertrud Nolte, langjährige Botschafterin der Brock'
schen Papiere, gestaltete auch diesmal sämtliche Druckmedien der
plakativ-informativen Lustmarschkommunikation aber auch aller
Bild-Text-Gestaltungen, Tapeten und Prêt-à-pensers im Theoriegelände selbst.

Linde Kapitzki-Pinnow übernahm mit bewährter
Schnelligkeit und Zuverlässigkeit die Transkription der Lust-
marsch-Tonaufnahmen, Korrekturen der Veröffentlichungen und
Schlußredaktion.

Andrea Kühbacher und *Manfred Schlapp* sorgten für
die Korrektur der Fahnen.

Den Hunden *Ala, Aila* und *Paxo* kam die Aufgabe
zu, unverbrüchliches Menschenvertrauen zu demonstrieren.

Monika Hoffmann erfüllte ihre Verpflichtung als Beauftragte des Volkes für die Begründung der Hoffnung, daß Liebe dennoch gelingt, mit nicht nachlassenden Mühen.

In Würdigung der *Denkmäler für Unbekannte* (Soldaten, Wettervorhersager, Vermögensdepotverwalter, Lehrer, Müllmänner und vor allem all jene vielen liebenswürdigen, erwartungsvollen, lernbereiten Lust- und Gewaltmarschierer) sei angefügt, daß an dieser Stelle alle hoch geehrt werden, die hier nicht namentlich erwähnt sind.

Wir danken den *Kritikern* folgender Zeitungen und Radiostationen für ihr Verständnis:

DIE ZEIT 2. Februar 2006
Lessing, Schlögel, Brock: Eine Orgie; von *Benedikt Erenz*

SWR Nachtkultur. Die Kultur-Illustrierte, 10. März 2006
Vom Sorgenkind zum Wundergreis – ein Besuch bei Bazon Brock; von *Markus Brock*

Frankfurter Allgemeine Sonntagszeitung, 26. März 2006
Das Geräusch der Auferstehung. „Lustmarsch durchs Theoriegelände": Bazon Brock in der Schirn und in Frankfurt unterwegs; von *Michael Hierholzer*

Kunstzeitung, März 2006
Kunstvermittlung als Schauspiel; von *Ursula Bode*

Kölner Stadtanzeiger, 28. April, 2006
„Kathedralen für unseren Müll" Bazon Brock über Avantgarde, Tradition und die Symbolik des Abfalls; von *Georg Imdahl*

Parnass Kunstmagazin, 26. Jahrg. Heft 2 / Mai/ 2006
Wie man wird, der man nicht ist; von *Andrea Kühbacher*

Hannoversche Allgemeine Zeitung, 13. Mai 2006
Wortstreiter im Regal. „Lustmarsch": Bazon Brock in der
Kestnergesellschaft in Hannover; von *Alexandra Glanz*

NDR Kultur, Radio-Feature, 30. Mai 2006
Kunst und Leben des Bazon Brock – vorgestellt zu seinem
70. Geburtstag; von *Natascha Freundel*

Mitteldeutsche Zeitung, 31. Mai 2006
„Lustmarsch durchs Theoriegelände" zum 70. Bazon Brock ist
sich selbst auf der Spur – 1700 Auftritte als Kulturwissenschaftler;
von *Antje Lorscheider*

DIE ZEIT, 1. Juni 2006
Wo er ist, ist vorn. Der umstrittene Universalgelehrte Bazon
Brock wird 70 – und schenkt sich selbst zum Geburtstag eine
Denktournee durch elf Städte; von *Christof Siemes*

Süddeutsche Zeitung, 2. Juni 2006
Produktiver Alleszermalmer – Er ließ in der kunstfrommen
Republik keinen Stein auf dem anderen: Dem Wanderprediger
Bazon Brock zum Siebzigsten; von *Willi Winkler*

Westdeutsche Zeitung, 2. Juni 2006
70 und noch kein bisschen leise: Bazon Brock feiert am Freitag
Geburtstag; von *Manfred Görgens*

Die Weltwoche, Ausgabe 25/06
Der Klügste. 30 Grad und in den Köpfen nur Fussball – Zeit
für ein schweres Interview mit Bazon Brock, Professor und Pop-
Theoretiker; von *Mark van Huisseling*

die tageszeitung, 4. September 2006
Papa Schlumpf-Laokoon spielt noch mal; von *Henrike Thomsen*

Neue Zürcher Zeitung, 16./17. September 2006
Lustmarsch durchs Theoriegelände – Ein Gespräch mit dem Kulturkritiker, Aktionskünstler und Inszenator Bazon Brock; von
Paolo Bianchi

Tages-Anzeiger, 12. Oktober 2006
„Kunst anbeten ist schwachsinnig" Bazon Brock, Unterlassungstäter und Künstler ohne Werk, macht auf seinem kolossalen „Lustmarsch" zu seinem 70. Geburtstag Station in Pfäffikon und Zürich; von *Sascha Renner*

Focus, 30. Dezember 2006
Jung gebliebener Wundergreis. Der Kunstphilosoph erlebte 2006 seine Aufnahme in die Prominenz allgemeiner Medienwahrnehmung; von *Stephan Sattler*

‚Capital' Kunstkompaß 2006
Gerhard Richter behauptet den Spitzenplatz
„Köln (ots) – Bruce Naumann verdrängt Sigmar Polke auf Platz 3 / Shirin Neshat führt neues ‚Capital'-Ranking der Top-100-Aufsteiger an / Crossover der Disziplinen
Zum ersten Mal präsentiert ‚Capital' in diesem Jahr neben dem klassischen Kunstkompaß auch ein Ranking der Top-100-Aufsteiger. Platz eins belegt dort die iranische Medienkünstlerin Shirin Neshat, gefolgt vom Franzosen Pierre Huyghe, dessen ausufernde Installationen zuletzt in Paris und London für Furore sorgten. Im ‚Capital'-Ranking der Aufsteiger (Ausgabe 23/2006, EVT 26. Oktober) dominiert ein facettenreiches Kaleidoskop an Generationen, Nationen und künstlerischen Konzepten. Selbst prominente Provokateure anderer Disziplinen wie der Wuppertaler Ästhetik-Professor und Performance-Künstler Bazon Brock, der mit seiner Geburtstagstournee in vielen deutschen Städten auf Platz 15 der Liste schoss, und Christoph Schlingensief, dank seiner Museumsinstallationen auf Position 92, konnten sich im neuen Aufsteiger-Ranking platzieren."

Süddeutsche Zeitung, 8./9. Dezember 2007
Der fliegende Deutsche – Toblerone statt Stalingrad: Ein bewegender Besuch beim Kunstprofessor Bazon Brock in Zürich; von *Willi Winkler*

zu guter letzt

Impressum

Bazon Brock,
„Lustmarsch durch das Theoriegelände –
Musealisiert Euch"

© 2008 DuMont Buchverlag, Köln und
Bazon Brock, Wuppertal; alle Rechte vorbehalten

Konzeption + Gestaltung + Satz
botschaft prof. gertrud nolte visuelle kommunikation
und beratung, düsseldorf | info@botschaftnolte.de

Produktion
Marcus Muraro

Reproduktionen + Retuschen
botschaft prof. gertrud nolte visuelle kommunikation
und beratung, düsseldorf

Druck und buchbinderische Verarbeitung
fgb freiburgergraphischebetriebe

Schriften
gesetzt in Clearface Gothic, Stempel Garamond

Papiere
Inhalt Luxo-Samtoffset, 135 g/m²
Umschlag Invercote 2seitig matt gestrichen, 240 g/m²
Schutzumschlag Matt-BVS, 115 g/m²

ISBN | 978–3-8321–9024–8

Printed in Germany

Mit freundlicher Unterstützung von
akg-images, Berlin

Bild-nach-weis

akg-images, Berlin:
S. 90, 91, 97, 98, 99, 114, 125, 265
Alle weiteren Abbildungen
stammen von: Christian Bauer,
Jan Bauer, Winfried Baumann,
Joachim Baur, Robert Bernhart,
Ulrich Klaus, Andrea Kühbacher,
Norbert Miguletz, Volker Reiche
(„Strizz", S. 272, FAZ vom
30.5.2008), Stefan Reimering
(Illustration), Jürg Steiner und
Thomas Zacharias

Die Herausgeber haben sich mit
größter Sorgfalt bemüht, die
Inhaber des Urheberrechts an den
in diesem Band veröffentlichten
Fotos zu ermitteln. Hinweise
zu Fehlern oder Auslassungen
nehmen sie gerne entgegen, um
diese in zukünftigen Ausgaben
dieser Publikation zu korrigieren.